本質と記憶

深井 了

翔雲社

目次

序論

ここに展開する議論は、先に出版した『記憶から思考への道』の付録として始めたものである。記憶から思考を見るとして出発し、思考と記憶の関係を見ていたのであるが、そこに大きく本質というものが見えてきたのである。思考を見ていく上で、しかも、記憶との関係を見ていく上では、本質は大きな存在として現れたのである。記憶から思考を見ることはそれなりに展開したつもりであったが、この〝本質〟は大きな存在として残り続け、付録として付け足さねばならなかったのである。

しかし、〝本質〟である。付録で終わるはずのない、認識を見る上で大きな存在、しかも記憶とはとても複雑な関係として存在しているのだ。第一章までは付録として続けたつもりであったが、もっと大きな問題として現れはじめたのである。付録としてではなく、正面から、腰を据えた議論が必要だとに至ったのである。

議論のこのような展開を素直に残したく、序文の中に付録として、また第一章もそのまま残した。自然な形で残したかったのである。

とはいえ、先の『記憶から思考への道』からの用語がいくつかあり、それは説明しておかねばならないだろう。まず、対象＝意識であろう。これは対象に向けられた意識のことである。あらゆる認識は対象に向けられているとしていいであろう。それを対象とだけしなかったのは、人間の認識には記憶がほとんどいつも働いていて、対象を見よう、五感で感じようとしているだけでなく、自分が対象に向かっていて、それを知ろうとしていることをどこかで知っているのである。この知っていることは、意識としての在り方、構造を作り出しているとしていいのである。つまり、あらゆる認識において、対象に向かっているが、意識として向かい合っているのである。その構造を表わしたのである。

次に世界＝意識である。これも＝で結ばれているが、そして、対象を世界に向けて、そのことを知っている、つまり対象＝意識を世界に向けて、世界に対する対象＝意識を形造った形として考えてもいい。しかし、これからの議論の展開においては、意識の次のような構造はとても大切なものなのである。というのは、多くの場合、人間の生活の中で、一つの対象に向けて対象＝意識が形造られているが、そのまわりを世界＝意識が取り囲んでいるという、人間の意識の構造を表わしているのである。哲学では、主観、客観として、認識をほぼ限定したうえで出発し展開していくが、そして、これは真理を、絶対的真理を求める上で大切なことであるが、これからの議論において、人間の認識を見ていく上で、それを取り囲む世界についての意識が、記憶の中に存在しているのでは、と言いたいのである。つまり、対象＝意識をある一つの事物に向けて形造っている時、それをしている「我」は、その対象に意識を集中していたとしても、自分が今、世界の中のどこにいるのかをしっかりと知りながら、対象＝意識を形造っているということである。ある事物を見ている時、もっと広く読書をしている時、スポーツでボールに集中している時、そんな時でも、「我」は世界の中で自分がどこにいるかをしっかりと知りながら、認識し、行為をしているということなのだ。つまり、そのような記憶を持ちながら、認識したり、行為をしているということなのだ。これに似たのは、ハイデガーの世界＝内＝存在であろうが、それとの類似や差異性については、ここでは議論している場所ではない。

この世界＝意識を時間の中に広げれば、世界＝歴史＝意識となるであろう。「我」は世界の中のどこにいるかだけでなく、何時代の、どんな世界の動きの中で生きているか、いや、それ以上に、自分が今まで生まれて育ってきて、どのような学校に入り、どのような友達を持ち、どのような遊びをしながら、そしてどのような勉強をしながら、成長すれば、どのような仕事をして、これまで至ったか、まだ、どのような夢や希望を持って将来を思い描いて生きていこうとしているかは、恒に、どのような対象に向かい認識し行動している時も、わかったものとして、生活を送っているということである。生活と言えば、もっと手短かに、昨日、上司に言われた仕事を今日どのようにするか、今日出された宿題を今晩どのようにするかも、やはり、電車に乗っている時も、遊びをしている時も、記憶の中に持ちながら対象に向かい、対象＝意識を作りながら、生活を、時間を送っているということなのである。

もう一つ説明しておかねばならないのは、必要＝力＝意味であろう。これは人間の中の、「我」の中の、認識の、行動の原動力を示したものであり、科学での欲望にあたるとしていいであろう。しかし、欲望としなかったのは、人間は社会生活の中で、日常生活の中で、この欲望を大きく抑圧しながら生きていることを、向かい合って見たかったのである。子供達は学校へ、大人達も会社へ、行きたくなくても行かねばならないのである。生活のため、生きていくため、家族が生活を少しでも楽しく、幸せに過ごすため、学校へ、会社へ行く必要があるのだ。そして、勉強を、仕事を、また家事をする必要があるのだ。しかも、この必要は大きな力を持って「我」にやってきているのだ。社会は、憲法や法律、いやまだ、慣習や礼儀でもって大きな力で「我」を支配しているのだ。「我」はこの力に従う必要があるのだ。それだけでなく、この必要は、様々な意味、細かな意味としてやってくるのだ。その意味を理解してはじめて、必要に、そしてその力に従うことができるのだ。その意味は、社会のすみずみ、生活のすみずみに細かく根を張り、「我」はその細かな意味を理解し、それに従い、その力を受け止め、必要を達成していかねばならないのだ。これらのことをこれから様々に、しかし、これはまったく、世界に存在する意味のほんの一部であるが、これから見ていかねばならないのである。そして、この意味、いや、一体となった必要＝力＝意味と、本質との関係を見ていくのが、これからの仕事である。

本来なら、この付録として書きはじめた部分を書きかえなければいけないのだろうが、これからの議論の主題である〝本質〟に向かい合うようになった過程を、それなりにありのままに、ある意味生々しく残しておきたいと思い、序文の中に入れて、そしてその後の本論でも少しの間使ったのであるが、そして、それほど読みにくいとか混乱は起きないと思い、こうしたのである。許していただきたい。

『記憶から思考への道』の付録から

以上で、おおよそ、この論文も終わっていいだろう。いい終わり方になったとしていい…?

ただ、以上見てきたことの上で、やはり、これだけは見ておきたいことが目の前に出てきているのである。

〝本質〟である。本質と記憶の関係である。

同一性と差異性を見た時も、記憶との関係を見たが、本質と言われるものについても、記憶との関係を見ておかねばならないのでは? ということなのだ。同一性の時とかなり違った現れ方を記憶はするのでは、ということなのだ。

絶対的真理を求める哲学的認識から離れて、ずっと通常の社会生活を営む人々の日常生活の中での認識、その記憶との関係、その記憶からの思考を見てきたこの論文であるが、そのような人々に〝本質〟という言葉を差し出すと、多くの場合、「本質?」となるのではないだろうか。とはいえ、そんな人々も、難しい話になって、特に自分の子供や部下達にある事物、時には出来事の成り行きを説明する、そして考えさせる時、「このことの本質というものを考えてみろ!」などと使っているのではないだろうか。このように使われる時、〝本質〟はかなり難しい人物の在り方や、出来事の中の動かぬ大切な要素を指しているとしていいであろう。ここには、「考えてみろ！」は日常生活の中でも、とても難しい思考を指していることになる。しかし、この論文では、やはり、なかなか、そこまでは達していないのである。

ここでは、簡単にその事物がそれであることを示すもの、という具合に見ている。「その事物がそのものであること？」となるはずであるが、記憶との関係では次のようなことが起きているのでは？と、これは示しておきたい、おかねばならないことなのだ。

いや、その前に、先に見た同一性との関係をも見ておかねばならないだろう。〝その事物がそれであることを示す〟ともなると、同一性と同じではないか、とも聞こえてきそうなのである。同一性は本質が働いているから、見分けられるとも言えるのである。そして、この論文としては、先にそれなりに同一性を論じていながら、ここで本質について論じようとすれば、同一性と本質は違ったものとして示されなければならないはずなのである。それでは、同一性と本質は違うのか、これを示さなければならないのである。

ただ、ここでは、この論文のここまでの議論として、そして、記憶との関連で次のようなことが言えるのではないかと、見ていきたいのである。

先の同一性を見た時、その事物の同一性を判断するのに、確かに記憶がそこで働いているのに違いないはずであるが、ほとんど瞬間的に、意識されることなく、自動的に、しかも判断のために使われる記憶がほとんど浮かんでくることなくなされていることを見たのである。ただ、理論的には、絶対に記憶が存在しなければならないはずだとも見たのである。それに対して、ここでは、記憶の在り方から見ていく、このような、ほとんど表象として現れない形ではなく、かなりはっきりと浮かんでくる形での表象、記憶表象の存在があることを見ていきたいのである。ただ、これが本質を示す表象であるのかは、ここでも言っておくが、まだまだ議論があるはずである。なかなか、哲学的議論としては受け入れられないはずなのである。しかし、参考にはなるとして、ここで見ていきたいのである。

第一章
現象から記憶になった時

記憶といえば、現象をそのまま保存しているように考えられている。この論文も、そのように書いてきたところもある。記憶とは、現象をそのまま保存しているが、それは時間の経過とともに忘却がはじまり、徐々にぼんやりしてくるようにも述べてきたところがある。いや、現象から記憶に移った瞬間、目の前の現象を眼をつむって思い出そうとする、記憶を引き出そうとした時、すでにぼんやりとした、正確でないものになっているとも述べたこともあるはずだ。そしてまた、ずっと時間とともに変化している現象を、この現象が一段落した瞬間であれ、思い出そうとすると、なかなか難しい、連続したものとして思い出そうとしていれば、それなりに動画として浮かんでくるが、そして、終わった瞬間にはそれなりに浮かんでくるが、一日経て、この現象として変化していたことを記憶として思い出そうとすると、いわゆる一コマ、時には二コマ、三コマと、ほとんど動きのない瞬間的な記憶しか浮かんでこないのではないのでは、…とまで述べたかもしれない。

今、ここで焦点を当てたいのは、連続した現象からの記憶がほんの少し時間を経て、記憶として引き出そうとした時、ほんの一コマか二コマしか浮かんでこない、しかもほとんどが静止した表象としてしか浮かんでこないのではないか、ということなのである。

一番わかり易いのは、昨日話していた友達の顔だろう。ふと思い出そうとすると、ほんの一コマか二コマ、それも静止した、笑った顔、怒った顔、困った顔、泣きそうな顔、うれしそうな顔、などの一つか二つしか浮かんでこないのではないだろうか、ということなのである。もちろん、これでも、無理に思い出そうとすれば、そして連続した動きとして思い出そうとすれば、それなりにいろいろな表象が動いているものとしても浮かんでくる。しかし、これはよほどのことで、今の場合は、もっと詳しく、いくつも、また連続したものとしてという無理をかけたことによるのである。無理ということは日常生活ではあまりないことだということなのだ。日常生活ではふと、「あいつ、昨日は…?」と思い出して、一コマ、二コマ、それもほとんど静止していて、思い出して終わりなのである。いくつも思い出さなければならない。しかも、はっきりと詳しくともなると、特別な時であるということである。

ここで見たいのは、二時間も三時間も話していて、一定の時間を置いてふり返ると、家に帰ってとか、眠る前とか、次の日とかに思い出す、一コマ、二コマは注目に値するのではないか、ということなのである。この一コマ、二コマはどのようにして選びとられて浮かび上がってくるか、ということなのである。二時間、三時間、ずっと友達の顔を見ながら話していて、ということは、この友達の顔は様々に変化していて、それが連続的に変化していて、一定の時を経て思い浮かべると、この中の一コマ二コマが浮かんでくる、しかもほとんどは静止したものとして浮かんでくる、この一コマ二コマはどのようにして選びとられているのかなのである。しかも、この選びとりはほとんど思い出している本人の意図はなく、無意識に選ばれているのである。つまり、自然に浮かんできているのである。そして、これも多くの場合、「ああ、そうか」とか「なるほど」となって次の瞬間には消えてなくなって、「我」は次のことに、違ったことに意識を向けてしまっているのである。

ここにも〝自然な、瞬間的な、無意識の〟が現れているのである。つまり、ここで選択は記憶機能だけの働きによる、「我」の意志とは関係のない、しかもほとんど瞬間的な選択が存在するはずなのである。ここで記憶機能はどのように働いて、選択を行っているのか、ということなのである。

この時、二時間、三時間の連続した記憶の保存を見てみなければならないのである。これらの記憶は基本的には、二時間、三時間の、けっして連続したものとしてではないにしても、ほとんどが記憶として保存されているはずなのである。とはいえ、記憶として保存された時、すぐに、それがほんの短い時間のものでも、次の瞬間には現象としての鮮明さを失い、しかも連続したものであるよりも、静止した一コマとして、…いや、保存されている時には、鮮明さを失っただけで、ほぼ連続したものとして、しかし、すぐに忘却が働いて連続は断ち切られて、…思い浮かべる時には…となるはずなのである。このような途切れ途切れの、二時間三時間の記憶の中から、記憶の機能によって、「我」の意識、意志の働きもなく浮かんでくるのである。

ここで見なければならないのは、保存された記憶は力を持って保存されているということなのである。もっと正確に言えば、力を持った意味として保存されているのではないか、ということなのである。

二、三時間話している時、ずっと相手の顔は次々に変化しながら受け止められ、それなりに記憶に保存されているが、その中でも、心に残った、気にかかった、強い印象で残った一コマ、二コマが存在し、それが「あいつ、昨日は…?」となると、浮かんでくるはずなのだ。というよりも、昨日の友達の表情を代表する一コマ、二コマが浮かんできているはずなのだ。その一コマ、二コマが昨日の友達の二、三時間の会話の時の連続した表情の変化を代表している、二、三時間の会話の中での表情の意味を一番よく表している、ということなのだ。

「あいつ、昨日は、ほんとうに嬉しそうやったわ」と振り返った時、浮かんでくる友達の顔は、その嬉しそうな昨日の友達の顔を代表している、一番、昨日の友達の嬉しい気持ちを表している顔のはずなのだ。時には、「あいつ、ほんとうにたいへんそうやったな…」となると、その困った友達の心をほんとうに深く、表している顔が浮かんできているのだ。

このことは、昨日の友達の表情、それが表している彼の心を一番表している、彼の在り方を一番表している記憶が浮かんできているということなのだ。

この代表している、一番意味を表していることは人間の認識機能として、とても大切なことなのではないだろうか。そして、これは本質というものに近い存在なのではないだろうか、ということなのだ。ここでは「彼の顔」ではなく、「昨日の彼の顔」の代表、そして本質…まだ早すぎる。しかし、少なくとも一番、意味を表している、代表している時は、かなり本質に近いはずなのだ。

もう少し、他の例、ずっと何回も見てきたりんごを見てみよう。りんごは日常生活の中ではよく見かけるし、また話にものぼる。りんごは色々なところで、家の中の冷蔵庫やスーパーの売り場、時々は人からもらったり、郊外の家の庭や、りんご園で木になっている果実も見かける。それらのりんごは色はおおよそ赤いが、これも様々で、濃い深い赤もあれば、緑色の肌の上に網紋様が赤いのも様々である。そして、話も様々で、「スーパーで売っていて、買ってきた」「冷蔵庫にりんご入ってるわよ…」「りんご食べるの…」「あそこの家の庭に、今年もりんごなってたよ」等々である。しかし、これらの話をしていても、りんごの記憶表象はそれほどはっきりとは浮かんでこないのではないだろうか。話は次々と進み、瞬間的にさっとそれらしいぼんやりとした表象が浮かんで終わり、いや、ほとんど浮かばないで話は進んでいるはずなのである。ということは、これらの日常会話の中ではりんごの表象はほとんど必要なく、りんごの価格、りんごの食べ方、それよりも、次のナイフとまな板などへと、「我」の意識は進んでいくのである。とはいえ、ある家の庭にりんごがなっていたともなると、それを見たことがあれば、それを見た時の記憶から表象は浮かんでくるであろう。でも、この時はりんごそのものではなく、木になっているりんご、いや、りんごがなっている木が浮かんできているはずである。
一個のりんごの表象が浮かんでくるとしたら、やはり、一番多いのは「りんご食べたいなあ」と欲望が生じた時だろう。そんな時、一個のりんごが多くは赤くておいしそうで、それなりの大きさのりんごが浮かんでくるのではないだろうか。この時の表象はそれなりにはっきりとした形で浮かんでくることが多いはずである。とはいえ、りんごを食べたいと思っている時は、このはっきりした表象もすぐに消えて、皿にのった、皮をむかれて、食べる大きさに切られたおいしそうなりんごが浮かんできて、先の皮をむかれていない一個のりんごより、よりはっきりと、しかも、味覚表象や嗅覚表象も伴って表われるはずなのだ。

この二つのりんごの表象、最初に浮かんだりんごらしい、しかもおいしそうな赤く熟れた表象と、味覚、嗅覚表象を伴った、皿の上に皮をむかれ、切られた表象はそれなりに向き合う意味があるはずなのだ。本質を考える上でである。本質に近いのは、最初に浮かんだりんごらしい、赤く熟れたおいしそうなりんごの表象であろう。りんごを代表しているとも言っていい、赤く熟れたおいしそうなりんごなのである。少なくとも、りんごを食べたいと思っている「我」にとっては大切な意味を持った表象なのである。ある意味ではりんごを代表している、りんごらしい表象のはずなのである。少なくとも、りんごを食べたいと思っている「我」にはとても大きな意味を持っているのである。このとても大きな意味は本質、少なくともそれに近いものなのではないのか、ということなのである。ただ、一方、このりんごらしい、りんごを代表する表象を引き出したのは、「りんごを食べたい」という欲望であり、この欲望に合致した表象であるということである。とするならば、やはり大きな問題なのである。学問、科学では、欲望で対象を見ることを厳しく禁じているのである。その観点から言えば、このりんごらしい、りんごを代表している表象は、学問、科学が禁じている上での表象となるということになる。もちろん、学問はさておき、科学ではほとんど、本質など追求されたことはないはずである。それでは、学問のうちの哲学、…哲学こそはまさに本質とま正面に、本質を追求されるべきもの、として進んできている学問であるとしていいであろう。しかし、ここまで来ると、すぐに大きく見えてくるのは、フッサールの現象学のはずである。二十世紀を代表し、二十世紀の哲学をリードしたフッサールの現象学である。彼が追求したのは現象そのものを、純粋な形で見ること、そのことによって絶対的真理への道が開くとするのである。そして、純粋に現象を見るためには、現象以外のあらゆるものを〝遮断〟し、〝括弧に入れる〟ことなのである。当然、欲望も遮断され、括弧に入れられてしまっている。とはいえ、彼が〝現象〟と言った時、対象だけでなく、対象を見ている「我」をも含めたものとして現象と言っているのである。そこには、対象に向き合う、「我」の中の〝志向性〟というものも存在する。この志向性と欲望は？　となるが、これ以上はここで入れば、今見ていることを見失ってしまうことになる。りんごに戻ろう。

まだ、皿の上にのせられた、皮をむかれ、切られた、しかも味覚表象や嗅覚表象を伴ったりんごの記憶については見ていないのだ。これこそ、大きく、今「我」の中に存在している欲望が浮かばせたものだ。りんごは大きく変形されて、しかも、味覚や嗅覚も放っている。これこそは、学問、科学からは、そして哲学的認識論からはほど遠いものである。通常、ということは普通、世の中でも、〝りんご〟と言えば多くの人々はこの先に見たまっ赤に熟れた、おいしそうな表象を浮かべるが、これはそれから大きく変形されてしまっているのである。まさしく、「りんごを食べたい」という「我」の欲望が思い浮かばせたのである。

しかし、この変形された表象こそは、「我」にとってとても大きな意味、力を持って浮かんでいるのではないか、ということなのである。先に浮かんだ、りんごらしい、おいしそうな、熟した表象を押しのけて浮かんできたのである。それを押しのけたのも、こちらの、もう食べるばかりに変形された表象が大きな力を持っていたからのはずなのだ。いや、それだけでなく、この表象が浮かんだら、ますます、りんごが食べたくなって、家にいたら、すぐに冷蔵庫や、野菜や果物の置かれている棚を探しはじめるはずなのだ。

この欲望の作り出した、しかも、まだ欲望をかきたてる表象は、学問、科学からはほど遠い、哲学の普遍的本質と言われているものからも遠く離れた、しかも、通常の世の中でも〝りんご〟と言った時なかなか浮かんでこない、りんごを食べたい「我」の特別な、とはいえ、多くの人々がりんごを食べたくなった時、よく思い浮かべる表象なのである。そして、欲望によって作り出された、強い力を持った表象なのである。

ところで、この強い力を持った意味は、そしてその強い力を持つ意味を表わす表象は、「我」にとっては、特にりんごを食べたい「我」にとっては、大きな強い力を持った意味として存在しているが、認識論の上でも、とても大きな、大切な意味として存在しているのではないだろうか。いや、そこまで広げてはいけない。今見なければならないのは、「我」にとってのこのりんごの強い力を持った意味と、それを表している表象の在り方なのである。これこそは本質、…いや、まだ早い。もう少し、細かに見ていかねばならない。

この大きな強い意味は、欲望が作り出したものであり、その表象は、欲望が浮かび上がらせた存在なのである。その意味では、フッサールが現象学の中で追求した純粋な直観からはほど遠いのである。この大きな強い力を持った意味は、そしてそれを担っている表象は、りんごを食べたい、欲望を持った、欲望に支配された「我」にとっての大きな意味であるが、「我」にとってのりんごの持つ大きな意味、力を持った意味なのではないか、ということは、「我」の欲望に支配されていない時でも、それなりに意味として、りんごの意味として存在しているのではないか、ということなのである。そして、りんごを食べたいと思っていない時でも、〝りんご〟という言語とともに、赤く熟れたおいしそうなりんごの表象とともに、この皿にのった、皮をむかれ切り刻まれた、味覚表象も嗅覚表象も伴った表象もちらりと浮かぶのではないか、ということなのだ。しかし、多くの場合はちらりとだけで、味覚表象や嗅覚表象も浮かんでこないことも多いはずだ。

ただ、これらは、「皮をむかれた食べるばかりのりんご」と〝りんご〟そのものとは区別されているのも日常生活である。ここでは大きな強い力を持った意味、とそれを担った表象が、〝りんご〟の言語とともに浮かんできていることを確かめるだけにしておこう。

皮をむかれていない、元の、おいしそうな赤く熟れたりんごに、その表象に戻ろう。この表象はやはり、ここではとても大きな意味を持っているはずなのだ。今まで、りんごを何百、何千と見てきていて、いや、もっと、しかも、それらは目の前で様々に動いて変化しているものとして見えてきているのに、この一個が、しかもほぼ静止した形で浮かんできているのである。選ばれて、代表として浮かんでいるとしてもいいのである。とはいえ、「我」は少なくとも意識的に選んだことはないのである。強いていえば、「我」の中の欲望が選んだのである。いや、欲望が弱い時でも、ほぼ、これと同じ表象が浮かんでくるとしていいのである。ということは、何百、何千という過去のりんごの記憶の中から選ばれ、代表しているのである。それだけでなく、これはとても多くの「我」、人々に浮かんできているはずなのである。ということは普遍的であるとも言えるし、ここで求めている本質とも…となると、ここでは本質の定義が…、少なくとももとても大きな意味を、この論文のここでの議論において持っていることになるのである。

つまり、多くの記憶から、一番りんごらしい、まさしくりんごを代表する表象として選ばれ浮かんでいるのである。そして、「我」はふとした時でも、りんごの話になったり、ふと思い浮かんだ時、これが表象として現れてきているのである。もちろん、このような時は、ぼんやりと、しかもほとんど瞬間的に浮かんできているだけのことも多いはずである。しかし、その気になって、気を落ち着けて、この表象に向き合えば、それがはっきりと浮かんできて、多くはほぼ同じ表象が浮かんでくるはずなのである。何百、何千の記憶を代表して、ただ一つの、…とはいえ、いつどんな時に見た記憶であるかは定かでないが…、いや、ここには想像力もかなり加わっている可能性もあるのである。いやいや、それ以上に、宣伝やコマーシャルに出てくる写真や画面の、そしてまた、童話やアニメの絵画に描かれたりんごも、この表象に力を与えているはずなのである。これらの力が想像力の働きによって、一つのりんごの表象を生み出しているのである。

ここまで来れば、まさしく本質表象としていいのではないか…

同じことは、少なくとも、果物の種類、柿やみかんやいちじくや、ぶどうをふと思い浮かべる時、それらを代表する一個の表象が浮かんでくるのではないだろうか。しかも、先に見たりんごの時と同じように、皿にのった今食べるばかりになった、しかも、味覚表象も嗅覚表象も伴った表象が浮かんでくるのではないだろうか。とはいえ、食欲がほとんどなくて、その果物を思い浮かべる時は、食べるばかりの表象は退けられ、その果物の種を代表する、一個だけの、よく熟れたおいしそうな、一個だけの静止した、ここでもう一つ付け加えておけば、空間に浮いたような表象が浮かんでくるのではないだろうか。これらはやはり何百、何千という過去の記憶を代表している、「我」にとっては、食欲がそれほど強くなくても、それなりの力を持った意味を伴った表象と言えるはずなのである。

同じことは果物だけでなく、植物全体、動物や様々な道具類について、その種類によっては様々であるが、というのは、それらの一つ一つの種は「我」にとって様々な関係を持っており、ほとんど興味がないとか、毎日仕事に使っているとか、時々ふと見るとかによって現れ方もいろいろであるだろうが、しかし、ある程度は代表する固定した表象が存在するとしていいはずなのである。

そして、これらの表象はそれなりに、生活の中で利用されているはずなのである。しかし、ここはそんなに簡単ではなく、生活の中ではこの時々によって様々な必要＝力＝意味が働いて様々な表象が出てくることも確かなことであり、また、一方、世の中には、少し飛躍しすぎるが、挿し絵やパンフレット、ブロマイドなども存在し、今見た表象を現象世界に、現実の存在として生み出していることも見えてくるのである。

いや、ここはそんなに簡単には見てはいけない、とても難しい問題が様々に存在しているのだ。

いや、そんな都合のいい記憶表象ばかりが浮かんでこない。一つの言語が果物が、みかんでもなかなか一つの表象にまとまらないこともある。みかんにはとてもいろいろ様々な種類があり、大きさや形もばらつきがある。しかし、一方、〝みかん〟によって多くの日本人は温州みかんを思い出すとすれば、やはり一個の…いやいや、人によっては、また時によっては様々な表象が、皿に盛られた、袋に入った、まだ熟れていない、…ここでもやはり「みかんが食べたい」時考えれば…

少し落ち着いて見てみよう。

りんごの時見たように、みかんと言われるものの中にいくつもの種類がある。また一方、〝みかん〟で多くの人々は、日本人では温州みかんを思っているはずだ。同じ「我」でも、〝みかん〟によって何種類かのみかんを思い浮かべる時もあるし、温州みかんだけを、しかも、やはり、おいしそうなよく熟れた、時には皮をむいた食べるばかりのを浮かべることもある。これらは時により、置かれた事情によりなのだ。そして、いくつもの種類を思い浮かべるのは、生活の中ではみかんの種類として、それらを覚えておく必要があり、知識として記憶が保存されているからだ。しかし、一方、「喉が渇いた、みかん食べたいな」となると、特に温州みかんが好きだし、よく出回っている季節ならば、自然と温州みかんが思い出され、温州みかんらしい、おいしそうな黄色をした表象を思い浮かべ、しかし、それもすぐに押しやられて、皮のむかれた食べるばかりのを思い浮かべるはずなのだ。その時々の必要＝力＝意味によって、様々な表象が浮かんでくるのだ。会話の中で、「最近みかん安くなったな…」となると思い浮かんでくるのは、皿に盛られた、あるいはネットで包まれたいくつかの表象であり、しかし、それもすぐに押しやられて一八〇、とか三六〇、とかという数字、あるいはそれを書いた値札が浮かんでくるはずなのだ。

このように見てしまうと、なかなか、みかんの本質どころか、みかんらしい、みかんを代表するとかの表象は見当たらなくなってしまう。とはいえ、ふとした時に〝みかん〟が浮かんできて、何百何千の記憶の中の代表が浮かんでくることもあるはずなのだ。喉が渇いてみかんを食べたい、食欲が強い時が多いだろうが…

こうして見てくると、本質とは、少なくとも本質らしいものは、欲望が浮かび上がらせるのでは、とまで言ってしまいそうになる。そして、そのようなことを書いた本、論文もどこかで読んだような気になってくる。ただ、この段階でもう少し正確に言えるのは、記憶を呼び出して、あるいは浮かんできた記憶に、それなりにじっと、ということは、それを対象に意識を集中する、対象＝意識を形造るのは、日常生活の中では、欲望が働いた時がとても多いということになる。そんな時、浮かんできた表象は一個の鮮明な、動かない、しかも、食欲に合ったおいしそうな、よく熟れたものの表象として現れるということになる。ここには、欲望と本質についての大きな議論も見えてきそうになる。

ただ、ここで言えるのは、そして見ておかねばならないのは、記憶表象の浮かび上がり、現出には、欲望よりもっと広く、この論文の必要＝力＝意味がかかわっているのでは、ということなのだ。〝みかん〟によって三つ、四つの表象が同時に浮かんでくるのは、生活の中では、それらの浮かんだ表象の種類の柑橘類が必要なことが多いし、時によっては食べたい時も多いということなのだ。しかし、これがそれほどはっきり浮かんでくることなく、すぐに消えてしまうのは、その必要＝力＝意味が強いものではなく弱いからだとも言えるのである。皿にのったいくつかのみかんが浮かんでくる時は、これからスーパーへ行ってみかんを買おう、買わなければならないという必要＝力＝意味が働いていることになる。必要＝力＝意味が働いて様々な記憶表象が浮かんでくるということなのだ。そして、たった一つの鮮明な、そのものを表している動かないみかんらしい表象を浮かび上がらせるのは、みかんを食べたい時だけ…

もう少し見てみよう。

昨日、ずっと話し続けていた友達の顔の表象に戻って見てみよう。もちろん、昨日話していた友達の顔の本質などはナンセンスである。Ａという友達、いやもっと、Ａという人物の本質も議論になってしまうであろう。とはいえ、Ａという人物をほんとうによく表している表情、その記憶などというものはもちろん存在する。記憶ではないが、ブロマイドというものもあるし、記念写真というのもある。もっと広げれば、似顔絵の存在も見えてくる。しかし、ここでは、昨日の友達の顔の記憶、その表象をもう一度見てみよう。本質とはいえなくても、それを見ることはそれなりに意味があるはずである。必要＝力＝意味との関係においてである。

昨日、二、三時間話していた友達の顔の記憶の表象の現れ方も、その時々によっていろいろである。稀ではあるが、たった一つの表象が浮かんでずっとということもあるはずである。時にはその表象が、別れた後ずっと浮かんで気になってということもあるのである。相手が苦しんでいたり、悩んでいたりして、そんな話をずっと聞きながら、別れる時に見せた表情は、友達ならずっと気になって、心配になって仕方がないのである。この表象は、昨日の友達の心の在り方をとても大きな力で、その力を持った意味で表している存在なのである。この大きな力を持って浮かんでくる表象は、ここでは見ておかねばならないのである。ここには「我」の中の友達からの心配、気がかりという、大きな力になった必要＝力＝意味が働いているのである。「我」の必要＝力＝意味が大きな力になったのは、その友達の心を述べた話の内容、そしてそれを表している別れる時の顔の表情、その記憶の中の表象の大きな力、それを持った意味なのである。この別れた時の友達の顔の記憶表象はやはり昨日の友達の話の内容を一番表している、昨日の友達の心の在り方を一番表している大きな意味を持った存在なのである。この大きな力を持った意味を表している表象は「我」にずっと力を与え続けているのである。本質とは言わなくても大きな真実を伝え続けているのである。フッサールが本質にとって必要なものとして述べている明瞭性

（Klarheit）判然性（Deutlichkeit）も備えているのである。

ただ、このようにたった一つの表象だけが浮かんでくることは稀である。やはり、昨日の友達の顔の表象はいくつも浮かんで現れるのが普通である。同じように相手が苦しみ悩んでいる時でもいくつもの表象が浮かんで現れ、そのいくつもが、また「我」を心配させ、気がかりにさせることも多いのである。会った時の最初の暗い顔、眼にはほとんど輝きがなく、少し俯いて、「話があるんだけど、少し聞いてくれよ」と言った言葉の響き、話しはじめて少ししてから、言葉が出なくなって俯いたままじっと痛みをこらえるようにしていた時の姿、こちらが慰めの言葉をかけた時、ほんの少し、作ってみせた明るい表情、別れる時の眼に涙を浮かべた表情、これらが次から次へと浮かんでくることがある。これらは、本質がたった一つの表象で表されるものだとすれば、本質からは遠い存在である。しかし、「我」にとってはどれも、一つ一つ、大きな意味を持って迫ってくるのである。そして、その一つ一つが昨日の友達の心の苦しみ、悩みの中身、原因を考えさせる大きな力としてやってくるのである。そして、相手の苦しみ、悩みの内容、その大きさ激しさ、またその原因、解決策をさぐるように考えるが、思考はまとまらないのである。そのまとまらない思考をより深くさせるように、記憶表象はいくつも浮かんでくるのである。「我」も苦しみ、悩みはじめるのである。友情である。

これらのいくつもの次から次へと浮かび現れ出る記憶表象は、まさしく真理、絶対的真理からはほど遠い、本質と言えば話にならない存在であろう。この表象を浮かべている「我」は、真理や本質からほど遠く、昨日の友達の悩み、苦しみの原因、解決策どころか、その悩み苦しみの中身そのものさえも、少なくともまとまったものとして理解できないで、そのため、様々に思考が働いて、しかし、どれとして、納得のいくものをつかめないでいるのである。迷い、さまよい、混乱しているのである。

とはいえ、このいくつかの表象は、記憶の中から、昨日の二、三時間の記憶の中から、力を持って浮き出てきているのである。昨日の出来事の記憶がまだ「我」の中に力を持っていて、いくつかの表象を生み出し、浮かばせているのである。そして、ここで大切なのは、この表象がいくつかである。昨日の二、三時間の現象の中の、やはり代表をしている、一個ではないが、やはり代表している存在であるということなのだ。この代表していることはやはり、ここでは向かい合わねばならない大きな問題であるということなのである。

二、三時間の現象は、厳密に言えば、数秒毎に変化し、無数に近い表象を生み出しているはずなのである。それが一日経って浮かんでくるのは数個の表象なのである。やはり、その無数の中からの代表なのである。代表しているということは、昨日の二、三時間の現象の意味をその数個で表しているということなのである。この数個は、二、三時間の連続した現象の意味を、この数個で表しているのである。このことは、記憶の不思議な大切な、見ておかねばならない機能のはずなのである。記憶はそれを引き出す時、その元となった連続した現象の中から、時には一個、多くて数個の表象として、しかも、瞬間の静止した表象として浮かんでくるということなのである。しかも、この連続した現象の意味を代表する形で浮かんできているということなのである。このことは、思考を見る上でも大切なことのはずなのである。思考はこの代表した一個あるいは数個の表象を材料として、対象として進行しているはずだからである。決して、連続した現象そのままの表象では思考を進めていないのである。このことは確かめておかねばならないことなのである。

そして、ここで、本質との関係で、本質ではないにしろ、この数個の表象が、昨日の二、三時間の連続した現象の意味を、それだけで伝えようとしていることなのである。記憶機能がこの数個を選択して「我」に送り出してきているということなのである。先に見た例では、たった一個の表象が伝えてきていたのである。この選択は、「我」の意志によってではなく、また意識することもなく、まさに記憶機能が選んでいるかのように「我」に送り出されているのである。まさに、ここにも、自動的、無意識的な認識機能の、特にここでは記憶機能の働きが見られるのである。

この選択を人間の認識機能の、特に記憶機能の中のどのような機能がなしているのかは大きな、認識機能上の問題のはずなのである。もちろん、この論文では、脳細胞の神経系統のどのような部分が働いているのかは見ることはできない。ただ、ここでこの論文として言えるのは、現象の持つ意味が、ここでは特に、とても強い力を持った意味が現象の中から、自らを訴えかけるように選択をさせているのでは、ということである。現象の持つ意味が、いわゆる、心に訴える、そして心に残るように働きかけ、それを「我」の認識機能が受け止め、その一番強い、あるいは数個の代表する特に強い力を持った場面を心に残し、記憶に残し、それが一日経って、ほとんどその強い意味が自らの力で、まさしく自動的に無意識的に浮かばせてきているとしていいのである。現象の持つ意味とその力を、「我」の認識機能、記憶機能が受け止め、その受け止めた分が表象として浮かんできているのである。

意味である。「我」にとっての意味である。現象の持つ意味が、認識機能、記憶機能に働きかけ、心に残り、記憶に残り、それが一日経って浮かんできているのである。だから、浮かんできた表象は意味を、強い意味を持ってきて浮かんでいるのである。浮かんできたのは、昨日の現象をほとんどそのまま伝えているとしていい、意味を持った表象であるということである。意味を持った表象、昨日の現象をほとんど伝えている一個または数個の表象であるということである。本質ではなかったとしても、とても重要な大切な表象なのである。まさしく意味を持った表象なのである。

いや、一日前でなくても、一瞬前、例えば数十秒話して、「じゃあ！」と言って別れた相手の顔は、歩きはじめるとほとんど一個の表象、多くて二、三個の表象としてしか残っていないのではないか、ということなのだ。しかも、静止した表象としてだ。つまり、現象から、記憶に保存される時、そして引き出される、いや、浮かんでくる時、ほとんど自動的、無意識的に選択が行われるということなのだ。このことは、認識を見る上で、また認識機能を見る上でとても大切なことのはずなのだ。記憶は選択をしているということなのだ。いや、正確に言えば、一瞬前、少なくとも数分前の現象の記憶はほとんど全てが保存されているとしていいであろう。なかなか難しいことであるが、数分前の数十秒程度の現象を思い出そうと思えばおおよそはほとんど連続したものとして引き出しは可能であろう。忘却がはじまっていないからである。しかし、なかなか困難なのは、忘却がはじまっているよりも、この選択が邪魔をしている…まあ、…

しかし、数時間、数日経つと、選択と忘却が働きあって、記憶は断片になり、数個になり、一個にもなってしまうのだ。そして、この断片、数個、一個の記憶、この表象はその数時間前、数日前の現象のおおよその意味を代表しているものとして現れてきているのである。浮かんでくる、引き出されてくる記憶とその表象は意味を代表しているのである。そして、この代表を選択しているのは、やはり意味であるということなのだ。この表象の持つ強い大きな意味が、他の記憶を、その表象を押しのけて残り、保存され、浮かび、引き出されるということなのだ。そして、この意味とは、哲学が求める普遍的意味とか、世間一般に共通する意味とかではなく、ほとんどが「我」にとっての意味であるということなのだ。そして、このまたほとんどが「我」の生活していく上での、生きていく上での、また、家族が生活して、生きていくための意味であるということだ。つまり、これまで使ってきた必要＝力＝意味である。

とはいえ、ここは正確に見ておかねばならないところだ。この意味を、「我」の必要＝力＝意味とは言ったが、しかし、現象に向き合っている時は、現象から意味がやってきている、力として押し寄せてきているのである。確かに、それは「我」にとっての意味であるが、多くの場合、「我」はこの意味をそのまま、むこうの現れるまま、見えてくるまま、感じられるまま受け止めているはずなのだ。そして、その見えてくるまま、感じられるままの意味が数時間、数日経つと必要＝力＝意味が選択して、選択された表象が浮かんでくる…いや、とはいえ、現象からの意味が強い力のまま、ずっと残って、現れ、浮かんで、「我」をとらえて放さないこともあるはずである。必要＝力＝意味の選択が働かなくて、…事故や災害、この反対のとてもすばらしいこと、いやいや恋…などなど、

これらの現象からの意味がずっと記憶に残って力を持ったまま、「我」の中で生き続け、「我」は混乱し、整理がつかないで悩む時もあるのである。この時、「我」の中の必要＝力＝意味はこの意味とこの力を整理し、自分の気持ちを落ち着けるように働いているはずなのである。先に現象の意味とその力があり、その後に必要＝力＝意味が働いているのである。そして、このような時も現象の連続的に続いたシーンの一コマ、数コマを、記憶は表象として浮かべるのである。とても大きな力を持った一コマだけが表象に浮かんでくることもあるし、混乱していて数コマの表象が次々と、かなり時間が経った後も浮かんできてしまう時もあるはずである。

ただ、これらのことはかなり特別な例であって、多くは「我」は必要＝力＝意味を持って現象に向かっている

のである。食事の時は食欲が、仕事の時は自分と家族が生きていかなければならないという意志が、勉強の時は、いい成績をとって親達を喜ばせたい、そして将来への道を切り開きたいという気持ちが、そしてその他いろいろな時に、必要＝力＝意味が先に存在し、現象に向かい合っているのである。だから現象はこの必要＝力＝意味を通しての意味として現れてくるのである。だから、記憶表象も代表して現れる時は生活にとって、生きていくために必要な形で、その上での意味とその力として現れているはずなのである。

スポーツや遊びの時も、多くは遊びたい、楽しみたいという必要＝力＝意味が働いて、それ以上にスポーツの場合は、どうしてもこの試合に勝ちたい、このフォームをものにしたいという必要＝力＝意味が働き、働き続け、現象に向かい合っているのである。そして、数時間、数日を経て現れる記憶表象も、今度の試合に勝ちたい、もっと良いフォームでプレーしたい、遊びの時はこんなふうに楽しみたいという必要＝力＝意味が働いた形で浮き出て現れてくるのである。もちろん、スポーツや遊びには、それでも必要＝力＝意味を飛び出た、予想していなかった、思いがけない現象が飛び出て、それが大きな力を持った記憶表象を生み出すこともあるのである。だから、スポーツであり遊びであり、楽しいのである。

そこまで言えば、食事や仕事、勉強の時も、思いがけない、予想を外れた現象が飛び出し、これらの時は多くは混乱をもたらし、それが記憶表象を生み出し、混乱を持続させることもあるのである。

いずれの時も、現象の連続したシーンは、記憶表象では代表した一個が最初になって現象の持っていた意味を伝え、保存していくのである。

この代表して意味が浮かんでくる、引き出していることは人間の認識にとって、そして認識論にとってとても大切な事柄のはずなのである。本質にとても近いものであると言ってもいいはずなのである。この代表している意味こそ、本質ではないか、とも言える…

もちろん、昨日二、三時間話していた友達の顔の記憶の中に、本質など、話にならないだろう。本質というものが、そこに存在するとされる対象に絞って、話は進めなければならないはずである。

今まで見てきた中では、りんごや柿やみかんの果物の種や類の中には、本質と言っていいものが見えてくるし、なかなかないことであるが、人々の話の中の話題にも出てきそうである。りんごというものの本質、少なくとも代表する表象が記憶の中に浮かんできているのでは、ということなのである。

〝りんご〟というものを思い浮かべる時、今まで見てきた無限に近いりんごについての記憶の中から、その代表である表象が浮かんでいるのではないか、ということなのである。この表象は「我」の中のりんごの持つ意味を代表して現れているのではないか、ということなのである。この代表する意味を本質、それを表している表象を、本質を表わす表象、本質表象としていいのではないか、ということなのである。

もちろん、これは、多くの人々の生活の中での話である。だから、不変の、普遍的な表象ではないのである。先にも見たように、食欲が強い時は、この意味を代表する表象を押しのけて、すぐに皿にのって皮をむいて切り刻んだ食べるばかりの表象が浮かんでくるし、これからスーパーでりんごを買いに行こうと思った時は、皮のむかれていない、いくつものりんごが籠にのった表象が浮かんでくるし、一個だけのりんごの表象も、季節によって、また食べたいと思い追求している味覚によって様々な表象が浮かんできているのである。それでいいのであろう。それでも人々はりんごを、その時その時で代表する意味を持ったものとしての表象を浮かべながら生活しているのである。

そもそも、生活の中に本質など存在しないし、必要ないのだ。少なくともフッサールが『イデーン』で追求しているような絶対的真理のための本質など生活の中にはないのだ。生活とはフッサールが完全な形で否定している「自然的態度」の中で進んでいるのだ。絶対的真理のための本質を伴うためには、これらを括弧に入れてエポケー、忘却してしまわなければならないのだ。つまり生活を捨てて、忘れてしまわなければ、本質などつかめないのだ。

まあまあ、…でも、生活の中にも本質に近いものが存在しているとしたら、この意味を代表している、記憶の中に浮かんでくる表象なのでは…ということなのだ。

××× ×××

「記憶からの思考」として、これまで長々と見てきたが、今見てきた、本質に似ているが、なかなか本質とは言えない、現象の意味を代表として伝える記憶表象こそは、多くの思考をする時、思考の素材、材料となり、それを目の前に置き、対象として思考ははじまるとしていいはずなのだ。まさしく「記憶からの思考」である。

そして、これまで「記憶からの思考」を見る上で、いくつも例を見てきたが、そこで思考の対象となっている記憶のほとんどは、この本質に近い、現象の意味を代表する一個の、数個の記憶表象であったということになる。

このような現象の意味を代表する記憶表象を思考が対象としてどのように展開されていくかは、まさしく、様々であろう。そのような時に、思考はその記憶表象から、どのように意味をくみ取り、自らを展開していくかは見ていかねばならないし、興味のある、大切な仕事となるはずである。いや、思考だけでなく、様々な感情の素材にもなっているはずなのだ。もっと言えば、意識全体の大きな材料になっているはずなのである。

もちろん、この代表する記憶表象は、思考が発展する中で、感情が様々に変化する中で、一個や数個がそのまま残ることなく、過去の現象の記憶からまた新たなものが引き出されたり、逆に、数個のうちの一個が否定され退けられ、いや、ただ一個だけの代表する表象も否定され退けられ、そして新たな表象に取り換えられることもあるはずである。

これらのことを見ることは、新しい大きな仕事のはずである。しかし、ここまできたこの論文の上では、これ以上の展開は難しいことになる。また、新たな挑戦ということで、本論はここで…

×××　　×××

いや、ここで終わっては本質についてはほとんど見ていない、少なくともほんのさわりだけしか見ていないことになるだろう。もう少し踏み込もう。

第二章

フッサールの『イデーン』の最初の部分の本質

フッサールの『イデーン』の第一巻、第一篇、第一章の三節の冒頭には、「さしあたり、まず「本質」ということによって表示されていたものは、或る個物の自己固有の存在のうちにその個物の何であるかとして見出されるものであった。」（E・フッサール『イデーンⅠ-Ⅰ、渡辺二郎訳、みすず書房、一九七九年）六十四頁　外側の「」内の傍点及び「」は原文）という記述がある。また、次の頁には「個的直観がたとえどのような種類のものであれ、十全的であるにせよ不十全的であるにせよ、ともかく個的直観は本質直観へと転換されうるのである。」（前掲、六十五頁）また、「本質（形相）は、一つの新種の対象である。個的直観もしくは経験的直観によって与えられてくるものは、個的な対象であるが、それと同時に、本質直観によって与えられてくるものが、純粋本質である。」（前掲、六十五頁、傍点及び（　）は原文）とある。

この内容は、今までこの前章で見てきたことの内容を、ある意味で否定するものである。本質は直観として存在するのである。引用した文をそのままに取れば、個的直観と並行して、本質直観が存在しているのである。今までこの先に見てきたことは、直観ではなくて、それが記憶に残っていて、数日後、あるいはほんの少しの後でも記憶として引き出されたものは、本質らしきもの、本質、本質表象として見ていいのではないか、ということである。そうではなくて、フッサールには、個的直観と並存して、本質直観が存在しているのである。これは今まで、先に見ていたことを確かに否定しているはずだ。

今引用した部分だけを見れば、目の前の個物は個的直観としてとらえられ、それと並行して本質が本質直観としてとらえられるということになる。つまり目の前の、現象の中に本質がとらえられるということになる。つまり、現象の中に本質が見えているのだ。現象の中に既に本質は見えているのだ。ところが、この先の章で見てきたことは、記憶の中に、本質、本質らしきものが存在するのではないか、ということなのだ。このことは、今、引用した文だけを文字通りに見れば確かに今まで見ていることを否定していることになる。しかし、そう簡単ではない。ここにはとても複雑な問題が存在しているのだ。フッサールも記憶の中に本質が存在するはずはないなどとは言っていないのだ。ここはゆっくり見ていかねばならない。ここにはやはり記憶というものがとても大きな意味で存在しているのである。そのはずなのである。

もう一度、最初の引用を見てみよう。「『本質』ということによって表示されていたものは、或る個物の自己固有の存在のうちにその個物の何であるかとして見出されるものであった」である。

この論文としては、ここに、記憶というものが存在しているのではないか、と言いたいのだ。

問題は「その個物の何であるかとして見出されるもの」である。ここには記憶が存在しなければならないはずなのだ。「何であるか」として見出されるためには、その個物についての記憶が存在しなければならないのではないか、ということなのである。少なくとも、フッサールが自然的態度として否定する日常生活ではそうなのではないか、ということなのである。

我々人間が個物を見た時、ほとんどの場合、見た瞬間に、「りんごだ！」「みかんだ！」いや、「だ！」などなくて、すぐに「りんご」「みかん」で終わってしまっているはずだ。道を歩いている時も、「車道」「歩道」「人」「犬」「自動車」と「何であるか」を瞬間に見出して終わりなのだ。ここで言いたいのは、「りんご」「みかん」「車道」「歩道」となるのは、過去にそれについての記憶が存在しているからではないか、と言いたいのだ。それらの記憶が存在してはじめて「りんご」「みかん」「車道」「歩道」となるはずなのだ。

このような記憶の存在については、フッサールはほとんど触れていない。そもそも、このような日常生活における認識は、〝現象学的還元〟や〝エポケー〟によって全面的に否定するのが、彼の現象学なのである。

しかし、ここには、「何であるか」として見出すための、とても複雑な、そしてある意味では面白い、興味を引く、ここにはやはり本質らしきものを見出している記憶と認識の働きがあるのではないか、ということなのだ。やはり、りんごを見てみよう。我々がテーブルの上に置かれた一個のりんごを見た時、瞬間に「りんご」となるのである。ここには確かに過去のりんごについての記憶が存在しているはずなのである。

とはいえ、りんごについての記憶はとても多くある。無限に近くあるのだ。その中のいつ見たりんごを引き出してきて、「りんご」を判断しているのか、ということになる。けっして特定の、いつ、どこで見た記憶ではないのだ。「我」の中には、りんごについての無限に近い過去の記憶が存在するのだ。そのどれをということなく、りんごを見た瞬間、「りんご」と判断するのだ。この時、特定の記憶は引き出されていないのだ。いや、ここでは、ほとんど記憶は引き出されてはいないのではないか、とまで言わなければならないのだ。多くの場合、少なくとも意識的には引き出されてはいないのだ。そして、脳の中には、りんごについての表象も浮かんでさえいないのではないか、ほとんど浮かんでいないはずなのだ。しかも、脳の中には、無限のと言っていいほどのりんごについての記憶が存在し、そこには大きなりんご、小さなりんご、まっ赤に熟れたりんご、まだ青緑色のりんご、スーパーで皿に載せられて売られているりんご、木になっているりんご、と様々に存在しているし、それらはほとんど整理されないで、ぼんやりとしたまま存在しているのだ。そのぼんやりとした整理されないままの記憶で、りんごを見て、「りんご」と判断するのだ。フッサールの『イデーン』に戻れば、りんごの「何であるか」を見出しているのだ。

もちろん、ここには目の前に存在するりんご、それから来る、視覚を通した現象が存在していて、その現象に対して、「何であるか」を見出しているのだ。現象からも視覚を通して「りんご」がやってきているのだ。

その目の前の現象から、りんごから、そのりんごの「何であるか」を見出されるものが感覚に、今の場合は多くは視覚にやってきているのだ。だから「我」もその現象から、りんごから、このりんごの「何であるか」を見出されるものをじっと受け止めて、感覚で、視覚で受け止めて、じっと感じ、見て…しかし、りんごに向かって、このような現象の受け止め方をすることは稀だろう。このようにりんごに対して、じっと見て、そのりんごからの感覚的刺激を受け止めるとすれば、りんごの中の新しい種類を見た時とか、特別に、変わった、よく熟れた、よく育ったまっ赤な美しいりんごに出会い、それを見る時であろう。確かにこのような時は、このりんごの持っている、りんごの発している感覚的刺激を、現象を、現象のまま受け止めている。フッサールの現象学の中での現象に向かい合うのに、少し似た受け止め方をしているとしていいであろう。しかし、このような現象の受け止め方、現象に向かい合う在り方は、〝りんご〟の「何であるか」を見出すためのものではなく、その新種のりんごの「何であるか」を、また、まっ赤なよく熟れたおいしそうなりんごの「何であるか」を見出そうとしているのではないだろうか。このような時、〝りんご〟に関しての「何であるか」は、分かったものとして、りんごであることは分かってしまっているものとして意識の外側に、記憶だけの存在として存在しているはずなのだ。ということは、それらの新種のりんご、すばらしいりんごに出会った時、りんごの「何であるか」は瞬間に判断されてしまっていて、しかも、ほとんど無意識と言っていい状態で判断されてしまっているということになるのだ。

りんごに出会った場合、ほとんどと言っていいくらい、この「何であるか」は、瞬間的に、ほとんど意識されることもないくらいに見出されてしまっているのである。そのりんごからやってくる現象、感覚刺激は、一瞬に受け止められ、ほとんど意識されることなく、「何であるか」を見出している。本質を見出していることになる。

ということは、フッサールが『イデーン』の冒頭で言っている、本質直観とは多くの場合、瞬間的に働いて、ほとんど意識されることもなく働いてしまっていることになる。こんなことをフッサールは言っているのだろうか。いやいや、これらはフッサールが完全に否定する、〝自然的態度〟の中での出来事なのだ。とはいえ、もう少しここを見てみよう。

フッサールが全面的に否定する〝自然的態度〟の中では、フッサールが本質とする「何であるかとして見出されるもの」は瞬間的にさっと見るだけで終わってしまっているのだ。そしてまた、その「何であるか」を判断するための記憶も、脳の中では、いつどこでの記憶であるかも定かではない、しかも、はっきりとした形で、つまり表象として引き出されることもなく、ぼんやりとしたまま、判断されてしまっているのではないか、ということなのだ。

〝自然的態度〟の中の日常生活では、とても多く、このような瞬間的な形で、じっと見るということなどはほとんどなく、「何であるか」が見出されてしまっているのだ。このような瞬間的な判断、「何であるか」の見出し、認識を、フッサールは本質直観と言っているのか、ということになる。ここは議論になるところである。フッサールがこのような瞬間的認識について書いていることはないとしていいであろう。フッサールだけでなく、哲学書全体を見渡しても、なかなか出会うことはないはずである。哲学とは、多くは真理を、しかもデカルト以来の近代哲学では、ほとんどが絶対的真理を求める場であって、今見たような瞬間的な、しっかりとしていない、いいかげんなと言っていい認識には触れていないのである。哲学では多くは、主観は客観にしっかり向かい合い、自我はじっと対象を見つめて認識ははじまっているのである。哲学はやはり日常生活からかなり離れた在り方をしているのである。しかし、日常生活では今見たような瞬間的認識が連続して生活が成り立っているのである。哲学者達も、日常生活では、りんごを見た時は、「りんご」と瞬間的に判断して、それで終わっているのである。

とはいえ、『本質と記憶』と題するこの論文としては、やはりここではしっかり見ていかねばならないところなのである。ここには人間の認識の、記憶に関する、そして本質というものに対するとても大切なものが存在するはずなのである。

やはり、記憶の方から見てみよう。りんごを見た時の脳の中の記憶をである。脳の中には、今まで何度も見てきたように、無限のと言っていい過去にりんごを見た記憶が保存されているのである。一方、それらは忘却が働いてどれもこれもぼんやり、いや消失して、いろんな記憶が重なり合って、混ざりあって、いつどこで見たかもはっきりしない、りんごらしき、表象とまでは言えないものが存在しているのである。とはいえ、〝りんご〟を思い出そうとすると、先にも見たように、これらの薄ぼんやりとした定まらない記憶の中から、今まで見てきた無限のりんごを代表すると言っていい表象が浮かんでくるのである。これを先に〝本質らしきもの〟とまで見たのである。

とはいえ、テーブルの上のりんごを見た時、そして、「りんご」と判断した時、このようなりんごを代表するような表象はほとんど浮かんでいないはずなのである。少なくとも、脳の中にははっきりとした表象としては浮かんできていないはずなのである。時には、薄ぼんやりしたままの、りんごらしい、しかしはっきりしない表象がいくつか、というのはその形が定かに決まりきっていないので、決まりきっていないまま、だから、定まらないで、少し形を変えたりしながら、浮かんでくることもあるはずだ。しかし、多くの場合は、このような形の定まらないぼんやりとした表象も浮かばないまま、「りんご」と判断されているはずなのである。

つまり、過去のりんごについての記憶は、少なくとも表象としてはほとんど引き出されることもなく、「りんご」と判断されている。目の前のりんごが「何であるか」として見出されているのである。

過去の記憶はほとんど引き出されることなく、せいぜいぼんやりとしたままであるのに、「りんご」と判断されているのである。しかも、瞬間的に、「我」は判断したという意識もないまま、ほとんど無意識と言っていいまま判断されているのである。

これは認識のとても不思議なことではないだろうか。目の前に存在するりんごを、「りんご」として判断するのには過去の記憶が存在してはじめて、「りんご」であると判断されるはずなのに、その記憶はほとんど引き出されることなく、せいぜいぼんやりとしたままで判断されているのである。このことは不思議と言っていいことなのではないだろうか。

「何であるか」を見出す、判断するためには、一致、現象と記憶の一致、今の場合は、目の前に存在する、現象として現れているりんごと、過去の記憶の中のりんごとの一致が必要なはずなのであろうが、ここには、片方の記憶の中のりんごはほとんど脳の中に浮かんできていないのである。それでも、「りんご」と判断、しかも一瞬にして判断されて生活は続いているのである。これはどのように解釈すればいいのだろうか。

いろいろな解釈は浮かんでくる。りんごは見慣れているのでは、慣れ、習慣で、記憶など必要なく、一瞬にして自動的に「りんご」と判断できる、ということはやはり議論にならないだろう。それでは過去の記憶がいっさい存在しなくても、「りんご」と判断されてしまうことになるからである。本質直観がりんごを見て「何であるか」を見出していることになる。りんごの現象から感覚にやってくるものだけで「何であるか」を見出していることになる。少し飛躍するが、フッサールの『イデーン』も最初の第一巻、第一篇、第一章の三節だけを読んでいると、過去の記憶についてはまったく触れられていないで議論が進められている。だから、これだけを読むと、現象からだけで、本質直観が働いて、「何であるか」を見出している、見出すことができるようにも思えてくる。記憶の存在なしで、本質直観は働いているということになる。本質直観は現象に向かい合った時、そこからやってきていて、記憶はほとんど不要のように思えてしまうのである。だから現象学であるとも言えるのである。ただ、このあたりは後に、ゆっくりと見なければならないだろう。

そうではなく、このような議論は議論として成り立つはずである。記憶は脳の中に存在するが、「何であるか」を判断する時には、それを表象として取り出す必要がないのでは、ということなのである。いや、理論的には、取り出す必要があるはずなのに、少なくとも「我」の脳の中では表象として現れることなく、「何であるか」が見出されているのではないか、ということなのである。そして、問題は、このような表象として現れなくて、引き出されることもなくて、「我」は「何であるか」を見出してしまっている、「りんご」を判断してしまっているのである。りんごを見た瞬間に、「りんご」と判断してしまっているのである。ここまで言うと、「そんなもん、りんごなんか、すぐに見たらわかるやろ、そんな判断しとったら、時間ばかりかかって生活できんようになる。生きていけるかい！」という声が聴こえてきそうなのである。まさしくそうなのである。

では記憶はどうなっているのか。記憶が引き出されることなく、表象として現れることなく判断がなされ、「我」の脳の中では、少なくとも現れることなく、まさしく記憶など必要でないかのように、いや、記憶など存在しなくてもいいかのように判断がなされているのである。

まさしく、フッサールの『イデーン』の冒頭のように、本質直観だけによって、過去の記憶についてはいっさい触れる必要がなく、「何であるか」は見出されてしまっているのである。つまり、ここでは、少なくともとても多くの時、意識の中の現象としても、過去の記憶は現れていないのである。純粋な現象だけに向き合い、他の過去の経験を、ということは記憶を切り捨てて、〝括弧に入れて〟、「エポケー（忘却）して」、つまり現象学的還元を行うことによって、「何であるか」は見出されるかのように説かれているのである。過去の記憶は必要なく、存在していないかのように「何であるか」が見出されているのである。しかし、「何であるか」を見出すためには、少なくとも理論的には過去の記憶が必要である。存在していなければならないのではないか、ということなのである。

ここでもう少し、フッサールの立場に立って述べておけば、「何であるか」が問題なのである。フッサールの現象学としては、「何であるか」を現象に向き合い、そこからやってくる現象そのものを受け止めることが「何であるか」を見出すことなのである。それをほとんど見た瞬間に「りんご」「みかん」「柿」と判断するのは、彼が否定する〝自然的態度〟であり、現象学としては、やってはならないのである。フッサールにとって「何であるか」とは現象からやってくるものだけで、それが本質直観なのである。絶対的真理を求めるためには、過去の記憶は必要ない、あってはならないエポケーされるべきものなのである。

しかし、この論文は記憶に向かい合っているのである。ここには記憶に関してとても不思議な、面白いと言っていい、そして、しかも、フッサールだけでなく、哲学が今までほとんど触れていない、大きな秘密と言っていい記憶の中の出来事が存在しているはずなのである。

「何であるか」を見出すために、判断するために、脳の中に、形のあるものとして、表象として引き出されることなく、浮かぶことなく、判断がされてしまっているのである。脳の中に確かに記憶は存在しているのである。それは「何であるか」を見出すために、判断するために使われているはずなのである。記憶は、りんごについて見ると、無限にと言っていい過去の記憶が存在し、それらは整理されることなく、存在し続けているのである。りんごに向かい、いや、今の場合はちらりとりんごを見ただけで、脳の中では何も起きていないかのようなまま、「りんご」は見出され、判断されているのである。ここに何が起きているのか、なのである。「りんご」は判断されて、しかも、瞬間に判断されて、それで生活は続いているのである。

ここには、推論ではあるが、一瞬見たりんごからの感覚刺激が、脳の中のりんごについての記憶と、記憶のどれかと、その一つと？　いや、そのいくつかが塊になったような記憶と反応して「りんご」を判断しているはずなのである。その一つか、いくつかの塊であるかははっきり意識の中の現象としては見えていない、浮かんできていることはなさそうである。いや、これも断言できない、それも浮かんでこないまま、目の前のりんごと反応しているかもしれないのである。とにかく、脳の中では、そこに存在するりんごについての記憶が、りんごからの感覚刺激に反応する形跡が意識の中に現れてきていないのである。どのようにして、「りんご」は判断されているのか、なのである。

もちろん、ここでは結論は出してはいけないはずだ。なぜなら、「何であるか」を見出すのにも、いろいろあり、それらをやはりそれなりに例として見ていかねばならないはずなのだ。今はちらりとしか見ない、瞬間の判断だけを見ているが、判断ができなくて、じっと見て、の時もあるのだ。こんな時は、やはり、そのじっと見ている間に、記憶の中からどれかが、多くは代表する表象が浮かんでくることも考えられるのだ。最近あまり見ていない、記憶を引き出してくる、その記憶と一致させて見て、「ああ」という時もあるはずだ。何十年ぶりに友達に出会った時などである。かと思うと、毎日通っている散歩道は、りんごのようにいくつもの記憶が存在するのではなく、毎日同じ信号機、車道、歩道、家などは一つだけしか記憶が存在していない、そんな例もあるのだ。

しかし、それらは後にゆっくりと見ることにしよう。ここでは、まずはりんごに絞って見てみよう。そして、記憶は離れて、その反対にある、現象として存在しているりんごに向き合おう。現象からやってくるりんごからの感覚刺激に向き合おう。先に引用したフッサールの『イデーン』では、現象に向き合うだけで、そこには本質直観というものが生じ、「何であるか」を見出すことができるとしているのである。過去のりんごについての記憶にはまったく触れないで、ということは過去の記憶なしに、「何であるか」を見出すことができるとしているのである。ところが、今、この論文も、りんごであることを見出すのに、それを裏付けているはずの記憶がほとんど見出すことができないでいるのである。とはいえ、理論的には、過去のりんごについての記憶が存在しなければ、りんごであることを判断できないはずなのにである。

りんごに向き合ってみよう。りんごに向かって、それからの感覚刺激をじっと受け止めて、…いやいや、そんなことをしなくても、りんごをさっと見ただけで、「りんご」と判断できる、してしまう、してしまっているのだ。この例を見ていたはずなのだ。じっと見る時も、やはり後には向き合わねばならないはずである。しかし、ここではさっとの例を見てみよう。

さっと見ただけで、瞬間的に「りんご」を判断してしまっているのである。「何であるか」を見出してしまっているのである。しかも、今まで見てきたところでは、この時に、これを判断するための記憶はほとんど引き出されていないのにである。

りんごから何かがやってきているのである。その時、記憶はどのように働いて、「りんご」と判断しているのであろう。

りんごに向き合う、いや、テーブルの上にある、りんごを視野の端でさっと見ただけで、りんごは判断されてしまうのだ。ほんの瞬間、ちらりと見ただけで、「りんご」を判断しているのである。りんごの「何であるか」を見出しているのである。この瞬間に記憶が引き出されている、表象が浮かんでいる、少なくとも「我」には自覚はないのである。しかし、一方、「りんご」と判断するには、理論的には、過去の記憶は存在していなければならないのである。ここに、人間の認識の中で、特に記憶に関して、何が起きている、どんなことが起きているかは見なければならないのである。そして、今は、現象として目の前に存在するりんごがどのように見えて、感覚刺激がどのようにやってきて、記憶とどのような関係が生み出されて、「りんご」が判断され、「何であるか」を見出しているかを見ていかねばならないのである。

りんごをちらりと見ただけで、その瞬間に「りんご」が判断されているのである。このちらりと見た時に、何が起きているのであるか、なのである。ほんの瞬間に判断はなされているのである。この時、りんごに目は向けられ、瞬間ではあるが、りんごに目は向けられ、りんごからの感覚刺激を「我」は受け止め、…いや、感覚刺激などとして受け止めているのだろうか？ …となるはずである。少なくとも、りんごのその形や色からくる刺激として受け止めている自覚は「我」にはないのである。見た瞬間、「りんご」なのである。対象にほとんど、少なくともま正面に向いていないのに、判断は成立しているのである。

ここには、これも理論的な推論になってしまうが、目の端から見られたりんごからのやはり、感覚刺激としか言いようのないものと、記憶の中の過去のりんごの記憶の一致があるはずなのである。しかし、ここに見えているのは、このような一致を〝理論的推論〟としか言いようのない、目の前の現象と脳の中の記憶との一致なのである。現象の中では、りんごはちらりとしか見られてなくて、脳の中では記憶はほとんど引き出されたり、浮かんだりしているようには見えないのである。

ここには、人間の認識機能、その中の記憶機能のとても不思議な、優れた、すばらしい能力が見えているのである。しかも、大きな問題が現れているのである。人間の認識機能、その中の記憶機能は引き出されることなく、少なくとも表象として明確に浮かんでくることなく、働いているのではないか、いや、もっと、ほとんど働いていない、働きを見せることなく、機能しているのではないか、ということになるのである。しかも、瞬間に、また、視野の端で少し見ただけで、その記憶機能は働き、「りんご」を判断し、「何であるか」を見出しているのである。この時、まちがいなく、記憶機能、その能力は働いているはずなのである。

ここには、フッサールが『イデーン』の最初において、ほとんど記憶、その機能に触れないで、個的直観と並んで本質直観というものが存在し、個物に向かい合っただけで、「或る個物の自己固有の存在のうちにその個物の何であるかを見出される」としていることと同じ、記憶機能がまったく働かなくても、その個物を見ただけで、その「個物の自己固有の存在から」「何であるかとして見出される」としていることが正しいかのように見えてきているのである。つまり、本質直観だけによって、その個物が「何であるか」が見出せるかのように、見えてきてしまっているのである。

まさしく、本質直観によってだけ、直観によってだけ、「何であるか」を見出すことができるかのようにである。記憶機能がまったく働いていなくても、「何であるか」は見出せるかのように認識機能が現れているのである。しかも、今、りんごを見ている例では、「個物の自己固有の存在のうちにその個物の何であるかとして見出される」の瞬間になされているのである。じっと個物に向き合って、そこからやってくる現象を受け止めることもなく、瞬間になされているのである。この時、個物から、瞬間に見た個物から、「何であるか」がどのようにやってきて、それを見出せるのかは、これもとても大きな問題のはずなのである。ここにもとても大きな問題が存在するのである。しかし、フッサールはこれについては、つまり個物から、「何であるか」として見出される現象そのものについてはほとんど何も語っていないとしていいのである。

何が見えているのか。しかも、瞬間に、りんごの形なのか、色なのか、いや、りんご特有の縞模様…？　そこまでは、いや、簡単に言ってしまえば、〝りんご〟を見ているのである。けっして、「我」はりんごの形そのものに注視していないのである。その意味では色にでもないのである。縞紋様でもないのである。瞬間的に、その全体から、〝りんご〟を見てとっているはずなのである。その意味では、フッサールの言うとおり、個的直観と並存して本質直観が存在して、それらが働いて、一個の個物としての存在を見てとり、と同時に、〝りんご〟を見てとっているのである。こんな時、りんごの形や色や紋様は後ろに退いているのである。まずは、〝りんご〟を見出しているのである。「或る個物の自己固有のうちにその個物の何であるかとして見出されるもの」を見てとっているのにである。最初にである。いや、その前に、テーブルの上に存在する個物に気付き、この瞬間に、ほぼ同時に「何であるか」を見出してしまっているのである。りんごの存在からやってくる全体を受け止めて、「りんご」を判断しているのである。もちろん、この時、「りんご」の判断には、記憶はどこかで働いているはずである。しかし、それは後にゆっくり見なければならない。今は、りんごという個物からやってくる全体が〝りんご〟として見出されていることをもう少し見ていこう。ここはしっかりと見ていかねばならないのだ。ここにはとても難しい、しかし、すごい、すばらしい人間の認識能力が、その原点として見えているはずなのである。

このあたりは科学的な説明によれば、りんごが持っている色や形や紋様が、光の刺激として眼にやってきて視覚として、それらの色や形や紋様を総合して「りんご」は判断されるとなされているはずである。しかし、ここで見たことは、感覚刺激としてやってきた色や形や紋様が総合される前に、感覚刺激が全体で一つとなったものとして〝りんご〟がやってきているということである。紋様ともなれば、様々な色が並んだ形の刺激としてやってきていることになる。いや、もっと科学的に言えば、光線として、光の波長として眼球に届き、それは視神経から脳細胞の中に電流として流れ、とまで現代の科学は進歩し、明らかにしている。しかし、このような科学的な出来事、現象は人間の意識として、その意識の中の認識としては起きていないのだ。どんな人間も、科学者であったとしても、そのような光線、光の波長は自分の認識機能ではとらえられないのである。ここでは、人間の認識、意識としての認識機能を見たいのである。人間の眼に、五感に、りんごが、個物が、現象が、世界がどのように見えているか、感じられるかを見ていきたいのである。とはいえ、多くの人々においては、時には、このような認識を、人間の認識について触れた様々な書物においても、色や形、それらの独特の特徴のある見え方、時には視覚だけでなく、他の五感をも使った、それらの感覚を総合した形で、個物の何であるかを判断しているとされているのである。しかし、ここで見えていることは、これらは全体の一塊りとして、〝りんご〟としてやってきているということなのだ。〝りんご〟がまず最初に来ているということなのだ。色や形や、その他の感覚刺激を総合したものではなく、まずは〝りんご〟が認識されていることなのだ。

これらのことは、いろいろな人々、認識に向かい合っている人々、哲学者と言われる人々とも議論してみたい、しなければならないことのはずなのだ。これは認識を見る上で、大きな問題になるはずなのだ。

このことを正当化しているのは、これまで何度も見てきているフッサールの『イデーン』の引用した文章なのではないだろうか。というのは、ここには、個的直観と本質直観は並存していて、ということは個的直観が働くと同時に本質直観も働くと読めるのである。これをそのまま、人間の認識は個物が個物である、一個の存在であるということを見てとると同時に、その一個の存在が「何であるか」を見出しているともとれるのである。ここはもちろん、『イデーン』の最初で、現象学的還元にも触れられていないし、否定さるべき自然的態度にも触れられていないのである。ここでは自然的態度の中で生活を続ける多くの人々の認識であるともとれるのである。そして、この論文は、フッサールが否定している自然的態度を取り続けながら生きる人々の日常生活の中の認識を見ているのである。その意味では、この論文とフッサールの『イデーン』のここで述べられていることは、同じような認識を見ているとも言っていいかもしれないのである。ただ、この論文としては、その「何であるか」

を見出すためには、記憶が必要なのではないのか、と言っているのである。しかも、ここでずっと見てきたのは、「何であるか」を瞬間に見てとる例なのである。

フッサールのここでの論述をどうとらえるかは、『イデーン』の全体からの、いや、フッサール著作全体からの照査が必要になるし、また、様々な議論にもなるはずである。しかし、ここで見ておきたいのは、本論として確認して、個的直観と本質直観は並存しているという事実なのである。実際、日常生活では、このことは次から次へと起こっているとも言いたいのである。実際、テーブルの上に一個の個物、それが一個の存在であることを見た瞬間、いや、同時に「りんご」は判断され、見出されているのである。その前にテーブルの存在を見て、「テーブル」を判断し、その後、皮をむいて食べるためにナイフを捜して、見つかった瞬間に「ナイフ」なのである。その他、道を歩いている時も、自動車を運転している時も、食事をしている時も、この個的直観と並存した本質直観が次々に、しかも個的直観が働くと同時に働いているのではないか、しかも、瞬間的に働き、次に進んでいるのではないか、と言いたいのである。

ここには、少し飛躍していると言われるかもしれないが、フッサールの志向性、科学で言う欲望が、生きていくために、その欲望を達成するために、生活の上で、様々に見ておかねばならない、必要なことを見ようとする意識の中の原動力、これをこの論文では後に、必要＝力＝意味としてゆっくり見ていかねばならないのであるが、そのような力が働いているはずなのである。

生活をしていくために、テーブルの上に存在する個物を見た時、まずは〝りんご〟であることを見るのである。そして、〝りんご〟を見れば、それ以上は必要ないのである。スーパーでりんごを買う時は、じっと、その皿に載っているいくつかのりんごを順番にじっと見るのである。この時は、りんごの皮の色や大きさ、その形、時には重さを手にとって見るのは、〝りんご〟を見ているのではなく、そのおいしさ、その食べた時の量、値段との比較などを見ようとする、原動力が働いていて、それらを見るのである。ところが、テーブルの上にりんごを見つけた時、〝りんご〟と分かればそれでいいのである。とはいえ、それを食べようかなと思うと、りんごを手に取ってその色、紋様、つやを見て、おいしいかなと見るのである。ここにはおいしさを見るためには、りんごの皮の色、紋様、つやなどを見なければならないという、過去の生活の経験、その経験からのほんの少しの思考が働いているのである。しかし、テーブルの上にあるりんごを見た時は、それが〝りんご〟と分かればそれでよく、それ以上は見る必要がないのである。それで一瞬に判断して終わってしまうのである。

いや、テーブルの上のりんごも、おなかが空いていたり、喉が渇いていたりすれば、そして「りんご」と瞬間的に判断した後にりんごを手に取って見て、じっと見つめる時もあるはずである。まずはりんごの皮の色に目が行くはずである。皮の色の赤さの度合いを見ているのである。この時見ているのは、りんごではなくて、りんごの皮の色なのである。いや、もっと詳しく見てみよう。まずは、個的直観はりんごの皮に向けられ、本質直観は同時に「何であるか」を皮と判断しているのではないだろうか。そして、その次に、その色に個的直観が向けられ、(ここまで来ると、〝個的〟に対して少し疑問は起きてくるかもしれないが、)「何であるか」は「赤い色」と判断され、次にその〝赤い色〟そのものに個的直観が向けられ、本質直観は「なかなか深い赤色」と判断し、「何であるか」を決めているとしていいのではないだろうか。フッサールの言う志向性は、「皮を見よう」「皮の色を見てみよう」「赤色の度合いを見てみよう」と働いているとしていいのではないか、そしてまた、その間ずっと「このりんごを食べたらおいしいかな、どのような味かな、それが知りたい」という上部の志向性が働き続けているのではないだろうか。いや、それだけでなく、これらのそれぞれに見たことを一つのりんごにまとめて、このりんごの性質、在り方としてまとめ、その上で、このりんごの味をおおよそではあるが推論していくのではないだろうか。その上でこのりんごの「何であるか」を、つまり本質を決定していることになる。

これらのことは議論してほしいところであるが、また、ここまで見てしまうと、かなりの飛躍になってしまうだろう。

確かに飛躍である。これらは後にゆっくり見ていかねばならないのである。今見ていかねばならないのは、瞬間に見た時の「何であるか」をである。そして、ここで皮や色や赤色の度合いを見た時も、一瞬にして「何であるか」が見出されていることは受け止めておかねばならないのである。とはいえ、やはり、そんなに簡単ではないはずなのである。りんごを手に取って皮を見る時、その手に取る前に、「りんご」と瞬間に判断した時は既に、ここに皮が存在することを見ているのである。また、過去の多くの記憶から、りんごには皮がついている、どのようについているかも知っているのである。だから、皮そのものには、対象が形造られていないとも考えられるのである。同じことは、皮の色、赤色にも言えるのである。見て「りんご」を判断した時に、皮の赤色も目に入っているし、過去の記憶からは、りんごの皮は赤いことも知っているのである。だから、皮の赤色も対象になっていないとも言えるのである。ここで対象になっているのは、りんごの皮の赤色の度合いであると言えるだろう。りんごを手に取ってじっと見ているのは、この時はけっして瞬間ではなくて、じっと少なくとも数瞬はりんごの皮の度合いを見ているのである。そして、ここで見なければならないのは、この数瞬で、「我」がりんごの皮の赤色をじっと見ているのは、「何であるか」ではなくて、「どれだけか」のはずなのである。となると、本質ではなくて、その量、濃度を見ているということなのである。ということは、りんごを手に持った時、本質直観以外の認識能力が働いているのではないか、ということになるのである。「何であるか」ではなくて「どれだけか」を見ているのである。

ここでは、「どれだけか」には向き合うことはできない。今見ている「何であるか」が置き去りになってしまう。後ほどということになる。まだ一言言っておけば、フッサールは、「どれだけか」にはほとんど向き合っていないのではないだろうか。絶対的真理を求める哲学、現象学では、まずは「何であるか」を見なければならなかったはずだからである。ただ、我々の生活の中では、「どれだけか」も頻繁に出てきて、この時は多くはじっと見ているはずである。この「どれだけか」は本質直観と、「何であるか」を見出すこととどんな関係にあるかは見なければならないであろう。

この後の仕事がとても多く見えてきてしまっている。ここでは、「何であるか」、本質直観に戻ろう。ただ、ここで今見たことで確認しておくべきことは、机の上の個物に気付いて、その「何であるか」を「りんご」と見出した時、同時に、そのりんごの持っている皮や皮の色、もっと言えば形、大きさなどもほとんど一瞬にして見ていて、ただ、今見ているのは「何であるか」として「りんご」であったが、りんごそのものだけでなく、そのりんごの持っている様々なもの、皮、皮の色、形、大きさ等も、目に入ってきていて、記憶にも残っているということである。

りんごを離れよう。そして、もう少し、一瞬にして「何であるか」を見出す例を見てみよう。

朝、家の近くの道を散歩している例を見てみよう。道を歩いている時、車道や歩道はすぐに「何であるか」が見出されるとしていいであろう。交差点に来れば交差点であること、横断歩道、信号機、赤、青、黄はすぐに「何であるか」を見出しているとしていいであろう。一瞬に、ほとんど無意識に自動的に、としていいであろう。そして、これらも、「何であるか」を見出してしまえば、それで終わりであるということである。つまり、現象に向かってじっと見ることはしないのである。確かに歩道を見る時は、その車道との境に、十センチほどの盛り上がりが作られていて、それらと、その内側の歩道はセメント造りになっていて、なども目に入ってきているが、「何であるか」は「歩道」としてやってきているのである。盛り上がりやセメント造りは少なくとも目を向けた対象にはなっていないということなのである。しかも、一瞬にして「歩道」が判断され見出されているということである。しかも、「歩道」が瞬間に最初に来ているのである。十センチほどの盛り上がりとセメント造りは、歩道の付属物として、歩道の背後に下がっているということなのである。

やはり、ここでも、一瞬の判断が、「何であるか」が最初に見出されるのは何によるのか、どうしてなのか、ということが大きな問題になるはずなのである。

ここには次のような記憶のからんだ問題も存在するはずだ。

毎朝、散歩している道なのである。だからよく知っているのである。自分が歩いているのは歩道で、車道の横にどんな形で、どんな広さで、横の車道はアスファルトであるが、こちらはセメント造りで、でも少し疲れていて、車道との境には十センチほどの盛り上がりが造られ、…と知っているのである。記憶の中にしっかり入っているのである。だから、ほとんど見なくてもいいのである。ほんとうにちらりと、「歩道」を確かめるだけで充分なのである。目の前の現象の中の歩道についての知識は、記憶の中にしっかり存在してしまっているのである。だから、現象にほとんど目を向ける必要がないのである。必要のないことは、生活の中ではしなくてもいいのである。ということは、ちらりと歩道であることを確かめるだけで、それ以上はしなくていいのである。ここには記憶の、現象を必要としない大きな力が存在しているのである。

いや、現象はほんの少し使われているのである。車道との境の盛り上がりや、セメントのザラザラした感じをほんの少し見ただけで、「歩道」であることは十分に判断されているのである。判断されるだけでなく、その歩道がどのように続いているか、それらは記憶の中に入っているのだ。だから、ちらりと見るだけで充分なのである。分かったものとして、了解されたものとして「我」は歩んでいくのである。記憶の中にこの歩道は入っているので、ほんのちらりと見るだけで充分なのである。もう少し歩けば、交差点があり、そこには信号があっても記憶の中に入っているのである。現象は、それらの記憶との一致を確かめるだけでいいのである。

ここには記憶が大きな力を持って働いているのである。

しかし、この記憶はどのように働いているかは問題なのである。記憶はほとんど引き出されてはいないのではないか、ということなのだ。少なくとも表象として、頭の中に浮かべられることはないのでは、ということなのだ。

ここには記憶の、記憶独特の在り方が見えてきているのだ。記憶とは、多くの人々は、保存されていて、それが引き出され、表象として浮かべて、役に立つ、働いていると思っているのではないだろうか。しかし、ここではほとんどそのような引き出され方がなされていないのである。少なくとも表象としては浮かんでいないのである。

ここには、目の前に記憶の中に存在するものが存在すれば、少なくとも表象としては引き出されないで、その目の前の存在、個物を記憶の中の存在との一致を確かめる機能が存在していることが見えてきているのだ。いや、もっと言えば、記憶の中に保存されている表象を引き出さないで、浮かべないで、浮かべる、引き出すかわりに、ちらりと見た現象の中の表象を、脳の中から引き出す代わりのようにこれを見て、表象を引き出したかのように、「何であるか」を判断する能力、機能が存在しているのではないか、ということなのだ。

りんごをちらりと見ただけで、「りんご」を判断し、歩道をちらりと見ただけで「歩道」を判断しているのである。その判断のためには、過去の記憶は絶対に必要なのであるが、その記憶はほとんど引き出されることなく、目の前に存在する、現象の中に見えている存在が、その記憶と一致したかのように、そこに脳の中に存在する過去の表象を見出したかのように「りんご」「歩道」は判断されてしまっているのである。ここに何が起きているのか、ということになるのである。しかも、ここには、「りんご」「歩道」という言語を伴っている、…いや、言語さえも出てきていないことが多いはずなのだ。

ここに何が起きているのか、なのである。脳の中にりんごや歩道の記憶が存在していることは確かなのである。それが目の前の現象に反応し、一致したかのように「りんご」「歩道」は判断されてしまっているのである。ほとんど記憶は引き出された形跡がないのにである。脳の中に存在する無限の記憶の中から、それと同じ、目の前に存在する、見えている存在と同じものが引き出され、一致したかのように「りんご」「歩道」が判断されているのである。しかも、瞬間に、引き出されたとはほとんど意識に残らない形においてである。もっと言えば、意識の中の出来事、変化も現象として考えても、ここには現象としての変化は存在していないのである。現象として存在しないで判断はなされてしまっているのではないか、とまでなるのである。

何が起きているのか。しかし、現代の若者、いや、多くの人々、スマホやパソコンを持っている人々は、特別に驚かないはずである。流れてきた曲にスマホを当てると、曲名や作曲家、時には演奏家や指揮者も表示されるという、コンピューター機能による人物の特定も可能である。この時、スマホもパソコンも瞬間に働いて、その引き出しについての操作はほとんど必要ない。とはいえ、コンピューター関係の機能については不勉強であるから、ここではこれ以上入ってはいけない。

人間の認識能力、それをもう少し記憶について見てみよう。ここには、記憶が引き出された形跡がほとんどなく、しかし、まちがいなく、記憶が働いているという、不思議なことが起きているのである。ここには何が起きているのか、ということなのである。視覚からの刺激、いや、五感からの刺激と脳の記憶がどのように反応しているか、なのである。

しかも、刺激だとすれば、次のような不思議な、この論文にとってとても重要な出来事がここでは起きているはずなのである。りんごを見て、瞬間に「りんご」と判断しているが、そして、その時、それに対応する記憶の引き出しの形跡もほとんどつかめないが、だから、もっと分からなくなってしまうが、どのような記憶が引き出されて「りんご」と判断されているのか、なのである。りんごについての記憶は様々に、無限のと言っていいほど脳の中に存在するのである。スーパーに売っているりんご、木になっているりんご、台所に、冷蔵庫に入ったりんご、また、りんごにも様々な種類があるのである。それらは少しずつ種の特徴を備え、違っているのである。

いや、童話の絵本やアニメに出てきても、ほとんどの人々は、それが「りんご」と判断しているのである。それではこの時、どのような記憶が、目の前の現象の中のりんごに対応して「りんご」を判断しているのか、なのである。

りんごについての記憶はまさしく脳の中に無限に存在しているのである。もちろん、それらはほとんど忘却にさらされ、一つずつの記憶は、あいまいになり、時とともに消えてもいっている。とはいえ、りんごの記憶はいろいろに残っているのである。残っている記憶のほとんどは、いつ、どこで見たりんごかは特定できないのである。

いや、これが、特定できないことが大切なのではないだろうか。そして、忘却によって、はっきりしない、ぼんやりしていることも、本質、「何であるか」を見出すためには必要なのではないだろうか。忘却は、いつどこで出会ったりんごかは特定できない、はっきりしない、ぼんやりしたものにしているのである。そして、このような特定できない、はっきりしない、ぼんやりした脳の中にはいくつか、どれもこれもぼんやりしたまま、先に見たように決して代表できるようなもの、しかもそれが一個などではなく、なんとなく暗闇の中にのように存在しているのではないだろうか。しかし、それらはりんごの記憶として存在しているのである。この特定できない、はっきりしない、ぼんやりしていることは、ある意味では応用が利くことにつながっているのではないだろうか。この応用が利くことが、目の前に現れる、現象の中に現れる、それ自身としては、ほとんどはじめて現れる個物としてのりんごに対応できる、一致できる、しかも一瞬にして一致できる能力、機能を与えているのではないか、とも考えられるのである。そして、このことは、童話の絵本の中のりんごや、アニメの中のりんご、いや、それだけでなく、幼い子供達が描いたりんごをも「りんご」と判断させるのではないか、ということになるのである。

これらは議論が必要であろうし、しても欲しいところである。それにしても、なかなか結論が出ないところでもあるはずなのだ。なぜなら、りんごを見た時、テーブルの上や、台所や、スーパーでりんごを見た時、このような記憶が引き出されたことが、「りんご」が判断されていることは先にも見たとおりなのである。「我」には、少なくとも意識されることがなくて、「りんご」が判断されていないのである。まさしく、意識の中の現象としても起きていない、見出せないのである。これらを見るためには、もう少し後に、なかなかそれが「何であるか」を見出すことができないような例を見たりして、議論していかねばならないはずなのである。例としては、一度だけ見た個物の記憶や、何十年ぶりに出会った友達の顔などにおいてである。

今見た、特定できない、はっきりしない、ぼんやりした、忘却にさらされた記憶が、目の前の個物の判断に使われているというのは、少なくとも今の段階では推論でしかないのである。

推論としては次のようなことも見えてくるはずなのである。フッサールの先に引用した文を文字通りに読めば、本質直観は個的直観と並存して働くのである。個的直観が働くと同時に働いているのである。ということは、個的直観もほとんど瞬間的に働くのであれば、本質直観も瞬間的に働いていることになる。このことは、現象に向かい合う、ということは、目の前の個物からの視覚的刺激、五感にやってくる刺激の中で、一番最初に本質を受け止めてしまっているのではないか、とも思えるのである。人間は事物を見る時、最初に本質を見てとってしまうのではないか、ということなのである。これは、先にも少し、このように見たことであるが、フッサールも、個物に向かい合った時、一番最初に本質直観が、いや個的直観と並んで働くと考えているのではないか、ということも『イデーン』のここからだけでは、そうも読めるのである。

フッサールは、この本質直観がどのように働いているかはほとんど述べていない、と言えば叱られるだろう。ただ、ここで読者が知りたいと思うのは、直観の中で、どのように本質が受け止められ、それを本質としているのか、なのである。もっと言えば、りんごを見た時、何を見て、りんごの中の何を見て「何であるか」を見出している、つまりりんごであることを見出しているのか、が知りたいのである。もっと言えば、りんごの中の何が本質として見出されているのか、りんごの本質とは何なのか、が知りたいのである。

確かに本質直観は働いているのである。しかし、りんごを見て、その見た、つまり直観の中で何が本質として受け止められているのかは、やはり、認識を見る上では大きな問題になるはずなのである。しかし、フッサールは述べていないのである。少なくとも日常の中に存在するりんごや柿や、テーブルや椅子については何も語っていないのである。彼がすぐに例として挙げていくのは、本質そのものでできていると言っていい幾何学の図形なのである。とはいえ、多くの生活の中で生きている我々も、りんごの本質となると「…?」となるのではないだろうか。少なくとも、生活の中では見えてこないのである。

しかし、生活の中では、りんごは恒に「何であるか」を見出されているのである。しかも、ほとんどが瞬間にである。何によって見出されているのか、となると、多くの人々に浮かんでくるのは、りんごが持っている、りんごだけが持っている特性、特徴のはずである。りんごの皮の赤色はやはり、りんご独特と言っていい、それ以上に、りんごの、その赤い皮には独特の縞紋様がある。この紋様はりんご一個一個違うのであるが、しかし、そのどれも、りんご独特の縞紋様なのである。例えば、りんごの皮をむいて、その紋様だけを見ても、りんごの皮の紋様であると多くの人々は言うはずなのである。いや、それだけではない、りんごはりんご独特の形を持っているのである。りんごの外形を簡単に描いて色を塗らなくても、それだけで、りんごの形であることは子供達にも分かるのである。特に、テーブルに置いた時、上になっている部分から伸びている、短く切られた芯のあたりは、特にりんごの特徴を伝えているはずである。

りんごには様々に、部分として外形として「何であるか」と見出せる特徴が備わっているのである。しかも、この特徴の一つが欠けている、例えば、夏に出てくる未熟なりんご、青りんごを見ても、人々はりんごであることを見出しているのである。これらは、りんごの「何であるか」を見出しているとすれば、やはり本質とも言える。少なくとも本質とつながる材料としていいのである。

ということは、りんごの「何であるか」を見出せる、本質を示すものはいくつもあるということになる。これらの一つ一つが本質であるとすれば、本質という意味がわからなくなってしまうだろう。しかし、本質を示していることはまちがいないのである。

このような、いくつもある、本質を示していると言っていいりんご独特の特徴は、先に見た、テーブルの上にあるりんごをさっと見て一瞬に判断した時にはどうなっているのだろうか。この時、これらの一つ一つの特徴を少なくとも注視はほとんどしていないはずである。まさしく、一瞬にしてその全体を見て、「りんご」と判断しているのである。これはどうなっているのだろうか。これらのどれかが、瞬間にまさしく目に入って、ということも考えられる。その中では、このりんご独特の外形、あるいは皮の色であるとも言えそうである。しかし、それらのどの一つに注視もしていないし、その後、その一つを判断の材料としたという意識はないのである。

一瞬にして全体像がやってきているのである。この全体像に記憶が反応したのである。それも、どのような形をした記憶であるかはわからないのである。ただ、記憶の中には、やはりりんごの記憶が存在し、それが目の前のりんごに反応したことだけは確実なのである。目の前のりんごを、りんごと判断する記憶が存在していることは確かなのである。そして、この時、けっして、先に見た一つ一つの特徴、皮の色や独特の外形が引き出されていることはないのである。とはいえ、その中の一つが反応したことも考えられないわけではないのである。しかし、これらはやはりみな推測なのである。目の前のりんごに対して、どのような記憶が反応しているかは見えてこないのである。

以上に対して、これも推論にすぎない議論が浮かんでくる。そして、フッサールの『イデーン』からは、一番近いとも思える推論である。

「本質を定立し、そしてまずそれを直観しつつ把握することは、何らかの個的存在の定立を寸毫も内含していないのである。純粋な本質直観は、事実に関する寸毫の主張も含んでいないのである。」（『イデーン』同上六十九頁　傍点本文）この文をこれだけでとらえると、そしてもちろん曲解だとの非難はまぬがれないだろうが、目の前のテーブルのりんごを見た瞬間、それを見た「我」は、そこに存在する個物としてのりんごをほとんど見ないで、本質直観によりすぐに「りんご」の本質をとらえてしまっているのではないか、つまり、りんごであると判断しているのではないか、と解したくなるのである。

フッサールの解釈はさておいて、この論文としては、このことは、現実に、生活の中では起きているのではないか、と言いたいのである。つまり、個物として存在するりんごを見た瞬間に、その個物として、もっと言えば、その個物からやってくる現象をほとんど受けとらないで、その個物の「何であるか」を見出してしまっている。

つまり、本質観取がなされているのではないか、ということなのである。

そして、実際このことは起きていることのはずなのである。目の前に存在する個物としてのりんごの形や皮の色やをほとんど見る前に「りんご」が判断されているのである。このことは真実であるとしていいのである。

しかし、ここに問題が存在しているのである。それでは「我」は目の前の個物の何を見て「りんご」を判断したのかなのである。

ここにはやはり、瞬間的とはいえ、その目の前の個物としてのりんごの形や皮の色をどこかで見て、それで判断しているのだろう、と多くの人々は言うはずなのである。そうしたら、そのどれのどのような形、あるいは色によってなのですか、とも議論は進むはずである。色や形はほとんど注視されていないが、やはり、どこかで視覚でとらえられているのでは？となるのである。


しかし、ここで言いたかったのは、りんごを見た瞬間に、その皮の色や形の前に、その全体としての、その像の中に、りんごの「何であるか」を見出せるもの、本質が存在し、これが見えているのではないか、ということなのである。そして、この論文としては、それに合致するものが記憶の中にも存在していて、それはけっして皮の色や形の部分ではなくて、少しぼんやりしているが、そのぼんやりしているが故に、目の前の瞬間に見た個物のりんごと合致して、りんごの「何であるか」を見出している、つまり、本質観取がなされているのでは、と言いたいのである。

この合致する記憶は、何度も見ているが、合致する瞬間にはほとんど引き出されることのないものである。だから、その意味では確かめられない、ということは推測によってしかそうだとは言えない代物である、つまり、存在を確かめられないのである。そして、推測によってしか述べられないのである。しかし、この瞬間には、目の前の個物が「何であるか」を見出すことができている。りんごが「りんご」であると判断されるためには、やはり、それに合致するべく記憶が脳の中に存在していて、目の前の個物と合致して、「何であるか」を見出し、判断をしていることは理論的には絶対的にそうなのである。

　だから、ここでは、推論によるしかないが、その合致しているべく記憶がどのようなものであるかを見なければならないのである。脳の中に存在する記憶を見て、みるしかないのである。とはいえ、りんごの記憶は無限と言っていいほど存在するのである。しかし、一方、これらはほとんどが忘却に侵されているのである。りんごの記憶を引き出す時、思い出そうとする時、一番最初に浮かんできそうなのは、昨日スーパーで買った、そして今冷蔵庫に入っているりんご、つまり、直近のものである。だから、今、テーブルの上に存在するりんごを見た時、「ああ、りんごか、…昨日スーパーで買ってきて冷蔵庫に入れておいたのに、誰やろ、ここに置いたのは？」となるのである。もちろん、このような場合も、日常生活では多くあるはずである。一方、次のようなこともあるのである。最近りんごを買ってきた記憶もないのに、テーブルの上にりんごが存在した時である。こんな時、第一章で見たような、記憶の中の暗闇に存在する、いつ見たともわからない、現実に見たりんごからは少し変形され、ぼんやりした、しかし、やはり本質に近いと言っていい、りんごの表象が浮かんでくるのではないか、ということなのだ。これは、ふと「りんご」を思い浮かべようとした時、特に最近あまりりんごを見ていない時に、浮かんでくる表象でもあるのだ。これは脳の中に存在していて、引き出して見ようとしても、薄暗い中に、ぼんやりとしていて、形もはっきりしない、脳の中に存在する限りは、その大きさも特定できない、そんな表象が浮かんでくるはずなのである。このようなはっきりしない、ぼんやりした表象が「りんご」とふと思い出そうとする時、多くは浮かんでくるのではないか、ということであり、目の前のりんご、個物として存在するりんごと合致している可能性が大きいのではないか、と言いたいのである。

そして、このような、少し暗い、あいまいな、ぼんやりとした、大きさも特定できない表象が、記憶として引き出され、目の前の個物としてのりんごと合致して、「りんご」と判断するのではないか、ということなのだ。そして、「我」の視覚も、この記憶と合致するべく対象を求めているかのように、目の前の個物としてのりんごからも、皮の色や形ではなく、全体としてのりんごを見て、自分の脳の中の記憶表象との合致だけを求めて、だから、その記憶表象に合致のすべくモノを求めて、合致して、「りんご」を見て、判断して終わりなのではないか、ということなのだ。あるいは逆に、こちらの方が正確であろうが、目の前の個物としてのりんごを見た時、多くの個物を見た時、その外観、全体像を見た瞬間に、それだけで、ということは皮の色や形を見る、少なくとも注視する前に、記憶の中の、この目の前の個物の外観、全体像と合致するべく記憶が引き出され、「りんご」が判断されるのではないか、ということなのだ。

いずれにしろ、これらは推論でしかない。推論しかできないのだ。この判断の瞬間の記憶の動き、働きは、ほとんど、記憶の中の表象としても現れることがないのだ。この記憶の中に表象としても現れないことは、認識論上、とても大切なことのはずなのである。このことは、認識の原点とも言うべく、本質の確認が現象として、ここでは意識の中の、内観としての現象、それとしてもとらえることができないことを意味しているのだ。このことは認識をとらえようとする、つまり認識論にとって、とても重大な危機のはずなのだ。認識の一番基本とも言っていい過程が現象としてとらえられないのだ。

このことは、絶対的真理を求めんとして現象だけに向き合ったフッサールにとっても大きな危機であったはずなのだ。しかし、彼はずっと現象に向き合い続けたのだ。だから、今ここで見たような記憶との関係はほとんど見ないままで終わっているのだ。本質は、本質直観によってとらえられるだけになっているのだ。記憶との関係には触れていないのだ。いや、それ以上に、本質を本質直観がどのようにとらえるかも、その本質がどのようであるかも、ほとんど述べていないのだ。この過程は現象として、意識の中の動きとしても、表象としては浮かんでこないとすれば、フッサールにとっては当然のことだったとも言えるのである。しかし、絶対的真理を求める上では、これでいいのだろうかとも思えるところなのである。

ここにはとても大きな問題が存在しているのではないだろうか。認識の原点である本質について、フッサールも『イデーン』で最初取り組んでいるその第一篇第一章の「事実と本質」ここにおいても、現象そのものに取り組んでいて、この現象として現れない過程についてはまったくと言っていいほど述べられていないのだ。

いや、フッサールはそんなに単純ではない。ここでフッサールがとったのは、人間世界のほとんどの営みを否定することなのだ。日常生活の全てを自然的態度として否定することなのだ。そして、学問も、事実学と本質学に分けて、本質学だけに向き合うことなのだ。認識は彼の言う、現象学的還元を通してのみ正当化されるのだ。そして、この現象学的還元を通して認識、現象学が唯一学問として認められるのだ。そして、本質についての議論は、彼が本質学として認める幾何学が例に出されて説明されていくのだ。りんごの本質など、それは自然的態度の真っただ中の認識であって、見向きもされないのだ。

だから、この論文で見てきたことは、自然的態度の中の議論であり、彼にとっては、現象学から遠く外れた、入り込んではいけない世界の議論になってしまうのだ。

そして、彼が本質の説明として例として述べていく幾何学は、本質学として存在し、そこに存在する図形は全て本質として存在していて、「何であるか」が見出されてしまっている存在であり、「何であるか」を見出すために、この論文でここまで議論してきた、記憶による働きなど見る必要のない存在なのである。

だから、今、このすぐ前に、本質を、「何であるか」を見出そうとする時、それに合致すべく、目の前の個物として存在するりんごを〝りんご〟であると判断するため、記憶が、ほとんど引き出されることなく、意識されることなく、ということは広い意味での現象として現れることのない事態、このことは認識論にとって、とても重要なことなのではないかと言った事態などは、彼が否定すべく自然的態度の中での認識であり、否定されるべき世界の認識での出来事であり、向き合うこともないままになってしまっているのである。だから、今見た、本質認識のために引き出されるべく記憶が、広い意味での現象としても現れないことなど、議論されるべくもない、もしかしたら、フッサール自身も気付いてもいない世界の出来事なのである。本質認識のために、引き出されるはずの記憶が広い意味での現象にさえも現れないことは、現象学には見向かなくてもよい、自然的態度の世界の出来事なのである。

くり返すが、以上見てきたことは、つまり人間が本質を見ようとした時、その本質、つまり「何であるか」を保証するはずの記憶が「我」の意識の中においても、引き出されて、思い浮かぶ、表象として見えている形跡がないことは、とても認識論、哲学の上では重要なことのはずなのである。フッサールは絶対的真理を求めて、現象学を打ちたてたのである。そして、現象に向き合うことによって、しかも、それ以外の、現象につきまとう様々な知識を振り払うことによって、つまり、これは自然的態度として、受け入れないことによって、絶対的真理を求めようとした、また求めることとしたのである。しかし、今ここに見たことは、認識の出発点としての、本質を得ようとする過程において、現象として現れない過程が存在するということなのである。このことは、フッサールの現象学に疑問を投げかけるだけではなく、人間が絶対的真理を求めようとすることそのものにも疑問が湧いてくることにもなるのである。このことが肯定されるのならば、人間は絶対的真理など求めることができない、とまでも言われてしまうのである。

ただ、今見たのは、りんごをさらっと見て、瞬間的に「りんご」を判断する例なのである。これは自然的態度の中の典型とも言える例なのである。もう少し、「何であるか」を見出すのに、対象に真剣に向き合った例を見なければならないのである。そのような例をしっかりと見たならば、そこに現象として現れる本質が見えてきて、記憶も、合致する過程がしっかり見えてきて、今見たりんごをさっと見て判断するような例が、まさしく自然的態度として退けられるべきものとして見えてくるかもしれないのである。

第三章

本質観取

「さっと」ではなく、「じぃっと」見る時の、本質、「何であるか」を見出すことはどうなっているのかを見てみよう。

「じぃっと」見るのは、やはり、今まで見たことのない、新しい事物を見た時だろう。これは、これまで、「何であるか」を見出すためには必要な、存在していなければならない過去の記憶が存在しないのである。ということは、認識論上も大きな問題であるとした、目の前の事物と合致する記憶表象が現象の中に見出せないという過程を見ないですむことになるのである。ここでは、今まで見てきて、結局は困難な問題にぶつかった認識の過程に出会わなくてもすむのである。

新しい事物に出会った時、人々は確かに「じぃっと」見る。対象に向き合うのだ。この時こそは、新しい事物の本質を見ようとしているとも言えそうである。「何であるか」を見出そうとするのである。

新しい事物によく出会うのは、この時代、自動車や電化製品、いやいや、流行を追い求める衣服、様々なものが、新しい製品として売り出されている。食料も年々品種改良が重ねられて、新しい品種が生み出されている。観葉植物も、改良品種がとても多く生み出されている。洋ランなどは何百という品種が存在するはずだ。いやいや、日本でも蘭やオモトは、かなりの昔から様々な品種が存在したのだ。

りんごも時々新しい品種に出会う。その時は、新しい品種名を見て、じぃっと見ることもある。この時は、次のことが起きている。新しい品種の名前を聞いたり、価格の上に品種名が書いてあったりして、「ええ?」となり、それで「じぃっと」となるのである。ということは、新しい名前を聞いたり、見たりすることがなかったら、「じぃっと」にはならなかったことも多々あるのだ。りんごの新品種は多くの場合「じぃっと」見てはじめて新品種に気付くのだ。ということは、新品種といえども、見た目ではそれほど変化はないのだ。というよりも、りんごは同じ品種でも様々な形、色、大きさのものが売られていて、こちらの変化の方が大きいからなのだ。それでも、「じぃっと」見ていると、その品種独特と思える色、赤色ではあるが、その品種のものらしい赤色、そして、紋様、時には大きさや形が見えてくることもある。この時、その独特の赤色、紋様、形、大きさは、その品種の「何であるか」として見出されていることになる。そして、この「何であるか」を見出す過程では、まずは、ほとんど意識はされていないが、りんごを見ていることが、りんごの品種を見ていることがまずは存在している。いや、これは「じぃっと」見る前であるとしていいであろう。しかし、ここでは、目の前の新品種のりんごを見る、「何であるか」を見出す過程にとってはとても大切、重要なことのはずである。りんごであること、しかも、りんごの新品種であることが無意識とは言ったが、意識のどこかに働いているのである。記憶としてしっかり存在しているのである。

その上で「じぃっと」見ていることになるのだ。そして、この時、「じぃっと」見ている時も、記憶は働いているはずなのだ。というのは、「じぃっと」見ていることによって「我」が見出そうとしているのは、その新品種の、今まで見てきた品種との差異性なのだ。この差異性を見るためには、今まで見てきた様々な品種の記憶が必要なのだ。それと比較して、はじめて差異性、その品種の独特の性質が見出されるのだ。

とはいえ、どのように、今まで見てきた記憶が引き出されるかは様々なはずである。目の前の新種のりんごを見て、過去に、今まで見てきたりんごの記憶を引き出し、それと比較して、その差異をしっかり押しとどめて、これからの見分けのために役立てようとするのだ。この時、正確に見れば、「我」は目の前のりんごと今まで見てきたりんごの記憶、脳の中の記憶、その表象に交互に対象を当てながら見ていることになる。そして、時には、過去の記憶の中のそれと類似のりんごの皮の色や紋様をいくつか浮かべて比較することもあるはずである。この時、目の前のりんごを「じぃっと」見ることと、記憶の中の表象へは瞬間毎に交替し、「じぃっと」は瞬間毎の回数が重ね合わされることになってしまっている。これはりんごを扱う仕事をしている人々や、主婦でも、りんごが好き、そして、自分だけでなく、子供に食べさせたいと思っている人達だろう。また、一方、ほとんど過去の記憶を引き出さずに、「新しい品種か?…」と、ほんとうに「じぃっと」見る人々もいる。これは、それなりにりんごは好きではあるが、それほど様々な品種の特徴をしっかりとは記憶していない人々が見る時であるとしていいであろう。このような人々は、ほんとうに「じぃっと」見ていることになる。過去の記憶はほとんど引き出されていないのだ。それでも、「じぃっと」見ていると、その目の前のりんごの特徴がやってくる。考え方によれば、先に見た差異性を比較しながら見る時よりも、よく「じぃっと」目の前のりんごだけを見ていることになる。「ああ、こんなりんごか…」となるし、時には、その独特の皮の色やその紋様が、またその形などが訴えてきて、「なるほど…」となることもあるだろう。この時の過去の記憶は引き出されてはいないが、やはり今までのりんごの記憶は目の前のりんごを見ている背後に、どこかに存在しているとしていいであろう。このように見る時は、差異性を過去の記憶と比較しながら見ている時よりも、「何であるか」がより「我」に素直にやってきているとも考えられるだろう。目の前に存在する新種のりんごの存在からの「何であるか」が素直にやってきているとも言えるのである。

そして、このような時、「我」には、次のようなことが、「何であるか」とは言い切れない、印象と言った方がいいようなものがやってきているのではないだろうか。そのような時もあるはずなのだ。

「じぃっと」そのはじめて見る「りんご」を見ていると、その独特の皮の赤さ、少し黒ずんだとも言える、奥深いとも言えるその赤色に惹きつけられ、ということは、目が少しの間、その赤に留まったままになり、その皮のむこうの青緑色に近い白色の中身、肉が浮かんできて、少し喉の奥から唾が出てきて、「うまそうや…」となるのである。

ここには、目の前のりんごの現象、それは外形と皮の色までなのであるが、それを超えた、皮のむこうの果肉への想像力が働いているのである。それはまた視覚表象から、想像の中の味覚表象を生み出していることにもなるのである。しかも、この味覚表象は、今まで味わったりんごの味とは、その味覚表象とはほんの少し違ったもののはずなのである。今まで食べてきた多くのりんごの皮の色とは少し違う赤色を見て、その赤色が想像力を働かせて生み出した味なのである。ここには今まで多く食べてきたりんごの皮の色と、その中身、果肉の味との記憶、それから二つの結びつきからの、皮の色の独特の変化が、自然な形で想像力を働かせ、生み出した想像力の中での果肉の味なのである。いや、香りもやってきているはずだ。嗅覚表象もやってきているのだ。

これらは、過去の記憶の中のりんごの皮と果肉の味、そして香りが存在して、それが目の前に存在する新種のりんごの皮の色が生み出した果肉の味、香りなのである。

この想像力の中の果肉の味、香りは、実際に食べてみると違っている可能性も多々ある。ということは、フッサールの現象学でなくても、絶対的真理を求めようとする哲学、認識論では許されないものである。しかし、この想像力が生み出した果肉の味、香りは、我々の日常生活ではとても大切なもの、価値のあるもののはずなのである。これこそ、我々の日常生活の中では、とても大切なもの、これこそは本質と言っていいものなのではないだろうか。これこそは、新種のりんごを「じぃっと」見ることによって、「何であるか」が見出されて、つまり本質直観が働いて、観取された本質なのではないか、とも言いたいのである。そして、これこそは本当の「何であるか」なのではないか、とも言いたいのである。この時の「何であるか」の〝何〟は、とても広い意味を持っているが…、我々の生活の中ではこの広い意味の方が…

いや、フッサールも、目の前の現実の存在（reale Dasein）からではなく、想像力によって本質はとらえられるとも言っている。このあたりは、フッサールの現象学の、特に本質、形相に関してのとても複雑なところである。ここはまた、フッサールの研究家からの意見、批判を交えて議論していきたいところである。

新車を見てみよう。自動車こそは、電化製品と並んで、人類の作り上げたすばらしいもの、人類の生活、日常生活、いや、社会全体の在り方を変えたすばらしいものに違いないだろう。この自動車も、ほぼ毎年と言っていいほど改良された新しい車種が生み出され、販売されている。そして、その全体のデザインも年毎に新しく作り変えられている。これは、新車を多くの人々に買ってもらいたい、もらわねばならない、そのためには買う人々の心を惹きつけるべくデザインが、各メーカーの専門の人々によって生み出されているからとしていいであろう。

新車を見た時、多くの人々はこのデザインに、特に乗用車の場合は惹きつけられる。ということは、「じぃっと」この新しい車種を見る。そして、多くの場合、「いいな」とか、時には「すごいな」ともなる。

ここに本質直観が働いているかと言えば、それなりに議論になる。本質を「何であるか」として、それを文字通りとってしまえば、「何」は車、乗用車、せいぜい軽四、ワゴン、セダン等になってしまうのである。それでは「じぃっと」で何を見ているのか、ともなる。それはやはり、ここでは、新しい車のデザイン、それが生み出す車の雰囲気、カッコよさを見ようとしているとも言える。先程のりんごで見た果肉の味、香りを本質として見るとすれば、このデザインのすばらしさ、カッコよさを見ようとすることは、やはり本質を求めている、本当の「何であるか」を見出そうとしていることとも理解可能のはずである。

とはいえ、この「じぃっと」だけで、つまり、乗用車の新車のデザインの良さ、すばらしさの「何であるか」を見出しただけで、今、目の前に見ている新車の本質を見た、見出したと言えば、「アホか？」と言われるだろう。自動車が、それが乗用車であったとしても、デザインだけでは「何であるか」はほとんどと言っていいほど見出せていないのである。自動車の「何であるか」、本質は機能にあるのだ。走ってみてナンボなのだ。多くの新車を買おうとする人々は、セールスマンの説明に従って、まずは運転席に坐ってみるのだ。そして、まずは、運転席に坐っての座席の感覚、それ以上に運転席からの視野の広がり、眺望は大切なことだ。そして、アクセル、ブレーキの感覚、それらを確かめたら、運転して…、多くはセールスマンが助手席に乗って出発である。車が動いてはじめて、いや、車は動いている時こそが本当なのだ。エンジンの音、アクセルを踏んだ時の加速の仕方、ブレーキを踏んだ時のかかり方、…それ以上に走っている時の乗り心地、十分か二十分のドライブであるが、車を買う時の大きな決め手になっている。ということは、新車の本質、「何であるか」を見出していることになる。

こう見てくると、本質直観は…？となるはずである。もう直観などと言っていられないことになっているのだ。十分か二十分のドライブはその間、ずっと、車を買うかどうかを判断しているドライバーはこのずっと全身の感覚を働かせ続けているのだ。ハンドルを握った時、それをまわした時の感覚、…触覚が主であると言っていいであろう。乗り心地は、体全体の感覚で受け止めて、アクセルを踏んだ時のスピードの出方は視覚、エンジンの音は聴覚…。これらの触覚、視覚、聴覚は、その瞬間毎には広い意味で直観としてもいいかもしれない。しかし、けっして直観だけではないはずなのだ。ここには大きく経験が、ということは過去からの記憶の混じった形で働いているのだ。ハンドルを握った、そしてそれを回転した時の感覚は、今まで乗ってきた様々な乗用車のそれとの比較になっているのだ。アクセル、ブレーキもそうなのだ。ここに働いている感覚、五感は今までの経験に伴われているのだ。そして、今までの経験と比較しているということは、比較とはやはりほんの少しであるが思考も入り込んでいるのだ。

思考と言えば、短い時間のドライブの乗り心地、運転した時の様々な感覚をトータルすることは大きな思考になるはずだ。この思考は、この場では終わらず、「もう少し考えさせてください。いつまで返事すればいいですかね?」となって、思考は一週間ほど続くこともある。この一週間、仕事をしている時やスポーツをしている時は別で、いや、そんな時もふと、手が休まった時や、休憩の時に、今度買おうとする車の様々な性能、カッコや乗り心地をトータルして考え続けているのである。このことは、思考によって、今度の新車の「何であるか」、本質を考えているとしていいのではないだろうか。とても広い意味においてではあるが。そして、思考ではいろいろと、試乗した時の、アクセルを踏んだ時の感覚、車の加速の仕方などを思い出して、ということは思い出そうとしているのは、試乗した時の、アクセルを踏んだ時の直観、それで得たもの、その記憶だと言ってもいい。もちろん、とても広い意味でである。これらの直観と言っていいものの記憶を集めて、トータルして、ということは思考によって、今度の新車の「何であるか」を、本質を求めようとしてとも言えると言えば、拡大解釈が過ぎるとも言われるだろうか。いや、まだ忘れている。車を買う時、試乗して一週間考えている時、ずっとつきまとっているのは、その車の価格なのだ。買うか買わないかを決める、その一番大きなポイントはこの価格なのだ。この価格の上で、性能、乗り心地、カッコが判断されるのだ。この価格こそは、新車の、いや全ての商品の、…

いや、本質とは、少なくともここでは言ってはいけないだろう。しかし、経済学、いやいや市場で取り引きする、ビジネス、…商店を営んでいれば、やはり一番大切なのは、この価格、…いやいや、商店だけでなく、工場でも、作り出す商品の、結局は、一日の、一か月の、一年の価格の総体が、そんなことを言えば、その工場で働いている人々も、何を作り上げ、どれだけ、どのようにもさることながら、月々もらう給料が、…まあ、よそう、ここはほんとうに経済学にまかせよう。

ここまで来ると、「じぃっと」を見ていたことがふっとんでしまっている。しかし、乗用車だけでなく、様々な機械、いや、道具でさえも、その「何であるか」、本質と言っていいもの、その道具や機械の良さ、欠点は、「使ってみないとわからない」なのだ。しかも、機械ともなると、何年か使ってみてはじめて、ああ、こんなのも作れるのだ、…ともなるのだ。

先の章の最初にあげた、「個的直観がたとえどのような種類のものであれ、十全的であるにせよ、不十全的であるにせよ、ともかく個的直観は本質直観へと転換されうるのである。」(『イデーン』前掲、六十五頁)を文章そのままに受け取って、個的直観から、つまり個物が個物であることを認識したと同時に本質直観がやってくるなどとの理解からの本質直観は、今見た新車の、「何であるか」、本質からはとても遠く離れてしまっているのである。もちろん、フッサールも、このような個的直観からすぐ転換されうる本質直観だけを、本質直観としているとは言えないであろう。ここにはまだまだ議論が出てくるはずである。

今見た、新車のデザイン、乗り心地、機能全体を本質であるとするならば、本質はとても広い意味の概念になってしまうであろう。

もちろん、世間では、今のような話をすれば、「新車の本質?」と返ってくるであろう。でも、一方では、そのような反応をする人々も、新車の大切なことを全て分かった上で、買うか買わないかを決めるのである。この〝全て分かった〟は大切なことで、これを広い意味での本質とも、少し無理がありそうであるが考えられるのである。ここには、本質の定義が問題になっているのである。この論文では先に挙げたフッサールの『イデーン』の「何であるか」として見てきたのである。しかし、この「何であるか」もとても広い意味にも解釈可能のはずである。

ここに見えてきているのは、本質直観、直観として、普通使われている、いや、哲学でもそのように解釈されているはずの、現象をそのまま受け止めること、しかも瞬間的に受け止めることと解釈すれば、そのような直観では「何であるか」を見出せない本質ということになるのだ。

ここには、本質の定義だけでなく、本質そのものに対しての奥深い議論が必要になってきていることが見えてきているのである。また、逆に、この論文が先に見ていた、散歩している時に見かけた車を、その瞬間に、「何であるか」を見出して、「車だ!」と見出していたことも、これが本質を見出していたことになるのかは議論になるはずなのだ。

ただ、この論文では、本質をとても広い意味で解釈して向かい合っていきたいとするのである。人々が、本質と考えている、本質と言ってもいいように考えていることに目を向けていきたいのである。このことは、やはり、人間の認識を見る上で、また、人間のその認識の上での人生を生きていることを見る上で、とても大切なことのはずだからである。

そして、フッサールからの引用の「何であるか」も、とても広い意味を持っているとしていいのではないか、と見えてきているのである。先にも見たとおり、通常、日常生活の中では、個物を見た時、見た瞬間に、「りんご」「柿」「みかん」「自動車」「自転車」「信号機」などで終わっているのである。しかし、ここで、その瞬間に終わらないものとして、「じぃっと」見ることを、そして、新しいものに出会った時を見たのである。先には、新種のりんごを見た時は、そのりんごの奥深い、まさに本質と言っていいものが見えてきていたのである。しかし、ここで新種の乗用車を見た時、「じぃっと」ではすまない、とんでもない、本質直観と言っていいのか、という事柄が見えてきたのである。このことは、乗用車は、科学が発達した資本主義社会が作り出した、とても複雑な構造を持った製品であり、かつ、人々の生活の中に深く入り込んだ、ということはその複雑な構造を生活の中で使いこなして生活が成り立っている代物だということなのである。そして、複雑であるということは、いくつもの機能を組み合わせて、一つの、自動車の存在が成り立っている、ということなのである。そして、このいくつもの機能の総体を本質とするのか、また、それらの総体を思考をも交えて見ることを本質直観としていいのかは、直観そのものを問う大きな問題であるが、この論文としては向き合っていかねばならないのである。忘れてならないのは、このいくつもの機能は、それぞれ記憶に残り、それが総体として思考によってまとめられていることなのである。

そして、ここに見えているのは、本質と、科学における欲望、フッサールの志向性、この論文での必要＝力＝意味との関係なのである。散歩している時、むこうから来る自動車は、「車」と「何であるか」を見出して終わりなのであるが、つまり瞬間に本質直観が働くのであるが、新車を買うともなると、数十分かかる試乗と、これを本質直観と言っていいのかというものとその後の思考によって「何であるか」を見出すのである。

「じぃっと」見るに戻ろう。まだまだ見なければならないはずなのである。先に見た時、「じぃっと」と見るのは新しい個物に出会った時ではないか、として見ていたはずである。そして、これまでは新種のりんごと、乗用車の新車を見たのである。

新しい個物を「じぃっと」見るのは、そこにはその新しいものに対する過去の記憶、知識が存在しなくて、その新しい「何であるか」をまさしく見出さなければならなかったからである。とはいえ、新種のりんごについては、それが「りんご」であることは過去の記憶の中に存在し、「何であるか」を見出していたことになる。ただ、新種のりんごだということで、その新種の「何であるか」を見出そう、つまり、過去の記憶に頼らないで見出そうとしたので、「じぃっと」見ることになったのである。同じように新車の場合も、過去の記憶が働いて、乗用車であることを、「何であるか」と見出していたのであるが、新車の、その中の新しいスタイル、性能、乗り心地の「何であるか」を見出すために、本質直観が否定されるような数十分の試乗を必要としたのである。この新しいスタイル、性能、乗り心地は、過去の記憶の中に存在しない「何であるか」を見出すために、数十分の試乗を必要としたのである。

そして、ここで見なければならないのは、過去の記憶が存在しない「何であるか」を見出すことなのである。

人物は見ておかねばならないだろう。これもとても難しいところへ入り込みそうであるが、やはり見ておかねばならないのだ。ここではじめて出会った人物を見ることになる。

でも、最初から躓きがやってくる。特に日本人の場合は、である。初対面の人物に対しても、その相手の顔を

「じぃっと」見てしまうと失礼にあたることになるのだ。特に「じぃっと」見て、相手の表情に目を向けて、「何であるか」を見出そうとすれば、大きな問題になる。初対面の時は、まず挨拶をかわし、笑顔を作って、相手の顔をちらりと見て、話をはじめて、なるべく話の内容がはずむように、相手の顔を見ていても、その「何であるか」を見出すような眼ざし、視線を向けないように気遣いながら話すのである。名刺交換をすれば、まずはその名刺を見て、相手の職歴、いや、それもあまり聞いてはならない。まわりに知っている人物がいれば、それについて話したり、前任者や上司についての軽い話をして、また、様々な世間話、景気や世の中の様子を話したりして、あまり長くならないところで切り上げて、…ということになるだろう。このような時は、「我」もいわゆる自分を出さないように、社会の、仕事上の顔を作り上げて話しているのだ。ああ、またもや、とても難しい話になってしまっている。「何であるか」を見出そうとしてもいけないし、見せてはいけなくて、隠されてしまっているのだ。そもそも、社会、人間関係の多くは、この「何であるか」を見せずに、また見ないようにしながら、社会の顔どうしのつきあいをしているということなのだ。

そもそも、近所づきあいもそうなのだ。挨拶をかわすことはまずその第一歩だ。そして、なるべくお互いに問題が起きないように気を遣いながら、ということは、自分の「何であるか」を隠しながら、共に生活していかねばならないのだ。

このように見てくると、初対面の時、相手の顔を「じぃっと」見ることもなかなかできないし、見られたとしても、そもそも、ほとんどの人々は、自分を見せないようにふるまっているのであるから、相手の本当の姿、在り方、性格、今まで見てきた「何であるか」を、本質を見出すことは、ほとんど不可能だということになってしまう。

とはいえ、社会は様々である。やはり、「じぃっと」見ることはある。子供なら許されるのである。初めて会った人の顔を、幼い子供は「じぃっと」見るのである。幼い子供は、初めて見るおじさん、おばさん、近所の人達、家にやってきた両親の友達の顔などを「じぃっと」見るのである。これは「じぃっと」見ることによって、相手の「何であるか」を見ようとしているとしていいであろう。本能的に、というよりも、まっすぐな、社会によって汚されていない心で、眼で、相手を見て、「何であるか」を見ようとしているはずなのである。しかし、様々な経験などまったく皆無であると言っていいから、性格などを見ているわけでもなく、自分に感じられるまま、「じぃっと」見て、相手の「何であるか」を見ているのである。分かっていることは、相手が人間であることぐらいなのだ。それでも、「じぃっと」見続けていると、その感じたことから、にこっと笑ったり、急にワーっと泣きはじめたりするのだ。これは、見ていた相手の「何であるか」が、彼等なりに分かり、感じられ、反応したとしていいのではないだろうか。もう少し成長して、言葉も覚えて、少しずつ人間の性格についての知識も身についてくれば、そして、社会のルールも少し覚えていれば、「じぃっと」見ているが、ほとんど反応せず、相手が帰ったら、「怖いおじちゃん！」とか「いい人やね…」とかと言葉が出てくるのではないだろうか。

ただ、ここには、幼児心理学と言っていい分野の様々な難しい問題が存在するのである。言語がそれほど発達していないのと、やはり、人間に関しての知識がそれほどないことによって、少なくとも言語では「じぃっと」見て感じたことを、なかなか表現することができないのである。言語で表現することができないことは、人間どうし、感じていることを伝えあうことができないのである。しかし、一方では、「じぃっと」見ることによって、やはり、様々な、ありのままのものを感じているとしていいのではないだろうか。そして、大人になった時、ふと思い出して、様々な知識と言語によって、「ああ、あの人は…」と、その後、それなりに的確な、しかし、それほど長くない言語で、その時の真理と言っていいものを言い表すこともあるのではないだろうか。

いや、このような例はそれなりに使える、つまり、「じぃっと」見ることによって、「何であるか」を見出している例としていいのではないだろうか。小学校などで、クラス替えになった後、先生が一人一人を呼び出して、坐らせて、「じぃっと」見て、生徒の「何であるか」を見出そうとする時である。もちろん、このような時、「じぃっと」見るだけでなく、いろいろな質問をし、それに答えさせることによっても、様々に「何であるか」を見出そうとしているはずである。その質問によって、つまり言語によって、その生徒の様々なことをつかむ、理解するのである。しかし、ここでは言語についてはまだまだ入り込むことができない。「じぃっと」だけに絞って見てみよう。

このような学年の最初では、四十人近い生徒、一人一人を見て、名前を覚え、その先の学年の先生からの資料、特に成績を頭に入れ、「じぃっと」見るのである。そして、また、今日は学年最初の先生達の会議があり、それも閃くのである。そんな中で、生徒の一人一人をやはり「じぃっと」見るのである。その「じぃっと」見る目には、今まで教師として教えてきた経験、その記憶もいろいろ働くし、また、児童心理学をはじめとする、様々な今まで読んできた、生徒の性格を見極めるための知識も一緒に働かせながら、生徒の表情、全体の姿、話をする時の声、話し方、全体の雰囲気などを感じながら、生徒の性格を、これから、教え、育てていくための資料、理解力、話の聞き方、また、全体の姿からは、スポーツや体力についての考察を進めていくはずなのである。この時の「じぃっと」見るは、やはり生徒一人一人の「何であるか」を見出そうとしているとしていいであろう。本質とは、やはりなかなか言えなくても、これから一年、あるいは二年三年とつきあっていく上での大切なことを見出そうとしているとしていいはずなのである。

とは言ってみたものの、学年の最初はとても忙しくて、なかなか一人一人に「じぃっと」の時間を作れないこともあるはずだ。「じぃっと」見ながら、ゆっくり話ができるのは、二学期の最初に転校してきた生徒などかもしれない。

いや、そんなことよりも、先生が「じぃっと」見るのは、一番見るのは、いたずらやけんかをして悪いことをした生徒を説教する時だとも言えるであろう。こんな時はやはり本当にこの問題の生徒を、その問題を起こした理由を、この人間の中に、「じぃっと」見ることによって見出そうとするとしていいであろう。これは今まで毎日見ていたその生徒の、まだその奥に隠れている「何であるか」を見出そうとしているとも言えるはずなのである。ということは、今まで、クラス替えからずっと、この時にはそれなりに「じぃっと」一人一人の生徒を見て、「何であるか」を見出していたのが、まだその奥に、その時は新しく見出した「何であるか」が存在していたということになるのだ。いやいや、そのクラス替えの最初の日だけでなく、先生は、その後も毎日、多くはちらりとではあろうが、一人一人の、そして、今目の前に問題を起こして坐っている生徒の、その時その時に見出せる、新しい「何であるか」を付け加えていたはずであるが、今日ここに来て、もう一度「じぃっと」見て、その生徒の、今まで見てきたその奥に存在する「何であるか」を見出さなければならないのである。もちろん、先生は「じぃっと」見るだけでなく、言語によって質問して、その生徒が、この問題を起こした原因、理由を聴こうとし、それらの原因、理由は様々な日々の出来事、友達との関係、そしてまた、そのような問題をこの生徒に起こさせた特別な出来事をさぐり当てようとし、思考も働かせて原因、理由を追求していくのである。しかし、多くの先生は、その問題にもよるであろうが、その生徒を「じぃっと」見て、その生徒の奥に潜む、今まで見出せていなかった「何であるか」を見出そうとするはずなのである。

ここに見えてきているのは、大きな問題である。ここでも、自動車の時と同じように、本質直観が、少なくとも瞬間的に働く直観としての本質直観が否定されているということなのだ。自動車や人間については、フッサールが『イデーン』の最初で言っているような、個的直観に並んで働くような本質直観だけでは、その本質をとらえることはできないのではないか、ということなのだ。フッサールがそこで言っている個的直観と並存して働く本質直観が見出す「何であるか」は、それが自動車であり、新車の〇〇というメーカーの××という車種であり、それが人間であり、今度のクラスの生徒の一人であり、名前は…ぐらいなのではないか、ということなのである。そして、ここで見えてきているのは、それらの奥に存在する、多くの人々が、人間としてつきあっていく上で、とても知りたい、知っておかねばならない大切なことなのである。やはり、この大切なことは、少なくとも世間では、日常生活では本質と言ってもいい、本質という言葉に相当する、値する事柄のはずなのである。

もちろん、これらは、フッサールの言う自然的態度の中の事象、出来事なのである。絶対的真理を求める現象学からはほど遠いのである。しかし、人間にとって、生活をし続ける者達にとって、つきあっていく、つきあっている人間の「何であるか」を見出すことはとても大切なことなのである。とはいえ、その大切なことは、なかなか見出せないのである。「じぃっと」見ただけでは、なかなか「何であるか」を見出せないのである。それでも、それが分かっていても、学年のはじめには、先生は生徒を「じぃっと」見て、「何であるか」を見出そうとするのである。そして、おおよそ「何であるか」を見出したつもりだったが、その生徒が問題を起こし、もう一度「じぃっと」見なければならなくなったのである。

もちろん、人間の「何であるか」を「じぃっと」見ただけで見出せるものではない。それは誰もが知っていることである。だからこそ、様々な質問を、いや、毎日の会話を交わすなかで、まさしく少しずつ少しずつ分かってくるのである。まさしく、人間はとても複雑な、そんなに簡単には分からない、先に見た自動車も複雑で難しかったが、それ以上に、その何倍も、もしかしたら何十倍、何百倍、難しい存在なのである。フッサールの現象学的還元によって見たところで、絶対的真理どころか、何も分からない、見えてこないのである。フッサールも『イデーン』ではこのような難しい、複雑な人間関係の解明など試みることなく、すぐに本質だけで、純粋に存在する幾何学的図形を例にあげて説明を続けていくのである。

しかし、多くの人間にとって、絶対的真理の数百倍、つきあっている人間の「何であるか」を知りたい、知らなければいけないのである。人々は、初対面の時、相手に失礼にならないように、「じぃっと」は見ないが、それなりに相手の「何であるか」を見ようとしているのである。そして、つきあいを重ねていけば、その都度、様々な出来事、会話、その時の表情などから、その人物の「何であるか」を見ようとし、今までの「何であるか」の上に積み重ねていくのである。いや、時には、生徒が問題を起こした時のように、先に見た「何であるか」を否定し、修正して新しい「何であるか」をつかみかえていくのである。これが人間の生活であり、その中での大切なことなのである。しかし、絶対的真理からはほど遠く、まさしく、フッサールが否定する〝自然的態度〟の中で生き続けるのである。

本質直観を、「何であるか」を見出す能力を、ここでは「じぃっと」見ることについて見てきたのであるが、またしても、とんでもないところへ、直観とはもはや言えないところへきてしまったのである。向き合った例が、それだけの内容を持っていたということになるだろう。自動車も、人間も、ここでは先生が初対面で見る生徒の例しか見ていないが、やはり人間の生活の中ではとても重要な意味を持っている存在なのである。それらは、「じぃっと」見ただけでは、その内容、複雑で、奥深く、大切な内容はつかみきれないのである。そもそも、「じぃっと」に向き合ったのは、その前の瞬間的に「何であるか」を見出すよりも、もう少し違った、そのように瞬間的に判断はできない事物に向き合って、瞬間的ではない、少し時間をかけた「じぃっと」見る例に向き合おうとしたからなのである。そもそも「じぃっと」見ることは、やはり、向かい合う対象が、瞬間的には判断できない、そこに重要な大切な中身を抱えているからそうするのである。しかし、その重要な大切な中身が、とても大きなものであることが、見えてきてしまったのである。自動車だけでなく、様々な機械、時には道具でさえも、何年も使ってみて、ようやく、「こんなこともできるんや」とか、「ああ、こんなんだったんか」と思えることも多いのである。これが人間どうしともなると、もっと複雑でたいへんな話になってくるのである。友達どうしも、長い間つきあっていて、ようやく、「あいつって、こんなやつやったんや…」となることも多いのである。だから、人間どうし、つきあいなのである。

ここで言っておけば、この長い時間のつきあいの間に働いているのが記憶であるということである。人間どうしのつきあいで、長い間つきあっていて、ようやく、その人間が分かった、見えてきたとしたら、その長い間のつきあいの記憶の積み重ねの上に、また新しい出来事が起こり、今までの記憶の上に、それが積み重なり、それも記憶となって、そのつきあっていた相手の「何であるか」が見出されたはずなのである。

友達もとても大切であるが、恋愛、そして結婚ともなると、人生の中で、最重要、しかも、奥深く、はかりがたいものなのである。本質直観などと言われるものでつかむことのできないことなのである。それでも、恋の場合は、会った瞬間、一目惚れというのもある。この時は「じぃっと」見る、それに近いことは起きているとしていいであろう。しかし、それからがたいへんなのである。つきあいが始まるまでもたいへんであるし、いや、恋が実っても失恋もある。これは、「じぃっと」見たことも含め、様々な会話、様々なつきあいの内容、それらが否定されたことを意味する。…

いや、「じぃっと」に戻ろう。今見たのは、新しい種類、初めて出会う人間などを見たのであった。今まで見たことのない、初めて出会う事物、人物に対して、その全体を知ろうとするために「じぃっと」見たのであった。少なくとも知っておかねばならないものの全体を人々は、初めて出会った多くのものに向けて「じぃっと」見るのであった。しかし、その「じぃっと」だけでは足りなくて、かなりの時間がかかり、本質直観というものが否定されるのではないか、とも見えてきたのである。

初めて見る、初対面でなかったならば、もう少し短い時間で、いや本質直観だけで、「何であるか」を見出せるのではないか、ということになる。

毎日の出会いを見ていけばいいのではないだろうか。毎日の出会いでも、「じぃっと」見ることはあるはずである。お母さんは、子供を、朝起きてきた時、学校から帰ってきた時、それなりに「じぃっと」見るはずである。まず第一に、健康であるかどうか、困ったり悩んだりしていることはないかを探るために「じぃっと」見るのである。この「じぃっと」見るは、まずは、今見ているのは、自分の子供であること、何才で、小学何年で、このような性格で、遊びが大好きで、勉強はまあまあ、…などの多くの記憶が、整理されないまま、その上になされるのである。そのような記憶の上に「じぃっと」見るのは、この子が健康で、できるだけ幸せに、そしてできるなら勉強もがんばり、いい成績になどという、大きな力の必要＝力＝意味が存在しているのである。そして、「じぃっと」見て、健康そうなら、また、悩んでいることがなさそうなら、ほっとしてそれでいいのである。健康で、幸せで、いい子に育ってほしいという必要＝力＝意味がそれで、少なくとも今日のところは、それなりに満たされたとしていいからである。

　つまり、お母さんは、子供そのものの「何であるか」を見ていないのである。子供そのものの「何であるか」はよくわかっているのである。つまり、性格や成績や好みや癖などはしっかりと分かってしまっているのである。だから、お母さんが「じぃっと」見ているのは、子供のその日の健康、精神状態、つまりその日その日で変化する事象を見ているのである。その変化の中でも、いわゆる〝変わったことがないか〟を見ているのである。〝変わったこと〟とは、病気とか悩みを見出そうとしているのである。つまり、それが存在したら、困ったことになることを見出そうとしているのである。だから、お母さんは、子供に向かって目を向けているが、子供そのものではなく、子供の顔色、表情を見ているのである。いや、顔色、表情そのものではなく、その顔色、表情の中に〝変わったこと〟つまり、病気や心配、悩みなどを見出そうとしているのである。

　ということは、つまり、〝変わったこと〟を見出そうとしていることは、その背後に、平常の〝変わったこと〟のない顔色、表情の記憶が存在しているということなのである。このことは、現象だけに目を向けているのではない、ということなのだ。現象学から外れた、〝自然的態度〟に入り込んでしまって目を向けているのだ。いや、それだけではなくて、今までの経験から、その顔色、表情の中から、病気や心配や悩みを見出そうとしているのである。これも過去の病気や心配や悩みの時の顔色、表情についての過去の記憶が存在していることを意味しているのである。しかも、その顔色の、表情の変化から、それを読みとろうとしている、つまり推測が働いている、ということは思考が働いているということになるのである。こう見ると、やはり本質直観ではない、つまり、直観とは、現象からやってくるものをそのまま五感で受け止めることであるとするならば、大きく、記憶や思考が入り込んでいるということなのである。

とはいえ、お母さんが見ているのは、その日の子供の健康、精神状態という、子供にとってとても大切なもの、その日の子供の健康状態、精神状態の本質と言っていいもの、見ておかねばならない重要なことを見ているのである。その意味で本質を見出そうとしていると言ってもいいのである。お母さんにとっては、哲学での絶対的真理の何倍も、何百倍も大切な子供の、その子供が健康で幸せに育っていってくれるための、健康状態、精神状態を知る、それを見るための「じぃっと」なのである。ただ、ここには、この「じぃっと」には、直観だけでなく、記憶の積み重ね、そして推測、思考も入り込んでいるのである。

いや、それだけではない。ここにはもっと見ておかねばならないことが存在するのである。お母さんは、多くの場合、「じぃっと」見るだけでは、確信が得られないのである。少し顔色が悪いと思っても、それで断定はできないのである。そして、多くは、「どうしたの？　顔色悪いよ、…熱があるんじゃないの？」と尋ねるのである。つまり、言語を使って、本人から回答を、これも言語によって求めるのである。「べつに！　…なんで？」と返ってくるとほっとするのである。その時、お母さんは声の響きにも耳を向けるのである。聴覚による本質直観を働かせるとしていいであろう。その声の響きが、明るく元気そうなら、お母さんは「気のせいかな…でも…？」となり、「何か困ったことあるの？…」と尋ねるのである。そしたら、子供は、「別に…、何もないよ、…なんでそんなこと訊くの？…」と返ってくれば、ここでもほっとするのである。それでも、まだ心配が消え去ってはいないが、「それならいいか…」とお母さんもこれ以上尋ねないのである。ほんとうは、昨日宿題を忘れていって、かなり先生に叱られたので、しかし、そんなこと言えば、お母さんにも叱られるし、で言わないこともあるのである。

ここで言いたいのは、「じぃっと」見るだけでは、求めている本質と言っていいもの、大切な、知っておかねばならないものを得られないことも多々あるということなのである。「じぃっと」見ることは、確かにそれなりに本質直観と言っていいものを働かせているとしていいかもしれないが、求めている真理を得られないことも多々あるということなのである。絶対的真理からはほど遠いのである。今見た例では、現象からだけでは真理は得られないのである。それで、言語が使われ、真理を得ようとしているのである。

つまり、世間では、つまり、フッサールの〝自然的態度〟の世界では、現象からだけでは、それに向けられた直観だけでは真理が得られないことが多いのである。だから、〝自然的態度〟として非難され、拒否されているとしていいのである。

とはいえ、一方、お母さんが「じぃっと」見ているものは、お母さんにとって一番大切なこと、今一番見ておかねばならないこと、自分にとって一番大切な存在である子供の健康状態、精神状態であるということである。まさしく、そのような意味では、お母さんが見ようとしているのは、やはり本質と言っていいものなのである。しかし、ここで見たことは、その本質と言っていいもの、大切なものは、「じぃっと」見る、直観だけでは得られないことなのである。そして、お母さんは、直観だけには頼らないで、言語による、子供との会話、それだけでなく、推測、思考を働かせているのである。そして、時にはそれでも、得たいと思っているもの、大切なもの、本質と言っていいものが得られないことも見えてきたのである。

またしても、ここでも、本質直観、そう言っていいものが否定されているのである。かの偉大なフッサールが絶対的真理を得るためには、ほとんどこれしかないと言い切っている本質直観が否定されているのである。確かに、ここで本質直観として見ようとしているのは、フッサールのその絶対的真理への道には欠かせない、現象学的還元などなされていない、いや、そんなこともまったく知らない、いわゆる〝自然的態度〟の世界、世間と言われる世界の話なのである。そうは言っても、それでは、お母さんが、勉強して、現象学的還元を習ったとしても、やはり、お母さんが一番知りたい、その時知っておかねばならない、子供の健康状態、精神状態を絶対的真理としてとらえることができないであろう。そもそも、現象学的還元が使える対象ではないはずなのである。

とはいえ、お母さんにとっては、絶対的真理の数倍、数十倍、我が子の健康状態、精神状態は知りたい、知っておかねばならないことなのである。しかし、それは、なかなか得られないのである。本質直観によってはほとんど得られないのである。そして、言語を使った会話や、推測、思考によっても得られないのである。多くの人々は、世の中とはそんなものだと思い、半分諦めたように人生を生き続け、それが人生だとも思いながら、生き続けているのである。

ただ、ここで、本質直観にもう少し寄り添う形で見ておけば、やはり、少しはフッサールが大切にしたことも見えてくるはずなのである。お母さんが、「仕方がない、でも大丈夫やろ…」と思って半分諦めたように、そして、今見たことが、朝起きてきた時のことで、朝食の準備をし、子供が朝食をとり、学校へ行った後、その送り出した後ろ姿が消えた後、ふと、また、朝、「じぃっと」見た、子供の少し暗い顔が浮かんできて、あたかも、絶対的真理のように、とても大きな意味を持ってきているかのように浮かんで、しかも、時には、その日一日、子供が学校から帰るまで浮かんでいることもあるはずなのである。こう見ると、やはり、〝自然的態度〟の世界でも、「じぃっと」見る本質直観は、その〝自然的態度〟の世界とはいえ、真理を運んできている…ということにも…

同じようなシーン、例は、先生や上司に叱られた時なのではないだろうか。ただ、この時は、けっして、相手の顔、先生や上司の顔を「じぃっと」見ることはできないのだ。少し俯いて、床を眺めて、先生や上司の話を「じぃっと」聴かねばならないのだ。相手が言っている言語の意味をしっかりととらえる、理解しなければならないのだ。ということは、ここでも直観、まして本質直観が働かず、相手の言語を理解しようという思考がずっと働いていることになる。しかし、本質直観、直観がまったく働いていないかと言えばそうではない。しかも、「じぃっと」は働いているのだ。ただ、視覚ではなくて、聴覚で働いているのだ。言語を理解するために聴覚は働いているが、そして、それとともに、思考も働いているが、直観としては、相手の声の響き、音色をとらえているはずなのだ。意味を持った言語を伝えている声の響きに、言語の意味に並行した、やはり意味、しかも、深い大きな意味が存在しているのだ。声の響きに相手の心、感情が聴きとれるのだ。「じぃっと」聴いていると、この声の響きに、相手の叱っている感情が伝わってくるのだ。言語が伝える意味と並行して、声の響き、音色による意味が伝わってくるのだ。その響き、音色によって、言語とは並行してはいるが、少しずれて、相手の怒り、その強さ、大きさ、その意味が伝わってくるのだ。これはやはり大きな意味を持っているのだ。言語の意味を裏付ける意味でもあるのだ。そして、時には言語の意味と少しずれて、言語の内容はとても厳しいもの、厳しい意味を伝えてきてはいるが、その声の響きはそれほどでもなく、もしかしたら、たいして怒っていないのでは、との判断が働くこともあるのだ。いや、それ以上に、どこか、その声の響きに、人間としての優しさが感じられ、叱られてはいるが、やはり大切にされているのだ、というふうに感じられ、これから、まちがいを犯さないで頑張らなくっちゃと思うこともあるのだ。もちろん、逆に、言語の内容以上に激しい怒りがその声の響きに感じられ、「たいへんなことをしてしまった。これから大丈夫かな」とも、言語の意味をもっと深める形で感じる時もあるのだ。そして、この言語の意味と、音声の響きの意味のずれのどちらが正しいかを見るために、俯いた目を少しあげて、ちらりとだけ相手の顔を見て、その表情の中に、相手の心、感情、つまりこれも意味を見ようとするのである。この〝ちらり〟もやはり、相手の心、感情の「何であるか」を見出そうとしているということで、やはり〝ちらり〟とではあるが、本質直観と言っていいものが働いているとしていいのである。

ここには、言語の持つ意味を思考によって、また、声の響きの持つ意味を聴覚による本質直観によって、また、相手の表情の持つ意味を視覚による本質直観によってとらえ、時にはその三つの意味を並行しながら持ち歩き、そして、時間の中でその三つの意味を一つにまとめたり、まとまらなくて迷って悩んだり、いや、忘れてしまおうと、楽しいことを考えたり…となるのではないだろうか。いずれにしても、「我」には大きな意味がやってきているのである。

同じような場面、例は、しかし、もっと大きな意味、重大な意味を持っているのは、恋人の顔を見る時であろう。人生の中のとても大きな、最大のと言っていい意味を持った場面である。とはいえ、恋にもいろいろな場面、段階があって、最初の頃は、つまり、デートをはじめたばかりの頃は、なかなか「じぃっと」見ることはできないことが多いのではないだろうか。しかし、恋もいろいろであり、「じぃっと」見つめ合い、最初のデートが始まり、恋心が高まり、ということもあるはずである。そうかと思うと、何度もデートを重ねていても、相手の顔をじっと見つめることはなかなかなくて、プロポーズの時はじめて、相手の顔を「じぃっと」ということもあるはずである。

そのような場面をいろいろ、一つ一つ見ていればきりのないことであり、ここでは一般に、「じぃっと」見る場面、例を見てみよう。しかし、一方、恋人どうし、デートを重ねていても、なかなか「じぃっと」見ることができないで、ちらりとしか見ないで、それでも「じぃっと」見るのと同じように、相手の心、ここで見ている心の「何であるか」を、しかも、別れた後の記憶の中の表象に向かい合い、見つめている若者も多いのではないだろうか。ここには、やはり、社会の慣習、相手の顔をあまりじろじろ見てはいけない、という力が働いていると も考えられるし、恋がそこまで至っていないとも言えるのである。また、一方では、「じぃっと」互いに見つめ合い、相手の心ではなく、相手の瞳の輝きによって自分の中に大きな欲望が湧いてきて、それが相手にも起きていることがわかり…ということもあるはずである。

ここには、「じぃっと」ではなくて、「ちらり」としか見ない、それだけではなく、別れた後の記憶の中の表象に目を向けているだけであっても、やはり、恋する「我」にとってとても大切な、本質と言っていい何かを見ていることは否定できないのではないだろうか。この「ちらり」と見るだけ、そして、その時の、別れた後の記憶の中の表象は本質直観と言っていいもの、その本質直観によって得られた記憶表象と言っていいものなのではないだろうか。もちろん、哲学的な厳密な意味ではなく、フッサールが非難し、排除しようとしている〝自然的態度〟の話になってしまうだろうがである。そして、この時、恋する「我」は、恋する相手の心、その心の中で、自分を本当に好きかどうか、愛してくれているかどうか、好きだとしてもどれだけ好きなのか、愛してくれているなら、どれだけ愛してくれているのかを知ろうとしている。知りたくてならないのである。しかし、ここには答えはないのである。フッサールが〝自然的態度〟として、絶対的真理からはほど遠いものとして退けたのはよくわかることなのである。相手の心は読めないのである。絶対的真理どころか、真理と簡単にも言えないのである。「我」は記憶の中の表象を見ながら、「好きなのかもしれない…」「愛してくれているんだよな…」と、おおよその答を自分に投げかけるだけなのである。だから、恋なのである。多くの人間にとって、絶対的真理よりずっと大切な時間の経過なのである。

いや、ここには、絶対的真理に近いものも見えているのだ。相手の心はなかなか読めない、結論としてはとらえられない。しかし、「ちらり」と見ただけでも、そして、その後の記憶表象の、現実よりも少しぼんやりしてしまっている映像の中でも、相手の可愛さ、美しさ、カッコよさ、すばらしさ、いやいや、それ以上に自分にとって、この地上で一番大切なもの、抱きしめたいもの、ずっと抱きしめていたいものとして存在していることが、絶対的真理より揺るぎないものとして、力として「我」の中にしっかりと存在していることが、確信できるはずなのである。

ここには、この論文で使ってきた必要＝力＝意味の大きな力が働いているはずなのである。科学では欲望で説明してしまうであろうが、欲望で説明してしまうと、やはり、とても大切なものを見落としてしまうことになるのではないだろうか。確かにこの時の「我」の中にはとても大きな力で、性欲は働いているだろう。しかし、この時の「我」の意識の中を、意識の中で大切だと思っているものを、全て欲望で説明してしまうと、人間の中のとても大切なものを見落としてしまうのではないだろうか。確かに彼女の美しさ、彼のカッコよさは性欲の転化したものだとの説明も成り立つであろう。この論文としても、反対するものではない。しかし、彼女の美しさ、彼のカッコよさにはそれにプラスしたもの、αが存在するのではないだろうか。美そのものの、独立した存在がそこにはあるのではないだろうか、と言いたいのである。しかし、そのαとは何なのか、…となると、とても大きな問題になってしまうだろう。美とは何か？という問題になるのである。美全てを性的なものではやはり説明しきれないはずなのである。これを拡大すると、芸術とは全て性的なものの転化ともなりかねないのである。ここにはユングの説も出てくるであろう。一方ではまた、人間が作り出した文化や伝統が大きな力を与えてくるとも言えるはずなのである。

いや、ここではそんなところまで議論は持っていってはいけないのだ。ここで見なければならないのは、…「我」が彼女の美しさ、彼のカッコよさに感じる時、その美しさ、カッコよさの中に、性的なものとは違う、返って性的な欲望を抑えるような、すごくしっかりとした、それだけで独立した、毅然とした、他の要素をよせつけない、そのような力を感じるのではないだろうか。いや、力というよりもすばらしさ、やはり美しさ、カッコよさ、それだけで価値として存在している美、すばらしさがそこに存在して、もっと言えば、神の存在に近いもの、あるいは神を信じていないにもかかわらず、神から与えられたと思える神聖に近いものを感じる時もあるのではないだろうか。

もちろん、恋の対象も様々である。とても性的な相手もいれば、性的でなく、まさしく聖的とも言える対象も存在するはずである。

これ以上はいいだろう。ここで言いたいのは、恋する時、その相手を「じぃっと」は見れないで、「ちらりと」しか見れない時でも、そして、その「ちらりと」見た相手の記憶の中の表象だけからでも、とても大切な、すばらしい、時には、この世のものではない神聖なもののように感じられる、「我」にとっての一生の中で一番大切で、時には、こんなすばらしい存在を自分のものにしていいのか、とまで思える、やはり、その意味では本質と言っていい、いや、本質を超えていると言っていいものを、「ちらりと」見ただけで、記憶の中の表象に向けて意識を集中させているだけでも、このようなものを感じることもあるのではないか、ということなのである。

とはいえ、恋も様々であり、このような恋もあるはずだ、ということになるが、…

少し遠回りをしてしまったが、「じぃっと」を見てみよう。ここにもいろいろあるだろう。互いに「じぃっと」見つめ合うこともあれば、一人が俯いたまま、もう一人が「じぃっと」見ることも多々あるはずだ。こんな時は、「じぃっと」見ている方は怒っていて、俯いている、目を外しているのは、怒られていることも多いはずだ。つまり、恋がうまくいっていない時なのだ。怒っている方は、「自分はこんなに愛しているのに」俯いている方は「どうして、もっと愛してくれないの?」ということもあるはずだ。もちろん、恋は様々で、しかもとても複雑で、このような場面もいろいろであるだろう。それでも、「じぃっと」見ている方は、相手の、俯いている姿の中に、自分に対する恋心の在り方を見ているとしていいであろう。しかし、頭の中には、最近の、俯いている方の様々な行動、言葉など、いや、それだけでなく、デートをしていた時の姿、表情、そして何よりも、眼の輝き、それが表している表情などが浮かんでいることが多いはずだ。つまり、記憶が浮かんできているのである。そして、その記憶を浮かべながら、「じぃっと」俯いている相手、この世で一番大切な相手の姿を、現象を、直観でもって見ているのである。「我」が知りたいのは、相手の心の中の、自分に対する気持ち、どれだけ自分のことを好きか、愛してくれているか、大切に思ってくれているかを最近の出来事、デートの間の記憶をも浮かべながら、考えている、追い求めているのである。思考が働いているのである。現在の目の前の自分にとって一番大切な存在と、過去の記憶、特に最近のデートの中でのシーン、会話の内容も浮かべながら、今目の前に存在しながら、決して見えない、相手の心の中を見ようと、直観と、また、その直観によって得た過去の記憶と思考によって、その見えない心の中の在り方を探り、求めようとしているのである。とても難しい思考である。勉強の時の思考よりずっと複雑で難しい、しかも、なかなか答えの出ない思考なのである。いや、思考などあてにならないのだ。大切なのは、目の前の存在なのだ。この目の前の存在を自分は「じぃっと」見つめることによって、問い詰めている、苦しめている、…「ごめん！　…大好きだよ！　愛してる！」と、次の瞬間には抱きしめ…恋はいろいろ、本当に難しいのだ。しかも、ほとんど教科書などないのだ。例え、そんなものが本屋に売っていて、読んだとしても、それを頼りにやっていると、目の前の大切な存在との自分の難しい恋はうまくいかない、間違って大切な存在を失くしてしまうことにもなりかねない、先輩の言葉、様々な人々の経験談…　物語、小説…、いやいや、心は様々で、苦しんでいる時、これらの一つが、このシーンの一つが、その中の会話の言葉の一つが参考になり…ということもありうる。

ほんとうに恋は様々である。

これだけ見れば、恋は、…いや、もう一つ、もっと大切な場面を見ておかねばならない。互いに「じぃっと」見つめ合うシーンである。これこそ、恋の絶頂とも言えるシーンである。これは見なければならない。

もちろん、恋も様々で、最初のデートの時にこれがやってくる二人もあるだろうし、何年もつきあい、デートを重ねてもなかなかなくて、それでも少しずつ盛り上がり、プロポーズの時はじめて、ということもあるだろう。そうかと思えば、デートの終わり、別れる際にはかならずという二人もいるだろう。

お互いに「じぃっと」見つめ合う。なんと言っても、恋の最高のシーンである。互いに、相手の瞳の中を見るのだ。その瞳の中にほんの小さな、点に近い瞳の中を、眼の中を、しかも、その中心の、薄い黄色に近い細い輪になった、その中心をじっと見るのだ。そこに、世界の真実が、世界で一番大切な真実が、二人の人生の一番大切な、そこに相手の心の全てが見えてくるように、実際、相手の心をその点のような輝きの中で確かめるように、「じぃっと」見つめるのである。視線は止まったままである。その小さな点に釘付けになっているのである。いや、思考も止まったままになっているはずなのだ。ただ、その小さな点を「じぃっと」見つめているだけなのだ。そこに、二人の人生の一番大切な「何であるか」を見出そうとしているのである。これこそ、やはり、本質直観と言ってもいいのである。

しかし、一方、客観的に見れば、「我」の眼に見えているのは、恋する相手の瞳の中心部の狭い場所だけなのである。それは動いていない、じぃっとしたままなのである。その中に、相手の心を、自分の人生の中の一番大切な、相手の心を見よう、読み取ろうとしているのである。心は実際には見えていないと言ってもいいのである。そして、思考も停止しているのである。相手の心を、その瞳の中心から推測することも停止しているのである。「じぃっと」見つめているだけなのである。しかし、数秒後には、全てがわかったように、相手の心の全てが、その眼の中からやってきたように、「愛してる…」「私も…」一言ずつの言語が出てきて、ぐっと相手の体を引き寄せ、抱きしめて…

これは何なのだろう。絶対的真実…？　単なる思い込み…？　いや、けっしてそうではないはずだ。やはり、ここには絶対的真実と言っていい、二人の人生で一番大切な、しかも動かない相手の心の全てがやってきている…

やはり、見えている…

本質直観…。いや、そんなものを超えてしまっている、…でも、けっして信仰などではない、やはり、大切な、ほんとうに大切なあるものを、受け止めている…としか、言いようのない「何であるか」を見出しているのである。二人はこの瞬間の記憶を大切にして、抱きしめるように生きていくのである。…もちろん、恋は様々であろうが…

本当に恋は様々である。このような「我」の全てを、心だけでなく体の隅々にわたるまでいきわたった確信、この世で最高の存在、その心を得た、その全てを得たと思っていた確信が、ほんの小さなことで、出来事で崩れてしまうこともよくあることである。だから、恋だとも言えるであろう。そして、この大切な存在を、その心を失った、つまり失恋は、この世の全てを失ったかのような、まさしく絶望に落としめてしまう。人生が、この世界がまったくの闇の世界になってしまい、自分があれだけの確信を持って得たものが、その確信がそうでなかった、裏切られたことが、この世で信じるべきものが何もないような気持ちにさせてしまう。そして、ずっと暗い人生が、暗い世界が広がっているように思えて、落ち込んだ気持ちのまま…

とはいえ、人生様々、恋も様々である。ふとしたことが、出会いが…

いや、今見たような極端な、完全とも言える瞬間を経験できる恋はやはり稀だろう。全身全霊をつらぬく恋の確信を得る者がいれば、それはこの世に生まれてきて最高の幸福者であろう。たとえ、それが失恋に変わっても、そのような瞬間を経験できただけでもすばらしいことなのだ。「じぃっと」見つめ合い、ぐっと抱きしめ合っても、「ほんとうに自分のこと好きなんだろうか、愛されているんだろうか、…でも、自分は好きだから…」などと思い、それでも、ずっとつきあっていくうちに、恋は深まり、時には相手の心がわからなくなり、時にはけんかになったり、それでも次の日仲直りして…。まさしく恋は様々なのである。

ここで、この論文として見ておかねばならないことは、「じぃっと」見つめ合い、相手の心を、全てを、いや全世界をも得たと思えた、あの直観、いや、本質直観などと言うものが吹っ飛んでしまう、相手の瞳からやってきたすばらしい、この世の最高のものが、絶対的真理なども吹っ飛んでしまう、大きな力でやってきて、自分の体中をすみずみまで満たしたすばらしいものが、時には裏切られる、まちがっていた、嘘であったということにもなるということなのである。まさしく、フッサールの〝自然的態度〟の世界の絶対的真理からはほど遠い出来事だとも言えるであろう。

いや、これも考え方であり、例えそれが失われたとしても、「じぃっと」見つめ合い、抱きしめ合った瞬間はやはり、人生の最高の、最大の真実に出会っていた、…そして、失恋は、…いや、それを超える真実に出会った。

×××　×××

「じぃっと」見るによって本質直観というものを見ていたのであるが、とんでもないところへ来てしまったのだ。でも、この見えてきたものは、やはり、絶対的真理からはほど遠くても、この人生で、一度だけ生きていくことができる人生で、とても大切なこと、やはり最高に大切なことであろう。しかし、それはやはり、絶対的真理ではないのだ。だからこそ、…でも、これはとても大切なものなのだ。その後の人生では、この瞬間だけのものとも言えるのである。例え、その後、別れることなく、結婚して、それなりに仲良い夫婦をしていても、この瞬間はやはり最高の時の流れなのである。一方、恋が終わり別れたとしても、そして、この瞬間にすばらしい、絶対的真実だと思っていたものが崩れ、嘘だった、あるいははかないものでしかなかったとして、長い年月を経てふと思い出し、やはりすばらしい瞬間であったことも思うのである。

このすばらしい、大切な瞬間に「我」が見ているのは、相手の瞳の中のほとんど点に近い、狭い場所なのである。その狭い場所を見ているだけで、人生の最高の大切な、すばらしい「何であるか」を見出したのである。もちろん、「我」の思い込みだとも言えるだろう。そして、その思い込みの説明として、大きな欲望、性欲の盛り上がりを持ち出すこともできるだろう。確かに性欲は高まっているだろう。しかし、「我」はやはり、それでも、人生の最高の、大切な、すばらしい、真実と言っていい、少なくともこの瞬間ではそう思えるものを、その小さな場所、瞳の中の点のような場所に見出しているのだ。そして、先程見たように、この瞬間、思考も停止していることが多いのだ。ということは、過去の記憶をも引き出していないのだ。目の前の、瞳の中の点だけが、現象としてだけ存在しているのだ。その点の中の輝き、すばらしい輝きが全てなのだ。現象学的還元などしていない、知りもしない、知っていても忘れてしまっているが、目の前の現象が全てなのだ。そして、この現象の中では、輝きが全てなのだ。この輝きが、この人生の最高の、大切な、すばらしい存在、いや物質的な存在ではない、意味、でも言語にはならない意味、人生の最高の意味を与え続け、「我」はこれを受け止めている。全身で、視覚だけでなく、全身で受け止めているのだ。

いやいや、この瞳のこの点と言っていい狭い場所は、そこから、全世界が見えているところなのだ。自分の愛する存在が、そこから全世界を見ているのだ。その全世界を見、成長して、いろんなことを知り、知識を蓄え、心を、精神を築き上げてきたのだ。そして、その全世界に替わって、今、自分が見えているのだ。愛する存在が、自分が「じぃっと」見ていると同じに、やはり同じように自分を「じぃっと」見てくれているのだ。そして、全世界を見ていたように、自分を見、その奥に、心の中に、記憶の中に蓄えられていた全世界、その知識に替わって、今、自分が入り込み、それが全てになり、体のすみずみにまで行き渡っているのだ。

いや、…これも思考だ。このような思考をしながら、「じぃっと」相手を見つめている恋人などはいない…。今は、「じぃっと」見つめていることが全てなのだ。

そこに何が見えているのか、…その狭い場所に…瞳の輝きだけ、その少し暗いところからの輝き、…それ以上は見えていないのだ。その輝きから、ほんの少し思考が、ほんの短い言語を連れてくる…この瞳も俺を「じぃっと」見ている…「ということは…」…「愛してくれている…」そして、「愛してる…」この時、もの凄い力が体の中に湧き上がり、同じように自分を見つめてくれている存在にも力が湧き上がり…

恋はとても強い、いや、人生で一番大きな必要＝力＝意味が働いているとしていいであろう。この必要＝力＝意味にどれだけ性欲が力を持っているかは、人様々、恋様々であろう。プラトニックラブという言葉も存在するのである。「じぃっと」見つめあっている時、思考も停止してしまっていると見たが、この必要＝力＝意味は体の中に充満したままであるだろう。それが相手の瞳の中を覗き、この世の一番大切なものを求めようと、ほとんど肉体の動きも停止したまま、それを手に入れるのだ。人生の最大の必要＝力＝意味によって、人生の最高に大切なものを手に入れるのだ。

このような大きな力の必要＝力＝意味が働かないで、いや、ほとんど必要＝力＝意味が働かなくて、「じぃっと」見ることは、生活の中ではあることだ。

美しい海、美しい夕焼け、美しい風景を見た時、それだけでなく美しい花、若葉、紅葉に出会った時、美しい家具、建物、そして美術品、芸術に出会った時だ。

いや、このような時、「じぃっと」見ているというよりも、眼が惹きつけられて、やはり、それでも、「じぃっと」見ている…としていいであろう。

ということは、対象により、必要＝力＝意味が引き起こされ、それが大きくなって「じぃっと」見ているのである。

会社の帰り、仕事が終わってほっとして、ということは、必要＝力＝意味が小さくなり、ほとんど働かなくなっていた時、ふと、西の空の赤さ、それに惹きつけられ、今、西の山に沈もうとしているまっ赤な太陽に目が行き、「じぃっと」見てしまうことはよくあることだ。

「じぃっと」見てはいるが、これまで何度も見てきた「何であるか」を見出そうとしているのではない。赤い太陽が、夕焼けの赤い空が、「何であるか」を見出そうとしているのではないのである。その意味では、本質直観は働いていないとも言えるのである。ただ、西の空に向かって、その赤い太陽とまわりの赤い空、その下の黒い影になった山の峰をただ「じぃっと」見ているのである。美しいのである。心が惹きつけられているのである。何かを見ようとしている、そのような意識もないのである。ただ、見ているだけなのだ。思考も働いていないのである。ぼんやりと西の空に向かって、その美しさに心を奪われているだけなのだ。西の空の美しさに必要＝力＝意味が引き起こされるとは言ったが、ここに至っては、それは、少なくとも意識されたものとしては、あるいは志向するものとしては、ほとんど働いていないとしていいのである。ぼおっとしている。ただただ、心を奪われているのだ。「じぃっと」も見ていない、ただ、心を奪われて見ているだけなのである。

このような状態になるのは、やはり年がいってからではないだろうか。若い時はこのような状態になりかけても、ふと、「あっ、こんなことをしていられない、これから帰って…」と新しい必要＝力＝意味が働くのだ。年がいってしまうと、生命力も力をそれなりになくしていき、必要＝力＝意味もその力を弱くしていき、そして、このような美しい自然の風景を見た時、思わず心が惹きつけられるのではないだろうか。

ここには必要＝力＝意味がほとんど、少なくとも生活からのそれは働いていないとしていいのである。そして、「何であるか」を見出そうとする、そのような意味での本質直観もほとんど働いていないとも言えるのである。そして、「じぃっと」ではなく、ぼんやり見てしまっているのである。

しかし、でも、ここには、人生にとってとまでは言えなくても、人間の、日常生活の中での人間にとって、とても大切な、〝何か〟が存在しているのではないだろうか。本質とは言えないが…

夕陽の、夕焼けの美しさ、すばらしさに惹きつけられているのである。心を惹きつけているのである。心を惹きつけ、奪われているのである。必要＝力＝意味はほとんど働いていないのである。ぼんやりしているのである。いや、それは、生活からの必要＝力＝意味が働いていないだけなのである。今、「我」は、今見ている夕陽に、夕焼けによって引き起こされた、「我」の中に生まれた強い力を持った必要＝力＝意味によって、やはり、

「じぃっと」見ているのである。現象の中の対象が引き起こした必要＝力＝意味が、その必要＝力＝意味を引き起こした対象に惹きつけられ、見入っているのである。対象の力と「我」の中の新しい力とが引きあっているのである。

やはり、「じぃっと」見ているとしていいであろう。眼は、その夕陽の、夕焼けの美しさに惹きつけられているのである。「何であるか」を見出そうとしているのではない。その意味では本質直観は働いていないとしていいであろう。しかし、「我」は、「我」にとってとても大切なものを見ているのだ。本質などよりもっと大切な、価値のあるものを見ているとしていいのである。この夕陽の、夕焼けの美しさ、すばらしさは、事物の本質などより、ずっと「我」にとって、ずっと価値のあるものなのだ。それを見ているのだ。しかし、見出そうとか、見つけ出そうとかしているのではない。ただ、見ているのだ。その夕陽に、夕焼けに、眼を向けているだけだとも言える。しかし、その向けている目に、まっ赤な、美しさ、すばらしさがやってきているのだ。人間として生きている「我」に、とてもすばらしい価値のあるものがむこうからやってきているのだ。

確かに、本質直観とは言えないかもしれない。しかし、本質とは、やはり「我」にとって知っておかなければならない大切な存在であるとするならば、この夕陽を、夕焼けを見ていることは、本質直観を超えた、「我」にとって大切な、大きな価値のあることなのだ。「生きていて良かった」とぽつりと出てくることもあるはずなのだ。

同じことは、海や山や、すばらしい景色に出会った時、起こることだ。風景だけでなく、美しい花や、若葉や紅葉にもそうなるのだ。

ここでもやはり「じぃっと」見るは、なかなか本質直観とは言えないものになってしまったが、人間が生きていく上で、生活していく者にとって、人生を生きるものにとって、とても大切な、すばらしい、本質を超えたものを見ているということになる。

やはり、これらは見ておかねばならないはずなのだ。そのすばらしさ、美しさは「我」の肉体のすみずみまでに行き渡る、価値を持ったものなのである。いや、それだけでなく、旅先で見た、海や山やの美しい風景、その風景を赤く染めた夕陽、いや、雪景色なども、それらは一生記憶の中に残り続けるはずなのだ。

これらは、本質とは言えないであろうが、「我」にとって、人間にとって、それが生きる人生にとってとても大切な、一生残る、本質を超えると言っていい映像なのである。

第四章

本質と必要＝力＝意味

以上、見てきたところでは、本質と言いながら、本質と言っていいのか、なかなか認められないものまでも見えてきてしまった。とはいえ、それらは、人生にとって、生きていく上で、また生活していく上で、とても大切なものであったのだ。これらは、本質を見ようとして、その上に見えてきたのである。

そもそも、〝本質〟についての定義もしないまま、ここまでやってきているのである。定義をしなかったのは、学問としてではなく、人間が生活している上で、人生を生きていく上で、人間として生きていく上で、〝本質〟と言われているもの全般を見てみたかったのである。人間の中で、生きている「我」の中で、〝本質〟と思われているもの、思われるものを見ていきたかったからである。それを、やはり「我」の中に存在する記憶との関係で見ていきたかったのである。

学問が定義をするのは、その語を、概念をしっかりと決める、それが使える範囲を決めることによって、まちがいが起きないように、あいまいにならないようにするためである。学問は真理を求めるものであって、まちがってはならないのである。先に引用したフッサールの〝本質〟は、絶対的真理を求めるための、事物の中の絶対的真理として、目の前に存在する対象が、それが与えられたものとして、現象として現れてくるものであったのである。

一方、人々が生きている生活の中では、まちがいは頻繁に起こっているのである。フッサールが〝自然的態度〟として退けた状態が続いて、まちがいが連発しているのである。このようなまちがいを学問が受け入れることができないのは当然である。学問は、そのまちがいのない、正しいこと、真理を追求してきて、特にその中で科学は、人類にとってのとても大切なものとして発展し、人類もそれによって大きな進歩をとげてきたのである。

その科学も、まちがいのない進歩のために、語、概念の定義をしっかりとして、それを基礎に進歩、発展してきたとしていいのである。

この論文も、本質を見る上で、フッサールの『イデーン』の最初の、本質についての定義と言っていいものから出発しているのである。しかし、それを出発点として見ているうちに、それに当てはまらない、超えると言っていいものが見えてきてしまったのである。

このことは、フッサールの本質について、定義と言っていい論述から出発していながら、フッサールの大切な方法論、いや、フッサールの生み出した学問全体を造り上げている現象学にのっとっていないからなのである。フッサールの現象学は、現象のみを、しかも純粋な現象のみを対象としているのである。その意味では、フッサールはこの論文がよりどころとしている記憶を追い出してしまっているのである。現象、特に純粋な現象といった場合、そこには記憶は入ってはならないものなのである。

そもそも、記憶は人間の認識のまちがいの根源であると言ってもいいのである。記憶は忘却とは隣り合わせなのである。思いまちがいというものも、その〝思い〟の中には大きく記憶が存在しているのである。この論文は、その記憶をよりどころとしているのである。ここには大きな問題が存在しているのである。

ただ、この論文として言っておきたいのは、フッサールが現象学のよりどころ、絶対的真理の出発点としているデカルトのコギト、「我思う故に我在り」も、記憶が人間の認識機能の中に存在してはじめて成り立っているのではないか、ということなのである。つまり、「我思う」を記憶していてはじめて、思うをしている「我」の存在が保証される、「我在り」が言えるのではないか、ということなのである。そして、このデカルトの真理を根源にしたフッサールの現象学的還元も、記憶が存在してはじめて成り立つ、大きく記憶に依存しているはずなのだ、ということなのである。

そして、ここにはまだまだ議論すべき大きな問題が存在しているとも言いたいのである。例えば、デカルトが、この重大な真理、近代哲学の出発点となった真理を発見した時、デカルトも『方法序説』で述べているように、この真理を発見するために懐疑を数十年間続けてきたこと、また、これが哲学上、はじめて発見された偉大な真理であること、いや、それだけでなく、自分が誰であり、名前が何であり、フランスのどこに住み、何才であり、ということは、記憶の中に存在していたはずではないか、と言いたいのである。そして、この記憶の中に存在していることは、意識の在り方を見ていく上でとても大切なことではないか、と言いたいのである。

そして、フッサールに関しては、彼の論文の様々なところで、記憶を使って説明すれば、もっと明瞭に、人々にもわかり易くなるのでは…とも言いたいのである。

例えば、彼は『現象学の理念』の第二講義では絶対的所与性として体験を挙げているが、この論文としては、体験の一つ一つ、例え、とても短い体験であったとしても、その中には膨大な記憶が入り込んでいるのでは、と言いたいのである。体験をも意識の中の出来事、現象としてとらえたとしても、その膨大な記憶を、現象学的還元はけっして全てとらえることはできないはずなのである。

ここまで言えば、とても大きな問題、いや、その前に大きな非難が、批判がやってきそうであるが、また、大きな議論もしてみたいところでもある。

本質の定義に戻ろう。簡単に言ってしまえば、この論文では、まだまだ本質を定義する段階に至っていないということなのだ。まだまだ、本質、本質らしきもの、世の中で本質と言われているものなどを見ていかねばならないのである。というよりも、先の章では、本質を見ようとして、いくらかの例を見ようとしたのであるが、そこには本質を超えているのではないか、少なくともフッサールが『イデーン』の最初に挙げている「何であるか」をはるかに超えてしまっている、人間の生活の中のとても大切なもの、人生の中の最大の価値であるもの、本質直観が「何であるか」を見出すとしているが、そのようなものとしてはとらえられないのではないか、というものが見えてきてしまっているのである。

ここでは、本質を下手に定義してしまっては、これらの大切なもの、重要なものを見落としてしまうのでは、と言いたいのである。定義などしないで、まだまだ、様々な、本質らしきもの、本質なのではないか、いや、これ以上に、本質を超えていると思われるものも見ていきたいのである。

つまり、ここでは広い意味で、しかも、とても広い意味で本質というものを見ていきたいのである。広い意味だけでなく、ここではもっと掘り下げた、深い意味で、いや、本質の構造、意識の中の構造を見ていきたいのである。

これまで本質を、本質だけ、いや、それを見出そうとする、「何であるか」を見出そうとする本質直観、それを、道を歩いていて、「さっと」見る時や、その反対に、大切なものに出会った時、「じぃっと」見る直観、もう少し広げて視覚、感覚でとらえるところまで見てきたのである。しかし、意識の中には、それらの直観、視覚、感覚の裏に、奥に、大きな力が、見ようとする意図、意志が、フッサールにおける志向性が、科学での欲望が、この論文の必要＝力＝意味が存在していて、これと本質の関係、ということはこれらの力が働いた直観、視覚、感覚の在り方、そして、それらがどのように本質、「何であるか」を見出しているのか、を見ていかねばならないのである。

これまでも、ところどころで、本質と必要＝力＝意味の関係が見えてきていた。ここでは、その本質と必要＝力＝意味の関係に絞って、様々な現象における、それらの関係を見ていきたいのである。このことによって、本質というものが、より鮮明に、また広い意味で、また奥深い形で見えてくるはずなのである。

この関係を日常生活の中に置いてみるだけで、かなり複雑なことが見えてくるのである。そもそも、日常生活では、フッサールの言っている、本質直観によって「何であるか」を見出すことは、瞬間的に起きてしまっているのである。机の上のりんごを見たら、瞬間的に「りんごである」は見出されてしまい、しかも、ほとんどそれで終わりなのである。それ以上に、そのりんごをじっと見るとすれば、まずはおいしいかどうか、また傷がついていないか、腐っていないかどうか、時にはそのりんごの種類を見る時もあるのである。

そもそも、日常生活では、「りんごである」ことを見出しても本質とは言わないはずなのである。この一瞬で見えてくるものを本質とは言っていないのである。一方、「りんごの本質は？」と尋ねられると、多くの人々は「ええ…？」となるはずなのである。そして、少し考えた末に、「少し甘くて、ビタミンや栄養があって…？」となってしまうのである。しかし、これは、これから見ていくが、日常生活の中での、それなりに大切な答えのはずなのである。生活の中でのそれなりのりんごの在り方、我々人間にとっての、人間が生活していく上でのりんごの持っている大切なもの、在り方なのである。これを本質とするかどうかは、もちろん、ここでは結論することはできない。

まさしく、本質の在り方、本質とは何かが問題になっているのである。これに向かい合わなければならないのである。だから、まだ定義できなかったし、してはいけなかったのである。これを必要＝力＝意味との関係で見ていかねばならないのである。

日常生活では、この必要＝力＝意味によっては、同じりんごを見ていても、いろいろと変わってくるのではないか、とも思えるのである。果物屋さんは、りんごを見て、まずは傷がないか、腐っていないかを見て、また、どれほどおいしいかを考えて、そして、じっと考えて、その値段をいくらにするかを考えるのである。つまり、りんごを見る一番の目的は、値段を決めることなのである。この値段、価格がりんごの本質になるのか、ともなると、…。ここでは、果物屋さんの中には、この、それらのりんごにどれだけの価格をつけて売れば、…つまり、どれだけ利益が出るかを考えなければならない、という必要＝力＝意味が働いているし、その奥には、家族がその利益で生活していかねばならない…というもっと大きな必要＝力＝意味が働いているのである。

これらをじっくり見ていかねばならないのである。もちろん、これらを見ることは、フッサールが非難する自然的態度の中においてではあるが…

もう少しフッサールについて言っておけば、フッサールにとっては、本質は、絶対的真理を求めるための一歩であり、ゆるぎないものである。ある事物の本質は、その在り方は一つだけだとしていいであろう。それは純粋な現象の中の、内在的所与性によって与えられた、ゆるぎない存在である。

しかし、これから見ていく、彼が言う、自然的態度の中の日常生活の中での本質は、とても様々である、ありそうである。今程見たりんごにおいても、これから食べようとする必要＝力＝意味が働いている時と、果物屋さんが店に並べて売ろうとする必要＝力＝意味が働いた時とは、本質は、本質と思われるものは、大きく違ってくるのである。そして、時には本質と言っていいのか、というものも見えてくるし、また時には、これは先にも見たが、本質などと言われるものより、ずっと大切な、人生にとってとても大切なものも見えてくるはずなのである。

本質は、とても広い意味で、時には、それをはみ出る形で見えてくることもあるはずである。それらも見ていかねばならないし、また、本来の本質、フッサールの現象学における本質ではなくて、世の中で、社会で、また時には学問において、科学において、（これらも全てフッサールによっては自然的態度として批判、非難されているものであるが、）の本質との比較も含めて見ていくことになる。

一．本質と欲望

必要＝力＝意味を、この論文では人間の活動する力、それに伴わせて認識する力として見てきているのである。その意味では、この必要＝力＝意味のとても大きな部分を欲望が形造っているとしていいのである。科学では、この人間の活動する力をほとんど欲望として考えているし、フロイトでは、その欲望でも、性欲がリビドーとして、人間の中の一番大きな力、いや全てを動かす力として見ているとしていいのである。しかし、この論文では、この欲望に対して抑圧という力も存在するし、この抑圧の大きな部分が記憶による力として見て、別々に見ていきたい。そして、まだ、なかなか欲望としては、素直に簡単には見られない力も存在する、それを必要＝力＝意味という形で見ていきたいとしているのである。

多くの子供は、学校から帰ってきて宿題などしたくない。すぐに遊びに行きたいのである。しかし、宿題をしなければならない大きな力が、子供にはかかっているのである。これは、欲望の反対の力なのである。しかし、子供達はその力に従って動くのである。それ以上に、しっかりと成長した大人でも、交差点で信号が赤だったら、ほとんど自動的にブレーキペダルを踏んで、横断歩道の手前で止まるのである。これも欲望からはなかなか遠い力が働いているのである。もちろん、信号が赤でブレーキを踏んで停止するのは、事故を起こしたくない、事故を起こせばめんどうなことになる、また、自分や他人が負傷したり、死んだりしたらたいへんなことになる、ということは、自分と家族の生活がしっかり出来なくなる、という懸念が存在し、その奥には自分と家族が平和で、できたら豊かな生活をしていきたいという欲望が存在しているとしていいであろう。子供の宿題の奥にも、しっかり勉強して、社会に役立つ人間になり、大人になっても平和で豊かな生活ができるようにという欲望が存在するとしていいであろう。だから、人間の行動をこのように見れば、ほとんどが欲望で説明できるのは確かなのである。

とはいえ、そんなに簡単ではないのが人間の社会なのである。フロイトも述べているとおり、性欲は大きな力で抑圧されているのだ。その抑圧は、性欲を無意識に追い込み、しかし、追い込まれてもまだまだ大きな力を持ち、その力は様々に精神に力を与え、時には病気に追い込むこともあるのである。ということは、抑圧はとても大きな力で支配しているのである。そして、人々は抑圧されている欲望のことをほとんど意識しないで、抑圧だけを意識して生活を続けているのである。

人々は、外出する時、道路を歩く時、衣服を着て歩くのである。夏でも裸で歩かないのは、性欲の抑圧だとは考えないで、マナーだと考えているのである。マナーは性欲の抑圧からは独立してしまった力を持っているのである。学校や職場では、昼食時間になるまで、弁当や給食を食べてはいけないのである。これも食欲の抑圧である。しかし、人々はこれを規則として受け止め、抑圧だとは考えていないのである。もっと言えば、スーパーで売っているおいしそうなりんごやいちごを、誰も、手に取って食べないのである。ここにも抑圧がかかっているのであるが、誰もそれを抑圧だとは考えないで、レジへもっていくのである。

人間社会では、欲望は大きく抑圧されているのである。抑圧だけでなく、義務や責任というものも大きな力で、人間を支配しているのである。いや、それだけでなく、法律というものも大きな力を持っているのだ。

このような視点から、この論文では、人間の行動の源泉を必要＝力＝意味としてとらえているのである。人間は多くの行動を、しなければならない、する必要があるとしてとらえ、そのしなければならない、必要には意味が存在し、その意味は大きな力を持っているとして見ているのである。

この視点で、本質というものを見ていかねばならないのである。

人々は欲望を抑圧しながら、生活を続けているとしていいのである。認識においてもそうなのである。そして、欲望を持ってモノを見る、対象を見ることを禁じているのである。美しい、カッコイイ異性が歩いているからと言って、じっとそれを見続けていれば叱られるのである。教室や会社では、好きな異性、いや異性そのものに目を向けていれば叱られるのである。腹が減っているからと言って、レストランのウインドウや、スーパーの店先でじっとメニューや食糧を見ていてはいけないのである。

とはいえ、このような抑圧をかいくぐるようにしながら、やはり、人々は欲望によってモノを、対象を見ているとしていいはずなのである。スーパーでは、腹が減っていて喉が渇いていれば、いちごやりんごをじっと見て、すぐに手に取って食べないのは抑圧がかかっているのであるが、それでもおいしそうだな、と思いながら、レジに持っていくのは、やはり欲望によって対象を見ていることになるであろう。この「おいしそうだな」は、やはりその果物の本質…？　しかし、もっと大切なことは、…この価格…この方が生活の中では本質…？　価格は、これはそのまま、生活の中で大きな意味を持っているのだ。そして、あまりに高いものを買いすぎると、お金に困って、生活が成り立たなくなる。ということは、ここにも、生活をしっかりとしていきたい、家族を幸せにできることなら豊かに、という広い意味を持った、根底的な欲望が…

なかなか複雑である。性欲になるともっと複雑になる。

欲望を見る時、これらの欲望とその抑圧の複雑な関係を見ていかねばならないのである。そして、本質と欲望の関係を見る時、この複雑な関係がどのように影響しているのかはしっかり見ていかねばならないのである。

しかし、その前に、本質と欲望との関係について見た書物には、不勉強かもしれないが、なかなか出くわさないのである。いや、多くの場合、本質は欲望などからは切り離されたものとして存在している、見られているのである。

フッサールの本質も、絶対的真理のためのものであって、欲望からは大きく切り離されているのだ。フッサールにおいては、欲望に替わって志向性が、認識における対象を見ようとする力であるとしていいであろうが、この志向性は基本的には、絶対的真理を求めようとするモメントで満たされているとしていいはずである。だから、フッサールにおいては、本質は絶対的真理のためのもの、その基礎、一歩であって、純粋な現象からのもの、現象学的還元の上で見られるものとして存在しているのである。純粋な現象の中には、欲望は入ってはならないのである。

いやいや、日常の家庭生活においても、親はしっかりとモノを見ることを子供に教える時、同時に欲望を自らの中から取り除いて見ることを教えるはずなのである。「そんな欲なものの考え方をしていると、大切なものを見失ってしまうよ」と教えるのである。

庶民の日常生活においても、多くの場合、欲望を持って対象を見ることを禁じている。欲望を持って対象を見れば、その対象の持つ真実を見失ってしまうとしているはずである。

ということは、欲望から、欲望との関係から本質を見ようとすることは、大きなまちがいではないか、ということにもなる。認識の中に欲望が混ざっていれば、本質などつかみえないことになりそうなのだ。

しかし、これらのことも踏まえ、欲望によって本質を、とらえられない本質をとり違えてしまっていることも含めて少し見ていよう。

いや、本質をとらえられない、とり違えていることもしっかり見ていかねばならない。その時、欲望が入ることによって、本質がどのようにとらえられなくなる、とり違えられるかは、しっかり見ていかねばならない。このことは、人間の認識を見る上でとても大切なことのはずだからである。つまり、人間が欲望を持って日常生活を送っていく時、どのように事物が見え、もし、そのことによって、本質を見失い、見まちがえているとするなら、欲望を持って生きる日常生活ではどのような認識がなされているのか、ということになるのである。

臆断の世界というのもあるのだ。哲学では古くから、ギリシャ哲学から、大きく、日常生活における認識、一般の人間の生活における認識を批判する概念として存在しているのだ。臆断には大きく欲望は入り込んでいるとしていいのである。

また、一方、この人間の認識をまどわせる欲望は、社会では恒にと言っていいほど抑圧されているのである。この抑圧された欲望によって、本質はどのように見えてくるのか。本質を見失い、見まちがえるように作用する欲望が抑圧されることによって、本質はどのように見えてくるのか、欲望が抑圧されれば、本質を見失い、見まちがえる要素がなくなり、本当の本質が見えてくるのか。いや、それとも、もっと複雑な形に見えてきてしまうのか。これらもしっかりと見なければならないのである。

ⓐ 食欲と本質

簡単そうに見える食欲から見ていこう。簡単そうに見えるのは、それほど抑圧が大きくない、そして、食事の時間が来れば、ほとんどその抑圧が取り除かれる、また、食事の時間でなくても、その対象である食物の話をしたり、また、その対象を食べるようなことをしたりしなければ、それなりにじっと見ることは許されているのである。

欲望、食欲を持って、その対象である食物を、出来上がった料理、それを作る前の食材、ほとんどそのまま食べられる果物、またお菓子などに対して、それなりに、様々な形で見ることができるのである。本質直観も働かせそうなのである。そして、視覚に限定すれば、対象に向かい合うことは基本的には許されているからである。ただ、視覚だけでは食欲は満たされることはなく、それで許されているとも言えるのである。

また、りんごから見ていこう。ここにフッサールの本質直観を、「何であるか」を見出すことを置いて見ると、ほとんど瞬間的に「りんご…」と返ってきそうである。しかし、それでは、本質とは名前、この場合はりんごという名詞ということになってしまう。とはいえ、日常生活の中では多くはそれで済んでいるはずなのである。テーブルの上のりんごを見れば、多くの場合、それで終わりなのである。冷蔵庫の中の様々な食料の中に存在しているりんごも、それを見たら「りんご…」で、いや、その名前も引き出すことなく、それが何であるか、りんごであることが分かればそれで充分なのである。

このさっと見て終わりでは、ここにやはり必要＝力＝意味が働いているとしていいのだろう。日常生活では、りんごはりんごを見てそれで終わりのことが多いのである。それで充分なのだ。

必要＝力＝意味とは言ったが、マイナスの方に働いているとも言える。それ以上、必要ないのである。つまり、りんごをじっと見て「何であるか」を見出す必要もないし、そんな暇もないことが多いのである。りんごを食べたければ、すぐにナイフを捜せばいいし、今食べたくなかったら、「明日の朝食べるか…」で終わりなのである。そして、もう一つ、ほとんど見ただけで終わってしまう大切な事柄、事象がここにはあるのである。記憶である。りんごについての知識、その記憶が「我」の中に存在するからなのである。りんごとはどういうものか、どんな味なのか、どのように皮をむいて、芯をとって食べるかを知識として、「我」は知っている、記憶の中に持っているのである。ということは、「何であるか」を知っているから、見出す必要がないのである。この論文で最初に見たように、記憶の中には、本質と言えそうな表象が存在したが、それだけでなく、日常生活にとって必要な知識は記憶の中に充分に存在するのである。現象にじっと向き合う必要がないのである。日常生活では、多くはりんごは「りんごだ…」で終わりなのである。現象に向き合う必要はなかなかないのである。

必要＝力＝意味はそれなりに働いているはずである。テーブルの上のりんごが、とても赤い、りんご独特の色をしていた時である。「我」は「おや⁉」と思うのである。そのりんご独特の赤色に、「我」の眼は刺激されたのである。それだけでなく、「我」の中には、その独特の赤色の刺激によって、そのりんごの持っている味、それも、他のりんごとは違う、そのりんごの持つ味が、その独特の赤色が持っているはずの味が、いや、香りとともに、浮かんでくることもあるのである。「おいしそうだな…」となるのである。

この浮かんできた味、香りは、このりんごの、個物としてのりんごの、「何であるか」であり、本質と言っていいものではないだろうか。先に見たりんごは「りんごだ…」で終わる時の記憶の中の知識とは違った、そのりんごだけの、独特の赤色が示唆するそのりんごだけの特質、ほぼ本質と言っていいものではないだろうか。

先に見た「りんごだ…」で終わった、その記憶の中のりんごについての知識は、りんご一般についての本質と言っていいものであろうし、こちらの独特の赤色からやってきた、やはりそれだけとも言える味覚表象、嗅覚表象は、個物の、その目の前のりんごが持っている本質だとも言っていいのではないだろうか。このことは、「りんご…」だけで終わった時は、欲望はほとんど起きていなかったのであるが、独特の赤色の時は、その独特の赤色が刺激した欲望が生み出され、それが個物の本質というものを生み出したのである。欲望が存在しない時は、一般的、普遍的と言ってもいい本質らしきものが、独特の赤の刺激によって生み出された欲望が存在する時には、その独特の赤色を持っている個物の本質らしきものが見えてきているのである。そして、一般的、普遍的とも言っていい本質は引き出されることもないが、個物の方は、欲望を刺激することで浮かんできている、脳の中にはっきりとした表象を生み出しているのである。

これは、そのテーブルの上に存在するりんごの独特の赤色によって刺激された欲望が、脳の中に生み出した味覚、嗅覚表象なのである。そして、それだけでなく、この表象は大きな力を持っていて、この表象がもう一度反射するように、欲望に刺激を与え、「食べたいな…」となることもあるのだ。新しい必要＝力＝意味が生み出されたのである。

そして、ここはとてもしっかりと見ておかねばならない、多くのことが存在しているのである。まさしく、分析しておく必要があるのである。まず、テーブルの上のりんごを見て、「りんご…」となるのは、これは過去からのりんごについての知識、そしてそれを含んだ記憶が存在しているからである。しかし、今見た、独特の赤色のりんごは、その独特の赤色の刺激が、「りんご…」の記憶の先に、それを押しのける形でやってきているとも考えられるのである。もちろん、そうは言っても「りんご…」は判断されているのであるが、独特の赤色がそれを押しのけてしまっているのである。そして、その独特の赤色が、つまりこちらの、現象の中の視覚表象が、脳の中に味覚表象と嗅覚表象を生み出しているのである。こちらは現象の中ではなく、脳の中、想像の中に存在している表象である。ということは、ここには想像力が働いているとしなければならないのである。

そして、この想像力であるが、想像力だけで生み出されたのではなく、過去のそれに似た、その独特の赤色に似た色を持ったりんごを食べた時の過去の経験、その記憶を土台にしているということなのである。

ただ、この記憶は「我」の中では、いつどこで見たりんごの赤色であるかはきりしていないのである。そして、その赤色の表象もぼんやりしているのである。このぼんやりの中には、そのぼんやり故に、様々な広がり、様々な赤色を内に含んでいるはずなのである。この赤色はあまり熟れていない、薄い赤色から、しっかり熟れてまっ赤になったものまで含んでいて、しかし、それらはどれもはっきりしていなくて、これを言語で表わせば、「りんごにはいろんな赤色があるんや」となっているのである。ということは、この言語も、そのぼんやりとした記憶の中の視覚表象とともに存在しているということなのである。そして、このぼんやりとした記憶は普通の、独特の色を持たないりんごを見たならば、そのまま、「りんご…」となって終わりである。つまり、このぼんやりとした、はっきりしないりんごについての記憶は、りんごであることのために使われ、今の場合はそれで終わったのである。りんごであることが分かっただけで終わりで、そのまま、「我」は他の事物に対象を移したり、ナイフを捜したりするのである。しかし、今見ている独特な赤色のりんごを「我」が見た場合、「我」の視覚がまず刺激され、それだけでなく、普通のりんごを見た時にほとんど反応しなかったりんごについてのぼんやりとした、はっきりとしない記憶も刺激されて反応するのである。ぼんやりと、はっきりしないりんごについての記憶には、今まで見てきた様々なりんごを見た時の記憶がいくつも、無数にと言っていいほど入り、ただ、それらは混ざり合い、一個一個の区別はつかなくて、ぼんやりとしたまま存在しているのである。それでも、その中には赤いりんご、薄赤いりんご、緑色に近いりんご、大きなりんご、小さなりんごが、しかし、ほんの少し見えるだけで、ほとんど一塊のように存在しているのである。しかし、ここに様々なりんごについての記憶が入り込んでいるので、ほとんどの場合は、特別なことがない場合は、様々な色のりんご、様々な大きさのりんごを見ても、「りんご…」と判断できるのである。しかし、今の場合、独特の赤色のりんごを見た時、このぼんやりはっきりしないほとんど一塊の記憶は、その視覚からの刺激に反応するのである。この様々な色、形の記憶のほとんど一塊の中から、その中を、普通のりんごの中の特に赤いりんごについての記憶に刺激が走ったように反応し、その特に赤いりんごに反応し、それを浮かび上がらせ、目の前の独特の赤色のりんごと重ね合うようになるのである。

そして、この記憶の中のりんごと目の前の独特な色のりんごは反応しあうようになるのである。その反応に「我」自身も反応するのである。

「りんご園へりんご摘みに行った時のとても赤かったりんごに似てるな…」

とか、

「今まで見たどんなりんごより、こいつはすごいな、こんなん、はじめて見るな…」

とか、

「いや、あの時食べたりんごほどでもない…」

などの反応が言語として出てくることもあるのである。ということは、目の前の独特の赤色の現象の中のりんごの表象と、記憶の中の特に赤かったりんごの表象を較べているのである。そして、この中でも、りんご園へりんごを摘みに行った時の記憶表象は、過去の特定の出来事の中での表象であるということになる。

そして、それらの比較で「我」は、今まで見た、つまり記憶の中のりんごの表象よりも、今日のりんごの独特の赤色は、もっと濃い、いや、黒ずんでさえも見えることを思う時もある。

しかし、このような現象の中の表象と記憶の中の表象の見比べ、対置は、瞬間的に終わってしまう。もっと大切なことがあり、それは、ほとんど比較の瞬間にそれを打ち消すようにやってくる。味覚表象である。記憶の中の、特に赤い表象が、それが浮かんだと同時に連れてきているのだ。とても甘い、しかし、りんご独特の少し酸味もある、そして、サクッサクッとした噛んだ時の感触も、いや、それだけでなく、りんご独特の甘い、酸っぱいさわやかな香りも連れてきているのだ。そして、これも、ほとんど同じ瞬間に、目の前の独特の赤色も味と香りを連れてきているのだ。こちらは想像力が連れてきているはずである。正確に言えば、過去の記憶の、特に赤い皮の色が連れてきた味と香りを土台にして、目の前の独特の赤色に対する味と香りを想像力が連れてきたのである。想像力であるのは、目の前の独特の赤色のりんごの味と香りはまだ食べていないから分かっていないのである。まだ無なのである。その無に過去の記憶の中の、特に赤いりんごの味と香りが代替するように浮かんできているのである。代替だけでなく、それは想像力によって変形されているのである。つまり、過去の、特に赤いりんごと、目の前の独特の赤色のりんごの先の比較が、変形を生み出しているのである。今、目の前の独特の赤色は少し黒ずんでいるのである。この黒ずんでいることが変形を生み出したのである。少し思考も働いている。「どんな味だろう？」変形は始まっているが、すぐには決まらないのだ。時には、「我」は、もう一度記憶の中をたどって、この黒ずんだ色のりんごを食べた時の記憶を捜そうとするかもしれない。そして、そのような色のりんごも見た気になり、その時の味は…？と思考が続くかもしれない。しかし、それでも、その黒ずんだ色の記憶もはっきりしないし、味に関してはほとんど何も見つからない。「腐っているのでもなさそうだし、絶対にそれはないよな、でも、この色は、…ほんとうにおいしそうだな…」と思考は続くこともあるだろう。

ただ、思考は、多くは、日常生活ではこれまでだろう。りんごの味で、そんなに時間をとっていられないからだ。だから、「おいしそうだな…」は推論で終わり、しかも、けっして断定的ではない。でも、時には、その黒ずんだ色の刺激が、「我」の中に、すごくおいしい、甘い、なんとも言えない味覚表象を生み出し、大きな力を持つ時もある。そして、この力を持った味覚表象が、この独特の赤色のりんごの本質であるかのように、しばらくの間、記憶として存続することもあるだろう。

以上見てきたことは、個物としての独特の赤色を持ったりんごの本質とも言える、それに近いものである。もちろん、ここにも本質についての定義が問題として浮かんできている。しかし、このりんごの、独特の赤色のりんごの「何であるか」を見出そうとしている「我」の在り方が見えてもきているのである。「我」はテーブルの上のりんごの独特の赤色に刺激されたのである。刺激されたのは欲望である。その欲望が求めるのは、りんごの味である。そして、その味について想像力が働いたのである。この想像力は大きく刺激によって生み出され、欲望によって働かされている、そして、推測にすぎない、断定には至らないが、その味が、とてもおいしい、甘い、少し酸っぱい味が浮かんでくるのである。いや、忘れてはいけない嗅覚表象もやってきている。

この味覚表象、そして嗅覚表象は、個物としての独特の赤色のりんごの持つ、やはり独特の香りで、このりんごだけが持っている香り、ただし、推測の上の味ではあるが、このりんごだけの、ともなれば、このりんごの個物の本質だとも言えるのではないだろうか。

もちろん、これは想像力が生み出した味と香りである。この想像力の生み出した味と香りを打ち消すべくは、その夜、食べた時であろう。「ほんとうにおいしいな！」ともなれば、このりんごの味と、独特の赤色はそれなりの時間、記憶に残り続けるだろう。この残り続けることはやはり、本質と言ってもいい、本質に近いものが見えてきているこことにもなるであろう。この記憶を持続させているのは、やはり欲望であり、それが本質とも言えるものを記憶の中に保ち続けさせているのである。そして、食べてみて、「ん？　たいしたことないな…」ともなれば、先に見た味覚表象や嗅覚表象は、その推定が否定されて、記憶からも消えてしまい、その推定を生み出した欲望、その欲望を判断して生み出した独特の赤色も消えてなくなってしまうことになる。

ここで、少しではあるが、本質というものに、本質の概念に向き合った方が良さそうである。

今見てきたことでは、本質らしきものが、本質と言っていいようなものが見えてきているのである。独特の赤色を持ったりんごがテーブルの上に存在していたのである。その独特の赤色そのものが、このりんごの個としての本質と言っていいものを「我」に与えてきているのである。その本質らしきもの、本質と言っていいものは、このりんごだけしか持っていない独特の色にあると言っていいのである。それだけでなく、その独特の赤色を見た「我」の中に、欲望が生み出されているのである。独特の赤色が「我」を刺激して生み出された欲望である。この欲望は、そのまま、想像力を働かせて、その独特の赤色の皮をしたりんごの味を想像させたのである。この独特の赤色のりんごの味なのである。この味こそ、「我」にとって今、とても大切なものなのである。想像力の中の味ではあるが、今の「我」にとってとても大切な意味として存在し、大きく惹きつけているのである。これも、いや、これこそが、この独特の赤色の皮を持った「りんご」の本質と言っていいものとして浮かんできているのである。本質という言葉を使っていけなければ、そのりんごの、そのりんごだけが持っている独特の、「我」にとってとても大切な、このりんごだけが持っていると思われる味なのである。これを本質と言えばやはり無理があるということになるのである。ただ、居直ってこの論文の出発として引用したフッサールの『イデーン』の冒頭の〝「何であるか」を見出すこと〟としては、それなりに認められるはずなのである。

しかし、フッサールはけっして、本質を個的なものとしては見ていないのである。本質は、類的普遍的な存在なのである。類的普遍的に、イデアとして存在しているのである。いや、他の哲学でも、個の存在の中に見出したものを本質とは言っていないはずである。それ以上に、社会でも、いわゆる世の中でも、ここではあまり本質という言葉を使うところではないが、「人間の本質は…」とは使っても、「あいつの本質は…」とはなかなか使ってはいないはずである。時には、「あいつという奴はどうしようもない本質やで…」と使ったとしても、これは本質ではなく、本性の誤りである。そして、今見た独特の赤色のりんごも、それが種として存在して、他に、多く存在しているなら、それなりに、その種の本質としても見られるであろうとなるはずである。

それではなぜ、今のような例を見たのか？…となるが、ここで見たかったのは、ここに見えてきた視覚表象、そして、それが想像力によって連れてきた味覚表象と嗅覚表象は、直観がとても大切なものに出会った、「我」に強い力を与えた、つまり、刺激として欲望に力を与えた例として見たかったのである。これは見ておきたかったのである。もちろん、この論文としてではあるが…

そして、類的普遍的存在として見る時、日常生活では次のように見えてくるのではないだろうか。類的普遍的存在としては、りんごの類的普遍的存在としては、〝りんご〟であることとしていいであろう。この中には、様々なりんご、大きさの様々な、赤色の様々な、また種類も様々なりんごが入っているとしていいであろう。類的普遍的とはそんなものなのである。「我」の記憶の中にも様々なりんごが存在しているのである。スーパーで売っているりんご、りんごを摘みに行った時のりんご、冷蔵庫の中に入っているりんご、テーブルの上に置かれたりんごが、しかも様々な色、大きさ、種類として存在しているが、しかし、多くは、それらははっきりしないでぼんやりと一塊となってしまっているのである。これらの記憶の存在によって、様々なりんごを見た時、「あ、りんごだ！…」と判断しているとしていいのである。しかし、日常生活では多くはそれで終わりなのである。ここにはなかなか本質というものが見えていないのである。ただ、ここでも何度も引用しているフッサールの「何であるか」を見出すことは、りんごであることを見出すこととして、本質を見出しているとも言えるのである。ただ、日常生活では、りんごをりんごであると見分けただけでは、本質？本質って何？となるのである。

ただ、ここでは類的普遍性としての、りんごとしての「何であるか」は見出されていることはまちがいのないことなのである。そして、ここには、類的普遍性としての本質って何？となることが見えてきているのである。そして、ここに欲望というものを当てて見ると、この時々の、本質らしきもの、本質と言っていいようなものが見えてくるのではないだろうか。

またまた、テーブルの上のりんごを見てみよう。しかし、今度は独特の赤色ではなく、特別にこれといった特徴のない、いわゆる普通のりんごであるとしよう。そして、このような普通のりんごを見た時、通常は、「あ、りんごか…」で終わってしまうのである。とはいえ、「我」の中には、〝りんご〟についての色々な記憶が入り込んでいるのである。そして、今、このりんごに、欲望というものを当てて見てみるのである。もし、欲望がほとんどなかったら、やはり、「あ、りんごか…」で終わってしまうはずである。というよりも、テーブルの上のりんごを見ても、ほとんど欲望が湧かなかったら、「あ、りんごか…」で終わってしまうのである。しかし、ここに、「我」が少し喉が渇いていたら、「お、りんご…」となり、つまり、目の前のりんごに欲望が刺激され、と同時に、その普通のりんごから、その視覚表象から、脳の中に、りんごの味、りんごの匂い、つまり、その味覚表象や嗅覚表象がやってくるのである。このような味覚表象や嗅覚表象がやってくるのは、記憶の中に、りんごを今まで食べた時のその味や匂いの記憶が存在していて引き出してきているということだろう。そして、時には、いや多くは、これらの味覚表象や嗅覚表象だけでなく、視覚表象が、目の前の現実に存在するりんごの視覚表象ではなく、脳の中に、りんごが皮をむかれて、食べやすい形に切られて、皿にのせられている表象が浮かんでくることも多いはずなのだ。

そして、この視覚表象が、先に味覚表象や嗅覚表象と一体となって浮かんでくるのではないだろうか。

このように脳の中に浮かんできた、味覚表象、嗅覚表象、そして、これらと一体となった、それらを時には連れてくるような、食べるばかりの、皮をむかれた視覚表象こそは、〝りんご〟にとってとても大切なもの、本質らしきもの、本質と言っていいものではないだろうか。しかも、ここで見ているのは、普通のりんごであり、このりんごは類的、普遍的存在なのではないか、とまで言えるのである。

ただ、ここで見ているのは、喉が渇いている時の「我」の脳の中に浮かんできたものであるということである。もし、喉が渇いていなければ、「あ、りんごか…」で終わってしまう普通のりんごを見て、その欲望が刺激されて、脳の中に、りんごの味覚表象、嗅覚表象を、そしてまた皮をむいて切ってある、皿の上に載った、すぐ食べられる視覚表象を連れてきているのである。これらの表象は、喉の渇いた「我」にとって、とても大きな意味を持つ大切なものであり、そのりんごが、りんご一般が、類的普遍的存在としての、りんごだけが持つ独特の味、香り、食べるばかりの姿なのである。これらの大きな意味、大切なものは、りんごという果物が持つ本質と言っていいものではないか、ということになるはずである。

ⓑ 商業と本質

他の例を見てみよう。りんごを売っているスーパーの、いや、果物屋さんの、特に主人を見てみよう。ここでは欲望とりんごの関係を見ていかねばならないのである。果物屋さんの主人の欲望は、りんごを食べることではない。目の前にとてもおいしそうなりんごがあっても、またすごく喉が渇いていても、りんごを食べたいと思ってはいけないのである。そんなことを思っていては、仕事にならないのである。仕事の上では、欲望は禁じられているのである。しかし、それが禁じられているのは食欲だけで、その禁じられた背後には、やはり強い欲望、金銭欲が、いや、それよりも、自分と家族が生活していく上では、果物を売った上での収入があってほしい、もっと言えば、稼がなければ生活していけないのである。この論文で言えば、生活のための必要＝力＝意味が働いているのである。

このような人がりんごを見る時は、まずは傷がついていないかを見るはずである。傷がついていれば、昨今では売り物にはならないからである。そして、今日売るべきりんごから、傷のついた分を取り除く作業もするはずである。そして、そうしながら、一個一個の色と大きさを見て、皿に何個並べて、いくらで売るかをほとんど自動的に考えていくはずなのだ。その色を見る時、その色にお客さんがどのように反応するか、どれだけ買いたいと思うか、そしてまた、それを考えた上で、大きさをも考えながら、いくらの値段をつければいいだろうかと考えているはずである。いや、それだけでなく、今の季節やりんごの出荷量、その上でまた、色と大きさをよく見て、つまり今の季節としての色と大きさを見て、いやいや、もっと大切なことがある。そのりんごを市場で買った時の値段も考慮に入れて。

つまり、果物屋の主人にとっては、一番大切なことは、りんごを何個、どのように皿の上に並べて、どのような価格をつけるかなのだ。このことは、彼の欲望、いや、必要＝力＝意味が一番要求していることなのだ。自分が、そして家族が生きていく上で、そのためにはこのりんごをなるべく高い値で多く売り、利益を上げることが要求されているのだ。だから、彼にとって本質と言えるべきものはりんごの価格であり、その上でのどれだけ売れるかなのである。このことは毎日続くのである。ただ、価格も、季節によって、そして仕入れた値段によって、また、店に来るお客さんの人数、そのりんごに対する反応の仕方などを考慮に入れながら、となるはずなのだ。しかし、このお客さんの反応を考える時、ふと、今日売ろうとしているりんごの味覚表象や嗅覚表象が浮かんでも来ているはずである。いや、この味覚表象や嗅覚表象こそは、りんごを買ってくれるお客さんにとっても、最も大切なもの、最も大きな意味を持っているもの、お客さんの欲望を刺激するものとして、先に見た普通のりんごの時と同じ、その意味では本質と言っていいもの、本質らしきものである。ということは、そのりんごを売る果物屋さんの主人にとっても、その価格を決める上では、利益をあげて自分と家族が生活していくためにはやはりとても大切なもの、大きな意味として存在していることになる。つまり、果物屋の主人にとっては、そのりんごの価格や、それを売った時の利益が本質らしきもの、本質と言っていいものと見えてきていたが、その奥にもう一つ、味覚表象や嗅覚表象が本質らしきもの、本質と言っていいものとして存在していることが見えてきたのである。

こうして見てくると、ふとテーブルの上のりんごを見た人間にとっても、りんごを売っている果物屋さんの主人にとっても、りんごの味覚表象、嗅覚表象は本質らしきもの、本質と言っていいものとして存在していることが見えてきているのである。

ⓒ 栽培と本質

もう一つ例を見ておこう。りんごの栽培農家を見てみよう。栽培農家にとっては、りんごは、まずは、今年も立派な実をつけてくれることが大切なことであろう。春になって若葉が出てきて、それとほとんど同時に白い花が咲いた時、農家の主人の頭の中には大きな欲望、いや、その前に願望として、まっ赤に実った大きなりんご、それがずっと並んでいる、木々にいっぱいなっている光景が浮かんできているはずである。栽培農家にとっては、収穫したりんごの個数は収入に大きく影響するはずなのである。とはいえ、一個一個の大きさもとても重要なのである。だから、栽培農家にとって肥料や殺虫剤を撒くことと同じように、いや、それ以上に、剪定作業は重要なのである。どれだけ枝や花、花のあとの小さな実を残して育てるかは、とても重要な大きな問題なのである。

そして、夏から秋にかけては、その残した実が、日々どれだけ大きくなっていくか、秋になれば、それらがどんな色に変わっていくかは大きな関心であり、心配であり、また、それがうまく成長していてくれれば、大きな喜びなのである。そして、どのタイミングで追肥をやり、また、毎日見まわりながら、殺虫剤を撒くタイミングも重要な問題なのである。いやいや、それ以上に気になるのは、天候である。実が大きくなる時には、一定程度の雨が必要であるし、皮の赤色には、日光は大切な要素なのである。そして、問題は台風である。せっかく、大きな実を沢山つけはじめた時、台風が来て、その多くを落としていってしまえば、それこそ、今までの苦労が水の泡となってしまうのである。

だから、農家にとっては、立派なりんごがいくつなるかは、とても重要な問題であり、それからの収入は家計のため、家族がみんなでなんとか幸せに生活していくために、その必要＝力＝意味のためにはとても大切な問題なのである。

だから、ここでは、一個一個のりんごの出来栄えの前に、その個数が大きな問題なのである。一個一個のすばらしいりんごも大切であるが、その収穫される個数が、やはり大きく頭の中を占めているのである。農家の人々の頭の中には、一個一個のこれからとれるりんごの大きさ、色、形も脳の中に時々浮かんでくるが、それを否定するように、農園全体の木に、たくさんのりんごが実をつけている光景が、強い欲望、願望によって浮かんできているはずなのである。いやいや、そのような個数、そして大きさ、そしてそれが沢山実をつけている光景以上に、栽培農家にとって大切なのは、一本一本の木なのである。一本一本の木が、病気にならないで、害虫に荒らされないで、緑色の健康な葉をつけてくれていることが、そして、しっかりとした根をはっていることが大切なのだ。これらの一本一本の木が健康に育ってくれ、立派な収穫があり、今年だけでなく、ずっとこれから長い間、我が家の生計を支えてくれるはずなのだ。

農家の人々にとっては、人間誰もが持っている、自分と家族が、健康で幸せな家庭を持ちたいという大きな必要＝力＝意味が、一番根底に働いているのである。そして、そのためには、りんごが毎年しっかりとした収穫に、そしてそのためには、農園の木々が一本一本しっかりと育ってくれるようにという必要＝力＝意味が働いているのである。そして、それが達成されれば、沢山のりんごが、しかも大きくてすばらしい出来栄えのりんごが、農園全体に実ってくれることを夢見、日々、その光景を頭に浮かべながら、様々な作業に打ち込んでいくのである。

とはいえ、農家の人々は、一本一本の木を見まわりながら、花が終わり、小さな実をつけた頃から、そして夏の終わりになった頃には、それなりの大きさになったりんごを一個一個見ながら、見まわりを続けているはずなのだ。そして、その一個一個に傷がついていないか、病気にかかっていないかを見ながら、その一個一個がどのようなりんごになるだろうかを、すばらしいりんごになって欲しいという願望も交えながら見ていくのである。そんな時、その目の前の一個を見ながら、その一個がどのようなりんごに育ってくれるかを、その一個の目の前の特徴に合わせて推測するのではないだろうか。もちろん、こうなるのは、りんごがそれなりに大きくなり、色づきはじめた頃からである。そして、また、そのりんごの味をも、つまり味覚表象を浮かべるのではないだろうか。いや、まだ早いかもしれない。少なくとも、収穫が近くなった時、一個一個を見ながら、木に沢山なっているりんごの中から、どれから摘みとっていけばいいかを考えながら、その一個一個の大きさ、赤色の美しさを見ながら、ほとんど自動的にそのりんご一個一個の持つ味、味覚表象が浮かんできているはずなのだ。味覚表象だけでなく、嗅覚表象もだ。

こう見てくると、栽培農家の人々にも、りんごの味覚表象、嗅覚表象はとても大切なもの、大きな意味を持つもの、本質らしきもの、本質と言っていいものとして見えてきているのでは、ともなってくる。このことは、果物屋さんの主人にとってと同じことなのである。喉が渇いていて、テーブルの上の人間がりんごを見た時と同じ、大切なもの、大きな意味のあるものとして存在しているのである。ただ、栽培農家の人々や、果物屋さんの主人にとって、この味覚表象、嗅覚表象は、自分が食べるためではない、お客さんが、消費者が食べる時の推測であり、これは自分が売るりんごを栽培して育てて、これを市場に売り、それは果物屋さんに渡り、最後に消費者に渡り、おいしく食べてもらい、その上で自分の収入が得られるという、自分の欲望ではない、他人の欲望のための表象であり、自分にとっては、自分の欲望にとっては、やはり、それらのりんごが売れた時の収入、その金額が大きな意味、大切なものとして存在しているのは事実なのである。だから、これらの人々にとっては、味覚表象、嗅覚表象は、現実のものではない、推測による脳の中の存在なのである。しかし、それはやはり大切なもの、大きな意味を持つものとして存在しているということなのである。このことは、喉が渇いていて、テーブルの上のりんごを見た「我」と同じ表象が浮かんでいるとしていいのである。喉が渇いている「我」は、テーブルの上のりんごの形、皮の色に欲望を刺激され、そのりんごからの中に含まれている味覚、嗅覚を、脳の中の表象として浮かべるのである。

二、現象の奥に、

ここにもう一つ、本質を見る上で重要なことが見えてきているのである。喉が渇いていて、テーブルの上のりんごに味覚表象、嗅覚表象を浮かべた「我」にとっては、目の前のりんごの形や色の奥に存在する、まだ味わっていない味や香りが、目の前のりんごの形や皮を通り越えて、大切なものとして浮かんできているということなのである。このことは、目の前の存在、現象としての存在よりも、その奥に存在するもの、今の場合は味覚表象、嗅覚表象であるが、それを世の中では、大切なもの、大きな意味のあるもの、本当のもの、時には本質などの言語を使って認めているのでは、ということなのである。

自動車も、その形や色、スタイルではなく、乗って走った時の、乗り心地の良さであり、様々な料理も、その見た目ではなく、それを味わった時のおいしさが、多くの機械や道具も、それを使った機能、何に使われ、どんな便利さかを、本質とは言わなくても、大切なもの、それこそ大事なものとしているのではないだろうか。人間も、その顔やスタイルもそれなりに大切にされるが、その奥の性格、そして何よりも心が、大切なもの、本当のものとされているはずなのだ。そして、社会では、少なくとも世の中、世間と言われる人間関係の場では、ほとんど本質という言語は使われることはないが、時には、このように奥に存在し、しかも、大切なもの、大きな意味を持つもの、本当の意味として存在するものに本質という言葉が使われているはずなのである。

これらのことは、視点をかえると、自動車ではその機能が、料理ではその味が、機械や道具では、その使われ方が、大切なもの、大きな意味を持つもの、本質と言っていいもの、本質らしきものとされているのは、その対象に向かった時の、人間達の欲望、必要＝力＝意味が求めているもの、それが得ることができるものなのではないか、ということなのである。少なくとも、人間達は生活の中では、本質らしきもの、本質と言っていいものは、目の前の見えているもの、現象ではなくて、その奥に存在する、欲望、必要＝力＝意味の目的として、得られるものを指しているのではないか、ということなのである。

もちろん、これらは確かに、かなりの早計ではあるはずである。今まで見たのは、ほとんどりんごだけなのである。

りんごでも、学問ともなると、やはり違っているはずである。今まで本質らしきもの、本質と言っていいものとして見えてきているのは、味覚、嗅覚、その表象であったが、植物分類学や栄養学では、まったく違ったものが、もちろん、ここでも本質という言葉は使われてはいないが、大切なもの、求めるべきものは大きく違っているはずである。

植物分類学では、芽の出方、単子葉か双子葉かに始まり、葉のつき方、それ以上に、花の雌蕊、雄蕊のつき方はとても大切にされているはずである。いや、現代は何と言ってもＤＮＡなのだろうか。これらは種を決定する決め手なのである。種を決定していることは、「何であるか」を見出していることにもなる。一方、これらは植物を分類するという、植物分類学にとって最も重要な目的、使命、つまり必要＝力＝意味の上に見出されているとしていいのである。栄養学では、人間がこれを食べた時の栄養になる成分、その物質を分析しているのである。りんごの場合は特に、その中に含まれるビタミン、その種類は、りんごを食べる人間達にとってもとても重要な意味を持っている、それを食べた人間にとって、栄養素を分析しているのである。ここでも栄養学という学問が目的とする、りんごの中の栄養素の分析、「何であるか」を見出すという目的、必要＝力＝意味が働いているということになる。

そして、これらの学問においては、けっして本質という概念は使われてはいないはずであるが、植物の分類にとってとても大切なもの、大きな意味を持つもの、「何であるか」を見出せるものは、また、人間が健康に生活していくために必要な、栄養の成分、「何であるか」を見出せるものは、少なくとも、それを見たり、食べたりする人間達にはほとんど見えない、分からない、つまり現象の中ではとらえられない、現象の奥に存在するものとして、学問が、長年の研究の成果として見出したものであるのだ。

つまり、ここでは本質という言語、概念はほとんど使われていないが、現象の奥にある、現象としては見出せないその奥の存在を、学問にとっての求めるべきもの、大切なもの、大きな意味として見出している、ということになる。

これまで見てきたことは、と言ってもとても少ない例でしか見ていないが、人間が生活していく上で、いや、それだけでなく、その生活を支えている学問においてさえも、大切なもの、大きな意味を持つもの、本質らしきもの、本質と言っていいものは多くの場合、眼に見えるもの、つまり現象としてとらえられるものではなくて、その奥に存在するものとして、また、学問の上でも、本質という言葉、概念は使われていないにしろ、その学問が求めるべき大切な、大きな意味を持つものは、通常の人間の眼に見える、五感で感じられる、つまり現象として受け止められるものの奥に存在しているものとして、見出されているということなのである。

しかし、このような人間の日常生活の中で、いや、学問においてさえも、本質らしきもの、本質と言っていいもの、探求の目的として大切な、大きな意味を持つものを現象の中に見つけることができないとしていることに対して、それを否定するように、現象の、特に純粋な現象の中から本質を見出すことを主張したのがフッサールなのである。

しかし、彼の主張は、哲学の上で、いや人間の認識というものを見る上で、とても重要なことを言っているはずなのである。彼は二十世紀を代表する哲学者であり、ハイデガーやサルトルやヤスパースは、彼の大きな影響を受けているのである。

そして、彼の哲学、現象学は、これまで見てきた日常生活だけでなく、科学、そして彼の現象学以外の全ての哲学、絶対的真理を求める時は、とってはいけない、自然的態度として否定したのである。

彼は現象、しかも純粋な現象からのみ、絶対的真理を求める学問は出発しなければならない、と主張したのである。そして、この論文でこれまで手探りのように求めてきた本質も、現象、純粋な現象からのみ見出さなければならないとしたのである。

これまで見てきたとおり、日常生活だけでなく、科学においても、本質らしきもの、本質と言っていいものは、現象の奥に隠れて存在しているかに見えたのである。それらを否定して、フッサールは現象の中に、純粋な現象の中に本質を求めようとするのである。これを見ていかねばならないのだ。

今まで、この論文では、本質の定義もしないまま、手探りのように、本質らしきもの、本質と言っていいものとして、本質を見てきたのである。

ただ、この論文でも、出発点としては、フッサールの『イデーン』の巻頭の定義を使っていたのである。それがいつか、彼が主張する現象からではなく、その奥に本質らしきもの、本質と言っていいものが見えてきてしまったのである。

ここで、もう一度フッサールに戻って、本質の定義にも向かい、そして、彼の現象学をとおして、これまで見てきた、本質らしきもの、本質と言っていいものをもう一度見直してみよう。

第五章

絶対的自己所与性

とは言ってはみたものの、フッサールの現象学と、この論文とはとても大きな距離を持っているのだ。この論文は記憶を基本としているのだ。記憶を基本として、人間の認識を見てみよう、特にこの論文では、本質について見てみようとしているのだ。これに対して、フッサールは現象を、しかも純粋な現象を、認識の原点、出発点において、絶対的真理を求めようとしていたのである。そして、純粋な現象と考えると、その中に記憶というものが入っていてはならないのではないのか、ともなってくるのだ。現象とは五感で感じたもの、知覚によって受け入れたものとすれば、そして、それが純粋であるとすれば、記憶は入っていてはならないはずなのである。記憶とはそもそも、過去の現象から知覚によって受け入れたものが保存されて引き出されるものなのである。しかも記憶とは、時間の経過によって変形したり、ぼんやり化したり、また忘却として、無になってしまうものなのである。そんなものを絶対的真理を求める時に入れては絶対にいけないのだ。

しかし、フッサールも、本質を求める時には、現象からの知覚による直接的な受け入れだけでなく、想像や想起の中にも、本質は見出せるとしているのである。ここには現象という概念の、とても複雑さが存在しているのだ。現象と言った場合、目の前の世界の、五感で、知覚でとらえられるものだけでなく、世界を見ている、感じている、知覚している「我」の意識の世界も現象であるとする考え方がフッサールの現象学の基本に存在して、ということなのである。これは、フッサールが絶対的真理を求める出発点として、「我思う故に我在り」というデカルトの原理を出発点としていることにもよるのである。「我思う」とは、そもそも意識であり、それが「我在り」までになると、意識の在り方でもあるのだ。そして、この論文としては、「我思う」が「我在り」となるのは記憶によるのでは、と言ってもいるのである。ここには、フッサールの理論と、この論文のとても複雑な関係が存在しているのである。

いや、それだけではない。まだまだ、とても大きな距離が存在するのだ。フッサールは絶対的真理を求めようとして、人間の認識全体を、純粋な現象としてとらえようとしているのに対し、この論文は、記憶を基本にして、思考にとっての最も大切な本質を見ようとしているだけなのだ。つまり、まだまだ出発したばかりなのだ。彼は『論理学研究』という論理学全体を視野に入れた著作を残している。論理学は、人間の思考でも最高の到達点であるとしていいであろう。いや、彼は『イデーン』を代表として、人間の全認識に及んでいるとしていいであろう。一方、この論文は、人間の認識の基礎に存在する記憶と、やはり認識の出発点としていい本質の関係を見ようとしているのである。論理学、いや論理を形造る時、その前に思考の出発点として、しっかりとつかまえていなければならない本質というものを、記憶との関係で見出そうとしているのである。本質という人間の認識の出発点、基本として存在しているものと記憶の関係を見ていこうとしているのである。

だから、フッサールを見ているのは、この出発点からの視点によるとしていいのである。

しかし、一方、この出発点からは、フッサールはほとんど認識と記憶の関係を見ていないのではないか、とも言いたいのである。そして、記憶とは、人間の認識の全般に、あらゆるところに存在している、それをしっかりと見なければならないのではないか、と言いたいのである。それに対して、フッサールは、絶対的真理を求めるためには、現象、純粋な現象から出発しなければならないとしているのである。この純粋な現象に記憶、いや、それにからまる様々なものをも、取り除くことを現象学的還元として、取り除いて、彼の研究は出発しているとしていいのである。もちろん、ここには現象と記憶の複雑な関係も存在することは先に見たとおりである。

このような遠い距離から、もう少し、フッサールにかえって、本質を見返してみようとしているのである。というのは、これまでこの論文として本質を見てきたが、本質とは、本質らしきもの、本質と言っていいものは、多くは、現象の奥に潜んで存在しているように見えてきてしまっていたのである。もちろん、このように見えてきたのは、フッサールが自然的態度として否定しきっている日常生活、いや、それだけでなく、これもフッサールが否定している科学においてもそうなのではないか、と見えてきたのである。それに対して、フッサールは現象そのものから、純粋な現象から、本質をとらえうるとしているのである。「え⁉」ということから、しかし、しっかりと、もう一度、フッサールを見てみなければならないのではないか、ということなのである。

それでは、純粋な現象から、どのようにして本質がとらえられるのか。そして、その時、本質とは何なのか、を見てみなければならないのである。今まで、この論文では、本質そのものは、最初に見たフッサールの『イデーン』のほぼ巻頭の引用からの、「何であるか」だけだったのである。そして、それ以上、独自で見てきたのは、本質とは言い切れない、本質らしきもの、本質と言っていいものであったのである。これらは、フッサールが自然的態度として否定する、日常生活の中で見たものなのである。これらと、フッサールの本質はどのような関係にあるのか、そして、どのように否定されるのかを見ていかねばならないのである。

もう少し入り込んで、今度は『現象学の理念』から引用して見てみよう。
講義四の「普遍者の自己所与性、本質分析の哲学的方法」の節に

絶対的現象が、還元されたコギタチオが、われわれにとって絶対的自己所与性として妥当する理由は、それが個別性であるからではなく、それが現象学的還元の後の純粋直観によって、まさに絶対的自己所与性

として開示されるからなのである…ぜひ、この点を明断に自覚しておかねばならない。われわれは、普遍性をも純粋直観によってまさにこのような絶対的所与性として見出しうるのである。（エドムント・フッサール『現象学の理念』立松弘孝訳、みすず書房、八十三頁、傍点は原文）

この文章から見てみよう。しかし、見るのはあくまでも、記憶を土台として認識を見る、本質を見ている、この論文からの見方であり、そこには、大きく、この論文の土俵での解釈になる可能性が存在しているはずなのである。

ここで注目すべきは、〝絶対的自己所与性〟である。この引用した文は、この〝絶対的自己所与性〟について書かれているとしていいのである。これは現象学的還元の後の純粋直観によって開示されるのである。そして、引用した文の最後にあるとおり、普遍性をも純粋直観によって、絶対的所与性として見出しうるのである。普遍性とは、この節の冒頭にあるとおり普遍性本質なのである。

この短い文章は、フッサール現象学の原点、根本と言っていいものを表しているはずなのだ。しかも、とても大きな問題をも提出しているのである。これは常識、それ以上に今までの哲学、そして、また、この論文にとってもとても大きな問題の提出になっているのである。

大きな問題とは、現象学的還元の後の純粋直観によって、普遍性、普遍的本質が得られるとしていることなのである。

現象学的還元は置いておいて、純粋直観と言えば、事物に向かい、五感によって、多くの場合は視覚によって、そして、これも多くは、一個の事物に向かい、事物からやってくるものを感じ取る能力であると言える。〝純粋〟であることは、ここでは思考や過去の知識、記憶が遮断されているからである。遮断されているのは、現象学的還元によるとしていいであろう。一個の個物からやってくるものだけを直観によって受け止めているのである。やってくるものが、絶対的はこれも置いておいて、〝所与性〟であるとしていいであろう。〝絶対的〟になるのは、これまた現象学的還元によってなのである。

そして、問題はこの一個の事物に向かい合っていることによって、普遍性が、普遍的本質が得られるとしていることなのである。通常、常識の世界では、いや、哲学の世界であっても、普遍性とは多くの事物、今の場合は、目の前の一個の事物の仲間、類の多くの事物を見ること、五感で受け止めることによって得られるとされているはずなのにである。この論文では、この類、仲間についての記憶が、目の前の一個の事物との共通のものを見出して、同一性や、類的同一性が得られるとしているのである。

ここには矛盾があるとしていいのである。これに対しての説明は、引用した文のすぐ後に次のようになっている。

では次に、普遍者の所与性の場合を、すなわち観取された自己所与的な個別性に基づいて純粋に内在的な普遍性意識が構成される場合を注視してみたい。私が赤の感性的個的直観を一ないし数個持っているとしよう。私は純粋内在だけに留意して、現象学的還元の気構えをする。赤が超越的にどのようなものとして統覚されていようと、たとえば私の机上の吸取紙などの赤として統覚されているとしても、ともかく、赤が通常意味しているものを切り捨て、その上で私は純粋直観によって赤一般という思想の意味を完成するのである。すなわち、赤のスペチエスを、たとえばあれこれのものから直観的に抽出され同一的普遍者を完成するのである。そこでは個別性そのものはもはや思念されず。これとかあれではなくて、赤一般が思念されているのである。（前掲、八十三頁、傍点原文）

この引用文を、これだけで、そのまま受け止めれば、かなりの疑問が湧いてくる。いくつかも、しかも解決できない疑問である。そのいくつかを見てみよう。

まず、一番最初に気になる、「え⁉」と思うのは、「私が赤の感性的個的直観を一ないし数個持っているとしよう」であろう。この「一ないし数個持っている」とは、どのように持っているのかなのである。「持っている」とは、簡単に考えれば、記憶の中に持っていることになる。しかし、赤についての記憶は「一ないし数個」にとどまらないはずである。それなりに年齢を経ていれば、いや、小学生ほどの幼年期でも、無限に近い「赤の感性的個的直観」についての記憶を持っているはずである。これはやはり否定されるのだろう。となると、目の前の「私」が対象としている、この論文の対象＝意識を現在、現象の中に形造っている「赤の感性的個的直観」ということになる。とすると、「数個」がやはり問題になる。これを文字通りに受け止めれば、目の前に「数個」の赤色をした個物が存在するということになる。そこまで行くと、それらの数個の個物は、同じ種類の個物なのか、違った種類の個物なのか、との疑問も出てくる。おそらくは、目の前のテーブルの上にある、赤いハンカチ、赤いりんご、赤い茶碗…？となるが、これらの疑問は、彼が否定する〝自然的態度〟からの疑問であるのであろう。すぐに、「私は純粋内在だけに留意して現象学的還元の気構えをする。」のである。疑問は消えてしまう。現象学的還元によって、現象だけの世界、純粋な現象の世界で、「純粋内在だけに留意」しなければならないのである。そして、その際に、「赤が超越的にどのようなものとして統覚されていようと、たとえば私の机上の吸取紙などの赤として統覚されているとしても、ともかく、赤が通常意味しているものを切り捨て」るのである。ここで〝超越的〟とは、現象学的還元がなされる前の、〝自然的態度〟の世界の事物の在り方、認識され方を意味している。それらを、今の場合は、「赤が通常意味しているもの」であり、それを切り捨てるのである。そして、「その上で、私は赤一般という思想の意味を完成する」のだ。ここまで来ると、大きな疑問がやってくる。「赤一般という思想の意味」である。「何？」となる。特に「思想…？」となるはずなのだ。これについての説明は、すぐに、「すなわち赤のスペチエスを、たとえばあれこれのものから直観的に抽出された同一的普遍者を完成するのである」となるのである。

スペチエスは種、ここでは種概念としていいであろう。というよりも、種についての表象としていいかもしれない。それを、「あれこれのものから直観的に抽出された同一的普遍者を完成する」のだ。ここにも、「？…　？…」がやってくる。「あれこれのものから」となると、目の前の現象からではなく、今まで見たこともあるものまで、つまり、記憶の中に入っているあれこれなのではないか？となるのである。しかも、それから「抽出された」となると、今度は現象から離れた、少なくとも現象そのものではない、「同一的普遍者」が抽出される、引き出されるのでは？ともなるのである。しかも、「同一的」とは、その他の様々の赤色との同一であり、それら全てに共通するのが、普遍者であろうとなるのである。しかも、それを「完成する」作業までするのである。

この「完成する」は、現象をそのまま受け止める直観からかなり遠いところにある、思考と言っていいものではないのか、となってくるのである。

ここまで来ると、現象学？となるし、繰り返し出てくる〝純粋〟とは何なのか？ともなってくるのである。ここには〝完成する〟〝抽出する〟そして、その前の〝統覚〟も、けっして純粋な直観からだけではない、思考、少なくとも脳の働きが存在しているのである。〝統覚〟は現象学的還元の前であるが、〝抽象する〟と〝完成する〟は現象学的還元の後である。現象学とは、純粋な現象から直観によって受け止めた、少なくともそこから出発するのではないの？…となるのである。

これで、このまま、フッサールの現象学を否定すれば、少なくともこの章で、ここまで見てきたことが無駄になるだろう。簡単に言えば、フッサールの現象学は、そんなに簡単ではなく、奥深く、彼の使う〝現象〟もそんなに単純ではないのだ。

ここでは〝現象〟をもう一度見直さなければならないのだ。〝現象〟とは何か？特に、フッサールにとっての〝現象〟とは何か？ということになる。

ここで大切なのは、フッサールは絶対的真理を求める出発点を、デカルトのコギト、「我思う故に我在り」に置いているということである。これは、近代哲学の出発点でもある。デカルトは、フッサールと同じ絶対的真理を求めて、この世に絶対に疑いえないものが存在するのかと、懐疑をはじめるのである。そして、長年の懐疑の末、到達したのが、「我思う故に我在り」である。どんなに疑っていても、その疑っている自分の存在そのものは疑いえない、ということである。この絶対的真理を出発点としているということなのだ。だから、フッサールの現象学も、このデカルトの「我思う故に我在り」を出発点としている。そして、現象学における〝現象〟も、このデカルトの真理の上に存在しているということなのである。

そして、このデカルトの真理であるが、この「我思う」は、世界のあらゆる事物、世界全体に向けられているということなのである。「我思う」は、世界全体を、世界のあらゆる事物を疑っているのである。デカルトは、世界のあらゆる事物に向けて懐疑を進め、その中に、疑いえないものが存在しないかと求め続けるのであるが、ある時、その疑っている自分の存在そのものは疑いえない、疑っていることそのものは、疑っている限り否定できないことに到達するのである。これは絶対的真理であり、絶対的真理を求める哲学も、これを出発点としなければならない、とデカルトはするのである。そして、近代哲学も、これを出発点とするのである。

絶対的真理を求めるフッサールも、このデカルトの真理を出発点としているのである。そして、彼の現象学的還元も、この絶対的真理に還元することだと言っていいのである。そして、現象学的還元によって得られた〝現象〟は、このデカルトの真理の上にその構造を持って存在しているということなのである。

ということは、我々が現象に向かい合っている時、その現象に向かい合っていることを知っている「我」が存在すること、「我在り」として存在していることを含めたものを現象としているということなのである。「我」が現象の中の対象に向かってそれを見ている、その見ていることを知っている「我」が存在することを知っていること全体が現象であるということなのだ。「我」は目の前のテーブルの上のりんごを見ているが、見ていることを知っている「我」が存在することを知っている全体が現象なのである。つまり、「我」がりんごを見ている（我思う）ことを知っている「我」が存在する（我在り）こと全体を知っていることが現象なのである。そして、このことはどれだけ疑っても疑いえない事実なのである。「我」がりんごを見ているが、それがもしかしたら、りんごではない他の果物かもしれないと疑った時、その疑ったことそのものは否定できない、絶対的に保証されたことなのである。この絶対的に保証された全体、その構造が現象なのである。つまり、この現象とは、それを見ている「我」をも含めた、ということは意識としての存在なのである。

ここまで見ると、フッサールの門下から、ハイデガーの『存在と時間』の中の世界＝内＝存在が、サルトルの『存在と無』が生まれたことが理解できるのである。『存在と時間』の中の世界＝内＝存在は、そしてまた『存在と無』の対自存在は、今見た現象、意識としての現象、現象＝意識と言っていい現象の在り方を示しているのである。

このような現象学的還元後の現象に向かい合うことは、今まで日常生活において現象として見ていた現象、いや、科学が現象として示していた現象とは違ったもの、これらの日常生活で見てきた現象や科学が教えていた現象とは違った、これを否定した、つまり自然的態度として否定した、現象学的還元によって見えてきた現象、その世界を見せてくれるのである。

そして、今見てきたように、現象学的還元がなされた現象とは、「我」が見ている、向かい合っている現象であり、その中の事物は、「我」が見ている、向かい合っている対象なのである。つまり、現象とは「我」の意識にとっての現象であり、その中の事物も、それを対象としている「我」の意識にとっての事物なのである。ここでついでに、弁解のように言っておけば、この論文が今まで使ってきた対象＝意識、世界＝意識も大きくフッサールの影響を受けているということなのである。事物を見ている、向かい合っている、それを対象としている意識として対象＝意識を使っているのである。事物を取り巻いている現象、もっと広く世界として「我」が意識している、意識全体を世界＝意識としたのである。つまり、この論文も、事物をとらえている、対象として向かい合っている時、現象に向かい合っている時、もっと広くは、自分が生きている世界を感じている時、その時、それに向かい合っている「我」も含めた、意識としてとらえているということなのである。自己弁護はこれまでにしておこう。

ここまで見てくると、現象学的還元がなされた現象はそれでは、現象に向かい合っている「我」、その意識が対になっているだけで、現象そのものは変化していないのでは？　ともなりそうなのである。今まで、現象を対象としてだけ、「我」から切り離して見ていたが、それを見ている「我」、向かい合っている「我」をくっつけただけで、現象そのものはそれほど違っていないのでは？　ともなりそうなのである。

いや、大きく違っているのだ。現象学的還元後の現象とは、「我」が向かい合っている人物、対象、現象をそのまま受け入れる、「我」にとって見えてくるように受け入れることなのだ。目の前にりんごが存在したら、それはまず〝りんご〟として見えてくるということなのだ。先に引用した文章の中の普遍者とし見出していることなのだ。いや、その前に、テーブルの上に存在するものが個物として存在することも見ているであろう。その個物がほとんど同時に、〝りんご〟であることもやってくるのである。そして、また次の引用文での吸取紙の赤を見出すように、りんごの皮の赤をも見出しているはずなのである。

このような現象の現れ方は、我々が多く〝現象〟として事物を、目の前の様々な存在を見ようとする時とは大きく違っているはずなのである。我々、世の中の人間達が、〝現象〟として事物、目の前に存在する、まさに現象を見ようとする時は、多くの場合、見えてくる通り、その事物の形、色彩、その色彩のまざり方、時には光のあたり方、その光があたった時の見え方…ここでは、まずは、〝りんご〟は取り外されてしまっているのである。形や色彩や、様々な物質を作り出している抽象的な要素として見ているのである。その際、〝りんご〟はまず取り外され、時には芯や皮も取り外されているはずなのである。もっと言えば、感覚刺激として受け止めているのである。つまり、〝りんご〟や〝芯〟や〝皮〟や〝皮の紋様〟は、取り外してしまって、これらは多くは言語で簡単に代替されるものとして存在しているが、その背後の、抽象的な、科学的な感覚刺激として受け止めて、〝現象〟としているはずなのである。そして、〝現象〟に対しては、じっと向き合って、言語で代替される様々なものの奥の感覚刺激だけで存在するもの、それからやってくるものを受け止めようとしているのである。

これに対して、現象に対して意識を置いて考える、「我」が現象から受け止めているものを、現象として見た時、テーブルの上のりんごを見れば、まずは〝りんご〟と受け止めているということなのである。この論文で多く見てきたように、〝りんご〟で終わってしまうことがほとんどなのだ。もちろん、フッサールは、このような場面はほとんど述べていない。

フッサールは、ここに、とても大切な、すばらしい概念を打ち出してきているのだ。本質所与性（Wesensgegebenheit）である。これを直訳すれば、「本質の与えられ方」とでもなるのだろうか。これを、この直訳どおりに受け止めれば、本質は与えられたものとして存在している、あるいは、人間には与えられた能力があり、事物の中に存在している本質をそのまま受け取る能力がある、となるはずなのである。この解釈は、先に引用した文のその節の題名の「普遍者の自己所与性」と重なるであろう。

このことは、少し前に見た、普遍性、あるいは本質、いやもっと普遍性を持った本質とは、我々の常識の世界では、多くの事物を見て、その中から共通の性質としてつかみうるのではないか、として見たことを否定することになるのである。

極端な解釈をすれば、初めて見る個物の、そのたった一個の中に、普遍性を持った本質を見出すことができるとなるのである。

これはとんでもないことなのである。我々が今まで日常生活で、そうだと思う、当然のことだと思ってきたことが、否定されてしまうのである。もちろん、我々の日常生活こそは、フッサールの否定する〝自然的態度〟の世界なのである。それが否定されて、現象学的還元がなされた現象の世界では、一個の事物から普遍性が見出されてしまうのである。それでは、「普遍性とは何？」となってしまうのである。

そもそも、我々の日常生活、常識の世界、いや、とても多くの人々、学問に向かい合っている人々にとっても、普遍とは、それらの類、種に、全て共通の存在、性質として存在しているもののはずなのである。だから、一個の個物を見ただけで、その種や類が持っている共通の存在を見ることができるとすれば、普遍という概念、言語の持っている意味に反しているのである。しかし、二十世紀の哲学を代表するフッサールが〝普遍者の自己所与性〟〝本質所与性〟〝絶対的自己所与性〟として述べているものは、個物の中に、既に存在しているのである。そして、その個物に向かい合っている「我」に、その個物が何であるかを、つまり本質を訴えかけている、教えているように存在しているということなのである。だから、りんごを初めて、しかも一個だけ見た人間も、それがりんごであると理解できるように、その個物であるりんごは存在しているということなのである。

これはとんでもないことなのである。常識を打ち破る、恐ろしい衝撃的な主張なのである。まさしく、フッサール、彼が〝自然的態度〟として否定した、常識の世界、人間の日常生活の世界、そして科学の世界の認識をも否定する爆弾的な提言なのである。

いや、フッサールはここまでは言っていない。個物の存在に本質を所与する〝本質所与性〟が存在している、しかも、普遍的なもの、普遍者を自ら所与する、〝普遍者の所与性〟が存在している、そして、それが絶対的な形で所与されている〝絶対的所与性〟として存在しているとは言っているが、一個の個物、それだけによってこれらが所与される、与えられるとまでは言い切っていないとしていいであろう。そもそも、この世に一個しかない個物に、しかも本当に一個しかないそれに、普遍者など存在するはずはないのである。しかし、フッサールがここで主張しているのは、この世に多く存在する、ある種、ある類の中の一つの個物だけをとっても、その全体に共通する、その種、その類を示す、つまり「何であるか」を示すものがその中に、それを見ている現象の中に、「我」が個物を見ているという現象の中に、その現象としての意識の中に存在しているということなのである。一個の個物の中に、その種、類を示す「何であるか」が、本質、普遍者が既に存在しているということなのである。

このことは、この論文の最初に見た、同類同種の多くの事物の、多くの記憶が脳の中に保存されているうちに、それが変形されて、ほとんど一つの表象を形造る、それが本質を表わす表象ではないかと見た、そのことを否定することになるはずである。いや、そもそも、今見たフッサールの主張は、『本質と記憶』と題して、本質と記憶の在り方を見てきた、この論文の主旨をも否定しているのだ。本質は記憶の中に保存される前に、現象の中に、個物を見ている現象の中に存在しているのだ。これは、とてもたいへんなことである。由々しきことである。

普遍者、本質が、一個の個物の直観から、所与性として得られる、いや、フッサールはそうは言い切っていない。先に引用した『現象学の理念』の中の講義四の文章のすぐ後には、「しかし、本当にそうであろうか？」と文が続くのである。そして、またその少し後には、「私が赤の感性的個的直観を一ないし数個持っているとしよう」という文があるのである。このことは、一個の個物の個的直観からとは言い切っていないことになるだろう。そして次の頁には、次のような文章が出てくる。

たとえば二種類の赤が、二つの赤の濃淡がわれわれに与えられているとした場合、われわれには、「こちらとあちらが互いに似ている、個体的な個々の赤の現象が似ているのではないが、種的特性が、濃淡そのものが似ている」とそう判断できないであろうか？この場合の類似の相互関係は類的な絶対所与性ではなかろうか？（前掲、八十四頁、引用文内の「　」は原文から）

といくつかの個的直観の並存が例として挙げられているのである。そして、たった一個の個的直観からの絶対的所与性についてはほとんど述べられていない、少なくともその例が挙げられていないのである。

もちろん、これは『現象学の理念』だけでの話である。フッサールには、まだまだ日本語には訳されていない、とても多くの著作があるから、断言はできないのである。

しかし、ここではたった一個の個物についての個的直観ではどうなっているのかを語ってほしいとも思うのである。

いや、それだけではない。今ほど引用した「私が赤の感性的個的直観を一ないし数個持っているとしよう」のすぐ後に文章は「私は純粋内在だけに留意して、現象学的還元の気構えをする。赤が超越的にどのようなものとして統覚されていようと、たとえば私の机上の吸取紙などの赤として統覚されているとしても、ともかく赤が通常意味しているものを切り捨て、その上で私は純粋直観によって赤一般という思想の意味を完成するのである。」（前掲、八十三頁、傍点原文）とあるのだ。ここに読者が気を引かれるのは、最後の「その上で私は純粋直観によって赤一般という思想の意味を完成するのである。」なのだ。ここで読者が知りたいのは、「思想の意味を完成する」過程のはずだ。純粋直観によってのことで、実際には数秒の出来事、時には瞬間の出来事かもしれないが、完成するには、そこには過程があるはずなのだ。この過程こそは、現象学にとっても、いや、広く認識論全般にとってもとても大切なもののはずなのだ。しかし、文章は次のように続くのである。

すなわち赤のスペチエスを、たとえばあれこれのものから直観的に抽出された同一的普遍者を完成するのである。そこでは個別性そのものはもはや思念されず。これとかあれではなくて、赤一般が思念されているのである。事実われわれが純粋直観によってそのように思念しているとすれば、その上さらに「赤一般とは何であるか。その本質がなんであるにせよ、いったいそれによって何が思念されているか」というようなことを果たして本気で疑いうるであろうか？　われわれは現にそれ〔赤一般〕を直観しているのであり、現にそれは存在しているのである。それ（das da）を、この赤の種的特性を、われわれは思念しているのである。いったい神格ならば、無限の知性ならば、赤の本質について、現に彼が類的に直観している以上のものを所有しうるであろうか？（前掲、八十三〜四頁、傍点（　）〔　〕「　」は原文、ただし〔　〕内の字句は訳者の補足）

つまり、これが答なのである。「その上で私は純粋直観によって赤一般という思想の意味を完成するのである。」に対する答えとして読んでいい、いや、読まなければならないのである。問題の中心は〝思想〟であろう。Gedanke の訳である。Gedanke ならば、素朴に受け止めれば、〝考えられた〟ものになるはずである。ということは、「赤一般の思想の意味を完成する」ために、思考が働いていることになるのである。しかも、完成させられているのである。完成するためには、何かの行動が、やはりここでは思考が働かねばならないはずなのである。つまり、説明しているとして挙げた引用の中では、「あれこれのものから、直観的に抽出された同一的普遍者を完成するのである。」がこれにあたるはずなのだ。〝あれこれのものから〟ということになれば、やはり、たった一つの個物からではないのである。そして、ここで言いたいのは、〝あれこれのもの〟は目の前に同時的に存在するいくつものものなのか、記憶の中に存在する、今まで見たことのあるものについての記憶の中のあれこれなのかは、この論文としては問いかけたいところなのである。そして、言いたいのは、目の前にいくつかの〝あれこれのもの〟であったとしても、〝直観的に抽出する〟ためには、たった一個の個物に対象＝意識を形造り、たった一個だけを見て、他の〝あれこれのもの〟は視野の中に、ある意味では記憶の中のものとして存在しているのではないか、と尋ねたいのである。そして、問題は〝直観的に抽出された〟なのである。これも一つの「我」の中の行動、動きなはずである。それらに対して、ほとんど説明がなされていないのである。ここは認識というものを見る上で、その中で本質を見る上で、とても大切なところのはずなのにである。

しかし、今のところは、これらの引用した文の中で考えるしかないのである。

先に挙げられた例で考えれば、「私の机上の吸取紙などの赤として統覚されているとしても」なのである。この例を文字通りに取れば、目の前には一個の個物のみ、吸取紙だけが存在するのである。しかし、〝吸取紙〟には〝など〟がついているのである。この吸取紙から、〝赤として統覚されて〟いるのであるが、「ともかく赤が通常意味しているものを切り捨てて」と続くのである。ここにも大きな疑問が湧いてくるのである。〝赤が通常意味しているもの〟とは…？となるはずである。この〝通常意味しているもの〟こそは、つまり、〝通常〟が意味するところでは、まさしく、いわゆる世間の中でを意味し、フッサールの概念の中での〝自然的態度〟にあたるとしていいであろう。だから、〝切り捨て〟られなければならないのである。そして、それが切り捨てられたら、「その上で私は純粋直観によって赤一般という思想の意味を完成するのである。」となるのである。赤が通常意味しているものが〝切り捨て〟られて、それによって純粋直観が〝私〟に現れるのである。この〝純粋直観〟から〝赤一般という思想の意味〟が〝完成〟されるのである。

ここで手がかりとなるのは、〝純粋直観〟であり、それにしっかりと向き合わねばならないのである。しかし、〝純粋直観〟から、〝赤一般という思想の意味が完成される〟過程はやはり、大きな問題なのである。それを読み取るためには、次に続く文の、「たとえばあれこれのものから直観的に抽出された同一的普遍者を完成するのである。」を考えなければならないのである。問題は、〝直観的に抽出された同一的普遍者〟となるはずである。〝同一的普遍者〟は置いておいて、先に問題になるのは、〝直観的に抽出された〟のはずである。〝直観的に〟抽出されたのは、先の例では〝赤〟であり、〝赤一般という思想の意味〟のはずである。だが、ここで問題にしなければならないのは、やはり、〝直観的に抽出された〟なのである。〝直観的に抽出された〟とはどのようなことを意味しているのかなのである。ここにはフッサール現象学の非難する〝自然的態度〟の中で生活している者達にはとても難しい問題が存在するのである。

吸取紙の赤で考えてみよう。

吸取紙は赤色で私の机の上にある。通常は、ということは、勉強している時は、机に向かっている時は、そこに赤い吸取紙が存在することは分かっているが、ほとんど目を向けることはない。目を向ける必要がないからである。とはいえ、そこに吸取紙が存在することは頭に入っている。記憶の中に存在していて、何かがこぼれたら、おそらく、フッサールの時代はインクがこぼれたりした時やはり必要なので、覚えておかねばならない、記憶の中にその存在を、位置を保存しておかねばならないのである。そして、勉強をはじめたら、フッサールの場合は論文を書きはじめたら、ペンがうまくインクをきれいに文字にしていく場合、ノートや原稿用紙に、勉強している子供なら教科に集中し、吸取紙の存在は視野から消えて、記憶の中にそれは存在するとしても、その記憶は引き出されることなく、勉強は、そして、論文を書くことは進んでいくのである。

そして、書いているうちに、インクが少しこぼれたり、教科書に向かっている時は、飲もうとしたコップの水がこぼれたりした時、ふと吸取紙に、ほとんど自然に手が動き、インクや水を吸い取らせて、また勉強や論文は進むのである。そして、勉強や論文書きが終わったら、机から離れて、遊びに行ったり、食事をしたり…フッサールの場合は、…一日中論文に向かっていた、…いやいや、彼も食事をしたり、ああ、大学に講義に出かけたり…そんな時は、吸取紙の存在も忘れて、正確には記憶には残っているが、まったく引き出されることなく…だから、吸取紙に注意が向けられることはほとんどないのである。対象＝意識が形造られないのである。注意が向けられる、対象＝意識が向けられるのは、それが必要になった時、インクや水がこぼれた時だけなのである。

いやいや、これこそは、フッサールが、彼の現象学が否定する〝自然的態度〟の中でのことなのである。フッサールは、今、論文を書いていて、しかもちょうど〝普遍者の自己所与性　本質分析の哲学的方法〟を書いているところなのである。その〝普遍者〟〝本質〟の見え方、現れ方、しかも純粋直観の中での見え方、現れ方を説いていきたいと論文を書き進めているのである。そこに目に入ったのが、赤色の吸取紙なのである。目の前の個物である。この個物に関しては、今も見たように、普通の生活、日常生活を送っている者達にとっては、ほとんど注意を向けられることもない対象＝意識のほとんど形造られることのない存在なのである。それが目に入っても、「あ、赤い吸取紙だ…」で終わる、いや、そのような言語さえも浮かんでこない存在なのだ。

しかし、今、フッサールは、『現象学の理念』という大切な論文の、その最も重要なところにさしかかり、〝普遍者〟〝本質〟の見え方、現れ方についての説明をしようとしているところなのである。そして、分かりやすくするために、例を挙げて説明をしようと、しなければならないと、思いついたのである。そして、その時、目の前の赤色の吸取紙に気付いたのである。机の上には、まだ、いろんなものが、インク壺や、論文を書くために必要な本やノート、そして、スタンド（ランプ？）、それ以上に、手に持っているペンなども存在するのに、吸取紙に目が行ってしまったのである。吸取紙に眼が行ったのは、その赤色が鮮やかであったからである。しかも、その鮮やかさが、赤色としての〝普遍者〟〝本質〟を表していることも同時に気付いたはずなのである。

しかし、ここで、この時のフッサールを客観的に見てみると、今論文を書いている彼に、吸取紙よりもっと大切なのは、ノートでありペンであり、それらが載っている机であったはずなのである。ノートやペンも机も、その存在は、その個物存在は、〝普遍者〟〝本質〟を持っているはずなのである。それらをなぜ説明に使わなかったのかは、やはり問題にしてもいいであろう。ここでは、吸取紙の赤色は鮮やかな色をしていて、フッサールの眼を引いてしまったからなのだろうとしておかねばならないだろう。

そして、フッサールは、机の上の、自分の目の前の赤い吸取紙に向かうのである。それを例に挙げて、〝普遍者〟〝本質〟を説明するためにである。

ここにもかなり大きな問題、疑問が浮かび上がってきているのだ。フッサールが目を引きつけられたのは、吸取紙ではなくて、吸取紙の赤色なのである。〝普遍者〟〝本質〟はあらゆる個物に存在しているとしていいのである。しかし、ここではその個物の〝普遍者〟〝本質〟ではなく、その個物の上の色彩、今の場合は、赤色が使われているのである。

なぜ吸取紙、それでなくても、ペンやノートではなく、赤色なのかは大きな問題である。吸取紙やペンやノートにも、〝普遍者〟〝本質〟は存在していて、それらは、今机の上に存在している個物にも存在していて、現象の中に、純粋直観の中に見えてきているはずなのだ。なぜ、これらの個物の〝普遍者〟〝本質〟が例として取り上げられなかったのだろう。なぜ吸取紙の赤色なのだろう。例として、読者に、いや、『現象学の理念』の場合は、講義でなされたことの原稿化、活字化なのであるから、聴講者に、分かり易い例だとでも言うのだろうか。これについては、少なくとも『現象学の理念』の中では説明がなされていない。ここは、時代を遠く隔てた読者としては推測しかないだろう。

しかし、その前に、赤色と、吸取紙、ペン、ノートとの違いが問題になるはずだ。吸取紙、ペン、ノートは個物として存在しているが、赤色は吸取紙の赤として、吸取紙に付属して存在しているのだ。しかも、赤色はこのように付属する在り方で様々に存在するのだ。インクも赤色のものが存在するし、ノートも表紙が赤色のものが存在しないとは言えない。衣服や様々な家具にも、それ以上に、花の中には赤色は多く存在する。また夕陽の赤さも…となるであろう。これらはそれぞれ個物の上に、付属する性質として存在しているのである。いや、それだけではない。吸取紙の赤は、インクの赤や衣服の赤や花や夕陽の赤とはそれぞれ違うのである。その現象だけを見ると、それらの赤色はそれぞれ、違って見えているはずなのである。吸取紙と夕陽の赤は大きく違っているのである。また、花の中でも、バラの赤とスイートピーの赤はかなり違うのである。いやいや、バラにも赤いバラはいくつもの種類があり、それらはみなそれぞれ違う赤なのである。

このように様々に違った赤の中から、吸取紙の赤を使って、赤色の〝普遍者〟〝本質〟を説明しようとしたのである。〝普遍者〟〝本質〟ということは、逆に、吸取紙の赤も、衣服の赤も、花々の赤も、夕陽の赤も、全ての赤に共通する赤であり、たまたま目の前に吸取紙の赤が存在したので、それを例に挙げたとしていいであろう。

これらの赤は、引用文の中では、「私が赤の感性的個的直観を一ないし数個持っているとしよう」に相当するだろう。ただし、今、こちらが挙げた、衣服の赤や夕陽の赤の直観は、記憶の中に存在しているものではある。そして、これからが問題である。その次に来る文は、「私は純粋内在だけに現象学的還元の気構えをする」となるのである。そして、「それに、赤が超越的にどのようなものとして統覚されていようと、たとえば、私の机上の吸取紙などの赤として統覚されているとしても、ともかく赤が通常意味しているものを切り捨て」となるのである。つまり、現象学的還元によって、吸取紙の赤も、衣服の赤も、花の赤も、夕陽の赤も、「ともかく赤が通常意味しているもの」として「切り捨て」られるのである。そして、「その上で純粋直観によって赤一般という思想の意味を完成するのである。」と続くのである。つまり、目の前の吸取紙の赤が切り捨てられた上で、「純粋直観によって」「赤一般という思想の意味を完成するのである。」ここにも大きな疑問がやってくる。〝純粋直観によって〟なぜ？となるはずなのである。

いや、その前に確認しておくべきは、「赤が通常意味しているものを切り捨て」ているのである。「赤が通常意味しているもの」とは、その場合、吸取紙の赤であることだと推測して良いであろう。少なくともここではそう推測する他はない。ここにおいては、それ以上の説明はない。そして、先に見た、衣服の赤や花々の赤や夕陽の赤も、ここでは切り捨てられているのである。問題にすれば、〝通常意味しているもの〟とは？になるであろうし、それを吸取紙の赤、つまり吸取紙に付着している、その上にのっている赤ということになる。ということは、これを拡大すると、個物に付着している赤、個物が性質として持っている赤、ということになる。それを切り捨てていることになる。ただ、フッサールが吸取紙の赤だけを挙げていることは、〝赤が通常意味しているもの〟はもっと広い色彩学上の赤や、光学的な赤や、人間の感性に訴えかけてくる赤とか、日常生活の中で赤、それらの〝意味しているもの〟ととらえることもできる。しかし、いずれにしろ、それらは切り捨てられてしまうのであるから、大きな問題にはならない。フッサールに言わせれば、簡単に、自然的態度の中での赤の〝意味するもの〟となり、それらは全て切り捨てられなければならないのである。

そして、ここで見ておかねばならないのは、人間の中の、〝切り捨てる〟能力についてである。つまり、ここでは、吸取紙の赤から、吸取紙の赤であることを切り捨てるという能力である。人間には、このような能力が存在しているのである。今、目の前に存在する赤い吸取紙から、吸取紙の赤を切り捨てるのである。通常、多くの人々は、このような切り捨てを行う時、吸取紙だけを切り捨て、それが持っている独特の赤の色彩を取り出すはずである。それは、吸取紙が持っている独特の赤色である。だから、多くの人々は、次の〝純粋直観〟によって得るのは、この吸取紙の上の独特の赤だと思うはずである。実際、人間はこのようなことは時々するのである。ということは、日常生活においてである。「夕陽の赤がすばらしかったなあ…」という時、夕陽を切り捨てて、そのすばらしい赤だけを思い浮かべるのである。また「このバラの赤、すばらしいね」といった時も、そのバラの形は切り捨て、すばらしい赤だけを感じ取ることもあるのだ。しかし、ここでは、フッサールはそんなことはしない。それも、やはり〝自然的態度〟の上でのこととして切り捨てられてしまうのである。

そして、「ともかく赤が通常意味しているものを切り捨て、その上で私は純粋直観によって赤一般という思想の意味を完成するのである。」となるのである。〝純粋直観〟によって完成されるのは、〝赤一般という思想の意味〟なのである。ということは、吸取紙を見ながら、吸取紙だけでなく、その上の赤までも切り捨てられ、〝赤一般という思想の意味〟を完成させるのである。

やはり、ここには疑問が出てくる。〝純粋直観〟とは何なのか？ なのである。我々は、赤い吸取紙を見て、その色彩の赤だけを注視する。対象＝意識を形造ることができる、それは直観によってである。この時、吸取紙は捨象され、その色彩だけに、そこに見えてくる、その吸取紙独特の赤色をじっと見つめるのである。この時、この独特の赤色の色彩だけをじっと見て、他の記憶や思考は入ってきていない。もちろん、脳の中には、自分は今、家の自分の机の上の吸取紙の上の赤色の色彩を見ている、という記憶は存在している。しかし、それらは今排除され、了解性の中に存在しているだけである。意識は、赤色の色彩だけを見ているのである。いや、〝赤色〟そのものさえも切り捨てられていると言っていいはずだ。赤色であることも切り捨てて、見えてくるとおり、その吸取紙の色彩だけを見ているとしていいはずである。そこには他の個物、赤いりんごや、赤いバラや赤い夕陽には見られない、独特の色彩が見えてきているのだ。確かに、心のどこかに〝赤色〟は存在しているが、純粋直観で見ている時は、その赤も退けて、切り捨てて、この色彩だけを見ているとしていいはずである。

とはいえ、この時の〝赤色〟は見ておかねばならないのである。ここで、フッサールの机の上に存在した吸取紙の赤色は、かなり鮮やかな赤色だったとしていいであろう。誰が見てもすぐに「赤い…」となるようなものだったのであるとしていいであろう。そして、この〝赤い〟がどこから来ているかは、とても大きな問題であるのだ。認識論にとって、哲学にとって、そして、何よりもフッサールの現象学を見ていく上で、である。〝赤い〟

という言語はまちがいなく、これまで生きてきた経験、記憶、親やまわりから教えられた言語の一つである。そして、その〝赤い〟が様々の、今まで見てきた赤色、記憶の中の赤色を一つの言語で代表しているのである。

幼い頃、〝赤い〟という言語とともに、赤色の様々なものを教えられる。赤い服やハンカチ、赤いさくらんぼやりんご、花の中の様々な赤色、そして、もう少しすると、赤い絵の具や、クレヨンや折り紙が見えてくる。もう、この頃になると、子供は自分で、クレヨンや折り紙を見て、「赤い！」と言うようになっている。この過程はやはり認識論にとって、とても大切なのではないだろうか。しかし、ここまで来ると、少し哲学や認識論をかじった人々は、「経験主義ですな…」と言ってくるであろう。つまり、このような例を見ようとすることは、幼い頃からの経験の積み重ねによって認識は成り立ち、完成していくという考え方になるからである。このような意見に関しては、それほど反対するものではないが、ただ、ここでは見ておかねばならない重要なことが存在するのである。そして、それについては疑問が必要なはずだと考えるのである。

子供達は、親達やまわりの大人や友達から、〝赤色〟〝赤〟〝赤い〟などという言語とともに、赤い様々なものを見せられて、赤について知識を深め、ある時から、割合と早く、〝赤色〟を理解し、自ら、赤色の様々なものを見た時、赤色と判断し、「赤い！」と言語も発するようになる。問題にしたいのは、この時点の、この理解である。この時代こそは、フッサールの引用文の「赤一般という思想の意味」が「完成する」のではないかということなのだ。どのような赤色を見ても赤色と判断できるのは、子供達の中に、「赤一般という思想の意味」が完成しているのではないか、ということなのだ。そして、この思想の意味が完成しているということは、ほとんどの人々が認めることなのではないだろうか。これを経験の積み重ねによって完成するとすれば、経験主義に、そうではなく、人間の認識の中に、そして世界の中にそのような思想の意味が最初から存在し、子供達がそれを理解し、受け入れていっているのだとすれば、観念論ともなるとしていいであろう。

この論文としては、この過程を一つ一つの経験、その中の記憶を一つ一つ見ていることによって、どのように思想の意味が完成していくかを見ていかねばならないはずである。こう言うと、それそのものが経験主義的であると言われそうであるが、このように見ていく過程で、つまびらかに見ていけば、そこに、経験より先に存在する何かが、ここでの思想、イデアなどが見えてくる可能性も存在しているのではないか、とも見ていかねばならないはずなのである。しかし、ここでは、まだ、それに取り組む段階ではないのである。

ただ、ここでも見えてきている、そして言えることは、〝赤一般〟という思想の意味だけでなく、〝りんご一般〟の思想の意味や、机の上に存在する〝ペン一般〟の思想の意味等は、かなり早い段階で完成しているのではないか、ということなのである。もちろん、これらは人生の中の早い段階で、ほとんど幼児期に完成してしまうのである。それだけでなく、多くの人々は、数回同じ種や類の事物を見ただけで、この事物一般の思想の意味を完成させることができるのではないか、ということなのである。植物や動物の細かな種や、はじめて使う道具などは、多くて二、三度でその種一般の思想の意味を完成させているはずなのである。ということは、経験主義的な考えが否定され、事物には、個物には、それ独特の、その種の全てに行き渡っている〝思想の意味〟が存在し、人間にはそれが見えてきていることになりそうである。ここには、プラトンのイデアが浮かんでくるのである。

実際、立松弘孝氏の〝思想〟訳注には、「この場合「思想」（Gedanke）とは、（イデア的、同一的意義）のことである」（前掲、一七八頁）とある。

この（イデア的、同一的意義）は認識の基本であり、認識論にとって基本のはずである。事物、個物が何であるか、どんな種や類に属するかを見分ける力なのである。種や類の同一性を見分ける能力なのである。これらの能力は、多くの場合、二、三度見ただけでその思想の意味が完成している、つまりイデアが完成しているはずなのである。このことは、人間の認識にとって、とても重要なことのはずなのである。先程、二、三度でこの思想の意味が完成することは、経験主義的思考を否定するとは言ったが、このような認識能力を認めた上で、経験を積んでいくことで、より高い認識が得られるとする経験主義も存在するはずである。ヒュームも最初に『人性論』の最初に観念（Idea）を持ってきているのである。

フッサールに戻ろう。フッサールは吸取紙の赤色を例に挙げて、その思想の意味をこの『現象学の理念』の論文を書いている時に完成させるとしているが、今見たように、この思想の意味は、ほとんど幼児期に完成してしまっているのである。少なくとも、〝赤一般の思想の意味〟はそう考えていいはずである。それを、ここで〝完成させる〟とは何を意味するのだろう。フッサールは記憶の中に〝赤一般の思想の意味〟を完成させたものとして持っていたはずなのである。それを取り出すだけだったのではないか、と疑問が湧いてきてしまうのである。彼は机に坐った時から、少なくともちらりとその吸取紙を見た時から、瞬間に〝赤い吸取紙〟だと判断してしまっているはずなのである。吸取紙の記憶も赤色の記憶も同時にやってきて、〝赤い吸取紙〟を判断してしまっているのである。しかし、これらは、彼によれば、「赤が通常意味しているもの」なのである。そして、それは現象学的還元によって切り捨てられなければならないのである。そして、そのすぐ後に、引用した文では、「その上で私は純粋直観によって赤一般という思想の意味を完成するのである。」となるのである。つまり、幼い時に完成されているはずの〝赤一般の思想の意味〟、それについての記憶は切り捨て、ということは全ての記憶を取り払って、純粋直観によって吸取紙を見ることによって、おそらくじっと見ることによって、その見ていることの中で、〝赤一般の思想の意味〟を完成させるのである。ここはこちらの想像であるが、じっと見ることによって、むこうから、吸取紙の中から、上から、〝赤一般の思想の意味〟がやってくる、それをフッサールは受け止めていたとしていいのであろう。ここでは、我々、通常人が瞬間的に判断する、記憶を頼りとして判断する、彼の文章の言葉では、〝超越的にどのようなものとして統覚されていようとも〟〝私の机上の吸取紙などの赤として統覚されていようとも〟それらは切り捨てられ、純粋直観によって〝赤一般の思想の意味〟を完成させるのである。

ここで大切なのは、この論文の上では大切なことは、全ての記憶を取り払っても、純粋直観によって、それだけによって〝赤一般の思想の意味〟が完成していることなのである。純粋直観、直観だけによって、〝赤一般の思想の意味〟、つまり〝赤のイデー〟がやってきているのである。これは由々しきことである。

これをもっとわかり易い、日常性、つまり〝自然的態度〟の中で見て理解してみよう。人物の顔である。日常の中で、はじめて会った、営業に出向いてはじめて会った、名刺交換をしたお客さん、友達に紹介された友達の友達など、はじめて会った人物の顔を、一週間とか二週間、時には一、二か月覚えていて、街で、つまり、最初に会った場所とは違った場所でたまたま会ったとしても、その人物であること、つまり同一性の判断が、多くの場合できることである。この最初の出会いの時、もちろん、純粋直観の出番はなかなかないとしていいであろう。まずは、はじめ出会った時の挨拶、そして、互いの自己紹介、友達や仲介をする人物がいれば、その説明が、その対面の場の主流である。そして、日本人どうしでは、相手の顔をじっととかじろじろ見ていては礼儀に反するので、半分は目を伏せながら、そうして、様々の会話に対応しながら、しかしどこかで、相手の、初対面の顔を見ているのである。この時、フッサールの言う純粋直観が働いているはずなのである。つまり、相手の顔、一般という思想の意味を完成させているのである。しかも、はじめて会った相手の、その上、瞬間毎に変化する表情の中から、それらを全て捨て去り、相手の人物の顔一般という思想の意味を完成させているのである。ただし、これらはほとんど無意識のうちに、自然な形で完成させているのである。だから、次に、街角で偶然に出会った時、また、たまたま他の場所で出会った時、相手の顔を見て、その同一性を判断し、お互いにまた挨拶しあうということなのである。この時、記憶の中には、相手の顔一般の思想の意味が保存されているのである。しかも、ここで言いたいのは、顔の形、眼や鼻、口の形をしっかりと覚えているか、記憶に保存されているかと言えば、けっしてそうでないはずなのである。それらをそれなりに覚えていることはあっても、同一性を判断しているのは、そのような形ではなくて、つまり視覚表象ではなくて、〝思想の意味〟なのではないか、ということなのである。例え、視覚表象として記憶に保存されていても、つまり相手の顔をそれなりに思い浮かべることができたとしても、それを、同一性を判断しているのは、〝思想の意味〟なのではないか、ということなのである。ここではフッサールが意味に傍点をふっていた、いや、原文ではゲシュペルトになっていたことが見えてくるのである。しかも〝思想〟も理解できてくるのである。しかし、けっして思考は働いていないはずであるが、〝思想の意味〟を相手の顔の中で完成させていたのである。

この〝思想の意味〟こそは、とても難しい問題なのである。〝意味〟なのである。形ではなく、表象でもないのだ。〝意味〟なのだ。〇〇の顔を決定する〝意味〟なのだ。人々は、初対面の相手の〝意味〟を見てとっていて、そして、その〝意味〟によって、次に会った時、偶然街角で出会っても、その時の相手の顔であることを判断しているのではないか、ということなのだ。だから、その顔が少し斜め後ろから見たのであっても、エスカレーターの下から見たのであっても、その〝意味〟が働いて、同一性を判断するし、長い間のつきあいでは、笑っていても泣いていても、怪我をして、包帯を巻いたり、マスクをしていたりしても、また、病気でたいへんな顔になっても、年を経て、皺が多くなっても、同一性の判断ができるのである。それだけでなく、写真の中に小さく映っていても、時には似顔絵などのように変形されていても、それと判断できるのは〝意味〟によるのではないだろうか。この最後の似顔絵こそは、その得意な人々に訊いてみたいものであるが、〝意味〟を読み取って表現しているのではないだろうか。似顔絵は、時には、写生された人物よりも、よりモデルになった人間が誰かを教えてくれているはずなのである。

ここまで来ると、飛躍してしまうが、へのへのもへじで充分に人間の顔と分かるのも、〝意味〟によるとしていいのではないだろうか。そして、子供達の大好きなマンガも〝意味〟を伝えているから、子供達を惹きつけるのでは、…いやいや、人類の多くの絵画、日本の浮世絵などは、けっして写生、写実ではなく、意味を伝えるべく描かれ、それで人々の心を惹きつけているのではないか、ということになるはずなのだ。

かなり飛躍してしまったが、もちろん、マンガや浮世絵はフッサールの純粋直観によって完成させられる〝思想の意味〟からはとても遠い存在のはずである。ただ、〝意味〟を見る上での例として許していただきたい。

フッサールの純粋直観によって完成させられる〝思想の意味〟は、今見た例では、人物の顔の例までであろう。似顔絵や浮世絵は、フッサールが否定する〝自然的態度〟のど真ん中に存在しているとしていいであろう。これに対して、多くの写実的な人物画、特にその中の優れた作品と言われるものは、この写生の中においても、やはり〝思想の意味〟を、しかも人物の持つ奥深い〝意味〟を表現しているから、賞賛されているのではないだろうか。

顔だけではない。人物全体、姿も〝思想の意味〟としてとらえられている。遠くから見ても、後ろ姿を見ても、同一人物としての判断ができるのである。人だけでなく、様々な道具、ペンや机や電球や窓や戸や、家や店、道路や野原や公園、ありとあらゆる事物が、この〝思想の意味〟としてとらえられているはずなのだ。これらは、少し形が変わったものが現れても、ほとんど種の同一性が判断できるのである。いや、植物や動物もあらゆる種類について、しかも、ほんの小さなもの、成長して大きくなったもの、子供も親も、ほとんどまちがいなく種の同一性が判断できるのである。このような様々な形の変化にもかかわらず、同一性の判断が〝思想の意味〟を完成したものとして受け止めている、読み取っているからではないだろうか。

もちろん、〝思想の意味〟とは言っても、思想と言われても、ほとんど思考は働いていないとしていいはずである。多くは視覚で、時には聴覚で、五感で、その〝思想〟は完成されているはずなのである。また〝思想〟とは言っても、けっして言語で表されるそれではないはずなのだ。

これらのことは、認識を、人間の認識を見る上で、とても大切なことのはずなのだ。しっかりと向かい合った、詳細な観察も必要なはずなのだ。

そして、以上のように見てくると、先程見た、〝思想〟についての訳注も大きな議論になってくる。もう一度引用すると、「この場合の「思想」(Gedanke)とは(イデア的、同一的意義)のことである」この訳注は、〝思想〟が読者にはなかなかわかりにくい、飛躍した言語として現れてきていることに対するものであるとしていいであろう。これを理解するために、以上見たようなかなりの議論を必要としたのである。だから訳注が存在するのは、当然だとしていいのである。そして、読者は〝思想〟についての説明を多くは、〝イデア的〟と置き換えることによって、「なるほど…」となるはずである。そして、〝イデア的〟によって、様々な事物、その種や類について表象的なもの、形を伴った像、イメージなどを浮かべて、また、その上で、プラトンのイデアにも思い及んで、もう一度「なるほど…」となるはずなのである。そして、その下の〝同一的意義〟に及んで、同一性の判断を下すことのできる意義と理解していくのである。

ここまで来ると、大きく目の前に現れてくるのが、〝イデア〟である。プラトンのイデアにも思いが及ぶし、それ以上に、フッサールが本質、普遍者を示すものとして使っているこの概念なのである。そして、プラトンのイデアからも、そして、フッサールの使っているイデアにおいても、今まで表象として、様々な事物の種や類のそれらのあらゆる個物を代表する、理想として存在する、形を伴ったものとして考えていたことに対しての疑念が起こり、そうではなく、少なくともフッサールの言う、使っているイデアは、そのような表象、形を持ったものではなく、今見てきたような〝意味〟、〝思想の意味〟になるのではないか、となってくるのである。そして、人間は、人物の顔や、あらゆる事物の種や類の同一性を判断するのに、表象や形を持ったものではなく、その奥に存在すると言っていい〝意味〟〝思想の意味〟によって判断しているのではないかとまで思えてくるのである。しかし、その〝意味〟〝思想の意味〟とはどのようなもの？ と尋ねられても、その〝意味〟はほとんど言語にならないし、表象や形を持った存在を否定した、その奥に存在するものともなると、それらを思い浮かべることも困難になるのである。形としても、言語としてもとらえられないとなると、とても不思議な存在になってしまうのである。そして、それと同時に、〝イデア〟についても、それが〝意味〟〝思想の意味〟に通じる、意味しているともなれば、少なくともフッサールのイデアがとてもとらえにくい、理解はそれなりにできるが、言語にもならない、形としてもとらえられない存在として見えて、いや、見えなくなってしまうのである。

とはいえ、ここまで来ると、フッサールの研究者達からも、様々な疑問が浮かんでくることにもなる。これ以上は、フッサールについてのもっと広い、そして何よりも奥深い研究が必要となってくるはずなのである。ここで見たのは、『現象学の理念』における吸取紙の赤についての短い文章からの議論、推測、推論にすぎないと言われてもしかたのないものであったはずである。

ただ、ここでは、人間は、本質、普遍者をとらえる、同一性を判断する時、このような〝意味〟によって判断しているのではないか、という議論を、ここで確認しておきたいし、この議論に対しての様々な議論も、これから必要なのではないか、とも言っておきたいのである。

とはいえ、この意味は、ドイツ語の原文では、Sinn なのである。Bedeutung ではないのである。Sinn は感覚とも訳されるし、意味とは言え、感覚に近い意味であり、思考によって生み出される意味は、Bedeutung の方、少なくともその傾向があるとしていいのである。ただ、ここでは Sinn des Gedankens なのである。〝思想の意味〟なのである。とはいえ、この〝思想の意味〟は、吸取紙の赤からのものなのである。だから、やはり、この意味は感覚にとても近い存在なのである。

ここには、日本語の〝意味〟のとても大きな広さが存在するのである。そして、ドイツ語の Sinn も、とても奥深い中身を持っていることが見えてきているのである。そして、ここで問題にしなければならないのは、感覚から意味がやってきているのではないか、ということなのである。感覚のもたらす意味なのである。そして、ここには、普遍者、本質を判断する、判断することができる中身が、感覚の中に存在しているのではないか、ということなのである。

これは、哲学、認識論の上ではとても重要な問題となるはずである。

このような意味が感覚の中に存在するのかどうかは、第一の問題となるはずである。

そして、これらの議論をする上で、大きな問題を投げかけているのは、考える材料を与えているのは、フッサールの Gedanke 思想なのである。吸取紙の赤を見ながらやってきた Sinn des Gedankes Rot überhaupt なのである。〝赤一般の思想の意味〟なのである。ここには、吸取紙の赤から、赤一般への飛躍が存在するのである。吸取紙という個物からの感覚から、赤一般へと移行しているのである。この赤一般はけっして感覚の中ではなく、記憶、広い意味での記憶の中に存在しているはずである。そして、この移行の中に思想 Gedanke が出てきているのである。

いや、その前に、意味（Sinn）の確認が必要なはずである。以上見たように、この〝意味〟は、確かに思想（Gedanke）の意味として登場してきているが、今も少し見たように、この意味は、とりあえずは、Sinn の示すように、思考の前の感覚的な意味、感覚からやってきている〝意味〟を示しているのではないか、ということなのである。そして、問題は、このような感覚的意味、感覚からやってくる意味、つまり思考によって生み出されない意味が存在するのか、ということなのである。もし、そのような意味が存在するとすれば、どのように存在しているのか、なのである。結論から先に言えば、存在するのである。吸取紙の赤は〝赤〟として、意味として存在しているのである。いや、その前に〝吸取紙〟も意味として存在しているのである。このように見れば、〝ペン〟や〝机〟も意味として存在しているのである。そして、〝太陽〟や〝月〟、〝空〟や〝雲〟、〝花〟や〝草〟、〝バラ〟や〝カーネーション〟、〝人間〟や〝動物〟いや、世の中の事物全てが意味として存在しているとしていいのである。

そして、これらの意味は、思考によらないで、感覚によって、感性によって一瞬にとらえられているのである。〝赤〟も〝吸取紙〟も、意味として存在しており、しかも、感覚によって、感性によって一瞬にとらえられているのである。このような意味が存在し、世界に無限に存在しているのである。これらの意味は、〝赤〟として、〝吸取紙〟として、〝花〟として〝バラ〟として存在しているのである。人間にとって「我」にとって存在しているのである。

ただ、ここには次のような問題も存在するはずである。特に、この論文としては、これは見ていかねばならないのである。〝赤〟の意味は、次のような記憶の中の意味をも持っているのではないか。〝赤〟は、まずは信号機の赤で代表される危険を意味し、また血液や、夕陽の色をも意味し、美しい花々の色彩、バラの様々な品種の色彩と、これも数え上げればきりがない多くの意味として、それが記憶の中に保存されて存在しているのではないか、ということなのである。〝赤〟の背後に、このような、とても多くの意味が存在している。〝赤〟の〝意味〟とはこれらを言っているのではないか、となるのである。

しかし、ここで見ておかねばならないのは、このような記憶の中の様々の数え上げられない意味とは別に、その前に、〝赤〟は意味として存在しているはずなのである。吸取紙が赤いことを見れば、その〝赤〟は意味として「我」に届き、存在しているとしていいのである。〝赤〟そのものが意味としてやってきているのである。〝吸取紙〟も、〝ペン〟や〝机〟も、直観でとらえられた瞬間に、意味としてやってきているはずなのである。

もちろん、このような道具類は、その奥に、また感覚でとらえられた瞬間に、その使い方や、使った時の便利さなどの記憶の中の意味も伴ってやってきているはずである。しかし、とは言っても、それらは、このような意味を切り捨てた〝吸取紙〟〝ペン〟〝机〟としての意味としてやってきているはずなのである。もちろん、ここまで来ると、もう一度〝意味〟とは？ ともなるはずである。

ここまで見ると、フッサールが吸取紙の〝赤〟を例に挙げて〝吸取紙〟や〝ペン〟や〝机〟を例として使わなかったことがなんとなく分かってくるのである。しかし、同時に次のような疑問も湧いてくるのである。〝吸取紙〟や〝ペン〟や〝机〟の本質、普遍者はどうなっているのか？ これらは、まさしく、〝自然的態度〟の中の、その中で頻繁に使われている道具であり、いや、〝自然的態度〟が生み出した事物なのだ。そのような事物について考えることそのものが、現象学として、特に、ここで見ている現象学的還元後の純粋直観には、様々な捨てられるべき要素を、その現れ方の中に、現象の中に持っているのではないか、との疑問である。そして、それなら、〝花〟や〝バラ〟はどうなるの？ ともなるのである。

〝赤〟は様々な事物の上に存在しているのである。それらの事物を取り除いてしまえば、つまり、吸取紙を取り除いてしまえば、形を持たない抽象的な存在になってしまうのである。信号の赤も、夕陽の赤も、信号や夕陽を取り除いてしまえば、形を持たない抽象的な〝赤〟という色彩の意味になってしまうのである。そして、ここまで来ると、フッサールは、形を持ったもの、具象的な存在については、本質や普遍者は考えていないのでは？

ともなってくるのである。

しかし、フッサールは、少なくともここでは、吸取紙の〝赤〟だけで議論を終わらせてしまっているのである。

このあたりはとても多くの疑問の残る、疑問の湧いてくる論述になっているのである。

まだまだ疑問は存在するのだ。思想（Gedanke）についてはまだ見ていないのだ。

思想を、そしてGedankeを、考えられたもの、思考が生み出したもの、と考えれば、問題は、このフッサールが例として挙げている吸取紙の赤を見る場面に思考が存在しているのか、ということになる。しかも純粋直観によってである。

もう一度、そこを引用すると、「その上で私は純粋直観によって赤一般という思想の意味を完成するのである。」であり、問題は〝思想〟なのである。訳者の立松氏もこれには、先にも引用したが、「この場合の「思想」（Gedanke）とは、（イデア的、同一的意義）のことである」との訳注を付けられているのである。しかし、ここは、あえて、原文に沿って考えてみよう。疑問はまず、純粋直観の中に思考が入り込み、思想（Gedanke）を完成することがあるのか、であろう。そして、ここではヒントになるのは、いや、ほんの少し思い浮かぶのは、赤一般である。赤ではなく〝赤一般〟なのである。原書では、Rot überhauptとなっている。しかし、そのすぐ後に、Rot in specie ,etwa das aus dem und jenem heraus geschaute identische Allgemeine（ゲシュペルト）（原文、五七頁　Husseriiana Band　Die Idea der Phönomenologie）となっているのである。ここの訳は、「すなわち赤のスペチエスを、たとえばあれこれのものから直観的に抽出された同一的普遍者」（立松訳『現象学の理念』

八三頁）となっているのである。ここで直観によって完成させられているのは、吸取紙の赤ではなく、それから、直観的に抽出された同一的普遍者なのである。純粋直観によって得られる、完成されるのは、吸取紙の赤ではなく、それから抽出された同一的普遍者なのである。ここには、つまり、吸取紙の赤から同一的普遍者までに、思考は別として、距離が存在するのである。しかも、それなりの距離のはずである。この距離の中において、直観的に抽出されて herausgeshaute、同一的普遍者に至っているのである。こう見ると、問題は直観的に抽出されて herausgeshaute の中に存在しているとなるはずである。

直観的には geshaute の訳であり、抽出されては heraus の訳であるとしていいであろう。geschaute は shauen 見る、ここでは直観するの過去分詞であり、heraus は、それだけでは〝外へ〟や、もっと言えば〝内から外へ〟を意味する副詞であり、動詞の頭につければ、多くは〝内から外へ引き出す〟を意味する前綴りを意味しているとしていいであろう。このことは、直観によっての、ここには動きがある、ということを意味しているとしていいであろう。この動きとは、吸取紙の赤から、あるいは、あれこれのものから aus dem und jenem 赤一般、Rot überhaupt 赤のスペチエス Rot in specie あるいは同一的普遍者 identisch Allgemeine を取り出すことを意味するだろう。ここには直観によるとは言え、動き、運動があるとしていいのである。つまり、目の前の吸取紙の赤から、赤一般、赤のスペチエス、同一的普遍者なるものを引き出しているのである。ここに思考が働いているかは別として、人間の認識能力による働き、運動、活動が生じているのである。

そして、この動きは、現象学による、この現象学的還元による特別な動きであるとしていいのである。通常、我々、生活の中で過ごしている人間は、これとは逆の動きをしているはずなのである。しかも、純粋ではないにしろ、直観によってである。吸取紙の赤を見れば、その赤がどのような色をしているか、つまり、濃い黒に近い赤ではなくて、ピンクに近い淡い赤であり、ところどころにインクを吸い取った染みがついているなどを見るはずなのである。また、赤いりんごを見たら、その赤がどのような赤であるか、薄い赤か、黒に近い赤かを見分けようと、じっと見る時があるはずなのである。なぜなら、その色によって、これから食べるりんごの味が予測できるからなのである。つまり、ここには、これから食べるりんごがどんな味かを知り、できたらおいしいりんごを食べたい、という欲望が働いているからなのである。吸取紙の赤を見る場合も、その目の前の吸取紙の赤がどんな赤であるかを見ることは、この吸取紙をまだ使えるのか、どのように使えるのか、という、やはり生活の中の必要、広い意味での欲望が働いているのである。

つまり、生活の中では、フッサールの〝自然的態度〟の中では、多くは、純粋ではないにしろ、直観によって見るのは、その個物の個別性、特殊性なのである。赤一般、赤のスペチエス、同一的普遍者とは反対の個の独特の在り方を見るのである。つまり、それは生活に必要だからである。りんごの一個一個のその特別な色を見るのは、これから食べるりんごの味を推測するためなのである。生活の中ではとても大切なことなのである。もっと大切なのは、お母さんが子供の顔を見る時だろう。お母さんが子供の顔を見るのは、そこに人間の子供の顔一般とスペチエスを見るためではない。そして、我が子、〇〇ちゃんの顔の一般、スペチエスを見るためでもない。お母さんが子供の顔を見るのは、その日その時の、〇〇ちゃんの顔の特殊性を見るのである。その顔の中に、まずは今日は元気かどうか、病気じゃないか、その次には機嫌がいいかどうか、どんな気分、気持ちでいるか、そしてまた、学校から帰ってきて、ちゃんと宿題をしたかどうか、という、その時々の現象の特殊性を見るのである。まさしく自然的態度の中の、絶対的真理からほど遠い、それでも、りんごを食べる「我」にとっては大切な、お母さんにとっては絶対的真理の数十倍、数百倍大切な存在のその時々の状態を見ているのである。

だから、herausgeshaute に戻れば、直観によって引き出されるのは、我々の生活とは反対の方向のものであるということである。生活人が見る吸取紙の赤の中のその個物に独特の色とは反対の、赤一般、赤のスペチエス、同一的普遍者であるということなのである。ここでは、やはり、一つの行為、体を動かすことではないが、直観による行為が行われているのである。それを示しているのが、「私は純粋内在だけに留意して、現象学的還元の気構えをする。」（前掲、八三頁）であろう。そして、行われるのは、「赤が超越的にどのようなものとして統覚されていようと、たとえば私の机上の吸取紙などの赤として統覚されているとしても、ともかく赤が通常意味しているものを切り捨て、」（前掲、八三頁）なのである。つまり、我々が生活の中で見ようとしている、個物の持つ特殊性を切り捨て、その個物の純粋内在だけに留意するのである。

ここに見えていて、確認しておかねばならないのは、現象学的還元の第一の仕事は、生活の中の、〝自然的態度〟の中の、超越的なものを切り捨てることにあるとしていいのである。それらは、絶対的真理を求めるためには、不必要なもの、邪魔物なのである。まずはそれらを、絶対的真理を求めるためには、現象学的還元によって切り捨てなければならないのである。これは現象学的還元の第一の仕事であるとしていいであろう。つまり、現象学的還元は自然的態度の中の超越的なものを第一の仕事として、切り捨てるのである。そして、この自然的態度の中の超越的なものとは、多くは、今程見た、我々が生活の中で直観によって求めた個物の特殊な在り方であるとしていいのである。

この切り捨ての場面においては、この論文としては次のような記憶との関係は見ておかねばならない。

ここでは、吸取り紙の赤が切り捨てられているのであるが、ここにはまず、吸取り紙が吸取り紙であることの記憶が存在するということである。そして、もう一つは、少し議論になるかもしれないが、赤である。吸取り紙の赤ではあるが、それが赤色であると判断できるのは、やはり、記憶の中に、赤についての知識、記憶が、幼い頃から、親達やまわりの大人達に赤色を教えてもらっているからであるとしていいはずである。しかし、一方、フッサールやその他のイデーの存在を先天的に与えられたものとする立場からは、この赤は既に、イデーからのもの、それが吸取り紙の上に現れたものという主張の可能性も考えられる。しかし、ここではいずれにしろ、吸取り紙の赤として切り捨てられるとすれば、記憶からのものとしてもいい、…まあ、…ただ、ここでは、もっと次のようなことが大切なのではないだろうか。現象学的還元として、吸取り紙の赤を切り捨てるとなった時、切り捨てる時、まずは、切り捨てる対象が対象としてとらえられる、今の場合は、吸取り紙の赤として、それを対象としてとらえていることが必要なのでは、ということなのである。そして、切り捨てる瞬間は、その対象ととらえられた吸取り紙の赤は、記憶の中に存在しているのでは、ということなのである。なぜなら、今、目の前に、現象として存在する赤い吸取り紙は、現象としてはそのまま、変化はないのである。しかし、その変化のない現象の中から、吸取り紙の赤、それを把握して、その把握した吸取り紙の赤を切り捨てるのである。この時、切り捨てられる吸取り紙の赤は、記憶の中に存在している、少なくとも脳の中に、把握された吸取り紙の赤として存在しているのではないか、ということなのである。それだからこそ、つまり、それが把握されていたからこそ、脳の中に記憶として存在していたからこそ、切り捨てが可能なのではないか、ということなのである。

そして、ここには、大きな志向性が働いているということなのである。ここには、フッサールの根本的な、「絶対的真理を求めなければならない」という志向性がずっと大きな力で存在し続けるのである。この底辺の志向性の上で、『現象学の理念』という講義が行われ、その第四講義において、「普遍者の自己所与性、本質分析の哲学的方法」を説明するという志向性が働いているとしていいのである。そして、その上で、この説明の例として机上の吸取り紙に注意を向ける例が取り出されるのである。赤い吸取り紙に注意を向けるのである。つまり、対象＝意識を形造るのである。通常の生活の中では、机上の吸取り紙に対象＝意識を形造るのは、インクがこぼれて染みをつくりそうな時だけなのであるが、そうではなく、それを、絶対的真理を求めようとしている人間だけが、赤い吸取り紙を材料として、その中に普遍者、本質が宿っていて、それを求めることができることを知っている人間だけが、注意を向け、対象＝意識を形造るのである。その上で、「現象学的還元の気構えをする」のである。これも大きな志向性である。「絶対的真理を求めなければならない」という志向性の上に幾層にも積み上げられた志向性の、それが明確に見えている、フッサール自身も意識している志向性なのである。その上で、「赤が通常意味しているものを切り捨て」るのである。ここにも、現象学的還元を遂行するためには、この切り捨てを行わねばならないという志向性は働いているのである。そして、この切り捨てが行われた上、「その上で私は純粋直観によって赤一般という思想の意味を完成する」という、ここでの一連の志向性の目標ともいうべきものに到達するのである。

これらの幾層にも積み上げられた志向性には、フッサール現象学の歴史が存在しているとしていいのである。絶対的真理を求めようとする志向性を基礎に、その上で現象学という独自の学問を築き上げ、その上で『現象学の理念』という講義を生徒たちに教え、いや、それ以上に、その中で自らの現象学を完成に導き、その中で大切な普遍者と本質を追求し、いや、それが現象の中で絶対的所与性を与えられていることを追求し…という現象学の歴史とも言っていいものがここで志向性を築き上げているとしていいのである。

これらの歴史こそは、フッサールの過去の記憶とその上での思考の積み重ねだとしていいのである。その膨大な記憶と思考の蓄積の先端に、今は、「現象学的還元の気構えをして」という志向性の下に吸取り紙の赤から、赤一般という思想の意味を完成しようという志向性が生み出され、働き、完成するのである。

ここには、志向性の、しかも膨大な記憶と思考によって作り上げられた志向性の、先端と言っていいものが働いているのである。その先端の志向性によっては、その志向性を作り上げている記憶の思考の蓄積は抑えられ、純粋直観によって赤一般という思想の意味を完成するのである。

そして、今見たように、ここには志向性を築き上げている膨大な記憶と思考の蓄積が存在するが、その先端の「現象学的還元の気構え」の上で「赤一般の思考の意味」を完成するのは、純粋直観によってなのである。この純粋直観の中には、基本的には記憶も思考も入っていないと考えなければならないのである。しかし、ここに問題が存在するのである。「赤一般の思想」である。思想は（Gedanke）で考えられたものとも解されるが、これももちろん問題になるが、それ以上に〝赤一般〟は、ほんとうに純粋直観によってとらえられるのかである。

ここは先に見たように、純粋直観によって吸取り紙の赤をじっと見ることによって、そこに〝赤一般の思想の意味〟が見えてくるとも解されるが、そして、その〝意味〟とは言語には表せない意味としてとらえられるとも解されるが、一方では、次のような議論も出てくるはずなのである。〝赤一般〟は、そこに多くの過去の記憶を含んでいるのではないか、一般（überhaupt）とはそもそもその種の多くの存在を意味しているのではないのか、そして、この多くの赤の記憶の存在から、それらの多くを含んだもの、それから引き出された、生み出されたものとして〝思想の意味〟が完成されるのではないか、という議論である。そうなると、思想（Gedanke）が生きてくる、よくわかったものとして理解されるのではないか、との議論である。

ここには、経験主義と先験主義の哲学史上の大きな議論が存在するのである。そして、ここに訳注にも出てきた（イデア的、同一的意義）が見えてくるのである。〃イデア的〃は基本的には先験的に存在するものとして主張されているのである。いや、もっと言えば、プラトン以来、それは、神から与えられたものとされてきたのである。フッサールは、けっして宗教的な立場に立つことはなかったとしていいであろうが、やはり、イデアは先験的な存在として考えていたとしていいであろう。

経験主義の立場に立つとすれば、過去の経験の中から、今の赤の例をとれば、様々な赤の経験から、その記憶から、赤のイデアが選出される過程を見なければならなくなる。しかし、不勉強かもしれないが、この過程を詳しく追求した著作にはなかなか出くわさない。経験主義の哲学者も、イデアをそのまま受け入れていることが多いはずである。

ここはまだ、多くの経験主義と言われる哲学者に向かい合う必要があるはずである。

いや、この問題は、この論文にとっての一番中心となる問題なのである。『本質と記憶』としてここまで論じてきたのである。ここはまさしく、その問題なのである。多くの経験から、その記憶から、本質というものが生まれるかどうかを議論してきているし、これからもしなければならないのである。少なくとも、本質がどのように記憶と関係があるかを見ていくのが、この論文の主題なのである。そして、それを追求していかねばならないのである。そしてまた、この結論には到達していないのである。まだまだ見ていかねばならないのである。

一方、イデアというものが、先験的に与えられているものとすれば、それは、もし神によって与えられているのでなければ、つまり、神の存在を信じる上でなければ、これはどこから生じてくるとすればいいのか、という問題も見えてくるのである。世界の事物がこのようなイデアを持って存在するという考え方もそこには出てくるのである。それでは、そのイデアは、事物のどこにどのように存在するのか、という問題が出てくるのである。また、そうではなく、人間の認識機能の中に、イデアを見出す機能が存在している、という考えも出てくるはずである。そうした場合、その機能はどこにどのように存在しているのかは、議論されねばならないのである。そして、この論文としては、このような機能は、記憶とどのような関係にあるのかは、大きな問題なのである。そして、この機能が事物の中にどのようにイデアを見出すのか、その時記憶は、つまり、そのイデアを持っている事物の様々な記憶はどうなっているのか、ということも議論されねばならないのである。

ここはまだ、その途上であるということになる。フッサールに戻れば、そして、ここで論じている『現象学の理念』に戻れば、確かに、ここには一つの答えが見えてきているのである。フッサールがここで行っているのは、「私は純粋内在だけに留意して、現象学的還元の気構えをする」である。そして、その上で、「赤が超越的にどのようなものとして統覚されていようと、たとえば私の机上の吸取り紙などの赤として統覚されているとしても、ともかく赤が通常意味しているものを切り捨て」るのである。つまり、ここでは、私達人間が、生活の中で、現象学など知らないで、ましてや現象学的還元など知らないで、世界の中で見ている事物の感覚、その記憶を全て切り捨てることを意味していることになる。つまり、イデアが存在しているはずの事物の、我々が直観によって、と思って受け止めている様々な統覚を切り捨ててしまうのである。そして、「その上で私は純粋直観によって、赤一般という思想の意味を完成するのである。」

つまり、ここには答えが出ているのである。「赤一般という思想の意味」そしてこの思想は立松氏の訳注によれば（イデア的、同一的意義）なのであるが、それが純粋直観によって完成されるのである。ここでは純粋直観によって、イデアがとらえられるとしていいのである。イデアは純粋直観によってとらえられるのである。ただ、その前には、我々が、〝自然的態度〟の中で生活して、その中で様々に、超越的に直観で得ているもの、記憶しているものを全て切り捨てなければならないが、そのことによって、我々の中に純粋直観だけが存在し、存在するようになって「赤一般という思想の意味を」つまり、(イデア的、同一的意義)を完成するのである。

純粋直観によって、イデアが獲得されるのである。これは一つの結論である。イデアは、純粋直観によって、純粋直観によってのみ獲得できるのである。そして、先にも見たとおり、〝思想の意味〟として獲得されるのである。

これは哲学上の、哲学史上の、大きな、重要な結論である。イデアは純粋直観によって、純粋直観によってのみ、獲得できるのである。これは、また、個物、事物に存在している普遍者であり、本質であり、同一的意義でもあるのである。このことは、個物や事物には、先験的に、最初から、そこにイデアが、普遍者が、本質所与性がそこに存在していることを意味するであろう。そして、これらは、純粋直観によって、純粋直観によってのみ、見えてくる、感知される、とらえることができるのである。

このフッサールの結論は、先に見た、イデアに、存在についての先験主義と経験主義の論争の、先験主義の立場に立つものとしていいであろう。イデアは、普遍者、本質所与性は、個物、事物に最初から存在しているのである。しかし、それはフッサールの場合は、純粋直観によってのみ獲得できるのである。先験主義の立場に立つが、イデアを、純粋直観によって、純粋直観によってのみ獲得できるとしたのは、フッサールの、フッサールの現象学の新しい主張であるとしていいであろう。

とはいえ、ここには、まだまだ、次のような議論が存在するはずなのである。それでは、そのイデア、普遍者、本質所与性はどこから来ているのか、事物の、個物のどこに、どのように存在しているのか、そして、それらは純粋直観によってどのようにとらえられるのか、感知されるのか、という議論である。しかし、このような疑問、議論に対する答えは少なくとも、この『現象学の理念』の中では、いや、フッサールの様々な著作の中でも、なかなかそのような場所には出会わない。

フッサールに言わせれば、このような存在の在り方を探る、事物、個物のどこに、どのように存在しているかを探ろうとすることそのものが、〝自然的態度〟として否定すべきだとなるであろう。それらは現象学的還元によって切り捨てられた思想の中に存在していて、現象学としては受け入れることができない議論であり、ここでは純粋直観によってのみ、イデアが獲得できることで充分なのだ、となるであろう。

ここには、少なくとも論文の、講義のここの部分においては、どうして、どのようにして、純粋直観によってイデアが、〝赤一般の思想の意味〟が完成される、獲得されるかは、説明も証明もなされていないのである。ここには、純粋直観によってイデアが、赤一般の思想の意味が完成される、獲得される、その断言だけが存在するのである。説明や証明は存在しないのである。フッサールに言わせれば、そのような説明や照明は、そしてそれらを求めることそのものは、〝自然的態度〟の中のこととなるとしていいであろう。そうではなくて、現象学的還元によって、〝自然的態度〟の中で得られた、超越的なもの、個的直観や記憶や思考の全てを切り捨て、純粋直観によって、イデアが、〇〇一般の思想の意味が、普遍者が、本質所与性が、得ることができることを言っているのである。考え方によれば、現象学的還元をすれば、そこで純粋直観によって、誰でも、イデアを得ることができるから、説明も証明も不要だと考えられるのである。

しかし、これに対して、次のような疑問も湧いてくるのである。もちろん、これも〝自然的態度〟の中の疑問だと言われても仕方ないのである。我々が、つまり〝自然的態度〟の中で生活し続けている者達が、目の前の個物を、純粋とは言えないであろうが、直観によって見る時、先にも見たように、その個物の、それだけの特徴、事物一般の思想の意味とは反対のものが見えてきてしまうのである。りんごを一個手に取って見る時は、そのりんごが持つ特徴、りんごという種がいろいろ持つ様々な性質から、その一個だけが持つ、あるいはその種の持つ様々な性質をどのように持っているかを見てしまうのである。りんごが持つ赤い皮やその模様を、その一個がどのように持っているかを見てしまうのである。もっと分かり易い例を挙げれば、人間の顔だろう。我々は初対面の人の顔を見ると、その人の独特の特徴、眼、鼻、口などの独特の特徴を見てしまうのである。毎日見ている友達の顔ではもっと、その日の独特の特徴、元気かどうか、気分はどうか、機嫌がいいか悪いかを見てしまうのである。けっして人間の顔一般の、そしてその思想の意味などを直観によって見ようとはしないのである。

しかるに、現象学的還元の気構えをしたフッサールは、ここに純粋直観によって、〝赤一般の思想の意味を完成〟させてしまうのである。

ついでにここで言っておけば、やはりこれも疑問の形になってしまうが、個物の本質、イデアは存在しないのであろうか、ということなのだ。分かり易い例を挙げれば、今見た人物の顔、一人一人の顔には、本質、イデアというものが存在しないのであろうか、ということなのである。我々は、自分の友達の顔を、いや、何度か会っただけの人物を人混みの中で出会ったとしても、それと分かる、同一性の判断ができるのである。友達の顔に至っては、数十年会ってなくて、それでいて、ふと街角で会ったとしても、お互いに相手を確認できることもあるはずなのである。これこそイデア、本質と言ってもいいのでは、いや、言わなければならないのではないだろうか。しかも、我々人間が生きていく上で、とても大切な存在のはずなのである。

残念ながら、フッサールの著作の中で、人物の同一性を見分ける場面について述べられている叙述に、これも不勉強なのかもしれないが出会ったことがない。

いや、フッサールには膨大な著作が存在すると聞いているが、おそらくないのではないだろうか。『現象学の理念』でも出てくるように、本質、普遍者は、種や類のそれとされているのである。種や類のものとされている大きな理由は、これも推測にはなるが、個物の本質ともなると、絶対的真理としては、認められない、疑うことのできない存在としては認めることができないからではないか、となるのである。

しかし、個物には、特に人物の顔にはやはり、本質、イデアは絶対的と言っていいほど存在しているはずであるし、しかも、人間が生きていく上で最も、と言っていいくらい大切な存在のはずなのである。家族どうしの顔、恋人どうしの顔は、それなりに変形しても、怒っても笑っても、元気でも病気でも、少しぐらい怪我をして変形しても、同一性の判断が可能な、しかも、この判断は人生の中で最も大切なことなのに、なぜ？となってしまうのである。

ここまで来ると、フッサールの現象学って何なの？とまで…いや、いや、…まあ、まあ、…

そして、フッサールは、普遍者として、本質所与性として、イデアとしての例を吸取り紙の赤としていくのである。なぜペンやノートや机や椅子でなかったのか、そして、吸取り紙そのものではないのか、吸取り紙も類や種として、その本質を、普遍者をその存在の中にかかえたものとして存在しているのでは？との疑問が浮かんでくるのである。そして、吸取り紙でなくても、もっと広い紙、もっと広い物質ではなかったのか？とも浮かび上がってくるのである。ただ、これらの例については、フッサールも否定はしなかったであろうし、ただ、吸取り紙の赤にしたのは、目の前に存在し、例として使いやすい、講義をしての上での話なら、学生達に理解しやすかったのでは…ともなるのである。

それにしても吸取り紙の赤なのである。我々が生活の中で直観によって吸取り紙を見たとしても、なかなかその赤に目を向ける、対象としてとらえる、対象＝意識を形造ることはしないのではないだろうか。まして、〝赤一般の思想の意味〟つまり、赤の本質、普遍者、イデアなどは思いもつかないはずなのである。フッサールに言わせれば、これも〝自然的態度〟の中のことだともかたづけられそうでもある。しかし、赤い吸取り紙を見て、その〝赤一般の思想の意味〟を、その本質を、普遍者を、イデアをとらえることには、かなりの距離を感じてしまうのである。そして、ここに大きく見えているのは、志向性なのである。絶対的真理を求めようという、その上で〝現象学的還元の気構えをして〟という志向性であり、〝気構え〟こそはまさしく、大きな力を持った志向性なのであり、その上での現象学的還元を推し進めていく志向性が存在し、吸取り紙の赤に対象＝意識が形造られたのである。

そして、その上で、個として、目の前の存在の吸取り紙のその赤から、〝赤一般の思想の意味〟を形造る行動、動き、思考が働いているはずなのである。ここにも、距離が存在するのである。目の前の吸取り紙の赤から、〝赤一般の思想の意味〟つまり、イデア、普遍者、本質までの距離である。この間の距離をまた〝赤一般の思想の意味〟を完成させようという志向性が働いているのである。そして、ここには、その志向性の働きの上で、思考が働いて、それだけでなく、〝赤一般〟の存在、赤の普遍者、本質、イデアについての記憶が引き出されているのでは？　との疑問が浮かんでくるのである。そして、これらはまちがいなく、過去に、絶対的真理を求めようという、現象学を遂行しようという、いやいや、哲学をやっている者なら誰でも持つ志向性が働いた上での思考によって得られた観念のはずなのである。それは思考によって完成された観念、その記憶をここに引き出してきているはずなのである。それだからこそ、〝赤一般の思想の意味〟が完成されたのである。

この志向性には、今見たとおり、膨大な記憶と思考が積み上げられているのである。この膨大な記憶と思考の蓄積の上で、純粋直観によって、〝赤一般の思想の意味〟が完成され、獲得されるのである。そして、この〝赤一般の思想の意味〟を純粋直観の中で完成させることにも志向性が働き、その志向性の中には、記憶と思考が働いているのである。なぜなら、純粋直観によってはまだ、先にも見たとおり、吸取り紙一般の、紙一般の、ペン一般の、机一般の思想の意味なども完成させることができる、獲得することができる可能性が存在しているのに、その中で唯一〝赤一般の思想の意味〟を選んだことには思考が働いて、思考の底には記憶が存在しているはずだからなのである。この思考と記憶が存在しなければ、純粋直観によって、目の前の吸取り紙や、他の事物、一般の思想の意味が浮かんできたかもしれないのである。この選択の思考と記憶は、純粋直観の中で働いているのである。〝純粋〟に疑いが持ち上がってきそうになるのである。

それだけではない。〝赤一般の思想の意味〟そのものも、記憶と思考の産物ではないか、と議論も生じてくるのである。この〝赤一般の思想の意味〟が、先験的にイデアとして与えられているが、そうではなく、多く経験の中から、その記憶の総合整理されたものとして生まれてくるのかの議論は、先にも見たとおり、哲学史上の論争であるとしても、そして、その議論の結論が赤一般のイデアが先験的に与えられるという結論に達したとしても、赤一般のイデアが、フッサールの、そして多くの哲学者、研究者達の記憶の中に存在していることはまちがいのないことなのである。そして、今、純粋直観によって赤い吸取り紙に向かう時、この記憶が先に浮かんできて、赤一般の思想の意味を引き出す手引きになっているのでは？との疑念も浮かんでくるのである。その記憶が存在するから、〝赤一般の思想の意味〟も完成され、獲得されるのではないか、いやいや、それ以上に、赤い吸取り紙の上に覆いかぶさるように、その記憶が存在し、赤い吸取り紙の上で、〝赤一般の思想の意味〟が完成され、獲得されたのでは？との疑念はやはり浮かんでくるのである。いやいや、そこに最初から、その記憶が存在していたのでは？ともなるはずなのである。

これに対して、フッサールは怒って言うはずである。「それは現象学的還元を完全に行っていないからだ！現象学的還元を完全に行えば、そこには純粋直観しか残っていないはずだ！」となるのではないだろうか。しかし、こちらはそれに対し、「その純粋直観の中から、〝赤一般の思想の意味〟を完成させるのには、それを完成させようという志向性が働いていますが、その志向性の中には、過去からの記憶や思考が入り込み、蓄積されていることは認められますよね…」となるが、それに対し、「もちろん、志向性の中には様々な記憶や、その上に築かれた思考が存在しているであろうが、それによって得られた純粋直観は、完全に純粋なのだ」となり、それに対し、こちらは、「それでは、その純粋直観から、なぜ、吸取り紙一般や紙一般の思想の意味が、完成されなかったのですか…それらも、純粋直観の中から完成されるはずではないでしょうか…」となり、それに対し、フッサールは「いや、そこにも志向性が働き、〝赤一般の思想の意味〟を選んでいるとしていいだろう。確かに、そこには君の言うとおり、この志向性には過去の記憶と思考は存在し、生き続けているだろう…」となり、「つまり、そこでは、志向性の中の記憶と思考の存在は互いに認めたことになりますね…。しかし、それにしても、やはり疑問に残るのです。私達が赤い吸取り紙を、私達なりの純粋直観かもしれませんが、それによって見る、向かい合った時、見えてくるのは、その吸取り紙独特の赤色なのです。それが〝赤一般の思想の意味〟となると、そこには飛躍が、純粋直観にはない、何か他のものが入ってきているように思えてくるのですが…。もちろん、私達は自然的態度の中で生活しているから…」となると、むこうは、「確かに君達にはそう見えてくるかもしれない…しかし、君達が吸取り紙独特の赤さと言えるのは、確かに自然的態度であり、現象学的還元を行えば、そのような吸取り紙の赤は切り捨てられてしまうのだ…」「でも、それでは、純粋直観そのものが切り捨てられているのでは…?」「いや、それこそは、〝たとえば私の机上の吸取り紙などの赤として統覚されているとしても、ともかく赤が通常意味しているものを切り捨て〟なのだよ。〝その上で私は純粋直観によって赤一般という思想の意味を完成する〟のだよ。なかなか、君にはわからんみたいだな…」「やはり、まだまだわかっていないのかも…」となるのではないだろうか。

　ここには、〝自然的態度〟と、現象学的還元の後の純粋直観の大きな開きがあるとしなければならないのだろう。とはいえ、まだ、こちらにはやはり疑問が残っている。

「確かに、まだまだわかっていないのかもしれません。〝吸取り紙などの赤として統覚されているとしても、ともかく赤が通常意味しているものを切り捨て〟た時、目の前に見えている吸取り紙の赤は消えてしまっていて、しかも、〝赤が通常意味しているものを切り捨て〟た時、それが赤色であることも消えてしまっていて、後には何も残っていないのではないのでしょうか。そこで〝赤一般という思想の意味を完成させる〟となると、〝赤一般という思想の意味〟は、今程見ていた志向性の中に記憶として存在していたものが、それが完成されているのではないのでしょうか。目の前に見えている吸取り紙の赤が切り捨てられ、その赤の意味である、〝赤が通常意味しているもの〟も切り捨てられた時、純粋直観によって、まだ見えているものが存在しているということなのでしょうか。見えているとしたら、やはり吸取り紙の赤なのではないでしょうか。それが切り捨てられて、〝赤一般の思想の意味〟がどこから出てきて、どのように完成されるのでしょうか、わかりません。切り捨てられた吸取り紙の赤は、まだ見えているのでしょうか、もう見えていないのでしょうか、…切り捨てられても、赤だけが見えているのでしょうか。その時見えているのは、その吸取り紙独特の赤なのでしょうか、そうではなくて、〝赤一般〟と言われる色なのでしょうか。純粋直観によってではなく、記憶の中の赤なのでは…、でも、見えているのではなくて、〝赤一般という思想の意味〟であり、眼に見えなくて、意味として存在しているものなのでしょうか。でも、意味となると、言語として存在しているのでしょうか。言語は記憶の中に存在しますが、もちろん、言語として表されない意味も存在はしますが、…今の場合は、〝赤一般という思想の意味〟という言語として存在していますが、これが表すものが純粋直観の中で見えているということと解釈していいのですね…でも、どのように見えているかは、つまり、〝意味〟として存在しているのですね…それは視覚でとらえられているのでしょうか、形として、現象としてとらえられているのでしょうか、それとも〝意味〟だけが純粋直観によってとらえられているのでしょうか…なかなかわかりません。少なくともここだけの文章では分かりません…」となると、「まあ、まだまだ勉強してください、現象学だけでなく、哲学をまだまだ…」となるのではないだろうか。

これ以上はここではもう議論できないだろう。

第六章

記憶の中の表象の変形

少しフッサールを離れよう。最初に見ていた記憶表象の変形、それが類や種の代表とも言えるものに変形すること、いや、個としての、人物の表象、それがその人物を代表する表象となって、その人物を思い浮かべる時、浮かんでくることを、いや、もっと、昨日ずっと話していた友達の顔を今は思い浮かべようとすると、二、三の代表する表象が浮かんできていることを見ていたはずである。

このような、代表する表象こそは、少なくとも、それを思い出している人間にとっては大切なものであり、本質と言っていいのではないか、少なくとも世間では、多くの人々はそう思っているのではないか、とまで見ていたはずである。

しかし、世間では、多くの人々は、「本質…？」ともなることも見たのである。つまり、世間では、多くの人々は、〝本質〟という言語の意味をあまりしっかりとつかまないで、それでも時々は使って生活はしていることも見たのである。

そもそも、〝本質〟とは哲学用語であり、哲学ではとても大切な概念なのである。これを見るために、二十世紀を代表する哲学者、フッサールの文献に向かい合ったのである。

しかし、そこでは〝本質〟は、私達が生活で使っているのとは少し違った形で、いや、大きく違って使われていることを見てきたのである。先に見た、生活の中での代表するもの、そして大切な意味を持つものとは違って、フッサールでは、それが何であるかを示すもの、同一性の判断を与えるもの、所与性として見えてきたのである。個物の、その種や類を決定するもの、それを示し、表しているもの、それを所与しているものとして見えてきたのである。このことは、確かに認識の基本であり、絶対的真理を求める哲学にとって基本となる大切なものであることは確かなことである。

とはいえ、生活の中で、大切なもの、代表するものを見ていくことは、哲学とは違った意味にはなるが、やはり重要な、大切なことではないだろうか。

いや、現象から記憶に移行した時の表象の変化、そして、時間が経過した時の記憶の中での表象の変化をもっと見ていくことに焦点を当てよう。まちがいなく、この両者の過程では表象に変化が起きているのだ。このことをしっかり見ていかねばならないはずなのだ。

一．現象から記憶への移行の中での表象の変化

まず、現象から記憶の中へ移行した時の表象の変化から見てみよう。

先に実験的に見たように、というのは、生活の中ではこのようなことを見ることはほとんどないから言うのであるが、また今目の前に存在している現象を記憶に取り入れて、それをもう一度記憶から表象として引き出すということを見たのであるが、この時見えてきたのは、現象は時間の経過とともに連続しているが、記憶は基本的には静止したものとして現れるのではないか、ということであった。

このことをもう少し見てみよう。もちろん、その気になって、現象の中の動いている物体をその運動の通りに思い出そうとすれば、それほど正確ではないにしても、動いているものとして浮かばせることができる。スポーツの練習において、フォームを自分のものとしようとする時、イメージトレーニングをする時、このフォームを、例えば有名選手のフォームをビデオで何回か見て、そして記憶の中に取り入れて、今度はそのフォームを、連続した運動として表象として描いて、それに合わせて自分の体の動きを作り出す、フォームを自分のものにするトレーニングというものが存在する。

このことは、現象の中の連続した運動、変化を記憶の中に取り入れることは不可能ではないことを意味している。しかし、これをする時、やはり、多くの人々は何回かビデオを繰り返し見ているはずなのだ。ということは、やはり、記憶にとって現象を連続的に取り入れることは苦手なこと、少し無理のあることであることを示してい

ることになる。

いやいや、現象を連続としてとらえるだけでなく、現象を記憶する、いや、もっと記憶することそのものは、そんなに簡単なことではないのだ。これは多くの人々が試験勉強で味わっていることである。

そして、この困難には二つの段階がある。一つは現象を記憶に取り入れることの困難と、もう一つは記憶を取り出す時の困難である。これも試験勉強で見ればよくわかるはずである。特に社会科などの暗記科目では、記憶が中心になっているので、よく見えてくる。まず、歴史などの年号と、そこで起きた出来事、そして人物などを記憶の中に入れることに苦労する。時には何回も読み、時にはノートに書いて、記憶の中に入れてやっとこれで大丈夫、となる。しかし、次の日の試験の答案に向かって昨晩の記憶を引き出そうとすると、そんなに簡単には出てきてくれない。時には昨晩覚えたはずの年号や人名が出てこなくて、いや、まだ、まちがって出てきたりして、失点してしまうこともあるのだ。

ただ、ここには、ここでの議論を進める上での問題が存在する。試験の答案に向かっている時の記憶の引き出しは、ここでは見てはいけないのではないか？　ということである。なぜなら、昨晩の試験勉強から、今日の試験の答案に向かう時まで、それなりの時間の経過が存在するのである。とすると、これは次のところで見るべき、時間の経過の中での記憶表象の変化に入るのでは？　となるからである。

しかし、そうなると、記憶の引き出しには全て時間の経過が存在するはずだ。今記憶したことを、そのすぐ後に引き出す時も、数秒の経過は考えられるからである。

ここはもう少し整理して進まなければいけない。

ここには記憶の取り入れと、引き出しのかなり複雑でややこしい関係が見えてきている。いや、まだ見えていない、それをしっかりと、ゆっくり見ていかねばならないのだ。

我々は、目が覚めている間、現象に向きあっている。たとえ、眼をつむっていたとしても、目蓋が閉じられた暗闇の世界は意識されているし、また、音は聴こえてくるし、触覚もそれなりに働いている。そして、この現象を記憶は基本的には取り入れているとしていいであろう。しかも、ほとんど取り入れようという意識はなく、自然的に、無意識的に取り入れているのである。つまり、ずっと目が覚めている間は、記憶の取り入れ機能は、ずっと、自然な形で、意識されることもなく働いているのである。先に見た試験勉強の時などは、特別な時であるとしていいであろう。

だから、この自然的な、無意識的な取り入れから見ていかねばならないのである。ここにも、かなりややこしい問題が存在するのである。

現象と簡単に言ってしまったが、ここにもかなり見ておかねばならないことが多く存在するのだ。

我々は、現象の中に存在している時、ほとんどは、ぼんやりしていない限り、一つの対象に向かい合っている。ただ、この対象も、とても様々なのである。わかり易いのは、夜の星空を見ている時である。星空全体を、ああ、すばらしい、美しい、と見ている時もあるし、また、一つの星座を見ている時もある。そして、それだけでなく、星座の中の一つの星に焦点を当てて見ている時もある。同じことは、スポーツ観戦の時もそうである。入場した時は、コートやグラウンド、いや、そのまわりの観客席、スタジアム全体を見ているが、試合が始まると、自分の好きな、応援しているチームを見まわすが、すぐにそれは、自分が大好きな、憧れの選手に焦点が当てられる。いや、それだけでない。その手足の動き、ボールが飛んできたら、その受け止め方、その時の手足の動き、いや、その前にボールそのもの、時には、そのボールの回転などに焦点が当てられる。しかし、次の瞬間には他の選手、チーム全体やグラウンド全体、その中の様々な選手の動きへと焦点は移動しているのである。同じことは、道を歩いている時も、車を運転している時も起きている。

つまり、対象といっても様々であるということなのだ。視野全体のこともあれば、ほとんど点と言っていい時もあるのだ。しかも、これらは瞬間毎に、変化し、移動しているのだ。

そして、これらが記憶に取り込まれた時である。これらは基本的には、現象と同じように取り込まれているとしていいであろう。つまり、現象の中で、選手一人の動き、その手足の動きに焦点を当てている時はそのように、グラウンドやコート全体を見ている時はそのように取り込まれているとしていいであろう。また、夜の空の場合は、星空全体の時もあるし、星座の時もあろうし、一つの星だけの時もあるとしていいであろう。

基本的には、現象の中で、そこに向かい合ったとおりに、視野全体を対象にしている時は、その全体が、一点に集中している時はその一点が、記憶にも取り入れられているとしていいであろう。

しかし、これを表象として取り出して見た時、時間の経過が記憶に変形を与えていないと考えていい時間の経過、次の日とか、一時間後とか、数秒後とかの経過の時である。この時間の長短も、大きな議論の的にはなるが、ここでは記憶に変形が起きていない時間として見てみよう。

そして、それ以上に、ここには先に挙げた問題が、問題として見えてきているのである。先には、記憶の取り入れと引き出しを別々に見てみることができる、見なければならないとのような議論にもなっていたのである。しかし、ここまで来てみると、記憶の取り入れを見ようとする時、それだけを見る時はどのようにすればよいのか、が新しい問題として現れてきているのである。今ほど、記憶の取り入れは、ほぼ現象と同じようになされていると言ったが、これを確かめようとすると、つまり記憶の取り入れを確かめようとする時、やはり記憶を引き出して見るしかないのではないか、となるのである。記憶の取り入れそのものを確かめるためには、次の瞬間であれ、それを引き出して見るしかないのでは、ということなのである。

そうして、ここにまた問題が見えているのだ。どうも、記憶の取り入れと記憶の引き出しの間に変化が起きているのではないか、ということなのだ。この章では、まずは現象から記憶へ移行した時の表象の変化を見る話ではあったが、ここに見えてきているのは、記憶の取り入れはほぼ現象のままでありそうなのだが、それを引き出す時、変化しているのではないか、ということなのである。つまり、記憶は取り入れられたとおりには引き出されないのでは？と見えてきているのである。

混乱している。まだ引き出しがどのようであるかを見ないで、変化を言っている。ただ、記憶の取り入れを見る時は、それを引き出して見るしかないことによって、そして、その引き出した時に変化しているのではないか、となっているのである。

つまり、整理すると、記憶の取り入れを見る時は、それを引き出して見るしかないとすれば、取り入れについては語ることはできなかったということになるのだ。しかし、このことはやはり、記憶を見る上で大切なことのはずなのだ。

つまり、現象から記憶に移行した時の表象の変化を見ようとするには、やはり、その表象を、記憶の中に入った表象を引き出して見るしかないということなのだ。そして、この引き出した表象を見る時は、記憶に取り入れられて間もない、記憶の中に保存され、とどまっているうちに、時間の経過による変化、忘却や表象の変形がなるべく少ないうちに見る必要がある、ということなのである。

ということで、現象から記憶に移行した時の表象の変化を、なるべく変化が進行しないうちに引き出して見てみよう。

まだ何も見ないうちから、〝表象の変化〟と言ってしまっているが、これはほとんどの人々が、現象から記憶に移行した時、表象は変化するものと考えているとして、許されるだろう。

一番簡単な例は、今目の前に存在する事物を、眼を閉じて思い描いてみようとすることだろう。この瞬間の記憶への移行と引き出しによって、すぐに大きな変化が起きているのだ。目の前に存在していた、机の上の事物、ノートや本、ボールペンなどは消えてしまっているのだ。ほとんど表象として浮かんできていないのである。とはいえ、表象を思い浮かべようと、眼をつむったまま、しばらくじっと、そして、思い浮かべようと努力してみると、そして、この時、ノートにだけ、ボールペンにだけ絞って思い浮かべようとすると、それなりに表象らしきもの、それと言っていいものが浮かんでくる。しかし、ぼんやりしているし、眼を閉じた分、目蓋が光を、現象がこの光を遮っているからか、薄暗い。もうここにあきらかに、大きな変化が起きてしまっているのだ。

とはいえ、机の上がそれなりに整理されていれば、机の上全体に、ノートが開かれたまま置かれてあり、ボールペンは一本、その横に、本が机の端に二冊重ねて置いてあったかは思い出せる。しかし、この時もほとんど表象は浮かんできていない。そして、ノートにだけ焦点を絞って思い出そうとすると、それなりに表象が浮き上がってくるが、ここにとても大切なことが存在する。ノートを思い浮かべようとしていることを知っている、今焦点を当てて思い浮かべようとしているのはノートであること、それはしっかりと意識の中に、記憶の中に存在しているということなのだ。

ここはしっかりと見なければならない。特に、表象を中心に見るということで、しっかりしなければならない。

つまり、ここに見えているのは、今目の前で見た机の上のノート、ボールペン、本で、見えていたことはしっかり記憶の中に存在するが、それらを表象として、視覚表象として浮かべようとすると、ほとんど浮かんでこない。浮かんできてもほんとうにぼんやりと、今見ていた現象からほど遠い、なかなか表象とまでは言い切れないものとして浮かんできているのではないだろうか。これも個人差があり、時と場合にもよるだろうが、多くの人々、多くの場合は、眼をつむった瞬間に、現象の中の視覚表象は消え、記憶の中からは、今見ていた表象がほとんど浮かび上がってきてくれないのではないだろうか。

しかし、表象はほとんどぼんやりであるが、机の上には、ノートとボールペンと本が在ったことはしっかり記憶の中には存在していて、すぐに引き出せるのである。そして、もっと、ノートは、一冊机の手前に、自分の目の前に、開いたまま置かれ、その横にボールペンが、本が片隅に二冊、重ねて置かれていたことはしっかりと記憶に存在し、引き出しが可能なのである。そして、これらの机全体の様子を思い浮かべる、つまり視覚表象として再現しようとすると、それなりに浮かんでくるが、やはりぼんやりしたままなのである。

ここには、とても大きな、この論文としては取り組まねばならない。それだけでなく、かなり大きな問題として、しっかり見て、議論にかからなければならない問題が出てきているのである。

今見ていた現象が、眼をつむった瞬間に、その視覚表象は消えてしまい、今見ていた記憶を引き出して、それを再現し、浮かべようとしても、ほとんどそれらしい表象として浮かんできていないのである。しかし、その表象の持っている意味は、言語としてしっかりと記憶の中に存在していて、引き出しも簡単にできるのである。

これはかなりたいへんな問題である。もう少し見てみよう。机の上に開かれたノートに焦点を当てて見てみよう。

目の前に開かれたノートがある。それを見ていて、眼をつむる。何も見えない。ノートの表象を浮かべようとする。ぼんやりとした白さが浮かんでくる。輪郭ははっきりしない。ノートの片側にボールペンで書かれていた文字は、完全に消えてしまっている。ノートの文字をきれいに書くために引かれている薄い水色の線も完全に消えてしまっている。とはいえ、その水色の線を思い浮かべようとすれば、それなりに浮かんでくる。無理に思い出そうとすると、ノートの白い紙面から浮き出て、その線だけが浮かんできてしまう。とはいえ、その水色の線が、ノートの紙面そのものであることは分かっているし、浮き出てしまっていることも分かっているし、そのつもりになってその紙面に戻してやる努力をすれば、それなりに紙面で落ち着く。そんなことを言えば、片側に書かれていた文字の列も、それなりに浮かんでくる。しかし、もちろん、文字一個一個は浮かんでこない。文字の列、その列がノートの三分の二程度を埋めて、少し黒くなった平面として浮かんでくる。それにしても、ほとんどがぼんやりと、はっきりしていない。もう一度、眼を開けてみると、いかに現象の中では、はっきりとすっきりと、細かな点まで、しかも明るい光の中で見えているかに驚かされる。

こう見てくると、なんと記憶は頼りにならないのか、と思えてくる。科学や哲学がほとんど向き合ってこなかったことが、もう一度思えてくる。

とはいえ、ノート、白い紙面、水色の線、文字の列の集まりなどは、言語としてしっかりと記憶の中に存在していて、すぐに引き出せる。

反対に、ここで見ている表象は、変化というよりも、消滅である。ほとんど消えてしまっているのだ。ほんとうにぼんやりと、水色の線は最初に言語を持ってきて、それから浮かんできたのだ。

これは何を意味するのだろう。これは重大な問題に直面していることになる。

ここに見えてきていることを、言い表せば、記憶にとっては、表象よりも意味が先行する、ということになるだろう。表象の前に、まず、ノート、ボールペン、本と言語になった意味が先にやってきて、しかも、しっかりととらえられ、記憶の中に存在するが、一方、表象のほうは、ほとんど消失した状態に近い形で、ぼんやり、はっきりしない形で保存され、少なくとも引き出された時にはそうであるということなのだ。

同じことは、テレビを見ていて、何かが原因で、電源が切れて、画面が見えなくなった時、今見ていた画面をすぐに脳の中で再現できるかというと、ノーに近いであろう。つまり、一瞬前のことであれ、それが見えなくなった時、それを記憶の中で、表象として再現することはかなり難しいということである。とはいえ、今見ていたテレビが、コマーシャルであったか、ドラマであったかは見ていた人々は言えるし、また、何の宣伝であったか、どのようなストーリーであったか、そしてどんな場面であったか、しっかりと言えるのである。

ここには一つ問題がある。記憶の中に、それを表象として取り入れることそのものが難しいのか、そうではなくて、引き出しが難しいのかである。これは、先程見たとおり、記憶はそれを引き出してはじめて、その存在を確かめることができることからすれば、結論は出せないとなるであろう。そして、更に大きな問題が存在する。じゃあ、もし、表象として記憶されていないのだったら、どのように、今見た場面は記憶されているのか、となるのである。意味として、それを言語として、…? もっと難しいのでは? 表象ではなくて、言語として、それを言語で記憶している…そんなことってできないのでは…? となるはずである。

やはり、表象として引き出すことが難しいとすべきなのだろう。そして、引き出そうとすると、意味が、それを表わす言語が先に出てきてしまう、ということなのでは…? つまり、表象として記憶の中に取り入れられてはいるが、引き出そうとすると、意味が、それを表す言語の方が先にやってくるのでは…? となるのである。

これには、次のような例を見てみればいいであろう。やはり、テレビ、ドラマに限って見てみよう。いや、映画がいいかもしれない。

映画を見終わって、映画館を出てきた時、今見て終わった映画は、まだ生々しく記憶に残っている。生々しく、ということは、様々なシーンが力を持って甦ってこようと、引き出されようと、記憶の中でうごめいているとしていいであろう。記憶は引き出されるのを待っているのである。恋愛映画ならば、はじめてのキスのシーン、この前のデートの海岸の風景、最初の二人の出会い、そして、恋がはじまってからのゴタゴタ、ケンカの場面、主人公の一人が泣き叫び、もう一人がじっと俯いているシーン、そして別れのシーン、…これらは、思い出そうとすれば、ほとんど表象として再現される。いや、思い出そうとしなくても、自然と力を持って記憶の中から現れ出てくる。いや、それだけでなく、ふと思いついて、こんな場面があったな、と思って思い出そうとすると、かなりしっかりと表象として浮かんでくる。

同じようなことは、今日、友達とそれなりに長く話し合っていた時、その時の様々な相手の表情が色々浮かんでくるし、ふと、こんなことを言っていたな、と思って、その時の友達の表情を思い出そうとすると、それなりに鮮明に浮かんでくる。

また、休日にドライブを楽しんできて、その夜とか、次の日の昼食の時とか、思い出そうとすると、様々な場面が浮かんでくる。やはり、ここでも、ふと思いついて、こんな所を通ったな、と思って思い出そうとすると、それなりに鮮明に表象として浮かんでくる。

このような例から見ると、記憶は現象をそれなりに表象として取り入れていることが見えてくる。つまり、ふと思いついて、そのシーンを思い出そうとすると、それなりに表象は浮かんでくるからだ。となると、引き出す時がやはり問題であるということになる。

今見たのは映画の例である。映画を見る時、人々は、ずっとストーリーとして流れるシーン、連続して流れ続ける表象を求めて見に出かけるのである。そして、映画を作る側も、そのように求めている観客を引きつけるべく、一つずつのシーンを作り出しているのである。人々は映画を見ながら、流れ続ける表象に惹きつけられながら、ということは、瞬間毎に大きな力で表象が「我」の中に入り続けているのである。だから、映画を思い出そうとする時、まずは、大きく惹きつけられたシーンが、つまり表象が浮かんでくるのである。いや、思い出そうとしなくても、むこうからやってくる時もある。映画館を出て、車で帰ろうとしている時、頭の中にいくつかのシーンが浮かんでくる。それらは力を持っていて、自ら浮かんでくるのである。

ということは、映画を見ていると、ストーリー、もちろん、その題名、そして登場人物、その名前、それを演じた俳優、その名前などは、引き出される時、各シーンの表象の後にやってくるということなのだ。そして、ストーリーを思い出そうとすれば、そのストーリーの流れの各シーンの表象として思い浮かべるということになるのだ。そして、好きな俳優を思い出す時も、その名前とともに、いくつかのシーンのその姿、表情として、やはり表象として思い浮かんでくるのだ。そして、このようにストーリーや俳優を思っている時、ふとしたシーン、その表象も浮かんでくるのだ。

同じことはドライブの時も言えるだろう。ドライブする時は、次々に見えてくる風景、景色、時には美しい木々、花々などを求めて、つまり表象を求めて、ハンドルを握っているということなのだ。だから、記憶を引き出そうとすると、その表象が先にやってくるのだ。そして、その後から、ああ、あの場所は、どこだったっけ？つまり地図上の位置、その地名を確かめるのである。

これら二つの例は、そもそも現象に向かい合う時、表象を求めよう、表象を得よう、時には、表象を得てそれをずっと心に残しておきたい、つまり記憶に残しておきたい、という意図が根底に存在していることになるだろう。だから、表象に対しては特別な向かい方をしていることになる。そのような意図、必要＝力＝意味が働いていることによって、現象の中の表象はしっかりと記憶に取り入れられ、また様々なシーンの表象も引き出し可能なのである。

それでは、このような意図が、必要＝力＝意味が働いていない、存在していない時はどうなっているのだろうか。これはとりあえず、三つ見た例の真ん中の例を見てみよう。

友達と話し合う時、その友達の顔を見ていたいという気持ちはどこかに存在するだろうが、多くはそれなりの内容の話をしていたいという気持ち、必要＝力＝意味が働いている、存在しているとしていいであろう。もちろん、友達との関係にもよるし、その日その日の事情にもよるだろうが、ただ、話をしていたい、話題はともかく、一緒に話していたい、それが愉しみだ、という場合もある。このような時は、会話そのものが目的であり、それによって時が過ぎゆくのを楽しんでいるとも言える。だから、他の二つの場合は、今見ていること、分析していることからは、大きく隔たりが存在している。二人が、話をする内容、用件を持っていることは、先に見た二つの例、映画、ドライブの例とは、表象に向かう態度が大きく違っている。ここには、表象を得よう、求めよう、求めて記憶に保存しようという意図、必要＝力＝意味は、ほとんど存在していないのである。このような、表象を得ようという意図が存在しない時、表象はどのように記憶に取り入れられているかは、ここでは問題として見てみなければいけないことになる。

友達が二人、話し合う内容、条件を持って会話している時、その時の、時の流れとともに変化する表象はどのように記憶に取り入れられるかを見なければならないのである。

この時、必要＝力＝意味は、そして、それによって形造られる対象＝意識は、話の内容、その中で展開する要件に向かっているとしていいであろう。

そして、この時の記憶を引き出そうとする時、話された内容、要件がまず引き出されるということである。いや、この時の、この時間の流れの記憶を引き出そうとはほとんど思わないで、まずは、二人で話された内容、要件を思い出そうと思い、時には、向こうから浮かんできて、その内容、要件について考える、対象＝意識を形造り、思考するのである。そして、この時も、ここでは次のように見ることができるのである。二人で話している時、二人の間を、言語が流れている、つまり時の流れに次から次へと出ては消えていっているのである。これは、音声表象として流れているとしていいのである。「我」は、相手の言語、その流れを、聴覚で受け止め、その時は聴覚表象として記憶に取り入れているはずなのである。しかし、記憶として引き出そうとした時、このような聴覚表象はまったくと言っていいほど消えてしまい、やってくるのは内容、要件、つまり意味なのである。いや、会話が二人の間で進行している時も、「我」は、ほとんど聴覚表象を取り入れようとはしないで、ずっと相手の言語の流れの中の、内容、要件、意味を取り入れようとしているはずなのである。聴覚表象を取り入れようという意識はほとんど働いていないとしていいのである。とはいえ、時には、相手の話し方、その時の様子、大きな声で怒ったり、悲しくて泣いた時、嬉しい声で笑った時などは、その瞬間の聴覚表象は、視覚表象と共に、記憶に取り入れられ、残っているし、何度も引き出されたら、それよりも自然と浮かんできたりするのである。しかし、これも考えてみれば、この記憶に取り入れられ、引き出された聴覚表象、視覚表象は大きな意味を持っていたのである。こう見てくると、記憶の取り入れ、引き出しには、意味がとても強い力を持っている、まずは意味が取り入れられ、引き出されている、そして、表象の取り入れ、引き出しにも、大きく意味が力を与えていることは見えてきているのである。

とはいえ、そんなに簡単に結論してはいけないのが、現象の世界、それに向かい合う認識の世界なのである。

人間は、「我」は現象の世界に向かっている時、その世界のほとんどは意味の分かったものとして、ほとんどその意味を引き出しもせず、現象の世界をそのまま、表象として記憶に取り入れているはずなのである。このことは、現象から特別に意味を引き出す必要がない時、分かったものとして、了解しているものとして、つまり、了解性として表象だけを、記憶に引き入れているはずなのである。道を歩いている時、車を運転している時はこうなっているとしていいであろう。ぼんやりしている時、疲れている時も、現象からの意味を引き出すこともなく、表象だけを受け入れていることも多いとしていいであろう。そして、このような時の数分後、数時間後、数日後、ふと思考や話がその時の現象に移った時、その時の表象が引き出され、その中から意味が引き出されることもあるはずなのだ。つまり、その時点で意味を引き出す必要がない時、現象を表象として記憶に保存し、必要な時に、それの中から意味を引き出せるようにしているとも考えられるのである。しかし、意味が引き出せる時は特別、例外な事例であり、多くは、表象そのものも思い出せなくて、意味を引き出せることはとても稀なことであるとしてもよいであろう。

いや、こんなこともある。「あれ？…」となる時である。道を歩いている時、車を運転している時も時々ある。意味の分からないもの、意味を引き出せないものに出会った時である。道を歩いていて、ある家の庭先に、今まで見たことのない花が咲いていた時、「ええ？ なんて花なんだろう？」となり、そんな時、その花の表象は記憶に引き入れられ、保存されるのである。これは考えてみれば、その意味を引き出すための表象の記憶への引き入れ、保存ということになる。視覚表象だけでなく、聴覚表象にも、今まで聴いたことのない鳥や虫の鳴き声を聴いた時、その表象は記憶に引き入れられ、保存され、意味が引き出せるまでのために保存される。表象が記憶にそれなりに残っているのである。ただ、これらの意味はそれほど生活の中で強い必要＝力＝意味を持っていることはなく、その力を失い、忘却されることも多々あるはずである。

しかし、強い力で、いつまでも残ることもある。人間どうしのつきあいの中で、特に表情は大きな力を持っている。ふとした時の会社での上司の表情、さようならを言って別れた時の友達の表情、いや、それ以上に恋人の表情、これらはその表情の意味がわからないので、ずっといつまでも、何度も、家に帰って食事の時も、眠る前は特に、その表象が浮かんでくるのである。強い意味ではなくて、というのは、その表象の意味が分からないのであるから、…それでも、強い力でその表象は浮かんでくるのである。

いや、これも考え方によっては、分からないから、その分からない意味を求めようとしている、つまり、求めようとしている意味が、表象を、しかも強い力で、浮かばせている、引き出させているとしていいのである。やはり、意味なのである。

こうして見てくると、表象の引き出しには、とても強い力で意味が関係していることが見えてきて、しかも、結論としてでも良いように見えてきているのである。

そもそも、人間は、現象に向かう時、意味を持って、時には意味を求めて向かっているのである。これを科学では、欲望で説明しているが、この論文では、その欲望も社会の中では大きく抑圧されている、しかも、大きな力で記憶と結びついている、そして、必要＝力＝意味として見てきたのであるが、この必要＝力＝意味が、ここに、大きな力で、表象に影響を与えていることが見えてきたのである。

しかし、ここは、必要＝力＝意味とは見ないで、ということは必要＝力＝意味は、生活に根付いた、つまり欲望の代替物、それが抑圧と記憶によって変形しているものとも考えられるからで、それは一度、押し返して、ここでは意味とだけ、表象の意味とだけしておこう。

ここはそれなりに議論しなければならないし、しかも、その議論はとても大切なものであるはずであるが、とりあえず、表象とそれの持つ意味として見ておこう。

×××　×××

ここまで、表象が記憶に取り入れられた時の変形、記憶となった時の変形を見るとして進んできたのであるが、まず見えてきたことは、それを見るには、記憶を引き出して見なければならない、そうして見るしかないことであった。つまり、記憶として取り入れられた時、表象はもう変形してしまっているのではないかと見ようとしても、それを見ようとすれば、それを引き出して見るしかないということなのだ。記憶はまちがいなく、時間の経過とともに、忘却という変形に陥るのである。しかし、それを避けるために、今見ていた現象を、机の上のノートやボールペン、本などを見、眼をつむり、今見ていた現象を記憶の中の表象として引き出して見ようとしても、そこに浮かんでくるのは、表象としてはほんとうにぼんやりとした、形もはっきりしないものなのである。しかし、そのぼんやりとした表象の先に、ノート、ボールペン、本は、言語としてやってきているのである。これは意味であり、この意味は表象に先行しているのでは、と表象と意味の関係を見はじめたのである。

とはいえ、そこにはそんなに簡単ではなさそうな表象と意味の関係があるのではないかと、いくつかの例を見てみたのであるが、そして、意味から独立していそうな表象の在り方も見たのであるが、そこでも、大きく表象に意味が力を与えていることが見えてきて、表象は、少なくとも記憶の中に取り入れられた時、そしてそれを引き出して見た時、大きく意味に影響されている。記憶の中の表象、記憶表象は大きく意味に左右されている。力を与えられていることを結論としていいのでは、とたどりついたのである。

ということは、まだ、ほとんど変形を見ていないのである。その前に、表象は記憶の中に取り入れられた時、その在り方が大きく意味によって左右されている、影響を受けていることが見えてきてしまっていたのである。そうなると、記憶の中の表象の変形を見る時は、意味との関係を見ながら進んでいかねばならないのではないか、ということになるのである。

そして、ここに、この論文として、もっと大切なことが見えてきているのだ。この論文はずっと本質を求めてきているのである。そして、ここに結論に至ったのは、表象は記憶の中に取り入れられ、引き出される時、大きく意味の力の影響を受けているということなのである。このことは、本質と意味の関係もさることながら、表象の在り方、その記憶の中の存在、記憶表象の在り方にとってとても重要な話になっているはずなのである。このことは、記憶そのものが大きく意味に左右されていることを示しているのである。なぜなら、記憶が取り入れるのは、表象と意味なのである。いや、現象そのものが、表象と意味に二分されているとしていいのである。

現象を五感で受け止めていたもの、そのままのものを表象としているのである。だから、視覚表象、聴覚表象、味覚表象、嗅覚表象、触覚表象と存在するのである。ただ、「我」は、このような五感で受けとめる表象だけでなく、これらに伴う意味をも受け止めているのである。表象は様々な意味を持って「我」に現れているのである。表象の背後に意味が存在しているのである。

そして、今、結論として得たことは、これらの表象を、記憶の中に取り入れる、そして引き出して見る時、つまり記憶表象として見る時、大きく、もう一方の存在である、表象の背後に存在する意味が力を与えているということなのである。

そして、ここに大きな問題が目の前に存在しているのである。この表象に優先している、表象がはっきりしなくて、ぼんやりしていても存在する、そして時には表象に力を与え、はっきりさせたり、また変形にも力を与えていそうな意味とは何なのか、を見なくてはならない。向き合わねばならないのである。我々は、日常生活では意味とは分かったものとして生活している。あらゆる物、事物には意味が存在するものと思って生活を続けている。しかし、五感で受け止められて、それがそのまま記憶に保存された表象に優先し、そして表象がぼんやりして、時には消えたりしても、まだ残っていることがある意味とは、それ以上に、過去の記憶から表象を引き出そうとする時、意味が先に出てくることがある。この意味とは何なのか。表象の変形を見ようとしたのであるが、その前に意味を見なければならないのである。

哲学は感性、つまり五感で感じられたものから出発する。その五感で感じられたものをそのまま記憶に取り入れたものを、表象として見てきたのである。

しかし、今、この表象に優先するものとして、意味の存在が見えてきたのである。表象に優先する意味とは何なのか…？ なのである。

いや、そもそも我々人間は、「我」として現象に感性で、五感で向き合う時、意味も同時にやってきて、時には、それらも多くの場合、意味が優先してやってきて、感性で、五感で受け止める前に、意味がやってきて、それで分かったものとして、それほど感性、五感を働かせないで、少なくとも表象としてしっかり残さないで、日常生活は進んでいる。それを見なければならないのではないか、ということなのである。

もちろん、これは日常生活の中のことである。哲学が絶対的真理を求めようとする時は、感性から出発するのが正しいであろう。感性からやってくるものよりも意味を優先させていれば、絶対的真理どころか、勘違い、思いまちがい、いわゆる臆見の世界に入り込むことは、日常生活の中だけで生きている人々もよく分かっているのである。

しかし、表象に、いや、感性にも優先して現れてくる意味は見ておかねばならないはずである。しっかり見れば、臆見の世界に落ち込む様子も見えてきて、より正確に、少しは絶対的真理に近づくはずなのだ。

二　表象の変形と意味

とはいえ、これもその時々である。日常生活の中でも、感性のほうがずっと大きな力で現れることもよくある。まっ赤な夕陽を見た時、この夕陽、それ以上に西の空の一面の赤さを、そこからやってくる大きな力として感性で受け止めているはずである。もちろん、そこには「美しい」という呟きも出てくる。〝美しい〟は意味なのであろうが、小さな呟きのままなのだ。それ以上に、視覚は現象からの、西の空の赤さ、太陽の赤さを大きな力として受け止めているのである。同じことは青い美しい海を見た時、つまり様々なすばらしい風景を見た時、それだけでなく、これまでも何度も見てきているが、恋人の顔、その表情、そして愛する子供の顔、その表情は大きな力として感性によって受け止められるのだ。そして、それは、表象として記憶の中に保存されても、ずっと大きな力を持ち続けることも多々あるのだ。

しかし、ここまで見ると、恋人や子供の顔、その表情は、それ自身、大きな意味としてやってきているのではないか、ともなるのだ。いや、それだけでなく、赤い夕陽も、青い海も、感性として大きな力とは言ったが、その大きな力そのものが意味なのではないか、ともなってくる。

ここには、意味と現象、それを受け止める感性、意味と記憶の中の表象の区別、それらの定義という問題が出てきているのだ。特に、恋人や子供の顔とその表情ともなれば、多くの場合、理解できない、少なくとも言語にならないものとして出てきているのだ。理解できなくても、言語にならなくても、意味、その力としてだけやってくるものを意味にするのか、ともなるのである。ここには意味と現象、意味と表象のしっかりとした定義が必要なのである。とはいえ、ここでも定義は避けておこう。この時点で定義することは、今見えてきている問題を単に片づけることになるだけで、その現れてきているものを損ねてしまうことになるはずなのだ。問題そのものを問題のまま受け止めておくことが今は大切なのだ。

そして、ここはそんなことを議論している場所ではない。元に戻らなければいけないのだ。ここでは、現象からの表象が、記憶の中に入り込んだ時の変形を見ていたのだ。そして、記憶の中に入り込んだ時の変形を見るにしても、それを引き出して見るしかなく、結局は一度記憶の中に入り込んだ表象の変形を見ようとすると、それを引き出して見る他はなく、それは、記憶に入り込んだ記憶を引き出した時の変形を見ることになる。しかも、そのように引き出された現象からの記憶は、そして、その引き出された表象は、多くはぼんやり、はっきりしない表象になっており、そして、ここに見えてきたのは、表象としてではなく、意味だけが引き出されていたことなのだ。そして、このことは、現象からの記憶への表象の変形を見ていたのであるが、ここに表象よりも意味の優先ということが見えてきていたのである。そして、意味の優先、表象に対する優先とは重大なこととして見えてきてしまったのである。

そして、この表象に対する意味の優先を確かめるために、現象そのものを見ようとしたのである。そうした時、意味よりも大きな力で表象そのものが、現象からの感性、五感で受け止めた表象が大きな力を持つこともあることが見えてきたのである。

つまり、最初実験のように目の前の現象を、眼を閉じて、それを記憶として保存された状態を見ようとした時、表象に対する意味の優先が見られたのである。それに対して、表象が意味を圧倒する力で存在していることが見えてきたのは、美しい風景や、気になる大切な人物の顔と表情だったのである。ここで言えるのは、その時々によって、表象と意味はその力の優位を変えていることだったのだ。

最初に実験のように見た、目の前の現象からの記憶の引き入れは、目の前に存在する事物が、それほど大きな力を持っていなかったことによるとしていいのである。そして、このような時、目の前の現象を眼を閉じて、その中の記憶を引き出そうとした時、表象ではなく意味が、言語としての意味がやってきたということなのである。目の前の現象の中には、少なくとも言語として意味は見えていなかった、五感で感じられることはなかった。しかし、その現象からの記憶を引き出そうとすると、意味が言語としてやってきたのだ。これは、ここで見ようとしていた、現象の記憶の中へ入ったことによる、その引き出しによる変形であるとも言えるのだ。言語としての意味は、現象の中に存在していなくて、現象に向かい合っている時は、記憶の中に存在していたはずなのだ。それが、現象からのそのままと言っていい表象より、先に出てきたのである。これは現象から記憶の中への変形、しかも大きな変形として見ていいであろう。

とはいえ、これもその時々であろう。多くは記憶を取り出した時、ぼんやりとしたはっきりしない表象に伴って、それを補うように言語が浮かんでいるのではないだろうか。まさしく、その時々であろう。逆にその後に見た、まっ赤な夕陽や、美しい青い海は、言語としては、「美しい」「すばらしい」しか出てきていないのだ。せいぜい「赤い」とか「まっ赤だ」とか「青い」とか「濃い青さ…」とかしか出てきていないのだ。それだけでは、現象からやってきたすばらしさ、現象から感じたもの、ほとんど力と言っていいすばらしさ、これこそ、言語にはなっていないが、大きな力を持った意味と言えるもの、それを表現していないのだ。このような時は、現象そのものが感性、五感により大きな力で記憶に入り、記憶から引き出そうとした時、表象として、五感で感じられたまま、それを再現しているとしていいのである。そして、その表象は、それなりにかなりはっきりした、鮮明な、しかも大きな力のまま引き出されてきているはずである。

また、その後に見た、恋人や子供の顔、その表情に至っては、その表象だけが大きな力で記憶の中に存在し、意味はほとんどやってきていないのだ。しかも、恋する「我」も、親達も、その顔、その表情の意味が知りたくて仕方ないのにである。意味がやってこないのである。意味、「我」に分かったものとして理解された意味、そして、それを言語に表すことができる意味としてはやってこないのである。しかも、その意味は求められている、理解したいと思われている、できたら言語で表したいと思われているのにである。一方、顔、そしてその中の表情は、大きな力を持った表象として記憶の中に存在しているのである。このことは、今ほど見た、まっ赤な夕陽や、青い、遠くに広がる海からのやはり大きな現象の力が「すばらしい」「美しい」という言語の意味としてしかやってこなかったと同じなのである。ここには現象が大きな力でやってきて、それが記憶の中に表象として保存された時、その表象の大きな力が意味を押しのけたかのように、少なくとも理解された、言語化された意味はなかなかやってこないことが見えてきているのである。

ここでは、記憶の中に保存された時の表象の変化を見るとして出発したが、とんでもないところへ来てしまっているのである。表象の変化を見るとしたが、それに伴っている意味が大きな問題になっているのである。

最初に見た、目の前の机の上の現象を記憶の中に入れて、それを眼を閉じて引き出そうとした時は、表象ははっきりしない、ぼんやりした存在になって意味、言語としての意味が優先して出てきたのである。そして、その後に見た、赤い夕陽や青い海は、逆に現象からの表象、それが記憶の中に入っても表象として大きな力を持ち続け、意味としては「すばらしい」「美しい」だけが言語としてやってきて、しかし、それ以上の感性で感じ、記憶の中に残っている表象からの大きな力、それは意味として、少なくとも言語としては表わせないそれを感じながら、「我」は現象に向かい、記憶の中の表象からの力に心を動かされているのである。

恋人や子供の顔、その表情では、現象そのものが大きな力を持っているかと言えば、なかなか難しいところである。それらの対象に向かっている「我」は、その現象の微妙な変化を見ようとしているのである。

ほとんど昨日と同じように見えるが、それでもほんの少しの変化も見落としてはならないのである。もちろん、その日、その時々によって、大きな変化、そして現象が大きな力でやってくる時もある。しかし、多くの場合、やはり微妙な変化が問題なのだ。そして、その現象に向き合っている「我」は、その微妙な変化の中から、意味を引き出そうとしているのだ。ということは、ここには、「我」の中の意味を引き出そうという大きな必要＝力＝意味が存在しているのだ。しかし、その意味はなかなか引き出せないのだ。そして、この向き合った現象は、記憶の中に表象として保存されて、しばらくの間、その現象から離れて、つまり相手がいなくなっても、表象が記憶の中に残され、その表象から意味を引き出そうと必要＝力＝意味が働き続けるのである。微妙な現象の変化、その記憶の中に保存された表象に対象＝意識を形造り、意味を引き出す努力がなされるのである。

ここには、表象は力を持って存在するが、それは「我」の中の必要＝力＝意味によるものであり、その力を持った表象には意味は伴っていない、いや、それは間違っている、表象は意味を持っているが、その意味が意味として理解されたものとして、言語によって表されない意味として、力を持った存在として存在しているのだ。つまり、ここには、理解されない、言語にはならない意味が見えてきて、問題になっているのだ。

このことは、先に見た、赤い夕陽や青い海の時も言えたのである。現象は大きな力で存在し、この大きな力は大きな意味とも言えるのであるが、それは理解できない、言語にはならない、もっと正確に言えば、「美しい」

「すばらしい」という言語しかやってきていなくて、今、「我」が感じている大きな意味をそれだけの言語でしか表現できないが、もっと大きな、それでは表せない意味を、力を感じていることは知っているのである。

それに比べて、最初に見た机の上の事物、ノートや本、ボールペンなどは、現象はほとんど力を持っていず、記憶の中に保存されると、その表象はほとんど力を持っていず、他の例とは逆に言語だけが引き出されてきたのである。


記憶に引き入れられた時の現象からの表象の変化を見てきたが、最初に見た例だけが、現象から記憶に入った時、表象の変化がみられたとしていいであろう。変化も、一番大きな変化、無化、消え去ってしまって、その代替物として、意味、言語化された意味が現れてきたのである。これは、表象の変化を見る上では大きな出来事、つまり大きな変化である。表象が意味に変化してしまったのである。ただ、考えようによれば、それほど大きな変化ではない。なぜなら、そこから表象を記憶に引き入れようとした現象そのものが、ほとんど力を持たなくて、そこに存在する表象そのものが力を持たなくて、記憶の中に入ってもほとんど力を持たなくて、引き出した時、表象は消えて、言語としての意味だけが引き出された、いや、もしかしたら、これは先に見たように確かめることができないが、表象としては記憶の中に入り込まなかったとも考えられるのである。いずれにしろ、表象を生み出すべく、現象の力が弱かったのである。

そして、現象の力が大きかったのが、まっ赤な夕陽、青い海だったのだ。こちらは、とても大きな力でやってきたのだ。そして、逆に退けたかのように、その意味がやってきていないのである。「美しい」「すばらしい」しかやってきていないのである。いや、「美しい」「すばらしい」はとても大きな力を持った意味の言語であるとしていいであろう。しかし、今、現象に向かっている「我」は、その大きな力を持った言語以上の力を感じている。つまり、そんなに簡単には表せないと感じているのである。少し飛躍するが、この現象の力を上手に表現したのが芸術、今の場合は言語による芸術なのだ。日本には昔から、これらを表現した和歌や俳句、詩が多く存在する。また、小説にはとても多くの言語による表現も存在する。これらは、「美しい」「すばらしい」だけでは表現できなかった現象からの力を表しているとしていいであろう。しかし、現象に今向かい合っていった「我」には、「美しい」「すばらしい」しかやってこなくて、それ以上のものが存在することを感じているだけなのだ。

そして、この大きな力でやってきた表象は、記憶の中でも大きな力として存在しているのだ。基本的には、少なくともあまり時間が経過しないうちは、それなりに鮮明に、しかも大きな力を伴ったまま存在しているとしていいであろう。つまり、それほどは変形しないで記憶の中に保存されているとしていいであろう。とはいえ、この大きな力を持った、そのはずの表象を引き出そうとした時、やはり、現象の中に存在していた、それを、今の場合は視覚で受け止めた表象とはそれなりに違っているはずなのだ。夕陽の場合は、太陽とそのまわりの赤さが中心となって、そのまわりの風景、例えば西の山や、その山の方向に続いている国道やその両側の建物とかはほとんど消えてしまっているはずなのだ。いや、そうではなく、太陽そのものよりも、西の山の上に連なる空の赤さに心を奪われた時は、その山並みと、その上の稜線の赤さが中心で、赤い太陽はそれなり残っているが、はっきりと残っているのは山の稜線とその上の空の赤さ、ということもあるはずである。この時も、山の手前の国道の風景は消えてしまい、また、太陽の上の空もほとんど消えてしまっているのである。

ここで注目しておかねばならないのは、現象の中の風景は、基本的には、自分が向かい合った世界全体が見えているとしていいのである。とはいえ、ほとんどの場合、その世界全体の中のある部分を対象にして対象＝意識を形造っていて、他のまわりの世界は後退してしまってぼんやりして、ほとんど意識もされないのである。しかし、現象としては、そのまわりの世界も基本的に視野として見えているとしていいのである。しかし、ここで言いたいのは、記憶の中から表象を引き出した時、この引き出されてくる表象は、現象の中で対象＝意識が形造られた部分だけなのではないか、ということなのだ。少なくとも、最初に浮かんでくるのは、対象＝意識が形造られた部分のはずなのだ。この時もふと思って、そうだ、山の稜線とその上の赤い空も美しかったぞ、と思って思い出そうとすれば、それはまたはっきりと浮かんでくる。しかし、これも可能なのは、その山の稜線とその上の空の赤さに心を奪われ、対象＝意識が形造られていたからではないのか、ともなるはずなのだ。

そして、ここで表象として残っているのは、現象の中で力を持っていた表象、それが記憶の中に引き入れられて、まだ記憶の中でも力を持っている表象であり、しかも、その他の部分は、つまり力を持たなかった部分は消えてしまっている、ということなのだ。このことは、この論文としてとても大切なことのはずなのだ。記憶の中に残っている表象は、現象の中で力を持っていたもの、つまり「我」に対して大きな力を与えていて、今の場合は「美しい」「すばらしい」と言語による意味を引き出させ、しかもそれだけでは足りない、もっと自分が感じているものはとても大切なもので、まだ何か他の言語でも、まだまだ表したい、表させねばならないと思っている、しかも、現象の中の一部なのだ。この残っている、大きな力を持っている「美しい」「すばらしい」と思っている存在、自分にとって大切なもの、大事なものこそは、この論文が求めている本質に近いもの、もしかしたら本質と言っていいものであり、しかも、今記憶の中で、現象の中のこの大切な、大事なものだけが、本質と言っていいかもしれないものだけが残っているということなのだ。このことは、大きな発見であり、しっかり受け止め、確認しておくべきことのはずなのだ。

これを、もっと広い眼で、現象一般に応用すれば、人間は現象の中でいろいろ様々なものを見て、聴いて、五感で感じているが、その中で、大きな力を持ち、「我」にとって大事なもの、大切なもの、本質と言っていいもの、これに近いものだけが表象として記憶に残っているのでは、ということになる。

もちろん、ここでは、これを結論としてしまうには、まだまだ早いであろう。ただ、ここでは、先に見た机の上の現象が、表象として残らなくて、その言語としての意味だけで表されたのも、その机の上の本やノートやボールペンが、少なくともその時に大きな力を持たず、その時の「我」には、大事なもの、大切なもの、本質と言っていいものとしては現れていない、五感ではとらえられていなかったこととも、解釈できるのである。

そして、ここに残っているのは、言語化された意味なのである。そして、赤い夕陽や青い海で見ていた、現象の中から感性、五感で感じられ、大きな力を持った「我」にとって大事なもの、大切なもの、そして、もっと本質に近いもの、本質と言っていいかもしれないものは、「すばらしい」「美しい」という言語でしか表されていないが、そして、それ以上の〝もの〟が存在すると感じられて、それを力としてだけ感じているとして見ていたが、これも考えようによれば、意味としていいのでは、言語としては「すばらしい」「美しい」としか表せられていないが、それ以上の〝もの〟を「我」は力として感じているとしたら、それをも入れた全体、つまり現象の中にあって大きな力として感性で、五感で感じられ、大事なもの、大切なものと感じられ、しかも本質に近いもの、本質と言っていいかもしれないものは、広い解釈の上での意味なのではないかとも考えられるのだ。つまり、広い解釈とは、言語化されていないという、それをも意味として見ることができるのでは、となるのである。そして、この解釈をすると、今見た二つの例で共通していることは、現象の中から記憶の中に取り入れた時、意味が中心になっているのでは、表象よりも意味が中心になって、現象からやってくる大きな力を意味が担って取り入れられて、そしてまた引き出されるのでは、と見えてきているのでは、となるのではないだろうか。そして、まっ赤な夕陽や青い海から記憶に取り入れられた、大きな力を持った表象も、大きな意味として存在していると考えてもいいのではないか、となるのである。とすると、ここで見ていた、現象から記憶に入った時の変化に、大きな結論が見えてきているのでは、ともなるのだ。現象から記憶に入る時、そこに起きている変化は、表象から意味へ、いやもっと正確には、表象よりも意味が中心に、表象に対して、意味が先行して取り入れられ、引き出されるのでは、ともなるのである。そしてまた、表象として記憶に残っているまっ赤な太陽、そして山の稜線の上の赤い空の表象も、表象として存在しているが、大きな力を持って存在していて、この大きな力そのものを意味として解釈し、大きな意味を持った表象と言ってもいいのでは、ともなるのである。そして、この大きな力を「我」は大事なもの、大切なものとして受け止めていたが、この大切なもの、大事なものこそ、「我」にとっての意味であり、しかも、これも言語になっていない、言語にならないことも多くあるということなのだ。そして、時には、現象から大きな力でやってきているので、言語化されない、言語化できないこともあるが、これらは言語化できないほど大きな力を持った意味、大きな意味と言ってもいいのでは、となるはずなのだ。

いや、まだ二つの例しか見ていない。もう一つの例、恋人や子供の顔、その表情についても見ていこう。そして、今見た拡大された〝意味〞を使って見てみよう。

ここにも、言語にならない大きな意味が力を持って存在しているのだ。それだけでなく、つまり言語にならないだけでなく、理解できないのだ。ということは、意味は言語化される前に、理解されていなければならないのだ。それが出てきているのだ。昨日、別れた時の恋人の表情は、とても複雑で、理解できなかったのだ。喜んでいるのか、悲しんでいるのか、怒っているのか、わからないのだ。しかし、その時の表情が気になって、別れてからもずっと気になり、夜寝る時も、いや、それでなかなか眠れなくて、今日になっても気になって、ということは恋する者達には多くあることである。ここには、拡大された意味、言語化されない、いや、理解もできない意味が大きな力でやってきて、「我」を引きつけ、気になって、苦しめているのだ。ここにはまちがいなく、言語にならない、理解できない意味が大きな力で存在しているのだ。そして、言えることは、「我」はこの言語にならない、理解できない意味を、理解しようとし、できれば言語化しようとしているが、それができないのだ。意味は、基本的には、理解されるべきもの、言語化されるべきものとして存在しているのに、それができない意味も存在するのだ。拡大解釈された〝意味〟として存在しているのだ。つまり、意味が分からないが、分からない意味も存在していることになるのだ。

子供の顔、そしてその表情も、親達にとっては、とても大きな意味として、大切な、この世で一番大切な大きな意味として存在している。親達は、その笑顔を見ているだけで心の底から幸せが湧いてくる。しかし、時には叱られて泣いたり、自分の食べたいもの、欲しいおもちゃが手に入らなかったと言って大声で泣いたりもする。そんな時は、幸せではないが、親達は子育ての上では、そして教育の上では、仕方のないこと、少しは悲しんだり怒らせたりは必要なことと納得している。つまり、子供達の顔、その表情の意味を理解しているのだ。世界で一番大切な存在の意味を理解しているのだ。

しかし、それがいつもではない。理解できない意味が、その顔、その表情に現れていることがある。時にはとても明るくて、楽しそうで、今日はどうしたのやろ、と思う時もあるが、多くは、親にとって大きな力で迫ってくる意味は、暗い、いわゆる浮かない表情が見える時だ。多くは、暗い落ち込んだ表情が見える時だ。こんな時は、親達はその原因を探ろうとする。「学校で何かあったの？」とか、「誰かとけんかしたの？」とかの質問をする。言語による質問をして、言語による解答を得ようとする。そして、その言語による解答によって、その顔の、表情の意味を理解して、「ま、そんな時もあるわよ。」「そりゃ、あんたが悪いわ、明日もう一度謝って、仲直りしなさい」とか、「うん、それは我慢しなくちゃな」で解決を見る。分からない意味も、言語による質問と答えによって、分かったものとして、そしてまた、その意味に対して言語による教えで解決への道をつけてやるのだ。

とはいえ、子育てはそんなに簡単ではない。時には、顔、その表情が表している意味が理解できないものとしてやってくる時があるのだ。「どうしたの今日、何かあったの？　少し変よ…？」と言語で質問するが、答えが、「うん…？」と返ってこない。子供の成長につれて、多くなる。

顔の表面に、理解できない意味が見えてきているのだ。現象としては、ほんの少しの変化なのであるが、親にとってはとても大きな意味としてやってくる。今までそのような表情を見たことがないのだ。どう理解していいのかわからないのだ。子供も成長するにつれて、感情をストレートには表さなくなる。そのように教育もしてきたし、子供のほうも、自分達からだけでなく、まわりの友達や先生からも学んで、そのように成長してきたのだ。親も、今までは、その抑え込んでいる感情を、それなりに表情から読んできたのだ。しかし、今日は、…読めないのだ。今迄と違うのだ。眼の暗い輝き、…唇を少し、しかし、かなり強く噛んでいる。しかも、じっと何かを考え込んでいる。この子も成長したのに違いないが…親としてはやはり心配なのだ…子供の中に何が起きているのか？

現象としてはそんなに大きな変化ではないが、親としてはとても大きな意味を感じてしまうのだ。

ここには、親の子供に対する愛情、とても大きな必要＝力＝意味が働いているのだ。小さな現象の変化、他人が見てもほとんど気付かない変化に、親はとても大きな意味を感じているのだ。しかも、理解できない意味をだ。そして、親は子供の表情の小さな変化から、大きな意味を読み取ろうと、様々な推測をはじめるのだ。

もちろん、親子といえども、親は子供の顔をじっと見ていられるのは数秒、数十秒、長くて二、三分である。あまり長く見ていると、相手がこちらの視線を意識して、そのこちらが理解したい表情を変えてしまうかもしれないのだ。多くの場合、親は子供から離れて、「そっとしておいた方がいい」とその場を立ち去るのだ。その場を立ち去っても、その子供の大きな意味を持った、しかし、それを理解できない表情は、しっかりと記憶の中に表象と固定されたままである。現象の中からの表象をしっかり記憶の中に固定するのだ。しかも、その意味が理解できないので、しっかりと、そして意識的にその表象を記憶の中に固定するのだ。その表象からの意味を理解するためにである。この時、親が固定するのは視覚表象だけではない。こちらの質問にぼそりと答えた時の声の聴覚表象、その時の言語ではなく聴覚表象、声の持つ音の響きだ。そして、その音の響きから、また、そこに顔の表情の視覚表象を並べて、その音の響きからの意味を引き出そうとするのだ。顔の表情もさることながら、発する声の響きも多くの場合大きな意味を伝えてくることを、親は今までの経験で知っているからである。そして、実際、「あ、そうか…」ということもあるのだ。でも、ここではそのように簡単には答えの出てこない場合に向き合ってみよう。親は二つの表象、視覚表象と聴覚表象を並べてじっと考える。ほんとうに、二つの表象を並べることによって答えが出てくることもあるが、しかし、今日は出てこないのだ。こんな時、親は、この二つの表象に重ねて、子供の表情を見た時、やってきた視覚表象とともにやってきた刺激、いや、もっと正確には心にやってきた大きな力、それを受け止めた時の自分の体が感じた触覚表象、いや、体全体が感じた微妙な感覚、心が受け止めた時の心の瞬間的な鋭い痛み、胸のあたりにやってきた圧迫感などを、記憶の中から引き出す…こともあるはずだ。そして、これらの感覚的な表象をしっかりと固定してやはり思考がはじまるはずなのだ。先の視覚表象と聴覚表象の時やったと同じように、このような感覚表象を過去に経験したことがないか、記憶の中をさぐるのだ。いくつかのこれに似た記憶は出てくるが、しかし、はっきりしていなくてぼんやりとしていて、しかもどこか違っていて…となり、…もう、このあたりへ来ると、子供からは遠ざかり、台所に来ていれば、様々な仕事も思いつき、「ま、仕方がないわ、…気のせいかもしれない…」ともなり、今晩の料理の準備にとりかかり、ともなるが、そのために昼に使った食器を洗い…とかしていると、また、固定した表象が浮かんできて、記憶の中に似た表象を捜したり、そしてまた、その似た表象の時のことを思い出したりしながら、それでも、なかなか納得できなくて、…また、仕事に戻り、…こんなことも、長い間の子育ての中ではあることだ。

ここに見えてきているのは、表象の変形ではなくて固定であるということだ。変形を見ていたのに固定、しかもしっかりとした固定が見えてきたのだ。

ここまで来ると、反省しなければならない。ここで見るべきは、現象の中の表象を記憶の中に取り入れた時の状態、様子を見てみることであって、それを変形と決めてかかっていたことが問題になるのだ。変形することと最初から決めてしまって見ていたことなのだ。そして、ここで見えてきた固定はしっかりと見ていかねばならないはずなのだ。

基本的には、現象から記憶に移動した時、表象はぼんやり化、あいまい化と変形していく。ところが、ここでは、この基本的な変形が起きていないのだ。固定されているのだ。このことは例外だとも言える。そして、この例外をもたらしているのは、その表象の強い力を持った意味なのだ。この表象は強い力を持った意味として、

「我」の記憶の中に残り続ける。しかも、固定したまま残り続けるのだ。そして、それだけでなく、「我」を引きつけ続けているのだ。引きつけているのは、この強い力を持った意味が「我」には理解できないもの、しかも、どうしても理解しなければならないものとして存在し続けているからである。理解したい、しかも正確に理解したい時、その理解しなければならないものを、変形しないように、しっかり固定しておかねばならないのである。ここには、とても強い必要＝力＝意味が働いているとしていいであろう。子供の中に何が起きて、あのような表情を生み出したのかを知りたいという必要＝力＝意味である。この必要＝力＝意味の上には、子供が元気でいい子に成長して欲しいという願望、必要＝力＝意味が働いているのだ。つまり、固定しているのは、その表象の持っている強い意味と、それによって動かされた必要＝力＝意味だということになる。

ここでは、表象の現象から記憶へ移動した時の変化を見てきていたのだが、逆に固定化が見えてきたのである。表象の多くは、先にも見たように、というよりも多くの人々も認めるとおり、記憶に移行された時点で、変形、ぼんやり化、あいまい化が起きるのであるが、固定されることもあるということなのだ。このことは例外である。人々は、表象が現象の中から記憶に移行された時、そして、時間の経過とともにあいまい化、ぼんやり化が進むことを認めるはずだ。そもそも記憶とは、時間の経過とともにその力をなくし、薄れていくことは人々も承知しているからである。

ところが、表象が固定され、記憶の中に、ほとんど現象の中に存在したとおり固定されているのだ。このことは例外ではあるが、やはり、表象の現象から記憶への移行による変形を見る上で、見落としてはいけないことであろう。この例外は、大きな問題として存在しているのである。この問題を解くことは、ここでは大きな意義があるはずなのだ。

　ほんの少しの例しかまだ見ていないが、ここで、結論とは言ってはいけないが、整理してみよう。

　ここでのほんの少し、三つか四つの例は、極端な例になっている。特に最初の一つは、表象が無化しているのに対し、最後のは、表象が固定されてしまっているのだ。この二つをもってすれば、現象から記憶への表象の変化は、最大の変形、無化もありうるし、最少の変形、つまり変形がほとんどなく、表象が現象の中にあったそのままに固定されることもある、ということになる。そして、この二つの在り方、状態を較べてみると、最初の例は実験として、単に目の前の机の上に目をやり、すぐに眼をつぶって記憶の中を、その引き出しを見たのに対し、最後の例は、この世で最も大切な子供の状態、その表情に対する親の心配、その根底にある愛が大きく働いていることになる。これをこの論文上で比較してみると、最初の例は、現象の中の表象、机の上の本やノート、ボールペンに対する必要＝力＝意味がほぼゼロに近い形、つまり、実験的にさっと見て目をつむっただけで、本にもノートにもボールペンにも必要＝力＝意味はほとんど働きようがないのに対し、最後の例は、必要＝力＝意味が最大限に、親としての子供を思う気持ちが、最大限の必要＝力＝意味を働かせているのだ。この二つだけで結論を出せば、表象は、現象から記憶の中に移行する時、その時の必要＝力＝意味の力によって、ほとんど無の状態から、ほとんど完全な状態に移行する可能性を持つということになる。ということは、表象の現象から記憶への移行には、必要＝力＝意味が大きな力を持って影響していることになる。

　とはいえ、そんなに簡単にはもちろん結論とすることはできない。というのも、まっ赤な夕陽や青い海では、必要＝力＝意味よりも対象からの大きな力がやってきているのではないか、ということなのだ。風景、つまり現象の中の美しさ、すばらしさが大きな力でもってやってきて、これもほとんど記憶の中にしばらくは完全な形で残っているのである。ということは、現象の中に対象となった存在の力も、現象から記憶の中への移行には大きな力を与えていることになるのだ。もちろん、この対象からの力もよく見れば、「我」の中の必要＝力＝意味に大きな力を与えて、それによって保存がなされているとも見ることができる。そして、最後に見た子供の表情も、対象自身が大きな力、意味を持っていて、それを親が必要＝力＝意味で受け止めたように見てもいたのである。

ここには、その時々で、対象からの力が、そしてまた「我」の自分の中の必要＝力＝意味が、ということは、両方に共通しているのは力が、というよりも先に見た広い意味での意味、それが持つ力が現象から記憶への表象の移行に力を与えているということが見えてきているのである。つまり、その力によって、表象はほとんど消えたり、ほとんど完全に保存されたりするのである。

そして、ここではもっと重要なことを確認しておかねばならない。このことを見落としてはいけないのだ。現象の中の表象が記憶の中に移行される時、今見た例ではほとんど一個が、しかも固定した、静止した表象になっているのではないか、ということなのだ。現象の中では表象は基本的には運動しているのである。しかし、今見た例では、少なくとも基本的には記憶の中では、そしてそれを引き出して見た時、一個の静止した表象になってしまっているのではないか、ということなのだ。このことこそ、大きな変形ではないのか、なのだ。そして、ここには記憶の認識に果たしているとても大きな役割が見えてきているとしていいのである。認識を見る上で、そして、この論文としての本質を見ていく上で、とても重要な記憶の役割が浮き上がるように見えてきているのである。

もちろん、これを否定する例はすぐにいくつも見えてくる。つまり一個の静止した表象でないものが、記憶の中に移行、保存されていることも多々あるのだ。球技でのボールの弾道は、けっして静止しないで、運動したまま多くは記憶に保存されている。いや、フォームなどを見る場合も運動したものである。一個というのも多く否定される。昨日の試合の場面を振り返ると、いくつかの場面が浮かんでくる。先の例で見たデートの後の別れた時の問題の表情、気になる表情も、その晩はいくつかが浮かんで、迫ってきて、しかも次々と迫ってきて、夜眠れなくなることもある。そこまで言えば親が心配する子供の表情もいくつか浮かんでくることもあるだろう。

つまり、現象から記憶の中へ表象が移行した時、一個だけの静止した表象ではなく、いくつかの動いている表象も可能性としてはあるということなのだ。

しかし、ここでは次のことも言えるのである。このようにいくつかの運動した表象が保存されているとしても、現象の中では表象はずっと運動しているが、少なくとも現象の中での連続的に運動しているとおりでは決してなく、やはり現象の中のいくつかの断片であるということなのだ。つまり、現象の中に存在した表象が記憶の中に取り入れられたとしても、けっして現象の中のとおりではなく、いくつかの部分の断片であるということなのだ。

このことはとても重要なことのはずである。これは見ていかねばならないのだ。

このことは、やはり第一には記憶能力の、人間一人一人が持っている記憶能力に限界があるということなのであろう。試験勉強のために暗記しているとよくわかることなのだ。なかなか記憶には残ってくれないのだ。現象の世界は、基本的には恒に運動していて変化しているが、それを記憶の中に取り入れるとその断片で、多くは静止した一場面、多くて数場面、運動していたとしてほんの数秒、長くて数十秒の断片でしかないが、記憶はそもそも、そんなに容量がなくて、それだけの能力しかないということなのだ。これは、表象が現象から記憶に移行する時に大きな変化を起こすが、その原因であるということだ。そもそも、記憶には能力の限界があり、現象をそのまま移行するだけの能力はなく、その部分を断片的にしか保存できないということなのだ。

このことはあたり前のことであり、誰もが知っている常識である。今ほどとても重要なことであると言ったが、…もちろん、この論文のここでは、現象から記憶への表象の移行の時の変化を見ていたのであり、ここにはとても大きな変化が起きていることは確かに重要なことである。表象は現象から記憶に移行する時大きく変化するのだ。これは誰でも知っている記憶能力の限界によるものであるとしても、やはりここでは重要な確認事項に違いない。

しかし、それだけではない。もっと重要なことがその先に存在するのだ。この部分的断片しか記憶に残されない表象は、どのようなものが、現象の中の連続して運動している表象の中から、どのようにして何を移行しているのかは、やはり大きな問題であり、人間の認識を見る上でとても重要なことが起きていて、それが見えてきているのだ。

現象の中から何を記憶に残しているのか、何が記憶に残っているのか、これが問題である。

今まだほんの数個の例しか見ていないのである。だから、もちろん、ここでは結論は出ないし、出してはいけない。ただ、この段階でも、それなりに浮かんでもきているのである。

最初の例、机の上の現象をすぐに眼を閉じてその記憶を引き出そうとした時、表象ではなく、ノート、本、ボールペンと言語による意味が出てきてしまったのである。これは表象の変形を見る上ではあまり良い例ではなかったとも言えるが、考え方によっては、表象が消え去り、つまりゼロになって、ということは、これは最大の変形であり、しかも意味、言語による意味だけが残ったことは、この論文の追求している本質を暗示しているのではないか、ともなりそうなのだ。

また、次に見た、まっ赤な夕陽や青い海では、今度は言語にはならない、現象からのとても大きな力がやってきて、表象をその大きな力のままほとんどそのまま残したのである。そして、この大きな力をその後、拡大解釈によって、これも意味なのでは、と見たのである。

そして、恋人や子供の顔、そしてその表情からは、そこから、現象からやってくる大きな力の意味、しかし、理解できない意味を理解しようとして、そして、そのためにその時の現象の中の、顔とその表情の表象をそのまま固定して記憶に保存しようとしていることを見たのである。

この少ない例の中で共通するのは意味である。しかも、その意味は力を持っているのである。いや、ここは慎重にいこう。意味の前に表象の力が問題なのだ。表象がほとんど力を持っていないため、最初の例では言語による意味だけが残ったのである。表象が力を持っている時、それは記憶に残ったのが、夕陽と海、そして、恋人や子供の顔と表情だったのだ。ということは、記憶に残るのはとても簡単な話で、現象の中の表象が力を持っている時で、その力によって記憶に残っているとしていいことになる。そして、その表象の力を意味として受け止める、時には理解できなくて、理解しようと務めるのである。

いや、最初の例では現象は力を持っていなくて、言語による意味だけが残ったのである。ここも整理しておかねばならない。

ここに見えているのは、表象が消えても意味だけが残っている事実である。表象に対する意味の優先である。また、恋人や子供の顔、その表情では、表象が固定されているのは、そこから意味を引き出す、意味を理解するためだったとしていいのである。ということは、表象はその意味を引き出すために存在している、やはり意味の優先である。まっ赤な夕陽、青い海では、その表象からやってくる大きな力を意味と解したが、ここでは表象はその力を持っているだけ、それなりに「我」にとって大切なすばらしいものとして、価値あるものとして、意味として存在していることになる。

ただ、ここの少ない例で結論はもちろん出してはいけないだろうが、やはり、表象に対する意味の優先はそれなりに迫ってきているはずなのだ。人々は、少なくとも日常生活の中では表象よりも意味を求めて生活しているのでは、ということなのだ。これは考えてみれば常識である。ただ、ここでは、表象の記憶への移行による変形を見ていたのであるが、この日常生活の中ではあたり前のことが、表象が現象から記憶に移行する時点でも生じているのである。

人々は生活の中では、意味を求めて生活している。いや、生活のためには意味を知っていないと生活できない、そのように生活しているはずなのだ。ただ、時には、美しい風景や異性に出会った時は、そのすばらしさを抱え込むようにその表象を大切にしながら生きることもあるはずである。例外だとも言える。そして、この例外も、その大切な表象、そこからやってくる大きな力を、この先には意味とも解したのである。いや、意味とは人間にとって、「我」にとって大切なものということであるから、あたり前にあり、そのように生活は進んでいることもあたり前であるとも言える。

とはいえ、ここで見ていたのは、表象の現象から記憶への移行による変形だったのだ。これは認識機能を、その基本の記憶とその表象の在り方を見ていたのだ。ここにもやはり意味が大きく力を持っていることが見えてきたのだ。そしてまず、意味としては、生活の中の意味、その力が、記憶機能にも影響を及ぼしていることは見えてきているが、記憶と言えば、生活の先に、生物学的に、この生物の認識機能として独立に存在しているとも見られるが、ここにも人間の場合、生活が影響を及ぼしているのか、生活がどれだけ生物学的認識機能に影響を及ぼしているのか、となるはずである。

ここは見ていかねばならない、もっと多くの例で見ていかねばならないはずである。表象の現象から記憶への移行の際の意味との関係、その上での変形をである。とはいえ、長々と見てきてしまっているのである。

まだまだ見ていかねばならないのであるが、次の必要＝力＝意味と表象の引き出し、その変形、いや、その前に、引き出しそのものを見ていこう。

三　必要＝力＝意味と表象の引き出し

人間が生きている根本、そのエネルギーは欲望であると科学は考えているのである。それに反対するものではないが、この論文としては、その欲望は人間社会では抑圧されているし、また記憶が大きな力を与えているはずであるとして、必要＝力＝意味と言ってきたのである。そのことから言えば、人間は、現象に向きあう時、必要＝力＝意味を持って面しているのである。常に現象を必要＝力＝意味で受け止めているのである。

人間は、生きていくため、仕事や勉強、それだけでなく、遊びやスポーツ、いや、少しぼんやりとしているが、散歩、また安全にずっと気を遣っているがドライブなど、やはり、その根底には欲望が、必要＝力＝意味が働いているとしていいのである。いや、まだまだ、友達どうしの会話、恋人どうしのデート、子育て、三度の食事などは、その根底に欲望が、必要＝力＝意味が働いているのである。そして、これらの時、多くは一個の対象に向かい、ということは、その対象に欲望を持って、必要＝力＝意味を働かせて、向かっているということである。とはいえ、この対象も、星空を見る時のように世界全体の時もあれば、目の前の美しい花、いやもっとその美しい花びらの一枚一枚に焦点を当てている時もあるのだ。いや、それだけでなく、スポーツの時のように、ボールに、その回転に、ラケットに、打ち返したボールに、それに反応した相手に、相手の動きに、表情に、と次から次への移動も存在するのだ。しかし、これらの様々な対象に、「我」はその時々の意味を見つけ、ということは、その背後には欲望が、必要＝力＝意味が働いているということなのである。つまり、欲望が、必要＝力＝意味が働いていて、対象に向かい、その対象に意味を見出しているということなのである。

とはいえ、そんなに簡単ではない。単純ではないのが、人間の認識の、意識の構造なのである。この欲望、必要＝力＝意味は層をなしているのである。いや、欲望として見た場合、人間のあらゆる行動は、自分の生命を、そして、自分の子供達、家族の生命とその幸福を、という欲望、これは具体的には食欲と性欲の二つに大きく分かれ、それらが変形されたものとして、金銭欲や名誉欲など様々に存在するとしていいが、層を見るとなると、やはり必要＝力＝意味として見ていった方がいいだろう。

例としては、やはり、仕事を、上行程から流れてきた部品を次の工程にまわすための、加工の場を見てみよう。その部品、加工しなければならない部品は意味を持っている。まずは〝加工しなければならない〟という意味である。それだけでなく、どのように加工するか、その部品とともにまわってきた図面が大きな力、支配力を持って存在している。その図面のとおりに、目の前の部品を加工しなければならない。図面は、とても多くの約束によって書かれている。つまり、意味を持って書かれているのだ。その図面を読み取る、意味を読み取るのも仕事だ。そして、図面のとおりに加工しなければならない、そのためには、自分がそれに向かって坐っている機械をうまく操作しなければならない。これにはとても多くの意味が存在する。その加工しなければならない加工に従って機械を動かさねばならない。この機械の操作には様々な技術が、その技術には様々な意味が存在している。つまり、まわってきた、これから加工しなければならない部品は、様々な意味、とても多くの意味を持ってやってきているのだ。まさしく、仕事である。その図面のとおりに加工しなければ、少しでも違った加工をすれば仕事が止まり、時には工場全体の生産が止まり、たいへんなことになる。このたいへんなことになるのは、とても大きな意味であることになる。そして、上司に呼び出されて叱られ、これもとても大きな意味を持ち、減給や職場の配置換え、もしかしたら、クビになるかもしれない。これはとても大きな意味だ。ということは、自分や家族の生活ができなくなる恐れが存在する。そもそも、仕事をしているのは、自分と家族の生活のためなのだ。これも仕事の意味全体を取り囲む意味である。これらの意味は、基本的には必要＝力＝意味からの意味であるとしていいであろう。

自分と家族が生きていくための大きな必要＝力＝意味が存在し、その下には仕事をしなければならないという必要＝力＝意味が存在し、そのまた下には、まわってきた部品を図面のとおりに加工しなければならない必要＝力＝意味が存在し、その下には、図面を読み取り、機械をそれに合わせて操作し、加工しなければならないという必要＝力＝意味が存在するのである。層をなしているのである。

このような、層をなした必要＝力＝意味が、目の前の部品を取り囲んでいるのである。

そして、このように取り囲んでいる層のどれかが働いて、その時その時、話題になった時、気になって思い出した時、様々な表象が浮かんでくるはずなのである。

「うまく削れたかい?」と上司から尋ねられた時の表象は、それを加工して削り上げている時の表象が、そして、「まあ、なんとかなりました」と答えた時には、削り上げて完成して、次の工程に渡すばかりの表象が浮かぶのである。この時の上司との問答は、加工している最中の、そしてそれが仕上がった時の表象を引き出しているのである。そして、この表象を生み出したのは、加工している間働いている、この部品をうまく加工しなければならないという必要＝力＝意味なのである。いや、それだけでなく、「この曲がった部分の削り出しはなかなか難しいぞ、しっかり固定して、ゆっくりと削り出さないと、…」など細かな工夫、これも必要＝力＝意味が、しかも最先端の、神経を集中させた必要＝力＝意味が働いていたのである。だから、上司に尋ねられた時、その慎重に切削を進めたその瞬間の部品の中の部分が大きく現れてきているはずなのである。大きな力を持った、大きな意味を持った表象である。その背後には大きな必要＝力＝意味が存在し、現象から生まれ出た力と意味を受け止めているのである。しかし、そもそも、その現象に向かい合ったのは、「家族が食べていくためには働かねばならない」「そのためにはしっかり仕事をしなければならない」「だから、この難しい仕事をなんとかしなければならない」という必要＝力＝意味が働いたからなのである。だから、この表象を生み出した原因でもあるわけである。

会社を出て、家への道を、車を運転している時、ふと、今日のなかなかたいへんだった仕事が思い浮かんできて、「まあ、なんとかなったやろ…」と半分ため息でつぶやく時もある。そんな時は、浮かんでくる表象は、確かに、今日苦労して作り上げた部品には違いないが、会社との距離も影響して、その部品は遠いところに存在して、小さく見え、しかも、いくつもまとめられて、時には加工した部品全体が浮かんでくることもあるはずなのだ。上司との会話の時とはかなり違う、真剣に加工していた時の部品の中の加工していた部分が浮かんだりもするが、それはちらりとだけで、それは遠景の中へ退いていって、加工したいくつかの部品、あるいは加工した全ての部品の山が見えてきたりするはずなのである。この表象は「たいへんだったけどなんとかなった…」という、加工した「我」の気持ち、必要＝力＝意味を反映しているのである。それは上司との会話の時よりは少し力をなくした、帰宅の途中の必要＝力＝意味で受け止めた表象であるとも言える。必要＝力＝意味はその時々で変わり、また、それが生み出す、あるいは受け止める表象もその変化した必要＝力＝意味により変わっていくのだ。

しかし、いつもうまくいくとは限らないのが仕事である。運転している間も、いや、家に帰って食事をしている、酒を飲んでいる時も、ずっと同じ表象が、今日苦労して作り上げた部品の加工中の表象が、ということは、数秒の動画として、浮かんでくるのである。「あれで、大丈夫かな…？　まあ、…？」と言語も出てくるのである。つまり、気懸かり、心配なのである。難しい仕事をした時はよくあるように、これでいいのか、大丈夫なのか？というのは、難度の高い仕事はそれの可否を決める基準も、そんなにしっかりしたものではなく、作り上げた部品が合格かどうかは、少なくとも作り上げた本人にも分からないことが多いのである。自分では、まあ、これでなんとかなるやろ、と仕上げたのであるが、一方では、これ以上はどうにもならんわ、というのである。この間を気持ちは揺れ動いているのである。自分で作り上げた部品の良否を、自分で決定できないのである。こんな時は上司に相談に行くのが恒なのであるが、仕上げた時は上司がいなくて、とか、まあいいやろ、とかでそのままにしてしまったのである。そして、心配とともに思考がはじまり、まあ、次の工程のやつらも何も言わなかったし、組み立ても済んでしまっているし、…まあ、なんとかなっとるのやろ…これ以上は考えてもだめや！…ちょっと今日は余計に飲んで…となることもあるのだ。しかし、記憶表象は力を持ち続け、夢の中ではっきりと、しかも大写しに、迫ってくるように見えて、目が覚めて、それからは眠れないということも時には…

ここには、「仕事の上では失敗は許されない！」という大きな力を持った必要＝力＝意味が働き続けているのである。その上には、「仕事をしっかりとやって、自分と家族がなんとか、少しでもいい生活ができるように」という広い必要＝力＝意味が働いているのである。だから、心配が強い時には、加工した部品の表象の背後に、ちらりちらりと自分の子供達の顔や、遊んでいる姿の表象が浮かんだり、妻の心配そうな表情が浮かんだりし、それが夢にも現れることもあるはずなのだ。

ここに現れてきているのは、定まらない表象である。次々に表象が浮かんできているのである。それは大きな力を持っていて、目の前の現象を押しのけて、そこに対象＝意識を作らせないで、その大きな力でそれに、その力を持った表象に対象＝意識を作らせてしまうのである。一番大きな力を持っているのは、上司の表情の表象であろう。これは度々浮かんできて、大きな力で「我」を引きつけるのだ。「我」はそれから逃げるように、自分が作り上げた部品、その表象を浮かべ、「大丈夫やろ…」と自らを慰めるのであるが、その表象に替わって図面の表象が浮かんできて、こちらははっきりしなくてぼんやりで、「どうだったかな…」となり「まあ、いいやろ…」とまた慰めるのである。そして、帰宅途中なら、「おお、一旦停止…しっかりと止まらないと、…」と目の前の現象に対象＝意識を意識的に作り、ということは必要＝力＝意味が働き、夜の食卓では、「おお、いい酒や、これを飲んで…忘れて、考えてみても仕方ない…」ともなり、酒の味に対象＝意識を作り、作ろうとし、ここにもそれなりに必要＝力＝意味が働き、それでも上司の表情の表象が現れ、引きつけられ、それに対象＝意識が形造られ、そして、その表情の意味、その表情が表している上司の心、考えに思考が行き、しかし、それも答が出ないで、ぐっとグラスを飲み干し、妻が作ってくれた料理に対象＝意識を作り、「おお、うまいぞ…」と言いながら今度は自分が作り上げた部品の表象が浮かび…

こんなことは、仕事では時々あることだ。次々と定まらない表象が浮かび、目の前の現象に逃げるように対象＝意識を作り出そうとするが、強い力で仕事の表象が浮かんできて、そこに対象＝意識が嫌でも作られて、となるのである。これらの表象を生み出しているのは、仕事をしっかりしなければならない、という必要＝力＝意味であり、その上には、しっかり仕事をして、家族がなんとか生活していけて、という必要＝力＝意味が表には出ないが強い力で働き続けているのだ。そして、これらの表象は大きな力、意味を持っているが、けっして少し先に見た大切な、本質と言っていいなどというものではなく、自分でも半分は信じられない、逃げたい意味を持っているということなのだ。

必要＝力＝意味の中で大きな力、力そのものとして存在しているのは欲望である。「おなか空いたな…」ともなると、様々なメニューの表象が浮かんでくる。ただ、これらの表象は淡い、ほんの瞬間の表象で、その日、今、一番食べたいと思っているメニューの表象が、それらを押しのけてはっきりと強い力で浮かんできて、その表象がまた食欲をそそり、「ああ、食べたい、早く仕事を終わって…」ともなる時もある。しかし、また、ふところ具合がふと浮かんで、ということは財布の中の表象が浮かんで、「やばい、チクショウ、そんな高いもん食べれんわ…」となって、財布の中に合った様々のメニューの表象が浮かんで、これらもほとんど瞬間に消えて、「仕方ない…」となって、「あっ、これにするか、…」となり、これははっきりと浮かんで、もう一度、財布の中の表象が浮かび、それでも、そのうち、「ま、なんとかなるやろ…」となり、その店の表象も浮かび、いやいや、先日、その店で食べた時の味覚表象、嗅覚表象、いや、まだ、舌や喉の中の触覚表象が浮かぶことがあり…

ここには、食欲を中心とした必要＝力＝意味と、その表象の複雑な関係が見えてきているのだ。財布の中の表象は、食欲を抑圧もしているが、これも大きな力の必要＝力＝意味で、このように見る時、人間の行動のエネルギーを欲望だけと見るより、かなり素直に見ることができるはずである。

最近、このような人種はめっきり少なくなったが、少し昔の酒好きの職人ともなると、三時くらいから、今晩飲む酒が、ボトルやとっくりに入った表象として浮かんで、また、味覚表象も嗅覚表象も、その酒の独特のものとして、そして口の中に最初に入れた時の触覚表象がぼんやり浮かんできて、その表象がまた必要＝力＝意味を生み出し、「そのためには、この仕事を頑張らんなんな…」ともう一度仕事に集中し、仕事に集中しはじめると、今度は奥さんや子供達のテーブルに坐った表象が浮かんで「はい、はい、頑張りますよ…」となることもある。まさしく、必要＝力＝意味はとても複雑で、その都度、様々な表象が浮かんでくるのである。

ここでも今まで見てきたことを確認しておけば、現象の中で、一度食べたメニューは、それがとてもおいしい時、大きな力として存在していて、それが記憶の中に入り込んだ時、大きな力の表象として存在し続け、腹が減って同じようなメニューを食べたくなった時、その表象が前に出てきて、よく似た他の時食べたメニューの表象を押しのけ、大きな力、意味ということはその味や見た目、香りなどを引き連れてきて浮かび、必要＝力＝意味を生み出し、ということはより大きな食欲を作り出し、その店へ行って食べたいと思わせるのである。ここには現象の中の大きな力、意味を持った表象の記憶の中への移行、そこでも大きな力を持ち続け、腹が減った時引き出され、大きな力を持って「我」を支配することが確認できるのである。

とはいえ、この強い力を持った表象を否定してしまうのが財布の中身であり、ここにも必要＝力＝意味が、金銭からの必要＝力＝意味が大きな力を持って支配し、浮かんできた一番食べたい表象を退け、その大きな力を持った表象によって退けられていた他のメニューの表象をいくつか浮かべて、財布の中の表象と比較しながら選択をはじめるのである。ここには必要＝力＝意味の複雑なからまりあいが存在するのである。

いや、そもそも食欲は記憶と大きく関係を作っているのだ。腹が減っても、多くはメニューが決まっており、何でも食べたいではなく、カレーライス、すき焼き、ラーメンなど最初からほとんど決まったものとして現れてくるのだ。そして、その中でも特に最近食べたすごくおいしかった店のメニューの表象が、他の表象を押しのけて現れてくるが、それでも選択は財布の中身との…となるとしていいであろう。

もっとも強いと言われている、性欲についても見ておこう。しかし、これはすぐに…、いやいや、やはり複雑だ…複雑にしているのは抑圧であるとしていいであろう。社会では、性欲を表に出すことは禁じられ、また、性欲の対象となるものは隠されているのである。この抑圧は、社会秩序の維持にやはり大切だとしていいであろう。そして、この抑圧は、性欲からの表象を大きく変形するのである。性欲の対象は、基本的には社会の中では見えないのだ。隠されてしまっているのだ。性欲の対象は、基本的には衣服で隠されてしまっているのだ。それだけでなく、性欲を持っている「我」は、性欲を持つことを自らに禁じているところがあるのだ。だから、性欲の必要＝力＝意味は抑圧で埋め尽くされているとしてもいいのだ。長い間、デートを繰り返していても、相手を性欲の対象とは考えず、純粋で美しい、すばらしい人間だと思い続け、性的な気持ちが少しでも湧いてきたら、すぐに禁じて、抑圧してしまう若者達も多くいるはずである。純愛である。しかし、このような若者達も、夢の中では、好きな相手が裸で現れ、性的行為に至ることもあるはずである。睡眠中は、抑圧が働かないのである。そして、この時の夢の中に現れた表象は、今まで見たことのない相手の裸体であり、したことのない性行為であり、これはそのまま表象の変形として現れているのである。

夢の中でなくても、多くの若者は、禁じられているとは知っていても、いや、そのうち二人はそうなるのだと思い、そこに到達した時の表象を、相手と裸で抱き合っている表象を夜眠る前に浮かべながら、そして、それを目標に頑張るぞ！　と自らに言い聞かせながら、幸せな、デートの時以上に興奮した気持ちになりながら、眠りにつくことも多々あるはずである。

だから、性的表象は基本的に、引き出された時、変形されてしまっているとしていいのである。この変形には、抑圧が大きな力を与えているのである。

食欲なども抑圧されていないわけではないが、例えば学校や職場では昼食時間が決まっていて、その前に食事はしてはいけないが、だからと言って、今見た性欲におけるような変形はほとんど起きないとしていいのである。これは、食事の時間になれば、食欲を満たす食事を目の前にすることができることによる。しかし、性欲の場合は、抑圧されている時は、その実物を見ることができない、体験できなくて、想像力によって作り出すしかないのである。だから、抑圧がなくなって、体験できるようになった時、つまり二人の愛が実って性行為に至った時、多くの人々はこの最初の体験の場面を、今度はなるべく変形しないように、その時の表象を、視覚表象だけでなく、全ての感覚表象を大切に記憶に保存して生き続けるのである。

フロイトによれば、性欲は人間の中の最大の原動力、リビドーの源である。その性欲が抑圧されているのである。現象の中では、性欲の対象である表象が存在しないのである。フロイトの説を延長して、これまでのこの論文の言い方ですれば、人生の最大の力を持った必要＝力＝意味が、その対象となる、人生の最大の意味であるべき表象を現象の中から取り払ってしまっているのである。だから「我」は、この人生の最大の意味を持つ表象を自ら、しかも社会に見つからないように、自分の脳の中で、心の中で生み出さねばならないのである。幸いにして、「我」の脳の中、心の中は、外からは、社会からは見えないのである。だから、脳の中、心の中は社会からは禁じられている、しかし、「我」にとって最大限の意味を持った、大切な表象の貯蔵庫になっているのだ。最大限の意味と言えば、この論文の追い求めている本質とも言っていい、しかし、それは、現象の中では禁じられているため、現象の中にはなかなか存在しない、そのため記憶表象もなかなか存在しない、そんな中で生み出された表象であるため、やはり、本質などとはなかなか言えない、そんな表象を隠し持って生き続けているのだ。

いや、それだけでなく、多くの人々は、社会からの抑圧を正しいものとして、様々な教え、宗教や倫理としてそのような表象を自らの中、脳や心の中に持つことを禁じてもいるのだ。考えようによれば、これが人間の、人生だとも言える。抑圧が脳の中、心の中に大きな力、必要＝力＝意味を作り出し、性欲の生み出した表象を追い出しているのだ。そして、フロイトの指摘するとおり、無意識に追い込んでいるのだ。しかし、無意識に追い込まれても、それは力だけ持ち続け、夢の中や、精神に障害のある人々の中で現れようとするのである。

×××　×××

長々と見てきてしまったが、ここで見えてきたのは、表象の引き出しには、必要＝力＝意味が大きく働いていることである。そして、この必要＝力＝意味の働き方によっては、同じ事物、人物の表象も様々な形で現れるということである。まさしく、必要＝力＝意味の、まさしく必要に応じた形で引き出されるのである。同じ事物や人物も、現象の中に存在する時は、時々刻々と、その場面場面で変化しているのである。その現象の中のどれを引き出すかは、必要＝力＝意味が決めているとしていいのである。例え、意識はされていなくても、その時々の表象を引き出したい、引き出さなければならない、意図、気持ち、つまり必要＝力＝意味に応じた表象が基本的に引き出されるのである。

ただ、ここには認識機能の、意識の働きのとても重要な、不思議と言っていい働きが見えているのである。「我」がほとんど意識しないのに、ほとんど自動的に、しかも多くの場合瞬間的に、「我」にとって必要な、必要＝力＝意味に合った、時には本質と言ってもいい表象、それに伴う意味が引き出されているのである。

最後に見た性欲では、それが抑圧されているため、つまり、現象の中では見ることができない、体験できないので、想像力によって作り上げられた、変形された表象が浮かんできたのである。これも、「我」にとって一番欲しいもの、欲望に合ったもの、やはり必要＝力＝意味が求めているものを作り上げているのだ。

四．空想の世界

こう見てくると、性欲の場合は抑圧されているが、この世にないもの、あって欲しいが現在の存在しないものの表象を生み出す、作り出す、つまり変形した、ということは、現象の中に現実に存在する記憶表象を変形して、表象を生み出すことも、多々見えてくるのである。

いわゆる空想の世界である。子供達は、親達、大人達から、小さな時から、この世界、この表象を教えられるのである。童話である。そこには絵本があり、様々な動物達が人間のような顔になり、人間のような衣服を着て、人間の言葉を話し、人間のような生活をしている。ここには人間と動物の表象の融合、それに伴う変形が起きている。もう少し成長すると、マンガやアニメの世界が広がる。ここには、表象の融合、変形だけでなく、現実をはるかに超えた、スーパー、ウルトラの世界が展開されるのである。

この世界には抑圧は存在しないのである。現実に存在する、現象の中に存在する表象、それを記憶に取り入れた表象、それをはるかに超えた、それらの記憶の中の表象を大きく変形した表象が、しかも、この世には存在しえない、動物達の、人間達の、能力をはるかに超えた能力を持ち、動きまわり、飛びまわり、活躍をしているのである。ここには大きな想像力が働いているのである。

いや、子供達だけではない。大人達にも神話の世界というものが存在する。ギリシャ神話などを読むと驚かされるが、各民族には、民族独特の神話の世界が存在するとしていいであろう。しかも、これらは表象の変形などではなく、実際に存在するものとして、人間の能力をはるかに超えた力を持ち、人間達を、この世界を見守り、支配する存在として、現実に、この世界ではないが、だから現実ではないと言ってよいが、そのむこうの世界から、しかし、まさしく、その存在は疑いえない、疑ってはいけない存在として、神社、お寺、教会には、その表象がたてまつられているのである。

そして、このたてまつられている表象はまた、それらを見て拝んだ人々に大きな力で記憶に残り、また、表象に伴われた意味も大きな力でもって、拝んだ人々を支配し、社会全体、民族全体に大きな力を及ぼし、記憶だけではなく、思考をも支配し、社会を、民族を、国家を一つの大きな思想の流れに統一していくのである。

とても大きな飛躍をしてしまったが、しかし、視野の中では見ておかねばならないのだ。そして、ここで見ておかねばならないのは、人類の歴史においては、ほとんどの人々が神々を信じている時代が長く続いたということである。そして、それらの人々には、今見えてきた神々の表象は、人間が作り出したものではなく、神々が自らの姿を現したものとして、神々自身が現れたものと考えられていた、信じられていたということである。

表象の変形を必要＝力＝意味が生み出したものとして見てきて、性欲が抑圧されていることによって、その対象となる表象がほとんどが変形されているものとして浮かんでくる、つまり現象の中で体験して記憶の中に取り入れられた表象を、性的欲望の対象として見る時はほとんど、その記憶の中の表象を変形してしまう、しなければならないところまで見てきたのであるが、性欲の対象が現実の中には存在しないと同じように、現実には存在しないものの表象を生み出している童話の世界、マンガ、アニメの世界を見て、神話の世界に入ってしまったのである。

これらを、現象の中に、現実に存在する表象、それが、記憶の中に入って、そして取り出される時、どのように必要＝力＝意味が働いて、特にその中のとても強い力を持った欲望がどのように働いて、表象を変形するかを見ることが、とても大きな仕事であったはずである。それを見なければならないのだ。

しかし、これらの仕事は、神話の世界についてだけでなく、とても大きな仕事になってくるということである。なぜなら、童話の世界においても、マンガ、アニメの世界においても、表象は現象の中の、現実の世界から記憶の中に取り入れられたものだけでなく、現実の中にもう既に変形された表象として、過去の童話やマンガ、アニメが存在し、それらが変形された可能性もとても大きく、否定できないはずなのである。そこには歴史が存在するのだ。

いや、ここまで見てしまうと、個人の空想と言われるものにも、とても多く、幼い時に見た童話の絵本や、それから少し成長して読んだマンガ、そして、テレビで見たアニメはとても多く題材を提供しているはずなのだ。これらは、子供達には、現象の中の現実に存在する事物の表象よりも明確に、強い形で記憶の中の表象として残り、現象の中の現実の中からの表象を押しのけて存在していることも多々あるのだ。そして、こうなると、記憶の中での、それから取り出された時の表象の変形はほとんど起こらず、絵本のままの、漫画のままの、アニメのままの表象が引き出されて、時には動きまわることもあるはずなのだ。

そして、ここまで来ると、大人になってからの、テレビドラマ、映画、演劇、それだけでなく、小説なども問題になってくるはずだ。しかし、これらはとても大きな、あまりにも大きな問題になってきて、それだけで大部の議論を要するはずである。一つだけ言っておけば、これらの作品、時には芸術作品とも言われるものでは、空想よりも、リアリズムの追求に大きな力が注がれていることである。とはいえ、そのリアリズム、現実、真実は、多くの場合、我々庶民の日常生活ではあまり出会わない、見当たらない、時には出会いたくない現象、出来事、時には事件であったりするのである。この日常生活にはほとんど存在しない、ということは現象として、現実の中の存在として出会ったことのない現象、その表象、そしてそれらの持つ意味を、この出会ったことのない人々がどのように受け入れ、記憶の中に取り入れ、また引き出して見た時、どのようになっているかは、ここでの問題であるだろう。しかし、繰り返すが問題は大きすぎるのである。ただ、ここで少しだけ言えることは、これらの作品に出会った時、その作品がとても大きな力を持ち、記憶の中でもずっと大きな力を持ち、時には一生と言っていい時間、力を持ち続けることもあるということである。

これ以上は入れない。

まだ、表象の変形を見るにしても、空想の世界に入るべき段階に来ていなかったということであろう。空想の世界は、とても大きな世界なのである。「我」が一人で現象の、現実の中から得た表象を、記憶の中に取り入れて、それを変形しようとしても、その前に、この世の、現象の、現実の中に既に、現実の中に存在する様々な事物の表象を変形した存在、絵本、マンガ、アニメ、絵画、彫刻、小説、詩などとしての存在が、現実の中に存在し、現象の中に現れ出てしまっているのである。これらは、人間社会の中のとても大きな存在、文化として存在してしまっているのである。だから、現実の中の事物を、記憶の中に表象として取り入れて、それを変形しようとしても、これらの人間社会の文化を作り上げている大きな世界、空想の世界の表象が先にやってきてしまって、この変形しようとしている表象に置き換わってしまう、少なくとも影響を与えてしまうのではないか、ということなのである。つまり、これだけ文化が発展した社会では、「我」個人による表象の変形、空想による変形は、なかなか、少なくとも個人の純粋なものとしては生まれにくいということなのである。

そして、もう一つ確認しておけば、これらの空想による表象の変形、社会の中に存在する、文化として存在する表象の変形が、個人の表象の変形を押しのけてしまうという事実には、これらの社会の中に、文化の中に存在する表象の変形はとても大きな力を持って「我」を惹きつけているということを意味するのである。惹きつけているということは、「見たい！」「楽しみたい！」という大きな必要＝力＝意味を形造っているということである。この大きな必要＝力＝意味が、「我」が個人として、表象の変形を試みようとしても、それを押しのけてしまい、とって替わってしまうのである。それだけ大きな力で、これらの表象の変形は存在しているし、大きな必要＝力＝意味を形造っているのである。

これらの必要＝力＝意味は、少なくとも子供達にはとても大きな力で、日常生活の中で働き続けているはずなのである。子供達は、衣食住が満たされている現代では特に、第一に大きな欲望として持っているのは「遊びたい！」なのである。一番大きな必要＝力＝意味を形造っているのである。しかし、この「遊びたい！」、友達と一緒になって様々な楽しいことをしたいを押しのけて、これらの表象の変形への欲望、必要＝力＝意味が働いているとしていいのである。友達と一緒に外で、公園、遊び場で遊ぶよりも、アニメを見たがる子供達は多くいるのである。ここまで見ると、それ以上に大きな力を持っている、パソコンやスマホの中のゲームが浮き上がってくるのである。大きな力を持って、子供達を惹きつけ、大きな必要＝力＝意味を形造り、大きな社会問題、いや、人類史上の問題になりつつあるのである。

ここには、自然現象が作り上げた欲望、必要＝力＝意味よりも、人間の作り上げた表象が生み出す欲望、必要＝力＝意味の方が大きな力を持つ、少なくともそのような時があることが見えてきているのである。これは人間だけが持つ欲望、必要＝力＝意味、少なくとも地球上ではそうなはずなのである。ここには欲望の、必要＝力＝

意味の向き合わなければならない構造が存在するのである。

人間はそもそも、原始時代から、自然が作り上げたものとは違う、道具を使い、食料も火を通し料理し、自然とは違ったもの、自然以上のものを作り出し、それを生活の中で使い、利用してきて、生活を改善し、少しずつ進歩してきたのである。ここには石器にはじまり、陶磁器、銅器、鉄器などの発展の歴史が存在するのである。そして、これらの遺物、遺産はもう既に、ここで見ている表象の変形を生み出しているのである。アルタミラの洞窟の壁画というのもあるが、多くの遺跡から出土してくる様々な道具、武器には、人間や動物の変形された表象が多く見られるのである。そこに描かれた表象、彫り出されたり、磁器として作り出された表象は、大きく自然の中に存在する事物、生物、人物とは違っているのである。

ここに浮き上がってくるのは、美術、芸術の歴史である。写生、写実の技法は、人類の歴史ではかなり後なのである。ギリシャの絵画や彫刻には、かなり自然の造形に近い、写生、写実と言ってもいいものが多く残っているが、歴史の中では稀なはずである。ついでに言っておけば、ギリシャの神々は、とても人間に近くもあったのだ。ルネサンスの中にも、自然を描写、自然に近い彫刻も見出されるが、これも、人類史上稀な存在としていいのではないだろうか。絵画の歴史で、写生、写実が主義とされたのは、ヨーロッパの十八世紀、いや十九世紀に至るはずなのである。

つまり、ここに見えているのは、人類が表象を生み出した時、最初に変形されたものとして生み出しているということなのである。

このことは、子供達の生み出す表象、彼等が描き出す絵画と重ね合うことになる。彼らが描く絵画はけっして写生ではないのだ。写生を習うのは、小学校の高学年になって、美術の時間ではじめてのはずなのだ。

これらのことは、この論文にとってとても大きなことなのだ。

ここに見えているのは、人類が、そして、人間が、表象を生み出す時、意味として生み出すということなのだ。現象から見たまま、五感で感じたまま、それが記憶に引き入れられているはずのとおりではなく、それを引き出す時には、意味として取り出してしまうということなのだ。

子供達の描く絵画は意味なのだ。顔の輪郭は少し長い丸なのだ。これは、描こうとする顔によっては、長くなったり短くなったりする。時には丸が角ばったりもする。その中には、鼻は、唇は一つ、眉と目と耳は二つずつ、鼻には穴が二つあるが、それは描かれないことが多い。それほど顔の中では意味を持たないからである。時には、鼻は横から見た形に描かれる。これは鼻の意味をよく表しているからだろう。唇はその長さ、厚さが問題になる。しかし、一番大きな意味を持っているのは色だ。赤を使うか、黒で輪郭だけを描くか。そして、何よりも眼である。丸い円の中に丸い眼球を描く書き方もあるし、細長い切れ長の中に丸い円を描く時もある。これらは描いている本人の知識、身につけた描き方にもよるが、描こうとしている友達の眼が丸い大きな眼であったり、細長い眼であったり、時には吊り上がった眼であったりと、言語による意味として受け入れていて、それを絵の中に表していくことが多いのである。

いや、このような友達の顔を描こうとするのは、少し成長してからではないだろうか。少なくとも現代の子供達が最初に人間の顔を描こうとする時は、絵本やマンガを写すことから始まるのではないだろうか。これは、意味として生み出された表象を、そのまま意味として受け入れて描いていることになるだろう。そして、それらを離れて人間の顔を描くのは、少し成長して、親や先生に言われて、そして、これらの時は、まずは顔の輪郭と眼や鼻、唇を、それらしい形に描いて、ということは顔の中には眼や鼻や唇が存在するものとして、そして、忘れそうになって眉や耳を描き足すことも多々あるはずなのだ。

ここには、表象を生み出す、大きな意味の力が見えてきているのだ。

遺跡の中の遺物も、意味が作り出しているとしていいのだ。ここには大きな人間を支配する力として、宗教の意味が存在しているのだ。ここには特に、大きく、原始時代に生きた人々が信じた死後の世界、その表象が生み出され、残っているのだ。そして、死後の世界の持つ意味が表象を生み出し、作り出し、絵画や、彫刻や陶磁器として残っているとしていいであろう。ここでも意味が表象を作り出しているのだ。しかも、先に見たように、そこには大きな表象の変形が生み出されていたが、その変形を生み出し、作り出しているのは、意味であるということである。

これも先に見た、絵本やマンガやアニメの表象の変形も、やはり意味が生み出しているとしていいであろう。絵本の多くは、幼い子供達が、これから生きていく世界を、その中に存在する道徳や様々の意味を、子供達に分かり易い言語、そしてそれに伴う表象として、しかも、子供達が喜ぶ、好きになる表象として作り出されているとしていいであろう。マンガやアニメも、子供達に、これから生きていく世界を教えていく、その意味を伝える、教える意図もあろうが、それ以上に、子供達が好きになる、楽しめる意味が、ストーリーとして、主人公の様々な行動、生き方、考え方として、やはり大きな意味として、表象を生み出しているとしていいであろう。

ここで確認できるのは、意味が表象を生み出しているということである。人間の中に存在する意味が、表象を生み出していることである。しかも、その意味が作り出す表象は、この世の中に、現象の中に、現実として存在している事物、人物のそのとおりの表象ではなくて、その表象を変形したものとして生み出していることなのである。意味が表象を生み出し、変形された表象として生み出していることなのである。

ここには、『本質と記憶』として見てきたこの論文にとってもとても大切な事柄が見えてきている。しかも確認されたものとして見えてきているのだ。いや、この論文にとってだけでなく、人間の認識を見る上で、とても大切なものが見えてきているはずなのだ、…

そして、このことは、この章の最初に見た、今見ていた現象を、記憶の中に取り入れ、この現象を遮断して、もっと具体的に述べれば、今目の前に存在する机の上の様子を見ながら、それを記憶の中へ、つまり覚えて、眼を閉じて、その様子、現象を脳の中で復元する、記憶を引き出そうとした時、なかなか、今見ていた現象が、表象として鮮明には引き出せない、ぼんやりしてしまっているが、机の上には、ノートとボールペンと、本があったことはすぐに言えることと、重なっているとしていいであろう。

この重なっていることを述べれば、現象に向かい合い、それを記憶に取り入れ、引き出す時、表象より意味が先行している、意味が先に立って表象を引き出す、意味が力を持って引き出すことが結論として見えているということなのである。そして、今、この先に見ていたことは、この意味が、その力でもって、変形した表象を引き出すことも多々あるということなのである。子供の描く絵画も、意味が、子供達が欲しがる、憧れる、大好きな意味がその表象を決定しているし、絵本やマンガやアニメの表象は大きく意味によって変形されているし、多くの遺跡に残っている遺品の絵画や彫刻や陶磁器等は、やはり意味、特に、ここには宗教的な意味が、この世には、現実の生の世界にはなかなか存在しない表象として変形されて残されていることが見えてきたのである。

ただ、ここで、この章でずっと見てきた、記憶を引き出す際の必要＝力＝意味を今述べていた意味、表象に先行する意味、表象を変形に導く意味との関係はまだ見ていないのである。

第七章
意味と必要＝力＝意味の関係

意味というものが、とても大切なものとして、この論文のこれまでの、また、これからの議論に重要なものとして、向き合わねばならないものとして見えてきている。先の章で、表象の変形を見たのであるが、その表象の変形を生み出しているのが意味であることが見えてきたのである。意味は力を持って、表象の変形を生み出しているのである。表象の変形を見ることは、人間の認識を見ていく上で欠かせない、大切なことである。そこで見えてきたのが意味なのである。意味はこの表象の変形に大きな力を持って、導いているのである。

そもそも、意味は人間の認識においてとても大切な存在である。認識とは、意味を取り出すこと、受け入れること、自分のものにすること、理解することだと言ってもいいのである。多くの人々もそう考えているとしていいであろう。だから、この論文も、これまで様々なところで言語として〝意味〟を使ってきているし、それによって様々な議論をしてきたのである。

しかし、〝意味〟そのものにはまだ向き合ってきていないのである。〝意味〟とは何か? それ以上に、人間の認識の中で、〝意味〟はどのような形で存在しているのか、意味は認識の中でどのように存在しているのか、この形、構造を見ていく時、記憶との関係を見ることはとても重要なはずである。この論文は、記憶というものを根底において、人間の認識を見てきたのである。その記憶と意味はどのような形で存在しているのかは、やはり向き合わねばならないことである。その関係もしっかり見なければならないのである。

記憶と意味は密接に結びついているはずである。そもそも意味が認識の中に存在する、「我」の中に存在するのは、記憶がそれを保存しているからである。しかし、一方、現象も意味として見えてきているのである。現象の中の意味も見ていかねばならないのである。こうなると、認識全体を見る、それに向かい合う、そして見直すことになるはずなのである。とても広い、大きな仕事になってしまうのである。

いや、それだけではすまない。意味を作り出しているのは欲望ではないか、という説もある。パンを見て、それをうまそうだ、食べたい、と、つまり意味を与えているのは、そこに食欲が存在するからである。食欲がない、完全にゼロならば、目の前のパンもただの物質になってしまうのである。そして、この食欲が様々な意味を作り出しているのが人間社会なのである。パンにも様々な種類があり、そして、食べ方も、ジャムをつける、バターをつける、牛乳と、いや紅茶と、…まだ、コーヒーと、それだけではない。パンには作り方、焼き方もあり、…ここまで来ると、それを知らない人々もいるし、それを詳しく知っている、職業にしている人々もいる。この職業にしている人々は、自分の食欲のためではなく、それを作って、賃金をもらったり、売ってお金を稼いで、…ここまで来ると、自分の欲望だけでなく、家族のため、つまり愛のため、という意味の根源に至るのである。いや、それだけではない。パンには価格というものがあり、この価格も欲望と大きく結びついている。いや、家族への愛も、…おいしい高いパンを食べていれば、家族全員が食べることができなくなる…

パン一つを見ても、これだけ多くの意味が、そしてまだまだ見ていない意味がそのむこうに存在するのがうかがわれるのだ。ただ、これらは食欲に関連した意味であるが、その根源にはやはり食欲が存在し、これらの意味を作り出しているのである。そして、パンだけでなく、この食欲は様々な食べ物を作り出しているのである。食料の生産の仕方、料理の仕方、価格、その市場、いや、まだまだ、栄養素、カロリー、無限に意味は存在しているのである。

食欲だけではない。性欲も、…こちらは、とても深い意味を持っている。社会では基本的に抑圧されているのだ。この抑圧を「我」に命じてしまうのは記憶である。この複雑な関係を見た上で、欲望にかえて、必要＝力＝意味を、この論文は使っているのである。

人間は欲望に素直に従っていては生きていけないのである。性欲は抑圧しなければならないし、仕事も嫌でもしなければならないのだ。勉強もだ。交通ルールも守らなければならない。好きなスポーツをしていても、ルールを守らなければならないし、技を磨いたり、フォームをものにする時は、かなりの苦労、時には身体的な苦痛も我慢しなければならない。

このような欲望にストレートに従うことができず、様々な必要やその力や、その意味に従って生活していることを必要＝力＝意味としたのである。

この必要＝力＝意味は、そのとおり意味を持っているし、意味でできているとも言えるのである。考え方によれば、世界の様々な事物に意味を与えているとしてもいいのである。先程見た例のパンに意味を与えているのは、この必要＝力＝意味、この場合はその中の食欲であるとしていいのである。だから、世界は無限の意味で満ちているが、その意味を与えているのは、この必要＝力＝意味ではないかとも言えるのである。

しかし、そんなに単純ではない。ここにはもっと複雑な関係があり、その関係を見ていくことは、人間の認識を見る上でとても大切であり、この論文の議論の上でも、とても大切なことであり、それを少し腰を落ち着けて見ようと思うのである。

先の章で見た例で言えば、子供達が喜んで見る、見たいと思って見る、絵本やマンガやアニメは、確かに子供達の欲望によって意味が与えられるとしていいであろう。しかし、そこに出てくる登場人物やストーリーは、やはり、彼の知らない大人達の作り出した、つまり、その意味は、彼等ではなく、彼の知らない大人達が作り出し、子供達はその意味を吸収する、理解する、勉強するものとして存在しているということなのだ。つまり、世界には、「我」がその中に住み、向き合っている世界には、「我」の知らない意味が多く存在し、それを「我」は理解し、勉強し、自分のものにしていかねばならないのである。
勉強とはまさしくこのことなのである。

しかし、その前に、必要＝力＝意味が世界の事物の一つ一つに意味を与えている、意味を読み取っている様子、その構造も見ておかねばならないはずなのだ。

ここにもとてもたいへんな仕事が存在するのである。そして、このたいへんな仕事に向き合う時、やはり見えてくるのが、「我」が子供時代から、親やまわりの大人達、そして友達、いや世界中の人々から、本やテレビから教えられた、学んだ意味なのである。これらは世界の様々な意味を教えているのである。それだけでなく、これらの意味は、必要＝力＝意味にも入り込み、必要＝力＝意味を形造り、それがまた、世界の事物に意味を与えているのである。

ここにはとても複雑な、ややこしい関係が存在するのである。

この複雑な、ややこしい関係を見ていく時、記憶との関係はとても重要になってくるのだ。まわりの、世界の人々から教えられる、学ぶ意味は、記憶によって取り入れられ、保存されているのだ。その取り入れられ、保存された意味がどのように必要＝力＝意味を形造るのか。いや、多くは取り入れた瞬間に、必要＝力＝意味を形造る、それだけでなく、必要＝力＝意味が、世界の中から、そこに存在する人々から、それだけでなく、本やテレビから、意味を引き出してもいるはずなのだ。これらのややこしい関係は、しっかりと腰を落ち着けて、一つずつ見ていかねばならないのである。

そして、ここにはまだまだ、言語というとてもたいへんな、とんでもない意味の担い手、道具が存在するのだ。

ここまで見る時は、優に一冊の本、論文になってしまうが、…ここにも記憶の重要な役割が存在しているのである。

このようなたいへんな仕事に対しては、この論文の〝記憶と本質〟の議論の上で、見ていくことによって、…とはいえ、たいへんな仕事にはなるが…

ここで忘れてはならないのは、先程の章で、表象の変形を見た時、その記憶の引き出しには、必要＝力＝意味が大きく関わっていて、それで、この必要＝力＝意味に向き合わねばならない、いや、それだけでなく、表象を記憶から引き出そうとした時、その表象はぼんやりと、はっきりしないものである時が多いが、その前に意味がやってきていることが見えてきて、それで意味に向き合わねば、となったのである。

ここには、表象と意味の関係が向き合わねばならない重要な課題として浮かんできているのである。表象も意味も複雑にからみあっているのである。ほとんどの表象は意味を持っているし、ほとんどの意味も表象を伴っている。それでは、意味から独立した表象は存在するのか、また、表象を伴わない意味はどのように存在しているのか、は見ておかねばならないのである。後者に関しては、辞典の存在が浮かんでくる。辞典の中で求められる、そのためにくられる言語は、他の言語だけで説明されている。しかし、そんなに簡単ではない。この説明を読んでいるうちに、表象が浮かんでくることもある。そうではない時も…？　いや、それ以上に、言語という、それもとても大きな存在がそこには見えているのだ。いやいや、抽象、あるいは抽象的という言語も存在する。これをその文字のとおりに解すれば、象＝かたちを取りさった、ということは表象を持たないことを意味しているはずなのだ。そして、このような抽象、抽象的な、は社会生活でも多く使われ、抽象的言語と言われるものも多く存在する。これらにも向かい合わねばならないが、…そうすれば、それだけで…

その逆の意味を伴わない表象も見なければならない。表象だけが浮かんできて、なかなか消えてくれないことも、人生では時々ある。その時は、その表象の意味は、わからない、理解できないことも多い。確かにこの時は、表象は意味を持たない…いや、その意味が理解できないだけで、そこには大きな理解できない意味が存在しているのでは…？


ここまで来ると、意味とは？…となるはずである。意味の定義…？ともなるはずである。この論文では、今までこのような定義を避けてきているのである。定義は確かに、それによって展開していく議論を分かり易く、それ以上にまちがいなく進めていく。しかし、この論文としては、その定義によって、様々なものを見落としてしまうのでは？と思ってしまうのだ。見えてくるものをなるべく素直に、自然な形で取り入れて、それで最後に定義…いや、そこには至らない。

とはいえ、そんな全てを見ることはとても…ともなってくるはずだ。

ここで見なければならないのは、先の章で見えてきた、〝意味が表象に先行している〟という結論とまで言った展開である。そのためには、必要＝力＝意味と意味の関係を先に見ていかねばならない…

それ以上は…そして、絞った形で…

一．必要＝力＝意味と意味

そもそも必要＝力＝意味は、その中に〝意味〟という形で意味を持っているのだ。その上で、また、あらためて〝意味？〟となると、最初からややこしいことになる。

だから、このややこしいところを見るためには、必要＝力＝意味をもう一度見直さなければならない。見直すとは、ここまで論じてきた議論を踏まえて、ということである。

必要＝力＝意味はそもそも、欲望のかわりに使った、しかし、欲望は人間社会では抑圧されていて、少なくとも、ストレートに欲望を出せば、様々な非難がやってくる。抑圧だけでなく、欲望を達成するためには、嫌なこと、好きでないこと、欲望とは反対のこともしなければならない。自分や家族の食欲を、また快適な生活ができるための住居や様々な道具を得るためには、働かねばならない。働きたくないと言ってはいられない。必要である。働く必要がある。子供達も遊びたくても宿題はしなければならない。将来、いい仕事、つまり収入がちゃんとした会社に就職できるためには、まじめに勉強する必要があるのだ。いや、もっと、そんなに強い形ではなくても、道路を歩いたり、車を運転していても、交通ルールはしっかり守る必要があるのだ。車の運転には細かな交通ルールと、しっかりとした運転の技術が必要なのだ。いやいや、まだまだ、近所の人と顔を合わせたら、挨拶は必要なのだ。好きなスポーツも、ルールを守り、チームプレーを大切にする必要がある。

人間の行動は、確かにその底辺には欲望が存在し、原動力になっているはずであるが、その欲望のためには様々な必要が存在するのだ。そして、その必要は様々な力でもって人間の行動を律しているし、その必要は全て意味を持って、力を持った意味として人間にやってきていて、人間の行動を規定しているのだ。ルールは全て意味として、いや意味そのものであるし、仕事も、その一つ一つが細かな意味を持ち、そして全体として大きな意味としてやってきているのだ。勉強とはまさしく、意味の山としてやってきているのだ。

必要とは、まさしく意味であり、力を持った意味なのだ。まさしく、必要と力と意味は一体となっており、等しいものとして人間の中に「我」の中に存在しているから、イコールでつないでいるのである。そして、このつないでいるのは記憶ではないか、ということなのだ。

それだけではない。食欲を見てみよう。食欲も多くの場合、社会では抑圧されているのである。職場や学校では、食事の時間は決まっているのである。これも大きな力を持った意味として、「我」は守る必要がある。そして、十二時になったらはじめて食事をすることができる。その前にどれだけ空腹を感じ、食欲が大きくなっていても、それには従ってはいけない。抑圧しなければならないのだ。逆に、それほどおなかが空いていなくても、この時間になったら食べなければならないし、一時には、時には十二時四十五分には食べ終わっていなければならない。これも、社会の持つ、とても大きな力を持った意味であり、守らなければならない必要であると言えるであろう。

いや、まだ、子供達は学校では給食を食べることになっている。これも必要である。クラス全体、学校全体が同じメニューの食事をしなければならないのだ。この同じメニューということは、やはり、大きく食欲を抑圧しているのだ。子供達は、少しくらい苦手な、好きではないメニューでも、我慢して、抑圧して食べなければならない、食べる必要があるのだ。これもとても大きな力を持った意味である。

大人達も、最近では、会社に入っている弁当屋さんから、昼食をとっている人も多くいる。共働きの場合、これが合理的であり、それが必要なのだ。これも力を持った意味である。

このような抑圧から解放されて、自分の食欲に従って、メニューを思い浮かべられるのは、家に帰っての晩飯であろう。子供達も大人も、今晩は、「カレーが食べたい…」「オムライスが…」「好きな刺身でぐっと一杯…」「マグロの刺身で…」となるのである。

ここでは解放された食欲はとても大きな力を持った、様々な意味を持った、そしてまた、このような食欲を満たすことは、様々な意味での力を持った必要でもあるのだ。

この解放された食欲は意味で埋まっているのだ。もちろん、食欲とはとても大きな力を持った、意味を持った、それ自身、欲望であり、必要＝力＝意味なのである。腹が減って、これは満たさなければならない、満たしたい、食べたい、それ自身欲望であり、必要＝力＝意味なのである。

食欲は「腹が減ったな、何か食べたいな…」となり、これ自身大きな意味であるとしていいのである。しかし、多くの人間達、少なくとも文明の発達した現代に住む人間は、「何か食べたいな…」となった瞬間に、カレーライス、すき焼き、刺身、ギョーザ…などと、料理の種類が出てくるのだ。つまり、食欲という必要＝力＝意味には様々な料理、メニューが、つまり、それぞれ意味として存在していて、ということは記憶として保存されているのだ。そして、その時々の体の調子、食欲の在り方、腹の減り方によって、「カレーライス！」「すき焼き！」「ステーキ！」とか、「…今日は肉ではなくて魚、…やはり刺身」などと一個のメニューが、特定されて浮かんでくるのだ。これらは、最初に言語として、単語として飛び出してくることもあるが、腹が空いた、食欲が、その時の在り方、その欲しい在り方をそのまま表現するように、食べたい料理、メニューの表象が先に浮かんできて、それから、言語がやってくることもあるはずだ。そして、このことは、食欲という大きな広い意味が、その中の小さな意味を、自らの在り方、つまり腹の減り具合、その日の食べたい欲望の在り方に従って、一つの特定のメニュー、記憶の中に存在する意味を引き出してきて、表象や言語として浮かばせているということになる。そして、この時の表象について言っておけば、この時浮かんでくる表象は、視覚表象だけでなく、味覚表象、嗅覚表象、いや、食べた時の舌ざわり、触覚表象として浮かんでくるのだ。これらの表象は全て、おいしいもの、食べたいもの、味わいたいものとして、その時の「我」の体全体を支配するような大きな意味として現れてきているのである。

いや、それだけではない。〝カレーライス〟一つをとっても様々な表象、意味が存在するのだ。カレーライスには、カレー専門店へ行けば何種類のものがメニューに載っている。カレーライス好きは、その専門店に通って、それらのいくつかを試食してみる。時にはとんでもない辛さのメニューに挑戦してみる。それらは一つ一つ名前を持っていて、味も違っている。味は意味である。カレー好きは、カレーが食べたくなったら、つまりそのような必要＝力＝意味が働いた時、その食欲に合わせて、その日の体の要求するものに応じて、食べたいメニューを思い浮かべる。浮かんでくるのは、視覚表象、味覚表象、嗅覚表象、舌ざわりの触覚表象が浮かんでくる。これらの表象はそれぞれ意味を持っている。お店のカレーでなくても、家で食べるカレーも様々な中身を持っている。辛さもその日に使うカレー粉によってそれぞれである。それによって、辛さも違ってくる。意味が違ってくる。食材も、肉や様々な野菜、その刻み方、季節の味、と様々である。つまり様々な意味を持っているのである。家に帰ると、カレーの匂いが台所からやってきて、「おお、今日はカレーだな…」となり、必要＝力＝意味が働き、その匂いに合った味覚表象もやってきて、食欲が大きくなり、つまり必要＝力＝意味が強い力を持ち、食事の時間が待ち遠しくなる。

この場合は、家に帰った時のカレーの匂いが、食欲を刺激して、必要＝力＝意味が力を持ったことになる。つまり、「我」の外に存在する意味が、「我」の中の必要＝力＝意味を作り上げたことになる。言っておけば、カレーの匂いを嗅いだだけで、カレーだと分かり、味覚表象や視覚表象が浮かんでくるとしたら、これはやはり記憶が働いていることになる。逆に、「腹減った…カレーが食べたい…」の時は、「我」の中の必要＝力＝意味が、その大きな力を持ち、その記憶の中に存在するカレーを思い浮かばせ、それでまた、「今日はあの店へ行っていつものを食べよう」となると、外部に意味を求めて行ったことになる。ここにも、多くの記憶の働きが、しかも力を持った記憶の働きが存在しているのだ。


以上、カレーライスを見ただけでも、必要＝力＝意味にはとんでもない量の意味が存在して、存在しているだけでなく、力を持って存在しているということである。意味が力を持って、しかも抑圧などの意味をも持って、必要に従って「我」の中に複雑な構造を作り上げているということである。複雑な構造とは言ったが、平常の日常生活では一つの塊のようになっていて、その複雑さが混乱に導くということはほとんどない。というのは、日常生活の中では必要＝力＝意味の働いている、力を持っている意味はほぼ一個であり、多くても数個、つまり迷っている時などで、他の無限に存在する意味は引き出されることなく、記憶の中の存在のままであるからである。

これを確認した上で、ここで、これから見ていかねばならないのは、必要＝力＝意味の外の意味、外部世界の事物、人物、そしてそこに生じてくる出来事などの意味の関係を見ていくことである。

必要＝力＝意味は、その中に多くの意味を持っているが、そして、その内部に力として存在しているが、それらは、多くが一つが力を持って、その力は「我」にも意識されているが、外部に働きかけるのである。外部にその意味を、食欲の場合は欲望を達成できる対象を求めて「我」は行動するのである。腹が減って、カレーライスが食べたいと思う時、そのカレーライスを求めて、外部世界に行動を始めるのである。今見た例では、カレーライスのうちでも、特に食べたいメニューを出してくれる店へ向かうのである。

また、逆に、外部世界から、そこに存在する意味が、「我」の内部の必要＝力＝意味に働きかけることもあるのも、先に見ている。カレーの匂いがすれば、「おお、今晩はカレーか、久しぶりやな、楽しみや…」となるのである。外部からの匂い、意味によって、「我」の中の食欲が、必要＝力＝意味が働き出すのである。

つまり、必要＝力＝意味は、外部世界の意味と、たえず関係を持とうとしているのである。そして、その関係は、必要＝力＝意味から外部の世界の意味を求めて、ということもあるが、逆に、外部世界の意味が、必要＝力＝意味に働きかけて、ということもあるのだ。

この必要＝力＝意味がまわりの世界に向かい、その一つの事物に向けられ、それを対象としている意識の状態を、この論文では、対象＝意識として見てきているのだ。この対象＝意識こそは、必要＝力＝意味と世界の事物の意識との結びつきであるとも言っていいのである。今見たように、必要＝力＝意味が働いて、世界の中の事物、対象の意味を求めることもあるし、逆に、世界の事物の意味が働いて、必要＝力＝意味に働いて、刺激して、その中に意味を作り上げることもあるのだ。どちらの方向にも意味が力を持って働いているということなのだ。そして、基本的には両者の一致が追求されていることになる。

この両者の関係を認識とも言えるし、それだけですまなくて、行動とも言っていいのだ。そして、今見た例では、カレーライスであり、必要＝力＝意味も食欲であり、その対象となるのも食欲の対象であり、その意味であったが、そして分かり易い例でもあったが、ということは、その意味が強いものであったわけだが、この両者の関係はたえず、人間の生活の場、いや、生きている限り続いているとしていいのだ。

必要＝力＝意味がとても弱い時もあるのだ。散歩の時がいい例だろう。散歩の時の必要＝力＝意味は、基本的には健康のため、時には気晴らし、これも考えてみれば精神の健康のために歩くのだ。だから、歩くことに、体を動かすことに必要＝力＝意味が働いているとしていいのだ。しかし、ずっと歩いていると、この必要＝力＝意味は、働き続けていても、意識されなくなり、意識の向かう先、必要＝力＝意味の向かう先は外界、歩いている道に、そのまわりの光景に移ってしまっている。とはいえ、この外界に向かっては必要＝力＝意味はとても弱いものになっている。道を歩く時大切なことは、体をしっかり動かすことと、いや、それ以上に安全に歩くことなのだ。しかし、これも歩道をずっと歩いていれば、ほとんど働かなくてもいいのである。すると、自然と、道のまわりの景色に必要＝力＝意味は向かい、それなりにぼんやりとではあるが、対象＝意識、とまでは言えないが、というのはほとんど意識されていないからで、信号機や横断歩道は少しだけ、その意味を受け取り、それを受け取ったのは、安全に歩かなければならない、しかし、力の弱い必要＝力＝意味であり、車が来れば、車とその意味を受け取り、車の存在の危険を教える必要＝力＝意味がほんの少し、時には働き…しかし、それ以上に、自分は歩道を歩いていて、街のどこを歩いていて、どこに向かっていて、などは、ほとんど意識されないし、意味を引き出される、少なくとも意識されることなく、それでもその意味はわかったものとして、歩き続けるのである。これを受け止める必要＝力＝意味は、健康のために散歩しなければならない、が底辺にあり、その上に、どの道順で、どこを歩いて、しかも、安全に、何十分ほどで歩いて、と働いているのである。そして、安全に歩くためには歩道を歩き、何十分で歩くためにはこのコースを、だからこの道順を、という必要＝力＝意味が受け止めているとしていいのである。

それでも、歩いていて、どこかの庭先に、美しいバラが咲いていたりすると、「なんて美しいバラなんだろう！」と大きく心が動き、意識が目覚め、ということは、美しいバラの意味が大きな力で「我」にやってきて、そして、これを受け止める必要＝力＝意味は、健康のために散歩しなければならないという必要＝力＝意味とは違った、花が大好き、特にバラは、ほんとうに大好き、という、できたらこのような美しい花、バラを見たいという記憶の中にしまわれていた必要＝力＝意味が、その美しいバラに対応したことになる。

これだけ見ただけでも、簡単そうに見えた、必要＝力＝意味の意味と、世界の事物の持つ意味との関係はなかなか複雑であることが見えてきているのである。

いや、それだけではない。もっと複雑な、今まで言ってきたことを否定するような例も見えてくる。散歩している時は、確かに道路やその上の車や人の動きに、まわりの風景に、つまり外界の事物の世界に視線を向けている。しかし、それでありながら、考えごとをしていることも多々あるのだ。職場や学校での様々が、また家族や近所の人間関係が頭に浮かんできてしまうのだ。職場で昨日上司に叱られた者は、朝の散歩で、その上司の怒った顔がずっと浮かんでいて、ここに対象＝意識が引きつけられ、まわりの風景は二の次になってしまっているのだ。つまり、記憶の中の表象が対象＝意識になっているのだ。これは外界の事物ではないのだ。しかし、この記憶の中の表象が、上司の怒りという大きな意味でやってきているのだ。この大きな意味を、困ったな、今日、会社に出ていったらどうすればいいんや、それだけでなく、あれだけ叱られたら給料にさしつかえるかも、その下には、自分と家族がちゃんと生活していくためには、給料はそれなりにもらわんと…という必要＝力＝意味が受け止めているとしていいであろう。記憶の中の表象は、外界の事物でないのに、それが大きな意味を持って存在し、それをやはり大きな力で必要＝力＝意味が受け止めているとしていいであろう。この記憶の中の表象の意味は、昨日の会社の出来事で、この時は外の世界の出来事の意味として存在していたのであるが、それが記憶の中に入り込み、外界の時に存在したまま、大きな力で、記憶の中で存在し続けているのである。そのようなことを考えれば、外界に存在した意味だとしてもいいのである。しかし、それが現在は記憶の中にだけ存在していることも事実なのである。

なかなか複雑なのである。「我」の中の必要＝力＝意味と、その外の世界の事物や人物の意味の関係をと、簡単そうに見えたのであるが、なかなか複雑な関係が浮かんできているのである。これを複雑にしているのは、外界に存在する意味を記憶が保存していることによるとして、今のところはいいであろう。その先に見た、美しいバラに感激した場面も、記憶の中に存在した、〝バラが大好き〟という必要＝力＝意味が働いたためだったのだ。ただ、このあたりはまだ、外界に存在した意味を記憶に取り入れている。また、今までの続いていた必要＝力＝意味が、外界の対象によって一瞬にして記憶の中の必要＝力＝意味に変化したとしても、おおよそ、必要＝力＝意味と外の世界の意味の関係は成り立っている、続いているとしていいであろう。

ただ、このあたりには、人間の認識、行動にとても多くが関わっていることを示しているとしていいであろう。そして、ここでは、人間の認識を複雑にしているのである。外界に存在した意味を記憶の中に取り入れて、それに対象＝意識を形造っているとすれば、正確にはその対象＝意識が形造られている意味は、過去に外界に存在した意味なのである。先の章では、記憶の中に取り入れられた、そして、それから引き出された表象の変形を見たのであるが、「意味の変形は？」という問題も大きく存在するのである。ただ、この章に入ったのは、表象よりも意味の方が強い形で、優勢な形で記憶に保存されているのでは？ということが動機になってきているのである。

そして、ここまで見てくると、もっと大切な、大きな問題、しかも、緊急な問題がここに出てきているのである。外界に存在する事物、出来事の意味と、記憶の中に存在している意味の関係という問題である。

これについては、また後に、なるべく早いうちに見ていかねばならないのだ。

先の議論に戻らなければいけない。必要＝力＝意味と外界の事物、出来事の意味の関係を見ていたが、散歩という必要＝力＝意味の弱い形の例を見ていると、かなり複雑な関係、そこに記憶の機能が働いている問題が見えてきてしまったのである。

いや、もっと複雑な関係も存在する。思考である。思考は、基本的には、記憶の中の意味、時には表象を対象にしているとしていいのである。

ここまで来ると、簡単そうに、単純そうに見えた必要＝力＝意味と外界の事物、出来事の意味の関係も大きく難しい関係に入り込んでくるのである。

ついでに言っておけば、思考の時の記憶の中の意味は外界の事物の持つ意味とどのような関係、そして変形を蒙っているのかという大きな問題も存在するのである。思考の時は、意味は抽象的意味ともなっているとされる。この抽象的意味とは、外界事物の意味とどのような関係になっているのか、これらも大きな問題なのである。

そこまではとても遠い道になっている。とりあえずは、散歩の時の例に戻ろう。

散歩の時は、先にも見たように、必要＝力＝意味は、健康のために歩こうという、それほど強くない力でずっと流れているとしていいのである。そして、この必要＝力＝意味は、外界の、歩いていて次から次へと見えてくる事物については、ほとんど必要としない、意味を求めていないのである。外界の事物は基本的には、健康のためめに、そして安全に歩ける道であればいいのである。だから、信号機や横断歩道はそれなり、安全のための意味を持っているであろうが、これも安全であることを簡単に確かめられるので、それほど強い意味を持っていないのである。次から次へと流れてくる車や、歩道を歩く人の姿も、これにはほとんど必要＝力＝意味が働くことなく、〝車〟〝人〟と先程見かけた記憶の中の意味がやってきて、いや、それもほとんど瞬間で、意味されることもなく、そして、〝車〟〝人〟ともほとんど意識されることもなく、過ぎ去っていくのである。道の両側の家並、商店も、ほとんど意識されることなく、〝家〟〝店〟もほとんど意識されることなく、通り過ぎていくのである。

ここで、見えていること、そして、確認しておかねばならないことは、必要＝力＝意味がほとんど働いていない、弱い力でしか働いていない時、外界の事物もほとんど意味として現れていないということなのである。このことは、外界の事物の意味は、必要＝力＝意味が働いて、はじめて意味を持ってくる。そして、また、必要＝力＝意味の力に応じて、外界の事物の意味の力も変化するということなのである。

そして、美しいバラを見た時、それは大きな意味として現れたが、この外界の事物が、散歩している時の、健康のために歩こう、というあまり強くない必要＝力＝意味を押しのけて、〝バラが大好き〟という強い、思いがけない必要＝力＝意味を、記憶の塊と言っていいものになってしまっている、必要＝力＝意味の貯蔵庫から引き出してきたことによるのである。

しかし、そのような外界の事物が新しい必要＝力＝意味を引き寄せてくることはやはり稀なことであろう。とはいえ、これも歩いている通り、時間帯によるだろう。むこうから、知人が歩いてくれば、ということは、その人物についての記憶からの意味を呼び起こし、そして、その意味の中身、名前や職業、年齢、時には性格や評判などの記憶がそれなり浮かんできて、人間関係をしっかりしたものにしなければならない、そのためには挨拶を、どんな言葉をかけるか、最近話した内容などの記憶もやってきて、とても複雑な必要＝力＝意味が、しかし瞬間的に浮かんできて、ということも多々あることである。また、いつも開いている店が閉まっていて、貼り紙がしてあったりすれば、このことは、この店という事物が、その変化に伴う意味として現れたということであり、自然とその貼り紙を読んでしまい、その店に入って何かを買ったことがあれば、この店はどうなるのだろう、という疑問、つまり、その店を時々使うことの上での必要＝力＝意味が働き、ということもあるであろう。

ここに見えているのは、世界の事物の存在が、そして、その意味が、その意味に関する必要＝力＝意味を引き出し、それまで働いていた必要＝力＝意味を押しのけ、引き出された必要＝力＝意味が「我」の中の新しい原動力になることがあることを示していて、これもここでは確認しておくことが大切なことである。

単純そうに見えた関係はなかなか複雑なのである。もっと複雑なのは、対象＝意識を記憶の中の表象や意味に向けている場合は、先に見たとおりであろう。これは、散歩している時の必要＝力＝意味が弱く、しかも、外界の事物の意味が新しい必要＝力＝意味を引き出してくるほどのことがないことによるとしていいはずなのだ。そして、多くの記憶の中から、この中で力を持った記憶が必要＝力＝意味を引きつけたとしていいのである。

ということは、目の前の世界の中に存在する事物、その意味を感覚で受け止める、その力よりも、記憶の中に存在する様々な意味、その中の一つの力が大きくなり、対象＝意識がそちらに作り出されてしまうことが、ということは、強い力で必要＝力＝意味を引きつけて、ということが多くある、ということになるのである。そして、この力の関係も、様々な段階があって、散歩の時のように、必要＝力＝意味が弱く、また、外界の事物も、散歩の時見ている事物で、大きな意味としてはやってこなくて、脳が勝手に働きはじめて、朝の散歩なら、「今日しなくちゃならないことは…」と思考がはじまったり、そんなことより、「うん、昨日の夜の刺身うまかったな…」とか、そして、その刺身を食べている時の表象が浮かんだり、ふと、「え？ …今朝の夢…あまりいい夢でなかったな…」と、この夢の中の表象が浮かんだりもするのである。これらは、平和な日の散歩である。時には、散歩に行く前から、気になっていて、先に見た、昨日の上司からの叱りの場面とか、二、三日前からたいへんな仕事がやってきてそれで悩んでいるとか、マイナス面だけでなく、昨日見たテレビの番組が大きな力で残っていて、そのいくつかのシーンが浮かんできたり、日曜の朝なら、今日ドライブに行ってみようとする風景の、写真やスマホで見た風景を、現実の中の表象のように浮かべたりとか、いやいや、まだまだ、一番強いのは大切な恋人の表象、昨日のデートでの言葉、別れの時のその表情を、ずっと抱きしめるように…そして、結婚して子供ができたら、子供のことをずっと、やはり、これもその思いを抱きしめながら…

これらの記憶の中の表象と意味は、大きな力を持っていて、大きな必要＝力＝意味を形造っているのである。この大きな必要＝力＝意味が、この記憶の中の意味を引き出し、受け止めているのである。これらの記憶の中の表象と意味は、ほとんどは、元は外界の事物や出来事の表象や意味だったのである。その意味では、最初に掲げた必要＝力＝意味と、外界の事物の意味の関係の延長であるとも言えるのである。しかし、記憶の中にずっと存在すれば、時間の中の忘却や、様々な変形も生じ…となると、やはりなかなか複雑な関係になっているはずである。そして、何よりも、外界に存在することと、脳の中に記憶として存在することは、とても大きな違いとして存在しているとしていいのである。

そして、これらの対象となっている記憶の中の表象や意味は、ただ一個だけではなく、次々にとやってくることも多いはずである。昨日の上司の叱りの場面の表象と意味は、昨日発見された、自分が作った不良品が原因で、となれば、この不良品が、上司の怒りの表象と重なって、交互に浮かんでくるのである。いや、それだけでなく、数日前に、それを加工していた場面も浮かんできて、特に、そのミスにつながった場面も浮かんでくるのである。そして、また、この加工に至った、図面を読んでいる場面、その図面そのものが、大写しに浮かんできたりもするのである。このことは、上司の怒りの意味がその原因である不良品を、この不良品の意味の原因の加工、その加工の意味の基本となっている図面へと、意味が意味を呼んで、その意味の根源である原因を得ようという必要=力=意味が働いているとしていいのである。これらも、元は外界に存在した事物と、それが持っている意味の連続としていいであろう。とはいえ、事物には加工がなされていて、その意味が、そして表象が変形されているのである。この意味と表象の変形にも、仕事をしなければならない、まわってきた品物を図面のとおりに加工しなければならない、という必要=力=意味が働いていたはずなのである。

ここまで見ると、散歩をしている時も、必要=力=意味と、それが形造っている対象=意識が向かっている対象の意味とのとても複雑な関係が見えてきているのである。そして、忘れてならないのは、そこに見えている原因を求めている脳の働きは、思考であるということである。そして、思考は今見たように、記憶を一つずつ引き寄せ、浮かび上がらせながら進んでいくこともあることが見えてきているのである。そして、思考ともなると、必要=力=意味とその対象となる事物の意味は、とても複雑な関係になってきていることが見えているのである。しかも、これはまだ、ほんの入り口においてそうなのである。

今度は、もっと必要＝力＝意味の強い、仕事の時の、工場での労働の例を見てみよう。

仕事の時は、自分と家族が健全で安定した生活を送れるようにという、大きな、幅の広い必要＝力＝意味が底辺に存在している。しかし、それらは、それほど意識されることなく、一つ一つの仕事をしっかりとやっていかねばならない、というとても強い必要＝力＝意味が働いている。それだけでなく、そのまわりには、上司には叱られないようにとか、その前に、最近の職場には様々な規則がはりめぐらされていて、それに従うことが大きな必要＝力＝意味になっている。服装から始まって、図面の見方や機械の操作などに細々とした注意事項が存在していて、それがいくつもの必要＝力＝意味を作っていることも多い。そして、一つ一つとは言ったが、いくつかの仕事が流れてきている現場もあるし、一つの品物の加工も、切断、穴あけ、切欠け、曲げなどがあり、穴あけともなると、同じ品物にいくつもあけなければならないこともある。昔の職人、いや、現代でも、四、五人の小さな工場では、少しは仕事の分担はしているが、いくつかの工程を一人でやっていることも多い。

ここでは、数十人の会社で、曲げだけの工程を見てみよう。つまり、大企業の外注企業で、大企業の大きな商品に、必要な部品を専門に作っている企業ということである。曲げ工程は、企業により、また作り出す製品や部品にもよるが、基本的には、まずは切断の工程、その次に穴あけや切り欠けの工程を経てまわってくることが多い。そして、その次の溶接の工程へ、溶接がない時は組み立てへの工程へと、それもない場合は出荷へと、つまり、それで、この工場の品物としては完成したものとなることもある。

曲げ工程は、最近の機械はほとんどがコンピューターがついていて、それを打ち込むと、かなり正確な数字が加工した品物にも出てくるように作られているが、それでも曲げる材質や板厚や大きさによって微妙な変化が生じ、それを図面の要求する僅差の範囲にまで持っていくことが要求される。それだけでなく、その曲げが何回も重なり、その度に、この微妙な変化を訂正し、いや、それだけでなく、先の曲げが後の工程の曲げに与える影響も、今までの知識を利用しながら、計算して作り出さねばならない、なかなか難しい、やはり現代でも職人技と言われる工程なのである。

ただ、ここでそのような複雑な工程を見ていれば、たいへんな量の仕事になるし、頁数もかなりになるので、ここでは一番簡単な一曲げだけの加工を見ていこう。

上工程から、切断と穴あけが終わった大きさ五センチ程の品物が数十個、上工程から図面と一緒にやってきた。ここでは加工する人物を敬意をもって職人と呼ばせてもらおう。上工程からやってきた品物と図面をまずは職人は見較べる。これは、この論文の議論の流れに戻れば、外界の事物の意味を見ている、いや、ここでは読みとらなければならない。しかも、外界の事物は二種類ある。図面と、加工すべき品物である。これらは、まさに大きな意味を持って存在している。しかも、二つの意味は関連している。加工すべき品物、いや、これからは、現場の職人達が使っているように、仕掛かり品としておこう。上工程の切断と穴あけが完了してまわってきたのである。これを、曲げの職人は加工するのだ。その前に、まわってきた仕掛かり品の意味を確かめなければならない。図面と見較べるのである。図面はこれから加工しなければならない工程が終了した形で、しかも平面図形、二次元で紙に書かれている。職人はまずはこれを三次元に、脳の中で想像力を使って描き出さなければならない。いや、その前に、これから加工すべき仕掛かり品が、図面のとおりに加工されているか、まずは図面を見て、それから、十分の一ミリまでしっかりと測れるノギスという機具を使って測定する。この時、難しい問題が存在する。曲げの時、材質によっては、様々な伸びしろというもの、コンマ数ミリであるが、その延びを計算して上工程は加工してあるのか、という問題である。そして、上工程の切断や穴がそれを計算して加工してあるか、そして、これから加工した時、曲げた後、図面が要求している交差内に入っているかを計算して測らなければならないのである。このような計算、思考は、今までのこの職場での経験で、ほとんど自動的に働いて、とはいえ、しっかりとノギスの寸法を見て、測らなければならない。

これだけ見ただけで、ここには、つまり上工程からまわってきた仕掛かり品という、外界の事物はとんでもない多くの複雑な意味を持っているのである。その意味が、これからの加工を指示すべく存在している図面の意味と照らしあわなければならないのである。図面も外界の事物として存在している意味の存在である。これは、これから加工すべき仕事を細かに指示している、ということは職人のこれからすべき仕事の必要＝力＝意味を形造っているのである。しかも細かな複雑な必要＝力＝意味を形造っているのである。

職人はこれから、この図面の指示する必要＝力＝意味に従って、上工程からまわってきた、これも大きな複雑な意味を持った仕掛かり品を対象として、加工しなければならないのである。加工するとは、その対象の持つ意味を変化させることだとも言える。図面の指示する意味への変化である。

そして、この時、職人の脳の中では、図面、二次元の図面を三次元の存在にした、想像力による表象が生み出されているはずなのである。この表象こそ、これからの加工の目標であり、意味、大きな意味を持った存在なのである。この表象に向けて加工が始まるのである。

そのために曲げ専用の、ブレーキプレスという機械の操作がはじまる。今まで他の品物を加工していればスイッチは入れなくてもいいが、機械の横についたパソコンを、加工すべき、曲げるべき寸法に合わせて操作しなければならない。パソコンを操作すると、バックゲージが動き、曲げるべき寸法のところで止まり、今度は、加工するべき品物を手に取り、機械の正面の椅子に坐り、直角に切り込んだ、下型と言われる金型の上に品物を載せ、そして足の裏を、それを踏むと、機械が動くようになっているペダルに載せ、その前に、上から降りてくる上型と言われる金型を少し見て、ペダルをゆっくりと踏む。そうすると上型がゆっくり降りてきて、直角の溝になっている下型に向けて、そして、その上に置かれた加工する品物にゆっくりと降りてきて、今まで平面であった薄板の仕掛かり品のゆっくりとした変化は加工という仕事の瞬間であり、やはり大切な意味を、職人には持っているとしていいであろう。仕事のとても多くは、世界の中の事物の一つを対象として、それに変化を与えることなのである。この事物の変化がとても大きな意味を持っているのである。この工場での加工では、この変化によって、この品物を注文した企業の作り出す、そして、世の中に、世界に、社会に売り出す商品の部品として、その部品の完成品としての意味に、一歩近づけたという意味を持っているとしていいであろう。

この売り出される製品そのものが大きな意味を持っているが、その製作の過程では、今見たような部品をいくつも必要としていて、それらの部品の一つ一つに、今見たような加工を要求しているのである。その意味では、この売り出される商品そのものが、様々の部品の細かな加工の必要＝力＝意味を持っているとしていいのである。これらの部品を作り上げるために、幾つかの企業で何人か、時には何十人の職人達が加工に携わり、働いているのである。

一方、働いている職人達にとっては、この部品の一つの加工が大きな意味として存在しているのだ。その意味は、ほとんど「我」の中の必要＝力＝意味と一体となっている。その意味をなしとげるために加工しなければならない、仕事をしなければならないのだ。加工しなければならない、仕事をしなければならない、は、必要＝力＝意味である。今見ていた例では、上工程からの仕掛かり品を図面のとおりに加工することが必要＝力＝意味である。これはとても強い力を持っている。その力を与えているのは、工場では、図面に従ってまちがわずに加工しなければならない、それが守られなければ、上司から叱られ、また、時には減給などの罰になるぞ、という、職人達を縛っている会社の規則である。そして、その根底には、働く人間の誰もが持っている、自分と家族がなんとか生きていくためにはしっかりと働かねばならない、という必要＝力＝意味が存在している。

以上、仕事の上では、外界の事物の意味を見ていたが、ここでは、その事物の変化が大きな意味を持っていることが見えてきたのである。その事物である、まわってきた仕掛かり品は、これから加工されるべきものという意味として存在しているのである。それはここで見ている中心的意味と言っていい、加工という、事物に変化を与える過程である。そして、この変化に大きな強い力で意味を与えているのは、図面の存在である。図面は加工の中身の意味を、強い指示力で職人に伝えているのである。そのことは、図面そのものが、大きな必要＝力＝意味として存在していると言ってもいいのである。少なくとも職人のほうは、その図面の持つ必要＝力＝意味と言っていい意味を、自分の必要＝力＝意味として取り入れているのである。そして加工が行われ、加工された品物が出来上がるのである。これは図面の持つ強い意味を体現しているのである。その意味では、やはり大きな意味として存在しているのである。

そして、この図面の持つ強い意味は、それに従って加工をする職人のやはり強い必要＝力＝意味を形造っているが、そして、この必要＝力＝意味を何度か説明したかと思うが、科学が人間の行動の根源を欲望で説明しているのに対し、それにかわるものとして使うとしてきているが、ここの例で見ている職人の必要＝力＝意味は、欲望からはとても遠い、ある意味ではその反対の力として存在しているとしていいであろう。「好きでやってるわけねえでしょう。仕事や、せなならんからやっとります…」と、こんな言い方をするのは昔の職人だろうが、けっして職人の中の欲望は、この時点では直接働いてはいないのである。ここに、職人の中で働いている必要＝力＝意味には、少なくとも直接的には、欲望は力を与えていないのである。この時の必要＝力＝意味を直接に生み出しているのは、やはり、図面の持つ意味、それが職人の必要＝力＝意味を細かな点まで作り出しているのである。その意味では、先にも見たとおり、図面そのものが、必要＝力＝意味を持っているとも言えるものなのである。そして、この欲望からはほど遠い図面の指示により作り出された必要＝力＝意味を、会社が持っている、職人達、働く者全員に与えている力、しっかりと仕事はしなければならない、不良品は絶対に作るな、能率を考えて仕事をしろ！などという、これも、必要＝力＝意味と言ってもいい強制力、支配力を、やはり職人は受け止めて、会社の言うことは聞かねばならない、叱られないように、給料がちゃんと貰えるように働かねばならない、という必要＝力＝意味として受け止めているのである。そして、その外側に、はじめて、「自分と家族がちゃんと生きていけるためには、やはりちゃんと働かねばならない」という欲望、それだけでなく、家族への愛も入り込んだ、必要＝力＝意味が存在しているのである。

だから、今程見た、世界の中の事物を変化させる、事物の持っている意味を変化させる加工という、世界の中の強い意味は、今見たような職人の中の何層かの必要＝力＝意味によって生み出されたとしていいのである。

ただ、この意味はまた、図面が指示した意味であり、それはまた、これも先に見たように、この加工された品物が部品として使われる、大きな製品、商品の中の意味なのである。これはとても大きな意味、社会での商品としての意味としている、その一部の意味なのである。職人の仕事、加工は、この大きな商品、製品の意味の一部を作り出すことだったのである。そして、一部の意味が多く集まって、商品として売り出されるべく製品という大きな意味が作り上げられるのである。この大きな意味を、人々は消費者となった時、受け止める、享受するのである。

とはいえ、消費者が受け止める意味と、それを作り上げる企業で働く人々の、それを作り上げる、そして作り上げた時の意味は大きく異なるのである。これを完成品として売り出す企業では、外注先の職人達とは違い、この商品を考え出し、設計し、図面を作り上げる人々もいる。図面も、複雑で大きな商品ともなれば、全体の図面を描く人と、今まで見てきたような部品だけの図面を描く人々の分業になっている企業も多くあるはずである。いや、全体の図面を描く人々と、デザイナーと言われる人々も分かれていることもあるだろう。いや、設計部には、部のトップや、様々な指導する人々、また様々な補助をする人々も存在する。また、様々な場所から集まってきた部品を集めて、一つの製品へ作り上げる、組み立てる人々もいる。そして、企業はトップである社長も存在するし、様々な部署で、製品の製造には直接関わらない人事部や総務部の人々もいる。これらの人々にとっては、一つ一つ作り出される商品はそれぞれの意味を持っているはずなのだ。それ以上に、自分自身のそれぞれの必要＝力＝意味を持ち、自分の仕事をし、その意味を受け止め、その上でまた、完成された商品の完成された意味を受け止めているはずなのだ。

企業によっては、これらの大きな意味を持った商品を何種類も作り出し、売り出していることもある。企業とは、特に大企業ともなると、これらの大きな意味をとんでもない量で作り出し、生み出していることもある。そして、そこで働く人々は、それぞれに、これらの大きな意味を、自分の必要＝力＝意味で受け止めて、自分なりの意味として、受け止めながら生活しているということになる。ここには、人々によって、働く部署によって、一つ一つの部品の意味を、企業全体で持つそれらの大きな意味の集積を、自分なりの意味で受け取りながら生活していることになる。
また、外注で働く職人達も、大企業ではしない部品の加工とその意味を受け止め、その上で完成した商品の大きな意味を遠くで見るように受け止めながら、生活している、ということは自分の必要＝力＝意味で、自分が製作にかかわった部品の意味を、そしてまた、その部品が使われている完成品の意味を受け止めて、生活しているとしていいのである。

このように一つの商品を見ても、とても多くの人々の必要＝力＝意味が働いて、また、その必要＝力＝意味に対応した意味が存在していることになる。そして、今見た商品の場合は、大きく分けて、生産者の意味と、消費者の意味が存在しているとしていいであろう。生産者と言っても、今見たように、現代社会ではとても多くの人々がかかわっており、それぞれがそれぞれの必要＝力＝意味を持って、自らの仕事をして、それぞれの意味を作り出していることになる。部品の一つ一つは、種類によって、それぞれ違った意味として生み出されているのである。そして、それらのいくつもの意味が集まって、大きな商品という完成した意味が作り出されているのである。この完成された意味とは、生産者とは反対の立場にある消費者にとっての意味に作り出されているのである。消費者のほとんどは、その完成された意味を、自らの必要＝力＝意味でもって受け止めるのである。掃除機なら、掃除のため、きれいな家に住むためという必要＝力＝意味が働いて、洗濯機なら、洗濯しなければならない、きれいな衣服を着たい、着させてやりたい、という必要＝力＝意味が働いているとしていいであろう。そして、掃除機には掃除のための道具、電化製品、洗濯機も洗濯のための電化製品というほどの意味で、それを使用する人々にとって存在しているとしていいであろう。

これらの電化製品は、ほとんどオートメーションの大量生産の中で作り出されているので、先程見た職人達の必要＝力＝意味はほとんど働いていないとしていいであろう。それらの職人達が部品を作り出し、一個の商品が生み出されているのは、家具や建築資材、家やビルのための様々な商品が主だとしていいであろう。

これが昔なら、多くの商品、道具類は、ほとんどが一人の職人が作り上げ、ということは意味として一人で作り上げていたはずなのである。そして、消費者は、同じ村や町の生産者の顔も知っていて、その作り出す過程の必要＝力＝意味が様々に働いて作り上げられる、意味が一つずつ、一歩ずつ生み出されている様子もそれなりに知っていたとしていいのである。現代の資本主義の発達した豊かな社会では、このような意味は見えていないし、生産者も消費者の使用している時の意味を、特に部品の生産者ともなると、おおよそ、完成品を想像して、その意味を自分なりに思い描いているとしていいのではないだろうか。

しかし、生産者にも消費者にも、もっと大きな力を持った意味が存在している。価格である。これは、商品の持つ最も大きな意味だと言っていい。消費者もほとんど商品そのものの意味は分かったものとし、価格によって買うか買わないかを判断している。多くの似たような商品が並んでいれば、少しでも安い方を選んで買う。価格は商品そのものの意味、そして、それを引き出して使おうとする必要＝力＝意味、その根底に存在する、自分と家族がなんとか、少しでも豊かな生活をしていけるように、という必要＝力＝意味に、直接にと言っていい関わりをしている。資本主義社会で、様々な、無限と言っていい商品が存在する、その中で生活する「我」は、その都度の必要＝力＝意味によって、それらの商品の意味を自分のものにするために買って生活をしている。しかし、それらの商品を買うためには、お金が必要なのだ。そのお金は、ほとんどの人々は、会社で働いた給料として受け取っている。先に見た職人達も、仕事をしている根底には、この給料をもらうため、という大きな必要＝力＝

意味が存在しているのだ。これは、そのまた根底にある、自分と家族がなんとか、少しでも豊かな生活をしていけるように、という必要＝力＝意味と密着しているのだ。そして、このような必要＝力＝意味の上で一生懸命働いても、受け取れる給料は限られているのだ。この限られた給料で、「我」と家族は生活していかねばならないのだ。だから、この社会に存在する商品、その意味を自分のものにして使いたいと思っても、それを買って自分のものに、所有するために、買うためには、この限られた給料の中のお金で買うしかないのだ。だから、買える商品も限られているのだ。この限られた給料、収入の中で、なるべく生活がうまくいく、自分と家族がなんとか、少しでも豊かないい生活をできるように、という必要＝力＝意味に応じて、無駄遣いをしない、必要最低限度の買い物にとどめる、などという生活の知恵と言っていい必要＝力＝意味が働いて、商品の意味を自分のものにしたいという、欲望と言っていい必要＝力＝意味に力をかけ、抑え込んでいるのだ。このような生活の知恵のトータルとしては、限られた給料の中でなんとか生活していかねばならない、という大きな力を持った、しかも、生活の至るところで働いている必要＝力＝意味が存在しているとしていいであろう。この必要＝力＝意味は、生活全体を大きな力で支配しているとしていいのである。

商品というものを見るだけで、多大な意味が見えてきた。この商品を無限に存在させている社会、人間の住む世界は、巨大な意味の集積の場であるということになる。人間の住む社会、人間の作り出した社会に、金銭のところで少し見えてきたように、禁欲からはじまって、道徳、その前に、礼儀、風習、習慣、そして、法律を持ち、これらは大きな力を持つ意味であり、人々はこの意味を、自分の必要＝力＝意味の中に取り込んで生活を続けているとしていいのである。その社会、人間が作り出した世界を取り囲んで、自然の世界が存在している。ここにも様々な意味が存在する。人間が作り出したものではないが、人間はこれらに意味を見出している。太陽、月、星、山、川、海、森、林、樹木、草花と、名前を与えて、その名前の中に様々な意味を包み込んでいる。太陽などは巨大な意味を持っている。昼と夜を生み出し、熱さ、暖かさももたらし、農産物の収穫ももたらし、これらは全て人間生活に大きな意味を持っている。小学校の高学年くらいから、理科の時間に、太陽についての様々な知識が入ってくる。いや、そんなことを言えば、太陽は、昔はほとんどの民族で神様だったのだ。しかも、最高の力を持った神で、様々な神話が存在し、人々はその神に、祈り、その教えに従い、時には占いとして、また祭りの時など、とても大きな意味で人間を支配していたとしてもいいのである。ということは、その意味は、一人一人の必要＝力＝意味に入り込んで、大きな力を持っているのである。

太陽のような大きな存在だけでなく、草花のような小さな存在も様々な意味を持っている。人間社会全体としては、全ての植物に名前を付け、そのそれぞれ意味、その特徴、育ち方、花の付け方、実のなり方を詳細に、記述して存在させている。毎日生活に追われている人々も、野に咲く、とても多くの植物の名前を知り、それが持つ、とても多くの意味を知っている。花や実だけでなく、茎や葉の特徴も知っていて、時には花の美しさを賞賛し、その実を食用にしたりして生活している。

自然世界も、人間が作り出した社会にも負けない大きな意味、無限の意味として存在しているのだ。

これらの巨大な、まさしく無限の意味の中で、意味に満ちた世界の中で、人間は、「我」はそれに包まれるように生活しているのだ。とはいえ、この巨大な意味の全てを、いや、多くをその時々に引き出し、その意味を考えて生きている、生活しているかと言えば、そうではない。必要な時に、必要な分だけ、ほとんどが一個だけ引き出して生活しているとしていいであろう。必要＝力＝意味が働いた時、その必要＝力＝意味とする分の意味を一個だけ引き出しているのである。この〝一個だけ〟は、基本的には、人間の認識機能は、対象＝意識を一個だけしか作れないことから来ているとしていいのである。意味を引き出す時、その意味を引き出す対象に向けて、対象＝意識を形造り、そこから意味を引き出すのである。

とはいえ、ここはそんなに簡単ではないはずなのだ。仕事の時などは、この意味の引き出しは次々に起きているとしていいはずである。いや、スポーツの時などは、もっとたいへんなはずだ。飛んでくるボールの方向を見て、スピードを見て、その回転を見て、これらはそれぞれに意味を持っていて、しかし、ほとんど同時に意味をとらえて、そのボールをどこでとらえるか、どのように打ち返すか、どこへ打ち返すか、これらも一つ一つが必要＝力＝意味が働いて、それらの意味をとらえて、とは言っても、これらの意味はとても複雑で、とても多くの意味がそこには存在しているはずなのだ。〝どこでとらえるか〟一つをとっても、ワンバウンド、ライジングでとるか、ボールが力をなくして落ちてくる時とるか、ライジングでとるとして、その〝ライジング〟はそのものがとても複雑な意味、多くの意味を持っているのである。その意味を一つ一つ引き出していては、スポーツにならないのである。それらの意味はわかったものとして瞬間に判断して打ち返しているのである。ここには、意味の引き出しのとても複雑な在り方が見えてきているのである。これは見ておかねばならないのである。

二、言語にならない意味、芸術

いや、その前に意味そのものに向き合うところに来ているのである。

意味と言えば、多くの人々は、言語で表されたものを思い浮かべるのではないだろうか。その代表は辞書ということになろうが、そして、これもとても多くの人々が意味とは辞書に書かれていることだとも思っているのではないだろうか。

とはいえ、そんな人々も、いろいろな意味について考えることは多いはずである。何度も見ることになるが、上司に叱られた時は、家に帰る時や、散歩をしている時は、上司の叱った意味について考えるのではないだろうか。そして、そんな時、けっして、上司が叱った時の言語をそのまま思い出そうとするのではなく、その長々と続いた言語の大意を、つまり中心の意味を理解しようと思考するはずなのだ。そして、その長かった言語の連なりから、一つか二つ、多くてもとても短い言語の連なりで、それをとらえた、理解したと考えることも多いはずだ。しかし、それだけでなく、上司の叱った時の気持ち、それ以上に、最近、上司が自分に対して持っている気持ち、つまり、彼が自分に対して持っている感情とその意味を考えることもあるはずなのだ。これは辞書のどこを探しても出てこない意味である。しかし、とても大きな力を持った意味である。

もっと大きな意味について考えることは、人生の様々な局面に出てくる。デートをして別れた時の相手の表情がずっと気になることは、多々あるはずである。気になるということは、その表情の表す意味が、理解できないのだ。そこには自分にとってのとても大きな意味が存在するはずだが、理解できない、言語としてとらえることができないのだ。こんな表情を、しかも別れの時のたった一つの表情をずっと考え続ける人もたまにはいるのではないだろうか。ここには、理解できない、言語にはできない大きな意味が存在しているのだ。

言語にならない意味と言えば、その代表は芸術だろう。ベートーヴェンの五番は、「運命」と題名がついていて、多くの人々は、この題名を通して、あの曲、を聴くが、そして、聴きながら、〝運命〟という言語が持つとても大きな意味をとらえながら、考えながら、その曲の持つ、曲そのものからやってくる、やはりとても大きな意味と重ねながら、聴くことは多いはずである。しかし、時には、その言語から離れた曲だけが持つ意味がやってくるような気になることも多いはずなのだ。確かに〝運命〟は、人間の一生を包み込む大きな意味を持ち、あのすばらしい曲をも包み込んでもいるのであるが、しかし、第二楽章や第三楽章を聴いていて、それを〝運命〟で包み込んでいたとしても、そこに流れてくるメロディは、それ以上の意味、人生のどのような場面の意味なのかはなかなか、少なくとも言語化できない、いや、しなくてもいいのである。そして、それ以上に、ベートーヴェンには、題名のついていない、すばらしい、人々を惹きつける、ということは大きな力を持った意味の曲がとても多く存在する。

モーツアルトもとても多くの人々を惹きつけている。大きな強い力を持った意味の曲が存在する。〝四十番〟はとても人気があり、大好きな人も多いが、題名がない。題名がつかないのでは？　とも思われる。つまり、それを聴いた人々は、その曲が強い力で訴えてくる、いや、力だけでなく、心の奥底へ入り込んでくる意味を言語にできないのだ。その意味のまま、曲を感じたままに受け止めるしかないのである。それだけすばらしい曲なのだ。

絵画や彫刻でも同じことが言える。こちらは、多くは題名がついている。しかし、それらは描かれた対象を言っているだけのことがほとんどである。ゴッホの〝ひまわり〟は、確かにひまわりが描かれている。しかし、それを見た人々は、野原や花壇に咲いているひまわりを見た時とはまったく違った、まさしく意味を、とても強い力を持った意味を感じる、つまり感動するのである。そして、この感動そのものを、その意味を言語で表現する人々はほとんどいないのである。「すごい！」「すばらしい！」がせいぜいなのだ。ダヴィンチのモナリザも、描かれている対象、人物の名前だけである。しかし、人々はそれを見るたび、いや、多くは複製や写真でしか見ることはできないが、それでもその度に、大きく心に入り込んでくる意味を感じる、感動するのである。その意味、感動を言語にはできないのだ。だから芸術なのだ。

いや、芸術には文字で作られているものも存在する。詩や小説である。人々は文字一個一個の、単語一つ一つの意味を理解しながら、文一つ一つを理解しながら、読み進んでいく。これらは確かに言語で表現された芸術であり、言語によって意味を伝えているとしていいであろう。その伝えられている意味を理解しながら、一歩一歩進みながら、理解しながら読み進むのである。理解しながら、とは、その文字の連なりで表された意味を自分のものにしていくということになろう。そして、読み進むことは、そのことによって理解した意味を自分の中に蓄積していくことであるとも言っていいであろう。いや、それだけではない。文学作品を読み進むことは、理解しながらだけでなく、感動しながら、その感動を心に蓄積していくことなのだ。その感動こそ、文学を読んだ時の意味であり、価値なのだ。そして、一つの作品を読み終わった時、理解された意味の蓄積が、自分の中に積み上げられ、それ以上に感動の山が積み上げられ、大きく、心全体が、自分そのものが、大きな、とてもたいへんなものを受け入れたと感じる時もあるのである。文学作品を読むことは、その作品がその中に持っている、文字で書かれた大きな意味を、自分の中に取り入れることなのである。そして、その意味は理解されているだけでなく、感動として、心が大きく動いたものとして、受け止められているのである。そして、この感動とは、多くの場合、多くの人々は、言語にしていないのである。心の動いたまま、そのままにしていることが多いのである。いや、理解さえもしていないのである。読者は確かに、ストーリーを、そして登場人物の、主人公の人生を、運命がどのようになったか、そして、その中で登場人物、特に主人公の心の動きがどのようであったかを理解して、理解しながら、読み進んでいるのであるが、その時、読者はそれに伴い感動しながら読み進めているのである。理解すると感動が生まれてくるのである。しかし、この感動は理解とは別物なのである。理解した上で、自分の中に湧き上がってくる心の動きなのである。このことは、作品に書かれていることとは別物なのである。そして、この感動は、読者一人一人によって微妙に違っているのである。それは読者一人一人が違った心を持っている上で、作品を理解したうえで、その意味を受け止めたことによるとしていいであろう。そして、その感動は、大きな力を持った意味として、読者の心の中に蓄積、保存され続けるのである。多くの場合、言語にされることなく、せいぜい、「すごかった！」「ほんとうにすばらしい！」というぐらいで、その中身を言語にすることなく、いわゆる、心の中で暖められて、保存されていくのである。

人類にとって、人間一人一人にとって、芸術はとても大きな力を持った意味として存在しているのである。そして、以上見たことは、その意味は、ほとんど言語によって表現されない在り方をしているということなのである。生活の中では、多くの場合、意味は言語で表されるものであり、言語で表されてはじめて理解できたとしているのである。その意味では、芸術は理解を超えているのである。芸術は人々には、大きな感動を与える、その力としてだけでやってきて、その意味の中身は理解を超えて存在しているのである。

ここでもう一つ、この章のテーマである必要＝力＝意味と、その理解を超えた意味との関係は見ておかねばならないはずだ。芸術を創造する人々はさておいて、芸術に向かい合う時、人々はどのような必要＝力＝意味で向き合い、そして出会いを求めているのか、ということなのだ。

芸術を求める時、人々はどのような必要＝力＝意味によってそうするのか、聴きたい、見たい、読みたい、このような欲望は多くの人々に存在する。しかし、この欲望は、食欲でも性欲でも、なかなか説明できない、いや、それでも、フロイトならば、性欲によって、抑圧された性欲によって説明していたろうか。フロイトには、芸術論はあったはず…？ ただ、ここまで行くと、この論文もフロイトにもっと取り組み、そして縛られることも考えねばならない。抑圧された性欲は、確かに芸術へも向かいそうであるが、ここでは、そこまでの分析にはつきあえないとし、芸術の意味を、そしてその意味を求める必要＝力＝意味を性欲では説明できないものとしておこう。

芸術の必要＝力＝意味はまた、他の欲望、遊びたい、スポーツをしたいなどとはやはり異質な存在のはずである。しかし、聴きたい、見たい、読みたい、という欲望は確かに存在するのである。どのような欲望なのか。以上見た欲望は、生物学的欲望とその転化であると見ていいが、生物学的欲望ではないとしたら、人間の中にどのような欲望が存在するのか、あるいは欲望とは違った何かが存在するのか…ここまで来ると、またフロイト…抑圧された…いや、もう少し見てみよう。

芸術に触れた、感動した人々の数少ない言語にもう少し耳を傾けてみよう。「すごい！」「すばらしい！」よりもう少し長い言語も存在する。「心に沁み込んできた…」「魂に響いた…」などがある。つまり、芸術は感覚、五感で受け入れているが、それは入り口だけで、その奥には心や魂というものが存在し、それらが受け止めているのだ。それらが感動し、大きな力を持った意味を、その意味として受け止めているのだ。そして、芸術を聴きたい、見たい、読みたい、という欲望も、ここからやってきているのだ。それでは、この心や魂とは、必要＝力＝意味の中にどのように存在しているのか？と問題は出てきているのである。いや、そもそも、心とか魂とは何なのか？なのだ。

心、そして魂とは何なのか？この論文も、今まで論じてきたことからは、ほとんど答えが出てこない。いや、認識論、哲学でも、ほとんど触れられていない、少なくともデカルト以後の近代哲学では、ほとんど出会わないのではないだろうか。もちろん、勉強不足を指摘されもするだろうが。認識全体を扱った代表的論文、ヘーゲルの『精神現象学』も、感性から悟性、理性と上昇して行き、最後に絶対精神で終わっている。カントの『純粋理性批判』においても、絶対精神には触れられていないが、やはり、感性、悟性、理性で終わっている。とはいえ、これらは認識論に到った形であって、ヘーゲルには『美学』という膨大な著作が存在するし、カントも『判断力批判』では…いや、もっと真正面に向き合った哲学者が存在する。ニーチェだ。近代哲学で、一番芸術に向かい合ったのはニーチェだ。いや、芸術から、ワーグナーから出発しているのだ。近代哲学が絶対的真理を求めて認識だけに向き合っていた時、人間にとってもっと大切なもの、芸術、ディオニソス文化に向き合わなければならない、そして、人間のこの世に生まれてきて最も大切な在り方として描かれたのが、ツァラトゥストラなのだ。

それでは、ツァラトゥストラはどのような必要＝力＝意味を持って、彼の姿を作り出していたのか、これはとても大きな問題で、これだけで、とても大きな論文になってしまうだろう。

ここは逃げよう。ただ、ニーチェにはどこかで向き合わねばならないだろう。でも、ここでも確かめておかねばならないこともある。ディオニソス文化、バッカス祭を思い浮かべると、とても激しい、ドロドロしたとも言える、ある意味狂気に近い、人間存在の奥底から湧き上がってくるような、大きなエネルギー、力を持った精神の在り方が浮かんでくるのである。このような、大きなエネルギー、力を持った、ある意味破壊的とも言える力が人間の中に、その奥底に秘められて存在しているとしていいのである。奥底に、秘められて存在しているのは、日常生活では抑圧されているからで、それをバッカス祭の時、古代ギリシャ人は爆発させていた…抑圧とくると、またフロイト…フロイトのニーチェ論…あったかな？

それにしても、『悲劇の誕生』はやはり芸術論として、いや、人間の文化全体として、そして、人間の生き方において、とても大切なものを暗示していることにはまちがいないのである。

このエネルギー、力に性欲がどのように関わっているかはやはり、人間存在を見る上で、とても大切な視点になるだろう。

この論文としても、このエネルギー、力を必要＝力＝意味としてどうとらえるかは、やはりとても大切な仕事になるだろう。今まで必要＝力＝意味はほとんど日常生活の中で見てきているが、このエネルギー、力は日常生活の外に、祭り、バッカス祭の時、現れるものとして存在していたのである。ここまで来ると、芸術とは日常生活の外に存在するもの、とも言ってしまいそうになる。確かに、ニーチェが賞賛した、ベートーヴェンやワーグナーの作品の多くは、日常生活の外の存在だとしてもいい。芸術とは、日常生活の外へ出られるからすばらしいとも言いたくなってくる。ワーグナーの歌劇のほとんどは神話を題材としている。ベートーヴェンの狂気とも言える天才は、やはり、日常生活を超えたところに存在しているとしてもいい。

いやいや、心と魂に戻ろう。これを、この論文のこの段階でとらえられるだけ、とらえてみよう。心とか魂とは…？　とまずなるはずである。今、芸術を見ていて、その意味、大きな力を持った意味を受け止める必要＝力＝意味を見た時、その芸術、意味を受け止める必要＝力＝意味として心と魂が浮かんできたのだ。芸術の大きな力を持った意味を受け止める必要＝力＝意味を、食欲とか性欲という欲望では説明できなくて、それでも聴きたい、見たい、読みたい、という〝たい〟という欲望を見た時、心とか魂とかが、やはり、その〝たい〟を形造っているのでは、となったのである。しかし、心とは？　魂とは？　となってしまったのである。

今まで、〝記憶と本質〟という題名の下に様々な認識機能をそれなりに見てきた。しかし、今まで見てきた認識、意識の活動の中には、それらは見当たらないのだ。今まで見てきたことの中には、ほとんど思考は含まれてはいないが、それを入れて見ても、心や魂はなかなか見えてこないのだ。

認識活動の中には見当たらない、…認識の外に存在するのでは？…とも浮かんできそうである。ここまで来ると、認識とは？ともなるのである。認識の定義は？ともなるが、ここでも定義は避けよう。

具体的例で見てみよう。ここへ導いた芸術を例にとってみよう。芸術に向かい合っている時、認識はどうなっていて、そして、心と魂はどこに存在するのか？を見てみよう。

コンサートで音楽を聴きに行った時を見てみよう。「我」は、このコンサート会場がどこで、今日はどのような演奏家がやってきていて、誰が作曲したどのような曲を演奏する、その曲には題名もあり、その題名も知っている。時には、その作曲家はどのような時代に活躍し、他にどんな曲を作曲し、また演奏家もどのような経歴であるかもそれなりに、時にはパンフレットに書かれていて、…ここまでは認識である。しかし、曲が始まると…

大きな感動がやってくる。演奏されている音楽から大きな意味がやってきているのだ。しかし、その意味を理解しようとか、まして言語によってその意味を置き換えようとする人々はほとんどいないはずだ。そのような試みをしようとしても、不可能であるし、そのようなことをしていると、やってきている意味を取り逃してしまう。受け止める、聴いているしかないのだ。受け止めた意味は記憶には残っている。しかし、それは完全ではない。この意味は、聴いている現在、五感で、今の例では主に聴覚で受け止め続けるしかないのだ。ということは、感動している現在が大きな意味で埋め尽くされているのだ。その大きな意味で埋め尽くされた現在が続いていくのだ。ここには、理解を超えた、言語に表せない意味が、しかも大きな意味がやってきて、五感で、特に聴覚で受け止めるしかない、そんな現在が続くのだ。そして、この理解を超えた、言語で表せないことは認識を超えているのでは、…というのは、認識とは、理解することであり、それを言語で表すことであるとしていいからである。感性で受け止め、それを悟性、時には理性によって理解していくのが認識なのだ。しかし、それを超えた、その認識能力ではとらえられない、理解できない意味がここには存在しているのだ。それでは、これを受け止めている、受け止めたいとしている「我」の中の必要＝力＝意味は何か？となった時、心、魂が出てきたのだ。この、ふと出てきた、心、魂はしかし、やはり、芸術からの大きな意味を受け止めているとしていいのである。これを否定する考え、意見は出てこないはずなのだ。

確かに、人間の意識の中には、認識能力を超えた、認識能力ではない部分が存在している、としていいであろう。日常生活の中では、認識活動はほとんど働き続けているであろう。台所で料理を作っている時も、だいこん、にんじん、キャベツは理解されているのである。もちろん、いろいろ言語化していることはなく、いつでも言語化できるものとして、また、言語化していなくても、言語によって理解していることも多いのである。道を歩いていても、歩道、車道、信号機、車、自転車は…これらは後に小さな意味のところで見なければならない。このような認識の中で生活は進んでいるのである。

これらの認識活動の外側に、認識活動には関わらない部分が存在する、それが芸術を受け止めている。それを心、魂と言ってみたのだ。

しかし、少し飛躍しているとしていいであろう。人間の意識の中には、認識に関わっていない、少なくとも認識の働きそのものではない部分は存在している。感情とか気持ちというものだ。ただ、これらは認識活動に直結しているとしていいのだ。テレビで野球を見ていて、自分の応援しているチームが勝てば、大好きなバッターがホームランを打てば嬉しいし、負けたり三振すればがっかりである。これらは勝敗の結果や、ホームランや三振を認識した上で、感情が湧いてきているのである。先にも見ているが、上司に叱られれば、くやしいとか怒りとかの感情がやってきて、逆に褒められたりすれば、嬉しい感情がやってくるのだ。これらは、認識したことの中身の意味を受け止めたことによって、それを認識した「我」の中にそのような感情が生まれてきたとしていいであろう。お母さんは子供の健康な、元気そうな顔を見るだけで、認識するだけで嬉しい気持ちになるし、顔色が悪かったり、元気がなかったりすれば心配になって、暗い気持ちになってしまう。これらは、やはり認識した対象の意味を受け止めた結果だということになる。そして、言語によってその心配を、「大丈夫かな？　昨日何かあったのかな？　昨日、そう言えば少し寒かったかな…」などの思考によって、対象からの意味を受け止めようともするのである。感情や気持ちは、日常生活において、対象、事物の意味を受け止める、大事な役割をしている、必要＝力＝意味なのである。そして、それは多くは言語によって表されるのである。

これらのことも、事物の意味とそれを受け止める必要＝力＝意味として見ておかねばならなかったはずなのだ。それを最初に大きな意味として芸術を見たことによって、混乱しているのだ。

これらの感情や気持ちは、認識した対象、事物の意味、それを受け止める必要＝力＝意味として見ておかねばならなかったのである。これらの感情や気持ちには記憶が大きく力を与えているのである。これらを見ることもかなりたいへんな仕事にもなるが、この後、また見ていかねばならないのである。

ほんの少しの感情や気持ちを見た上で、心と魂に向かってみよう。いや、芸術に向かっている時の必要＝力＝意味としてまず見なければならない。

小説や物語を読んでいる時、やはり感情は働いているのだ。主人公の心の動きに合わせて、様々な感情を抱きながら、「我」は小説や物語を読んでいくのである。そして、それらの感情は、次の頁を読み進みたいという大きな必要＝力＝意味を形造っているはずなのである。そして、これらの感情はそれなりに言語化されているのである。

とはいえ、そのような感情を持ちながら、小説や物語を読み終わった時、特に、〝すばらしい〟とか、〝すごい〟と言われるそれらの文学作品を読み終わった時、やはり多くの人々は空白、と言っても何も存在しないのではなく、今まで読んできた時、次から次へと湧き上がってきた感情、それらが渦巻いて大きな力、力を持った塊になって、なんとも言えない、なかなか自分でも理解できない、言語にほとんどならない、心の情態を感じてしまうのではないだろうか。そして、言語としては、「すごい！」「すばらしい！」しか出てこなくて、自分の中にある、いくつもの積み重なった感情の塊、感動、つまり大きな意味の強い力を持った塊、塊として、しかも力としてしかとらえられないその存在を抱きしめるようにしながら、生きていく、生活していく、日常生活の多くの言語にも表現される世界に戻りながら、しかし、その意味の塊を抱きしめながら、力を感じながら生きていくのではないだろうか。

やはり芸術なのだ。日常生活の分かり切った、すぐに言語にできる世界を超えて、理解を超え、言語で表せないから芸術なのだ、…多くの、ほとんどの芸術は、日常生活のむこうに存在するのだ。日常生活の中で使われている言語、それだけでなく、日常生活で使われている理解力、それらのむこうに芸術は存在するのだ。だから、日常生活で日々を送っている人々は、それを受け止める手段がないのだ。芸術を受け止める必要＝力＝意味の中身は空白なのだ。言語も理解力もないのだ。思考も届かないのだ。そもそも芸術は思考でとらえられないし、生み出せないのだ。だから、ほとんど空白で受け止めるしかないのだ。いや、日常生活とは関係なく、芸術の持つ大きな意味は言語で表せないし、思考をどれだけ働かせても、それによって理解できないのだ。だから、ほとんど空白と言っていい状態で受け止めるしかないのだ。しかし、「我」は、人々は、芸術を欲しているのだ。その持っている大きな意味、強い力を自分の中に取り入れたいのだ。言語で表すことも、思考を働かせて理解することもできなくても、自分の中に取り入れたいのだ。いや、そもそも芸術を好きな人々、その大きな強い力を持った意味を自分に取り入れたいと思っている人々は、その芸術からやってくる意味を、そのまま、変化させることなく、できたら、その大きな意味の力のまま、自分の中に取り入れて、ずっと抱きしめて、できるだけ変化させることなく、大事にして生きていたいのだ。そんな大切な意味を与えてくれるのが芸術なのだ。

ただ、これらは、現代の芸術の在り方だとしていいであろう。多くの現代人は、今見たような空白の心、魂としかいいようのない意識の在り方で、芸術の意味を受け止めているとしていいのである。

しかし、宗教が大きな力を持って人間を支配し、神の大きな力が人間の中に生きていた時代には、これらの芸術を、人々は神の言葉で理解していたし、多くの芸術作品も神の言語によって生み出されていたのではないだろうか。

このあたりは、やはり大きな議論になるはずである。宗教学者をはじめとして、様々な人々と議論しなければならないだろう。

そしてまた、今見た例は、芸術の中でも極端な例で、家庭の日常生活の中で、しっかりと受け止めることができる芸術も多くあるはずである。音楽で言えば、ショパンのピアノ曲などは、やはり聴いていると、家庭の中に幸せな気持ち、優しさ、愛をもたらしてくるのではないだろうか。とはいえ、これらを言語化するとなると、なかなか難しいはずなのだ。とはいえ、シューベルトの歌曲となると、そこには言語が存在するはずである。ドイツ語で唄われていたとしても、求めれば、日本語訳もあるし、いや、日本にだってすばらしい歌曲がとても多く存在する。これらはまた、とても多くの疑問を必要とすることになる。

ただ、先に見た極端な例もやはり、芸術と向かい合う時、それなりに多く存在するのではないだろうか。これも人によりけり、時によりけり、場面によりけりのはずである。同じ曲を、家の中でステレオで聴くのと、コンサートホールで生で聴く時は違うはずである。また、人によっては、芸術に接する時、その先、後で、多くの解説書を読む人々もいるはずである。

とはいえ、芸術の意味はなかなか言語化できないし、理解も難しいこともやはり真実としていいであろう。そして、多くの人々の中の必要＝力＝意味は、〝聴きたい〟〝見たい〟〝読みたい〟で終わっているとしていいのではないだろうか。そして、必要＝力＝意味の根幹である欲望も、食欲はもちろん、性欲からも遠いとしていいであろう。しかし、ここにはやはりフロイトの抑圧理論は大きな問題要素として残るはずである。

また、言語化に関しては、ヘーゲルの『美学』という大きな存在はなかなか無視できないはずである。

しかし、これらはここまでということにしよう。

言語に表せない意味を先に見たことによって、そして、その中で芸術を見たことによって、大きくそこにはまり込んでしまったのである。それだけ芸術は大きな強い意味を持ち、人々を強い力、必要＝力＝意味で惹きつけているということで許されるだろう。しかも、それらの強い大きな意味、それに惹きつけられる強い必要＝力＝意味も、ほとんど言語化されないのだ。

このように言語化されない強い大きな意味、それに惹きつけられる、強い力を持った必要＝力＝意味は芸術だけではないはずである。それを見落としてはいけないであろう。

すばらしいまっ赤な夕焼け、青い、遠くまで静かに広まる海、秋の紅葉、美しい花々、人々はこれらを見た時、〝すばらしい〟とか〝美しい〟としか言語に出来ないのだ。しかし、これらはとても強い力の必要＝力＝意味を作り出し、それらを見るために、散歩やドライブに出かけ、時には旅行に出かけたりするのだ。花々に至っては、それを一生懸命、長い時間をかけて育てたりするのだ。しかし、これらの、すばらしい、美しい意味は多くの人々には、〝すばらしい〟〝美しい〟としか言語にならないのだ。でも、一方では、そこにはとても大きな意味が存在し、その大きな意味を全身で、ということは自分の中の、その時の必要＝力＝意味全体で受け止めているのだ。そして、このすばらしい、美しい意味を、大切にとっておきたいと人々は思っていて、現代では多くの人々が、持ち歩いているスマホにとっておさめるのだ。でも、それを言語で表して、保存することはほとんどないのだ。できないのだ。

いや、そうではない。人類は、これらのすばらしい、美しい、大きな強い意味をやはり言語化しているのだ。夕焼けだけをとっても、日本には三夕の歌を代表として、多くの和歌や俳句が存在する。童謡にもすばらしいものがいくつもある。「夕焼け小焼けで日が暮れて…」となれば、多くの日本人は、夕焼けの美しい情景を思い出すとともに、心になんとも言われぬ、痛みに似たと言ってもいいような強い感動を引き起こす。つまり大きな意味を受け止めているのだ。

やはり芸術なのだ。日常生活の中で生きている人間には、〝美しい〟、〝すばらしい〟とだけしか言語で表せない大きな意味を、芸術は、それを言語にして、音楽にして、人々に伝えているのだ。

その少し先では、芸術が表現する大きな強い力を持った意味は言語に表すことができない、言語に表すことができない、だから芸術なのだ、と言ってみてきたのだ。ところが、ここでは、自然の中の言語にはならない大きな強い力を持った意味を言語化しているから芸術なのだ、となっているのである。

これらはやはり、音楽や絵画、彫刻を念頭に置いていた上での議論だったとしていいのではないだろうか。文学、今見ている俳句や短歌、詩は、自然の中の、芸術と同じように、言語にならない大きな強い力を持った意味を、まさしく、言語で表現して、芸術家の力量によって言語化しているのである。まさしく芸術なのである。日常生活の中で生きている人々にはなかなか言語にならない、大きな強い力を持った意味を言語化しているのである。

このような芸術も存在するのだ。いや、言語を用いた芸術だから当然なのだ。その意味では、文学は他の芸術とは違うのだ、…となる。

…でも、…三夕の歌を読んで感じた感動、大きな強い力を持った意味を、「夕焼け小焼け」を聴いて、いや、歌って、自分の心の中に湧いた感動、大きな強い力を持った意味を言語で表そうとした時、多くの、いや、ほとんどの「我」は、やはり、〝すばらしい〟〝美しい〟しかでてこないのではないだろうか。だから芸術なのだ。ああ、忘れている、…「夕焼け小焼け」には音楽も伴っている…

もう言語にならない意味の方はこれでいいだろう。いや、その前にまとめておかねばならない。結局は、芸術を見て終わったということになるだろう。芸術と言語との関係はとても難しいことになっているのが見えてきただけでよしとしなければならないだろう。自然の中の、言語にならない、大きな強い力を持った意味を、芸術が言語にしていることまで見えてきたのである。いや、世の中には、〝言語に絶する〟や、〝言葉にならない〟という言い方も存在している。これらは、今程見た野山の美しい景色や、草花のすばらしい意味ではなくて、多くの場合、たいへんな出来事、事件、事故に出会った、〝美しい〟〝すばらしい〟とは反対の意味だとしていいのである。あまりにも大きな意味すぎて、言語にはならないのだ。少なくとも、日常会話で使っている言語にはなかなかならないのだ。ということは、このような大きな強い力を持った意味は、日常生活には稀にしか存在しなくて、だから、それらを表わす言語も存在していないとも言えるのである。とはいえ、人間は意味を言語化したい、しなければならないという欲望、気持ち、心、時には使命感、義務感など、つまりは必要＝力＝意味を持っているのである。ただ、なかなか言語にはならないのである。少なくとも日常生活の中での言語では表せないことが多いのである。これらの出来事に出会った時、人々は、言語にならないとは言え、つまびらかに、日記などに書いていくのではないだろうか。もちろん、人によりけり、出会った出来事によりけりであろう。人によっては、うまく、言語を重ねて、何度も人々に話す人達もいるであろう。そしてまた、芸術になるが、小説などでは、このような出来事、事件、事故、災害などを細かく、つまびらかに書いたものも多くある。

ただ、これらも、この大きな強い力を持った意味そのものではなく、その出来事の外面的な、つまり、現実の中で起こった現象として描いていることが多いのではないだろうか。それらを描くことによって、それを読んだり聴いた人々には、その場面が再現され、その出来事の意味が内に湧いてくる…いやいや、小説には心理描写という技法も存在する。日記も、自分の心を、意味を書いていくことが多いはずだ。やはり、意味を言語化しているのだ。言語にはならない大きな強い力を持つ意味を言語化する努力がなされているのだ。文学の歴史とは、これらの言語にならない大きな強い意味を言語化することであったとも言っていいかもしれない。いや、文学だけでなく、そのような多くの人々の眼に触れる形ではなく、日記や、夜眠る前の独り言によって、今見てきた大きな強い力を持った意味を言語化する努力をしているのではないだろうか。

そして、ここには、これらの大きな強い力を持つ意味を言語化したい、しなければならない、というやはりそれなりに強い必要＝力＝意味が「我」の中に存在しているはずなのだ。言語化して、この言語にはならない、なりにくい意味を、自分のものにしたい、つまり理解したいという気持ち、必要＝力＝意味が「我」の中に根強く存在していると言っていいのだ。いや、日々、生活して生きていくためには、自分の目の前に出てきた意味をその都度、理解していくことが必要なのだ。そのためには言語化しなければならないのだ。いつもつきあっている友達や、上司の不機嫌な顔は、その意味を理解しなければならないのだ。日常生活の様々な意味は、言語化して理解していなければならないのだ。

ただ、一方、それでも、音楽や絵画のすばらしい芸術の意味はなかなか言語化できないのだ。また、すばらしい自然の中の風景や草花の美しさも、なかなか言語化できないのだ。それを下手に言語化した時、その大切な、大きな強い力を持った意味がそうでないものに変わってしまい、その意味を逆に見失ってしまうこともあるはずなのだ。それをうまく言語化しているのが芸術だとも言えるのである。

ほんとうに、ここまでにしておこう。

三. 言語化されている意味

世の中の、いや、もっと、世界の中の事物はほとんど言語化されている。それは、事物の持つ意味が言語化されているとしていいであろう。ただ、これらの事物と言語の関係は、そんなに簡単ではない。世の中の事物のほとんどは、同じ種類がとても多く、無限に存在すると言ってもいい。車、家、道、花、草、これらは大きな種類として言語化されている。それらの種類は、それぞれ意味を持っていて、それが言語化されているとしていい。しかし、この大きな種類の下には小さな種類があって、車の下には、トラック、乗用車、軽四などの分類があって、それぞれ意味を持って、それが言語化されているとしていいであろう。花や草も、これは草花として一体となって、つまり植物として、植物学分類によってとても多く、何万、何千万という小さな種類があって、みんなそれぞれに名前を持っている。

そして、ここで大切なことは、言語一個に対して、その名前を持つ事物は無限に存在することもあるということである。もちろん、そうではなくて、たった一つの事物に、一つの言語ということもある。太陽、月、地球などの天体がそうである。とはいえ、これらも「我」には、現象としては様々に現れてくるのである。まばゆい朝日や夕陽もあり、暑い夏の正午の太陽もあり、雲に隠れてほとんど見えない太陽もある。月に至っては、満ち欠けがあり、大きく形を変えている。大昔の人はわからないが、我々現代人は、科学の知識によって、これらが一個の存在であることを知っている。

つまり、言語と事物の関係は、ほとんどの場合、一対多、あるいは一対無限の形になっているということである。多くの、無限に存在する事物の意味をたった一個の言語、名詞で代表しているということなのである。このことはあたり前のことであるが、確かめておかねばならないはずである。

そして、ここで大切なのは、この代表している意味は、その事物、数多くある、無限に存在する同じ種類の「何であるか」を表しているということなのだ。この「何であるか」こそは、この論文の冒頭で見た、フッサールの本質の定義であったはずなのだ。つまり、言語は、事物の、その無限に存在する仲間、同一の種類の「何であるか」を、本質を表しているということなのだ。実際、日常生活でも、特に幼い子供達に、道路を走る車を指さして「あれなあに?」と尋ねたら、「トラック!」「パトカー!」「消防自動車!」などと返ってくるのである。「なあに?」の中身、「何であるか」を示しているのである。大人達でも、散歩の途中、近所の庭で今まで見たことのない花を見たならば、「ああ、美しい花だな、なんて花なんだろ?」と考えるのである。そして、たまたまその家の奥さんがいれば、「美しい花ですね、なんという花ですか?」と尋ねるのである。「酔芙蓉です…」となると、「スイフヨウ…?」と名前を覚えて、「そうですか、ありがとうございます…」と立ち去るのである。ここでは、「何であるか」は、その花を見た時の感じたもののままになっていて、その「何であるか」を表している言語だけを求めて、立ち去っているということなのだ。もちろん、それは、言語が「何であるか」をその花の本質を表しているという、人間社会に生きてきた知識があるからである。そして、この言語さえ覚えていれば、その花のもっと奥深い、種や特徴を調べたいと思えば図鑑、いや、古い、スマホですぐに調べられるから、尋ねなくてもいいからなのだ。大人になると特に、このような新しい事物に出会った時、名前を、言語を尋ねて終わりということが多いはずである。このことは、反面、その事物の「何であるか」を見落とすことになりかねないが、一方では、言語が、その事物の「何であるか」を代表している、代替している、だから、その言語さえ覚えていれば、いつでもその「何であるか」をとらえることができるからとも言えるのである。

ここで大切なことは、言語は、事物の「何であるか」を、本質を代替している役割を担っているということなのだ。人々は、事物が「何であるか」を言語に負わせて、言語が事物の本質を担っているものとして、事物に向かい、言語を記憶から引き出し、その言語が本質を担っていることを分かったものとして、現象の中の事物と言語を並べて、その事物の本質を理解したとして、次の事物へ移っていくのである。生活の中では、やはりいつも忙しく、それだけで生活は成り立っているのである。

ただ、言語はそれで終わっていない。言語は、事物の本質の代替の役割だけとしては存在していないのである。その言語は、様々な意味を持ったものとして、それらの意味を担ったものとして存在しているのである。

〝りんご〟を見てみよう。〝りんご〟という言語を思い浮かべる時、と同時に、多くの人々は、少し赤い、そして縞模様の入った球形の、上の芯のところに、少し曲がった様についていた部分が残っている表象を思い浮かべるだろう。しかし、それだけではなく、その薄い、赤色の皮をむいて食べようとしている時、りんご独特の香りがしていて、また、それをいくつかに切って食べた時の味のおいしさを思い浮かべもするのである。それだけでなく、スーパーに行けば、皿に数個残っていて、三百円前後で売っていることも、また、秋に実り、近くのりんご園の道路を通れば、赤い実が重そうに、いくつもなっているのも思い浮かぶのである。〝りんご〟の言語はこれだけの意味を担ったものとして存在しているのである。いやいや、辞典、植物図鑑を調べれば、ここに多くの言語を使った説明が、そして、植物学的分類が載っているのである。また、植物学図鑑によっては、りんごの何種類かの品種が載っていることもあるのではないだろうか。

これらは全て〝りんご〟という言語が担っている意味なのである。それだけの多くの意味を、三音の、三字の言語で担っているのである。人間は、これらのすばらしい機能を持った言語を所有しているのである。しかも、この言語は無限と言っていいほど存在するのである。無限に存在する事物の種類のほぼ全てに、このような多くの意味を担った言語が対応して存在しているのである。

いや、それだけではない。言語は、様々な意味を、一個だけの意味、名詞によって事物の意味を表していたが、言語どうしが集まって、事物の様々な状態、事物どうしの関係、多くの事物が、しかも様々な種類の事物が混ざり合った、そして、それが時の流れによって変化していく様子を、つまり、その複雑な意味を表すことができるのである。事物とは言ってきたが、言語が表す意味のとても多くは、人間の、「我」の、そして人間どうしの様々な状態、その変化を表しているのである。しかも、人間は、「我」は、眼に見える、五感を通して感じられる現象だけでなく、その現象から様々な感覚、感情、思考、意志、精神という様々な意味を時にはとても大きくて複雑な意味を「我」の中に生じさせ、生み出しているのである。これらの意味は言語によって、言語の集まりによって表されているのである。表されているだけでなく、思考ともなると、言語によって、言語を積み重ねることによって生み出しているのである。そして、意志や精神ともなると、これらは基本的には思考を土台にして生み出されるが、意志ではその意味を言語によって固定してずっと変わらぬものに、また、精神ともなると、大きな力となって、光が輝くように人間を、「我」を、時には多くの人々を、国民を、民族を、同じ宗教を信ずる人々を動かすのである。

いや、まだある。想像や、空想というのもある。これも思考の一つとも考えられるが、これらは、現実の現象の中にはない存在、表象を生み出し、生み出すだけでなく、それを動かし、様々に変化させるのである。新しい意味を、現象の中にはない存在、そしてその意味を生み出しているのである。この新しい意味を言語が表し、また、思考の時と同じように、言語はこの新しい意味を生み出す大きな力になっているのである。人類はこれらの意味を言語化し、おとぎ話、童話、物語、小説などとして歴史の上で残してきているのである。これらの新しい意味は、しかし、やはり、現実の現象の中の意味を基本としていて、現実の現象の中の意味と重なり合う、大きな、複雑な意味を生み出し、言語化され、また、言語によっても生み出されているのである。

だから、意味は無限に存在し、また、新しく、日々刻々生み出されているのである。その意味の多くを、ほとんど人々は言語によって表し、また、言語によって新しい意味を生み出しているのである。

ほぼ、意味は言語化され、意味と言語は一体となって存在しているとしてもいいが、先にも見たように、言語化されない意味も多く、しかも、人間にとって、「我」にとって大切なものとして存在しているのである。

そして、これらのとても多くの意味、無限と言っていい意味を、人々はほとんど記憶の中に保存し続けて生活を続けているのである。とはいえ、最近では、これらの保存をスマホやパソコンの中に、という人々もとても多く存在するのである。このことは、記憶が、そしてそれを保存する機能が、時間を経るごとに少しずつ力を失くし、ぼんやりし、あいまいになり、時には、いくつかの記憶が混乱して、ということを防ぐ、いや、その前に、人間の記憶機能の容量には限界があり、あまりに多くの意味を保存することができないとして、これらの電子的用品が使われているのである。これらの電子的用品の前は、多くの人々はノートにメモをとり、時には日々、日記や日誌をつけ、記憶機能の不完全さを補っていたのである。つまり、人間達を、「我」を取り巻いている無限の意味と言語を、有限な能力の人間の、その機能、記憶を補うために、ほぼ無限と言っていい、少なくとも、人間としての「我」から見れば無限と言っていい、電子用品の力を借りているのである。そして、昔のメモや日記、日誌は、これを書きつけることができるのは、人間の有限の力によるし、だから大切なもの、忘れてはいけないものだけを、変化をこうむらない紙の上の文字にしていたのである。つまり、忘却に対してだけの対策だったわけである。

その意味で現代は、電子部品が開発され、人間の生活、それだけでなく、認識機能をも、大きく変化させているのである。

電子用品は、人間の認識機能の中核に存在する、記憶機能を大きく代替しているのである。いや、記憶機能だけでなく、認識機能も、聴こえている音楽をスマホに聴かせれば、題名、作曲者だけでなく、演奏家も教えてくれるのだ。

いや、人間に戻ろう。人間の記憶に戻って、それだけに絞って言語化された意味と記憶の関係を見てみよう。そして、ここでは必要＝力＝意味との関係を見ていかねばならない。

とはいえ、とりあえず、言語と意味が一体化している関係にどのように記憶機能が働いているかを見ていかねばならないのだ。

先にも見たように、言語は事物の意味を、「何であるか」を代替しているのだ。この代替は、事物の「何であるか」と、意味と言語がくっついている、一体化していることによるのである。一体化を成り立たせているのは、記憶によるのである。事物の意味と言語をほとんど同時に記憶し、保存し、また一方が出てきたら、ほぼ同時にもう一方を記憶から引き出しているのである。この保存と引き出しは記憶機能によるのである。

いや、それだけでなく、先にも、りんごの例で見たように、〝りんご〟という言語一つがとても多くの意味を担っているのである。この多くの意味と言語が担っているのは、記憶の働きによるのである。そして、その時は見なかったが、多くの意味の中から、その時によって、ほぼ一つの意味を引き出しているのは、記憶から引き出しているのである。この一つの意味は、その時々によっての必要な意味であり、ここには必要＝力＝意味が働いているのである。これはここで見なければならない大切なことである。

とりあえずは、意味と言語が一体化となって記憶に保存されるその在り方、そしてまた、言語一つにとても多くの意味が担われている在り方、それが記憶に保存されている様子を見ていこう。ほんの少し、簡単にではあるが…

新しい事物に出会った時、人々は、その事物をじっと見る。「なんだろう？…」思考も少し働く。この時、記憶の中をさぐっているのかもしれない。同じような事物を今まで見たことがあるか、記憶を確かめてもいるだろう。また、これとよく似た事物を、これまでに見たことがあるのではないか、ともさぐってみる。そして、「少し似てるな…」となる時もある。そして、この時、記憶の中をさぐってもいるが、と同時に、人々はじっと、その事物を見つめているのである。その事物が「何であるか」を見ているとしていいのである。その時の自分に見えてくるそのままの見え方、現象の中に存在するそのままを見ているとしていいであろう。とはいえ、もちろん、フッサールの現象学的還元からはほど遠い、彼が批判する、否定する〝自然的態度〟の見方である。そもそも、記憶の中をさぐっていることは、現象学的還元の後では許されないはずである。しかも、これらはほとんど無意識のうちになされているのである。いや、無意識的にはまだ、様々な思考、判断、いや、けっしてそのようなことの言えない脳の働きが進行しているはずなのである。目の前に今まで見たことのない花が存在したと仮定しよう。脳はすぐに、それが植物であり、それが今、花が咲いていることを見てとっているのである。そして、その花の色、形、そして、少し植物に興味があれば、その葉の形、茎からの伸び方などを見て、時には、「菊の仲間だな…」とか、「水仙の仲間かな…?」とかになるのである。しかし、その名前は、もちろん出てこないで、しばらくの間、じっと、この花を見つめているのである。このじっと見つめている間が、「何であるか」を「我」の中に取り入れている、認識にとって大切な時間になるのである。山の中でその花に出会った時などは、その現象の中の花の、様々な角度で見た記憶をじっと暖めるようにして、帰りの車を運転している時もあるはずである。そして、家に帰って図鑑を調べる人々もいるであろう。ただ、多くの人々は、家に帰るまでに、車を運転していれば色々な事物が、人物が、車が、店などが見えてきて、その花の記憶は保存の名前に入り込み、ほとんど引き出されることもなく、…というのは、多くの人々にとって、山の中で出会った花の名前を知ろうという、必要＝力＝意味はやはりとても小さいものだからである。

しかし、山の中でも、友達と一緒に行っていて、友達がその花の名前を知っていて、教えてくれたら、その名前が飛び込んできて、時には安心したようになり、今まで「何であるか」として見ていた様々が、その名前に変わってしまい、その名前を記憶にしまい込んで、もちろん、今まで「何であるか」として見ていた様々、色々とともに記憶に一体となって保存され、…やはり、多くはそれで終わるのである。

ここには、言語のとても多く、人間生活に寄与している機能の存在が見えているとしていいのである。言語を耳にしたとたんに、その事物が「何であるか」を見ていたことが終わってしまっているのである。もう、その事物を見ない、見ようとしないのである。ここには、事物の、今は花の名前を覚えておけば、それで充分であるという判断が、「我」の中に生じているのである。名前を記憶しただけで、「何であるか」が分かったともなっているのである。つまり、事物の意味が、今の例では花の意味が分かったとなっているのである。ソシュールに言わせれば、単なる数音の偶然的記号にすぎない言語が、事物の意味を、花の意味を代替している、いや、まさに、意味そのものとしてとらえられているとも言えるのである。日常生活の中では、意味とは言語で表したものとも考えられているところも多々あることを表しているとも言えるのである。

ここには、言語の次のような機能も潜在しているとしていいであろう。その事物の言語、名前を記憶に保存しておけば、その事物をはじめて見て、じっと見て、「何であるか」を、その意味を受け止めていた記憶を引き出せるだけでなく、より多くの意味を、人々の会話の中から引き出せるし、時には、図鑑などで、その名前によって、その意味を、植物学的知識を、また、そこに載せられた写真によって、その言語を聞いた時とは違った様子をした事物、花なども見ることができる機能が存在しているのである。つまり、その事物、花の意味を、様々な知識を得よう、得たい、得なければならないと思えば、それなりに引き出せるのである。つまり、言語が記憶の中に保存されていれば、必要な時には、「我」が住むこの人間社会では、その意味を様々な形で引き出すことが可能なのである。

言語を記憶しておけば、必要な時に、様々な意味を自分の住んでいる社会の中から引き出せるのである。

言語の機能はこれだけではない。言語は意味の、そして様々な意味の、知識の、それ以上に経験の、時には思い出の集積場になっているはずなのである。

一番良い例は人名だろう。人名はその名前を背負っている人物の「我」の知っている様々な意味を担っているとしていいであろう。その人名がふと浮かべば、まずはその顔、姿、表情が浮かんでくるが、それだけでなく、その人物の性格や、時には長所、短所、仕事、その内容、それへの関わり方、住所、家族、それ以上に最近のその人物の起こした出来事、「我」との間の関係などが様々に記憶に保存されているのである。そのとても多くの記憶から、その都度、必要＝力＝意味が働いて、会話の中などで引き出されるのである。

同じように多くの意味を担っている言語は、仕事や趣味の上で多いだろう。趣味から先に見れば、野球、テニス、釣り、といった言語は、「我」の記憶には、それに関わった、楽しんだ、時には苦労した、すばらしい成績をあげた、賞をもらった、大物を釣り上げたと、とんでもない意味を保存していて、愛好家はそれを聞いただけで様々の表象が、そして意味が瞬間的にそれぞれかけらのように浮かんでくるはずなのである。いやいや、それらのとても広い、とても多くの意味の中には、少し細かな言語が多く存在しているのだ。ピッチャーという一語だけで、野球ファンなら、そして、自分でもプレイしていれば、また経験があれば、様々な表象、シーンが浮かんでくるのだ。少年野球でピッチャーをした時の思い出、その時の成績、得意球、対戦相手などが浮かんでくるのだ。自分は今ではほとんどやらないで、プロ野球のファンだけになって、それでも、まわりからは狂っているとまで言われる人々なら、すぐに、自分の好きなピッチャーの姿が、そしてそのフォームが、また最近の成績などが浮かんでくるはずである。ということは、それだけ多く記憶に保存されていて、必要＝力＝意味が働いた時、というよりも、強い記憶の中の力で、自然に浮かんできたりもするのである。それだけでなく、もっと狭い意味を持った言語、シュート、ビンボール、内角、完封などもとても多くの意味を担っているのである。

仕事に移れば、仕事という言語だけで、とても多くの、しかもとても大きな力を持って、「我」の中に存在しているはずなのだ。そして、工場、機械、その一つ一つの名前、そして、いつも加工している部品名、それ以上に、今までの仕事の中でたいへん苦労して作り上げた数々の部品、それが使われた製品などの一つ一つの言語はとても多くの意味を担っているはずなのだ。それらの多くの意味を、その時々によって、必要＝力＝意味が働いた分を引き出しながら、仕事は進んでいくのだ。仕事の場合の必要＝力＝意味はとても強い大きな意味を持っていることが多いのである。その必要＝力＝意味には、義務や責任がつきまとい、その底辺には、自分と家族が生きていかねばならない根底的な必要＝力＝意味が働いているからである。

いや、それだけではない。仕事の上では、多くの言語が飛び交っているのである。今や資本主義が発達して、分業があたり前になり、同じ企業で、同じ工場で働いている者達は、一個の商品、製品を作るのに、いや、この部品の一つ一つを作り出すのにも、分業があたり前になっているのである。それらの部品、製品には図面がついてまわっているが、その図面にも、工業生産に特殊化された言語が書き込まれているのである。そして、その図面とともに指示書というものがついてまわるのである。いや、それだけでなく、一個の製品、時には一個の部品を作り出すのに会議が開かれることも稀ではないのである。それだけ、一個の部品、商品は多くの意味を担っているのである。そして、それらの意味は、言語化され、多くは文字化され、文章として、人々に大きな力を持ち続けるのである。〝持ち続ける〟のは、意味は言語化された時、そして、文字化、文章化された時、ずっと固定した意味を持続させ、意味を残し続けるということなのである。

以上は、一個の言語が、とても多くの意味を持ってきた例を見てきたのである。そして、ほとんど名詞だけを、事物の名前になっている言語を見てきたが、動詞や形容詞もとても多くの意味を持っていることも、ここでは確認しておかねばならないだろう。

動詞では、〝走る〟〝話す〟〝食べる〟と挙げるだけで、とても多くの意味が、その前に表象が浮かんでくるはずである。そして、その表象は、それぞれ意味を持っているのである。動詞の場合は、それだけでも表象は様々に浮かんではくるが、基本的には、その上に主語がついてはじめて、表象もその意味も固定したものになる。〝人が走る〟〝車が走る〟は広い意味を持っている。主語の名詞がもっと狭い意味になれば、子供が走る、そして、固有名詞がついて、〝○○ちゃんが走る〟となると、意味は固定化してくる。

形容詞も、それ一個だけではとても広い、しかし確定しない漠然とした意味、表象しか浮かんでこないが、〝山が美しい〟〝夕陽が美しい〟〝花が美しい〟と主語を付け加えると、それにもっと狭い意味を持つ主語をつけると、〝富士山が美しい〟〝チューリップが美しい〟となると意味も表象も固定してくるのである。

ただ、ここまで見ると、一個の言語ではなくなり、次のところで見る、言語の集まり、つらなりによる意味になってくるであろう。

四．言語のつらなりによる意味

今も少し見かけたように、言語は、正確に言えば単語がいくつか集まって、単語一個では表せない意味を作り出す。いや、現象の中で、「我」が五感で感じ、受け止めるものの多くは、単語一個では表せない。単語一個が表せるのは事物一個の意味であるとしていいであろう。いや、これは名詞だけのことだろう。今も少し見たように、形容詞は状態を、動詞は運動や変化を表わす、意味するものとして存在しているのだ。ただ、現象の中では、「我」の生きている世界の中では、状態や変化や運動が現れるのは、基本的には事物のものとして、事物の状態、変化、運動として、五感で感じられるのである。だから、形容詞や動詞には、それが表わす主語が基本的には存在するのだ。

とはいえ、言語は単語として、たった一個で充分に意味を表わすものとして存在はしているのだ。〝美しい〟という形容詞は、辞書にはしっかりとその意味が書かれている。しかし、「我」が〝美しい〟という言語によってその表象を思い浮かべようとすると、思い浮かぶが、なかなか固定しないのである。若い男性ならすぐに、若い女性、ファンの女優などが浮かんできたり、そして、〝美しい〟だけの意味にこだわって思い浮かべようとすると、今度は花が、お花畑や、日本人なら春の桜などが浮かんできて、やはり混乱してしまうのではないだろうか。やはり、形容詞は、基本的には主語を、主語となる名詞を必要とするのだ。

動詞も基本的にはその主語となる名詞を必要とするとしていいであろう。

ソシュールも言うように、主語＋述語、つまり文となってはじめて、言語は意味を完成したものとして伝えることができる、ということになるだろう。

とはいえ、日常生活の中では、形容詞や動詞が一語だけで使われることも多いはずである。

西の山に沈む夕陽を見て出てくる言語は「美しい…」である。それ以上は要らない。西の山を見ているのが、美しいのが西の山であることが、自分でもよく分かっているからである。それ以上の言語は必要ないのだ。友達や家族と一緒にいても、「美しい…」だけで充分だ。今見ているのが、一緒に見ているのが、西の山の夕陽であることが分かっているからだ。そして、「美しい…」と出たのは、自分の心の中に、夕陽は何度も見ているが、それでも、ことの他美しいと思った、その感動が起こり、一緒にいる者達にもそれを伝えたいと思ったからだ。〝美しい〟の主語が省略されたのは、互いに、西の山を見ていることを了解していたからであり、世界を共有しているからである。今見ている対象が共通であり、その意味が〝美しい〟の形容詞の一個で伝わることが了解されているのである。

若い男が一週間ぶりに恋人に出会って、「美しい…」と出るのは、それを聞いた恋人が、自分の顔に目が向けられていて、美しいのは自分の顔であることを了解しているからである。言った方は、それだけでなく、この発せられた言語が、それを聞いた恋人をとても喜ばせることも知っているのである。ただ、この相手を喜ばせるだろう意味は、やはり言語にはなかなかできない意味であるとしていいであろう。〝美しい〟を聞いた恋人も、自分の中に嬉しさという強い大きな意味が湧いてきているが、それを通常は言語にしないのである。このように親しい間柄でも、言語にはしない意味も多くある。これらは、まだまだ、いや、先に、言語にはならない意味のところで見なければならなかったのでは…まあ、まあ。ここでは、日本の社会で特に言語にはしないで、できない意味を社会は、人々は、共通に持っていることにもなる。

元に戻ろう。真夏になれば、「暑い…」は自然と出てくる。これも自分だけの独り言でも、まわりに人々がいる時も、形容詞一語だけで充分に意味は伝わっている。暑い空気が世界を満たし、みんな、その暑い空気を共有しているからである。そして、〝暑い〟のは、その空気であることはみんな了解しているからである。

このように、形容詞は通常、主語を、その主語になる名詞を必要とする言語であるが、このような世界が共有されている時は、この主語は多くは省略され、形容詞一語だけで意味を伝えているのである。

動詞も、いや、動詞こそは主語を必要とする言語、品詞である。動詞は、まさしく、動いている、変化している状態、ありさまを、その意味を伝える言語であるから、その何が動いているか、変化しているのかは、多くの場合、意味として必要なのである。とはいえ、やはり、世界を共有している人間どうしは、主語はわかったものとして省略されているのである。

家族が一緒に食事をしていて、子供達がテレビを見ていて、なかなか食事が進まない時、父親は「食べろ！」と声をあげる、そして、テレビを見ていることに対しては、「見るな！」と叱る。世界を共有しているから、動詞の主語は、わかったものとなっているし、目的語のごはんやテレビも省略されているのである。そして、ここで気付くのは、使われる動詞は終止形ではなく命令形であるということである。様々な例を思い起こしてみても、なかなか動詞は終止形として一語だけで使われることはないのではないだろうか。とても多く、動詞一語が使われるのが、命令形としてであるということである。

動詞の意味を伝えることとは、特に世界を共有していて、その中で会話として伝えることとは、その伝える相手に、その動作をしろ、変化をしろと伝えることで命令形が多いことになる。そして、命令文の場合は、会話の中では、その話している相手であり、それはわかったものとして、主語が省略されるのである。英語などでは、命令文は主語が省略されることは文法として規則にまでなっているのである。

もちろん、命令の形だけでなく、願望を表わすことも、動詞一個に近い形で使われる。ただし、その時には、動詞には願望を意味する助動詞がついてまわる。父親に叱られても、反抗的に、子供は、テレビに釘付けになったまま、「見たい！」と言うこともあるし、また、そんな時でも、お母さんがおいしいごちそうを運んでくれば、「食べたい！」ともなるのである。そして、〝テレビ〟や〝ごちそう〟の目的語は了解ずみとして省略されているのである。そして、この時省略されている主語は、〝私〟や〝僕〟や〝俺〟〝自分〟などの一人称であることである。

ここまで見ると、すぐに、主語の「我々」が省略されている例も見えてくる。「頑張ろう！」や「闘うぞ！」や「遊ぼう！」「走ろう！」などである。世界を共有している全員に呼びかける言語である。

×××　　　×××

言語のつらなりによる意味を見ると言って、一語だけの、形容詞や名詞の使われる例を見ているが、これも必要なはずである。見えてきているのは、世界を共有している時の、主語や目的語の省略による一語だけの使用なのである。ということは、一語だけとはいえ、助動詞や付属語も使われているが、形容詞や動詞が一語が主として使われる時は主語や目的語が、それらは多くは名詞であろうが、それらが省略されているだけなのだ。ということは、意味の上では、それらの主語や目的語、その名刺が存在しているはずなのだ。それではじめて意味が意味として存在するのだ。ただ、世界を共有している人間どうしでは、それらが省略されても意味が通じる、通じ合うということなのだ。

このことは名詞の時とは少し違うのではないだろうか。これは、ソシュールの言語学が言っていることに反するかもしれないが、少し見てみよう。名詞の時は、形容詞や動詞の時の省略がないのではないか、という議論なのだ。子供達が二、三人で田舎道や山道を散歩に出かけた時、「どんぐり！」とすばらしい物を発見した者は言うだろう。道に、「ヘビ！」の時は、恐ろしい生き物に出くわした時である。秋になれば、親子で庭を眺めている時、「赤とんぼ…」と自然に出てくるのではないだろうか。また、一人で歩いている時も、誰か知っている人物が、向かい側の歩道を通っている時、「〇〇さん」と呟いているのではないだろうか。また、乗用車やトラックが通っている中に、まっ赤な車が来れば、「消防自動車…」と自分に言っているのではないだろうか。もちろん、これらには、「どんぐりはすばらしい」とか「珍しいどんぐり！」という形容詞が省略されていることも考えられるのであるが、どんぐりを見た子供達は、どんぐりを見ただけで、どんぐりからやってくる意味をじっと見つめ、〝すばらしい〟とか〝珍しい〟とかも言語としては思いつかないことが多いのではないか、ということなのだ。

消防自動車の時も、「どこかで火事かな?」とか、「でも、サイレンを鳴らしていないし、単なる車の移動だろう」との推測も働くであろうが、見ている本人は、やはり、それよりも、消防自動車の存在そのものの意味をそれなりに感じているのでは…と言いたくもなるのである。そして、「どこかで火事かな?」や「でも、サイレン鳴らしていないし、単なる移動だろう?」などの推測も、消防自動車についての、消防自動車という事物を核にした推測であるということなのだ。

つまり、言いたいことは、名詞が一語で使われる時は、他の言語の省略がない時も多く、一語だけで意味を伝えている、伝えることができるのでは、ということだが、それだけでなく、先にも見たように、その一語を中心に、核にした意味が多く付着している、ということなのだ。

そして、ここがソシュールの言語学に反することになるが、名詞一語だけで、文になっていなくても意味が通じる、共有できるし、名詞そのものが意味として存在している、できるのではないか、ということなのである。しかも、世界には、名詞一個だけでの意味が多く存在しているのでは、ということなのだ。

というのは、人間は世界に住んでいるが、「我」を中心とした、「我」の主観から離れられない「我」の世界、「我」の意識の世界、その外へは出ることのできない世界、この論文では世界＝意識というある意味、小さな限られた世界に住んでいるが、そして、その中で日々生活をして、つまりは日常生活を過ごしているが、その日常生活の中では、意味は事物を中心として存在しているのではないか、ということなのだ。もっと言えば、生活をしていくためには、事物が一つずつ、その時々の意味を持って、「我」にとって存在しているのでは、ということなのだ。そして、その事物の意味を表しているのが名詞であり、ということは、言語は名詞が中心となっていて、その名詞は一個だけで意味を持ち、意味として存在しているのではないか、ということなのだ。

ただ、こう言っても、多くの人々、日常生活の中で日々を送っている人々は、「あたり前だろ！…」と言って、何を言っているのだ、とまで思うと言っていいのではないだろうか。つまり、生活の中で、日々を送っている人々には、これは多くの人々が認める、特別に変わったことではないのだ。しかし、一方、言語学や、その他の学問に通じた、つまり学者さん達には、「まあ、世間話の中ではそうだろうが、学問の世界では、…あなたは、学問というものを…」とも返ってきそうな気にもなるのである。ということは、今述べた主張は、言語学からはほど遠い、日常生活の中での意見であるともなるのである。

そもそも、意味の定義もなく、ここまで議論してきているし、言語についても、今は、名詞と形容詞、動詞を見ただけなのである。ただ、これらについては、それなりに議論してみたいものである。

いや、ここはもう少し見なければならない。事物の変化、運動についても見ておかねばならない。そこにおける意味と言語の関係をである。事物は静止している時、一つの状態を、いや、通常ある状態を保っている時、その意味は名詞一個でも充分に表すことができるだろう。しかし、事物は多くは運動しているし、その状態の在り方も変化している。空の様子は刻々と変化している。その中の太陽も月も、お星さま達も刻々と変化している。その下の空気、風も動いていて、変化している。その風に吹かれている草花もそれによって動いている。いや、草花は日々成長して、美しい変化を見せてくれる。これらの運動、状態を表わすのが動詞や形容詞である。

草花から見ていこう。桜が咲いた、桜が揺れている。いや、その前に、桜は美しい、桜はすばらしい。事物の運動、状態を言っているのだ。空も、空が青い、空が暗い、空が晴れている、空が曇っている、などとなるだろう。これらは事物の運動を言っているが、形容詞そのものは状態だけを表しているとしていいであろう。ただ、事物の様々に変化した状態を多くの場合は言っているとしていいのである。変化した状態が「我」に意味としてやってきた、その意味を伝えているとしていいのである。

ここで確認しておくべきは、事物そのものは意味を持っているが、つまり、太陽、空、花は、「我」にとって、人々にとって、それだけで事物として大きな意味を持っているが、その運動、変化、とその状態も大きな意味としてやってきているのである。しかも、これらの運動、変化、その状態は、事物のものとしての意味を持っているのである。そして、その意味を表わす、伝える時、基本的には主語として事物を表わす、名詞を必要とするのである。事物の運動、変化、状態なのである。

そして、実際、動詞も、形容詞も主語を必要としているのである。つまり、事物が必要なのだ。主語となる事物、名詞を必要とするのである。とはいえ、確かに、辞書には動詞や形容詞の単語一個一個に意味は書かれている。しかし、それらの意味は、はっきりとした形にはならない、抽象的な意味なのではないだろうか。そして、実際、動詞や形容詞の表わす、意味している表象を浮かべようとすると、やはり形の定まらない、特に動詞では、その運動している表象が、その主語となるべく事物を伴って、しかし、ぼんやりと、しかも、その運動している主体、事物が次から次へと変わって、浮かんでくるのではないだろうか。

しかし、もう少し例を見てみよう。〝走る〟を表象として思い浮かべれば、誰の足とも分からない足が走っている、その足の部分だけが浮かんでくるのではないだろうか。走っている主体が、主語が分からない、走っている足だけの表象である。これを抽象的と言うか、具象的と言うかは、意見が分かれるところだろう。そして、今言ってきたことと矛盾すると言われるかもしれないが、この表象は、それなりに〝走る〟という言語の意味を伝えているとしていいであろう。同じようなことは、〝話す〟でも言えるはずだ。誰の口、唇とも言えない、それなりの運動をしている表象が浮かんでくるはずだ。そして多くは、口の周辺だけで、鼻から上は消えてしまっているそれによって、誰のとも分からない口、唇が運動している表象が浮かんでくるのではないだろうか。そして、これもそれなりに、〝話す〟の意味を伝えているのではないだろうか。

形容詞になると、もう少し、今言ってきたことが認められるかもしれない。〝美しい〟ともなると、その表象を浮かべようとすると、本当にその主語が次々に脳の中で変わってしまうのではないだろうか。最初出てくるのは、やはり美人と言われる、あるいはファンとして憧れている女性の顔であることが多いはずだ。それが次の瞬間には花、どの花とも言えない、この花も二つ、三つが瞬間、ぼんやりと浮かんで、その次には、夕陽や、青空や青い遠くまで続く海であったりして、やはり固定したものとしてしっかりとした表象にはならないのではないだろうか。〝楽しい〟ともなると、何人かの、特に子供達の笑っている、あるいは遊んでいる、しかし、はっきりとも定まらない、表象がぼんやりと、そしてすぐに消え、時にはそれらの視覚表象に笑い声が混じり、いや、それ以上にいくつかの眼の輝きが浮かんできたりもするのではないか、ともなるのである。それでも、〝寒い〟などでは、冬の厚手の服を着た自分の腕が少し浮かんで、その腕が感じている〝寒さ〟その触覚表象が浮かんでくる、とはいえ、そうではなく、冬に家から外へ出た時の顔に感じる空気の感触、また、道を歩いている時に吹き付ける風の感触…

くだらない議論になっていると叱られているかもしれない。ただ、それでも、やはり、意味というものが、事物が中心になっていることについてはそれなりに認めてもらえているのではないだろうか。ソシュールに戻れば、言語の意味は文になってはじめて意味として伝えられるという理論とも、考えようによれば、今言ってきたこととそれなりに一致しているとしていいのである。文には主語があり、その主語は多くは事物なのである。そして、動詞や形容詞は、その事物の変化や状態を表わしているのである。つまり、事物が文の伝える意味の中心になっていることはまちがいのない話なのである。問題は、事物一個だけで、いや、名詞一個だけで意味を表しているかどうかなのである。

事物一個だけ、いや、それを表している名詞一個だけで意味を表しうるか、この議論をする時は、哲学に戻ろう。

哲学は多くの場合、対象に向かっている主観からはじまるが、この対象こそは事物のはずなのだ。多くの場合、議論は抽象的に始まり、主観が向き合っている対象は事物であると、事物を想定して、読者は読み進んでいるはずである。そして、今まで何度も向き合ってきたフッサールの著作には、事物という言語が多く出てくる。また、この論文で最初に引用した『イデーン』の本質に関する部分では、〝個物（Individuum）〟として出てきている。翻訳の前の原文での対比も必要であろうが、〝事物（Ding）〟と言った時は、複数の個物の集まりをも意味するとしていいであろう。ここで言いたいのは、フッサールも本質を、個物、一個の事物のうちに求めているということである。この引用をもう一度記述しておけば、「本質ということによって表示されていたものは、或る個物の自己固有の存在のうちに、その個物の「何であるか」として見出されるものであった」なのである。本質と意味との関係は、この後見ていかねばならないそれなりの仕事、この論文をしめくくる仕事になるはずである。ここでは、「何であるか」はそのまま〝意味〟として解釈して進んでもいいはずである。

そして、ここで言いたいことは、哲学も、意味の中心的、根本的存在とも言える本質を個物に、事物に求めているということである。そして、この事物、個物の「何であるか」を表しているのが、名詞であるということである。ただ、この名詞も、ソシュールに言わせれば、記号にすぎないのであって、この論文としても、それに反対するものではないが、ただ、ここで言いたいのは、その記号である言語が、事物の意味を担っている、もっと言えば、肩代わりしているということなのである。そして、この事物の意味こそは、人間社会の日常生活の中で、意味の中心となり、言語では主語となって、いや、目的語ともなって、言語の表わす意味の核になっているはずなのではないか、ということなのである。そして、これらの事物も様々に運動し、変化し、様々な状態において存在していて、それらを表現するのが、動詞や形容詞、その他の品詞なのではないか、と言いたいのである。

ここでは、人間の生活の中では、事物はやはり意味の中心になっていることは認めてもらえるはずである。しかし、それらの事物の運動や変化、様々な状態、在り方もそれぞれに、その時々で大きな意味を持っているが、それらを表わすのに、形容詞や動詞などの他の品詞が使われているということも認めて、ほぼ認めてもらえるのでは、ということなのである。

×××　　×××

以上見てきたことで言いたいことは、人間の生活は、事物を中心に、事物に向かってなされ、進んでいるということである。そして、事物からの意味を引き出しながら生活は進んでいるということなのである。このことは、ここでのテーマである必要＝力＝意味は、多くは事物に向かっていて、そこから意味を引き出してきているということなのである。そして、その事物の運動、変化、その時、その状態を見ながら、そこからの意味をも、とらえながら生活しているのである。もっと言えば、ここに欲望というものを持ち出せば、なお、よく理解してもらえるだろう。欲望の対象は事物なのである。食欲の対象である食物は事物なのである。その事物は、カレーライスであり、ごはんであり、味噌汁であり、納豆なのである。それらの名詞は、それらの事物の意味を代表して担って、表しているのである。性欲の対象は、事物を広い意味にまで広げた、自分と同類の動物である人間が、異性なのである。こちらは一人一人固有名詞を持って存在しているのである。そして、この欲望は、大きく意味を形造っている、意味の中核を形造っているとしていいのである。そして、この欲望こそは、必要＝力＝意味の中のとても大きな力としていいのである。

しかし、言語が名詞だけでは不十分なとおり、事物だけの意味では人間は充分に生活していくことができない。今まで見たとおり、事物の運動、変化、その状態、いや、それだけでなく、事物と事物の関係、その関係の変化、そしてまた多くの事物の在り方、その集合、その在り方、集合の変化、それ以上にもっと広く、それらの事物全体を取り囲んだ世界、その世界の運動、変化、そして、もっとも大切なものとして、それらの事物と自分との関係、その事物の運動と自分の関係、これらの事物の変化と自分の関係、そして、事物どうしの関係や、事物の集合との自分の関係、世界との関係、世界の動きや変化との自分との関係、…いや、まだある、自分と自分との関係、自分の動きや変化と自分の関係、などなどある。これらの関係の中で、その意味の中で、その意味の大きさ、大切さも存在する。一番大切な大きな意味は、家族との関係の意味であるとしていいであろう。「我」は、自分は、この家族の中で生活のとても多くを過ごし、生活のほとんどを家族によって、その意味を実現しているのである。いや、それ以上に、家族の中には、意味の中で最も大切な愛が存在しているのだ。これは、人間が生きていく上で、最高の意味であり、人間が生きていく上でのとても多くを支えているのだ。いや、家族だけではなく、家族の他の親戚、近所の人々、そして友人、人間どうしの愛、人類愛というものも存在するのだ。多くの人々は、この愛をとおして、人々に向かい接し、関係を作りながら生活しているとしていいのである。

いや、もちろん、それだけでなく、この愛の反対、憎悪、敵という大きな意味も存在する。これらの愛に反対する憎悪、敵対心は、愛と複雑な関係を、つまり複雑な意味を作り出しているのだ。
友達どうしでも、友情という愛が、ほんの少し、一言、一つの出来事で、その反対の憎悪に変わることもある。
いやいや、愛が支配している家族の中でも、けんか、いざこざ、対立は日常なのだ。それでも、その基盤には愛が存在し、…でもでも、とても難しい関係、意味にからまっていることも…

そして、恋愛…人生にとってのとても、一番と言ってもいい意味、そして、喜びから悲しみへ、愛から憎悪へ、またその反対へ、時には、一瞬にして変化し、また、少しずつ変化していても、本人達も、いや、一人だけ気付いていて、もう一方は気付かなくて、いやいや、これにも思い込みというのもある…人生で最も大切である、大きな意味ではあるが、また、なかなかとらえにくい、しかも、自分と相手の関係、その変化、その心の動き、変化もなかなかとらえがたい、理解しにくい、理解していたと思っても、次の日にはまた変化してしまっている。難しい意味を、そして、一方、自分の心の動き、心の在り方でさえも、その意味をもなかなか理解できない…時には、絶好調、うれしくてしょうがない、それが次の日には…

こんな激しい恋愛ばかりではなく、静かに、じっとお互いの心を大切にし、存在を大切に、…

これらの意味を人々は、恒に感じ、様々に感じ、心に抱きしめながら生きている。しかし、これらを言語にするとなると、…なかなか、…少なくとも日本人は、…いや、いろいろな国々の人々だって…

これらのとても大切な意味、特に、家族の中の大きな強い力を持った意味を、そして恋愛の、自分でも理解しかねる難しい、しかも、恒に変化する意味を言語にすることは、なかなかないのではないだろうか。まさしく、秘密を隠すように、じっと抱きしめながら、多くの人々は、そして、自分の中でも、それを言語化することなく、その意味の持つ力と様々なニュアンスだけを抱きしめながら、多くの人々は生きているのではないだろうか。

これらの意味を言語化できるのは、親友との会話、そして日記などではないだろうか。いや、その前に独り言というのもある。少しだけ見てみよう。

五．独り言

独り言は、基本的には社会では禁止されている。そこまではないにしても、抑圧、圧力はかけられているとしていいであろう。学校や職場では、生徒どうしの、職員どうしの会話は禁止されているが、独り言も禁止されているとしていいであろう。音声に出して、その音声が教室での授業や職場での仕事の邪魔になるからである。とはいえ、最近では完全なまでに禁じられているが、昔の工場では、特に大きな音をたてる機械で働いている職人達は、大きな声で歌を歌ったり、その間に、かなり大声での独り言も珍しくはなかった。しかし、最近ではこのような工場はほとんどないと言っていいであろう。最近では職場でも、いや教室では昔から、会話と同じように独り言は禁じられているとしていいのである。だから、現代の社会では、独り言はほとんど、少なくともめだった形では見受けられない。

とはいえ、食事の時間や休憩時間、そして、更衣室などでは、やはり時々独り言を言ってしまう人々も多い。いや、一人で歩いている時、一人で運転している時は、自然と独り言が出てしまう。一人になった時、独り言は出てくるのだ。

いやいや、独り言は多くは声に出されないで、自分の中で、誰にも聴こえないように話されることは多いのではないだろうか。このような独り言は、かなり多くの人々が、かなりの頻度で繰り返しているのではないだろうか。そして、〝独り言〟という限りは言語が使われているのである。

この独り言の構造を見てみよう。独り言とは、自分が自分に向けて言う、いや、自分に向けてというよりも、自然に出てきてしまう、時には自分も聴きたくない、でも言わなければならない、言いたいことを言うのである。多くは自然に出てきてしまうのである。「チクショウ！」「やっとれんわい！」「だるい…」「疲れた…」など、小言、文句が多いのではないだろうか。もちろん、時には、「やったあ！」「うれしい！」「だいすき！…」「愛してるよ…」「愛してね…」なども出てくる。マイナスの心境、プラスの心境を呟くのである。ほとんど主語は省略されている。だから、形容詞や動詞が中心になって、それに短い付属語がついている。もちろん、長いのもある。「すみません、私が悪いのです、あの時、少し考えごとをしていたもんで…」と言い訳を、今日やってしまった不祥事に対して、明日の朝、言い訳の練習をしているようなこともある。この場合、独り言の内容を受け止める、聴いてくれるはずの相手は、確定されている。しかし、こんな時も、明日、相手には言えない、言えばたいへんなことになることも話している。「とはおっしゃっていますが、そんな考え事をしていたのも、あなたがとんでもない仕事を命じになって、そんなことで頭がいっぱいで、もうやっとれませんわ…」などである。相手に言えないことを一人呟くのは恋愛の、特にはじまりかけの頃に多いのではないだろうか。まだ好きと相手に言えない時、その一番言いたい言葉を言えるのは、自分にだけなのだ。「好きだよ！…大好き…すばらしいよ、…ずっと一緒にいたい…」などは、多くあるはずである。

独り言は様々なのである。ほとんどは自然に出てくるのだ。その自然に出てくる源は、心であると言っていいであろう。心に、大きな言語にしたい意味が積み重ねられているのだ。蓄積されているのだ。この蓄積をしているのは、この論文のテーマとしている記憶なのだ。保存された記憶が、その意味が保存されるだけでなくて大きな力となって、その力を発揮しようとして、言語となって出てくるのである。つまり、必要＝力＝意味が力になってくるのである。そして、この言語の多くは、自分だけのものにしていなければならない、他人に聴かれてはならないものなのだ。明日上司に謝り、弁解する時に、言いたいこと、しかし、言ってはならないことを自分で繰り返すのである。恋愛の時も、まだ言ってはいけない、今言ってしまうと、恋が壊れる、終わってしまう、とても難しい時に、自分だけに言って、繰り返すのだ。上司に弁解するのは、力を持った必要の意味が働いていて、また、言ってはいけないのも力を持った必要の意味が働いているのだ。ここには、必要と力と意味が複雑な関係になっているのだ。

○心の構造

独り言の源は心である。心は、人間の中に在って意味を、主として自分にとっての意味を保存しておく場所であるとしていいであろう。この保存をしているのは記憶の機能である。意味とは言ったが、今まで見てきたように、我々人間にとって、世界の中で生きる「我」には、次から次へと瞬間毎に意味がやってきている。道を歩いている時は、その道の上に現れる車や人や信号機等々は、全て意味を持ってやってくる。また、友達と会話している時は、言語の一個一個が意味としてやってきて、それが大きな意味の塊になって保存される、道を歩いている時は、次から次へとやってくる意味は、ほとんどは次の瞬間に力を失くし、消えてしまう。友達との会話の時も、一個一個の言語は次の瞬間に消えてなくなってしまう。しかし、友達との会話の中身、内容は、一つの塊のように、時にはそれなりの力を持って心に残る。散歩をしている時、青空がとても気持ちが良かったり、夕焼けがとてもきれいだったりすれば、時には暑くてたいへんだったり、寒くて困ったりして、それらの印象は心に残る。

心に保存される意味は、今は、ほんの少ししか見ていないが、それなりの塊となった、それなりの力を持った、それなりの大きさを持った意味としていいであろう。それに反して、次から次へとやってくる小さな意味は、少しの間は記憶には残っているが、消えてしまうとしていいであろう。心とは、また定義もしないで言ってしまうが、このような、それなりの大きな力を持った意味を貯蔵する場所であるとしていいであろう。

いや、小さな次から次へと消えていく、道を歩いている時、様々な見えてくる車や人や信号機など、友達と話している時、次々とやってくる言語など、つまり現象の中で現れて、五感でとらえられ、その次の瞬間には、次の事物に席を譲っていく小さな意味と、それらが大きな塊になって心に保存される、そして大きな力を持ち続ける意味の中間に、ここでは感情というものを見ておかねばならないだろう。

感情も大きな力を持った意味である。ここも定義を避けて感情に向き合ってみよう。友達と話している時、小さな、次から次へと消えていく言語の意味が、一つの塊となって、それなりに大きな意味としてやってくる。このそれなりの意味は、多くは感情を伴っている。いや、このそれなりの意味を感情が表現していると言っていいであろう。共通の友人の面白い噂話になれば、楽しい、愉快な感情がやってくる。先生や、上司が言った、めんどうな難しい勉強や仕事の話になると、不愉快な、苦しい、時には惨めな感情が湧いてくる。道を歩いている時も、自分の好きな歌手のポスターが貼られていたり、新しい明るい、これまでこの近くになかったような店のオープンを目にした時は、楽しい、愉快な感情がやってくるし、逆に、道路工事や、今まで通っていた店が閉店の貼り紙がしてあったりすると、淋しい、苦しい、重苦しい感情がやってくる。

これらの感情はそれなりに大きな意味を持っているが、その時々によるが、多くの場合、やはり次から次へと新しい意味を持った感情が現れて、先の感情は消えていく。しかし、そうではない時があるのが感情なのである。やはり、感情には大きな意味、小さな意味が、強い力の感情、弱い力の感情があり、そして、それぞれが様々なニュアンス、色彩を持って現れるのである。現れるのは「我」に対してであり、その力は「我」に様々に働きかけるのである。そして、その力があまりに強くて、「我」の外へ出てしまう、まわりの人間に、その感情の中身が見えてしまう、それだけでなく、まわりの人間達、特に目の前の人間にぶつけてしまう、…これが感情である。

それだけでなく、感情は、現象からの認識と違って長引くのである。現象からの記憶は次から次へと、何であるかが分かれば、それで了解し、次の認識へ移っていくが、感情も先にも見たように次から次へと変化していく。スポーツを観戦している時などは、応援している選手、チームのその時々に、嬉しい気持ち、楽しい気持ちがやってきたかと思うと、次には「ええ?」とか「なんで?!」とか、残念な、くやしい気持ちがやってきたりするが、上司や先生に叱られた時は、ずっと家に帰っても、また、仕事や勉強で失敗した時なども、ずっと、時には何日も、いやまだまだ、事故を起こしたり、失恋した時は、何か月も、何年も、大きな力を持って感情は続くのである。その反対に、いいことがあった時、ある大会で優勝した時、二人の愛が結ばれた時、そして結婚、子供の誕生、は大きな喜びがやってきて、長い間続くのである。もちろん、これらの長い間続く感情には、次から次へと起こる生活の中の小さな意味の感情が入り込み、まざりあい、時にはその大きな意味を持った長く続く感情を押しのけて、また、まざりあった時には、複雑な感情、自分にも理解できないような感情が湧いてきたりもするのである。

これらの感情が、それなりの時間存在し続けるのが、心であるとしていいであろう。その意味では、心は感情の宿る場であるとも言えるのである。心には、その他に意志や欲望も存在するのであるが、時には感情で心は埋め尽くされてしまうのである。そして、感情と欲望はまざりあい、様々な、新しい感情を、また欲望を生み出していくのである。意志の方は、もっと長い人生の目標を持って、多くは、この感情や欲望を抑制し、多くはその力が大きくなりすぎないように、また外へ出ることのないように抑え込んでいるのである。これらが共存しているのが、心という場であるとしていいであろうが、時には、その一つだけが大きな力を持って押しのけ、それだけでなく、「我」を支配することもある。

これらのことを細かく見ていくことも大きな仕事になるが、そして、〝意味〟を見ていく上での大きな仕事になるのであるが、ここはとりあえず〝独り言〟にもどろう。

以上、ほんの少し見ただけであるが、独り言は、心が発する、基本的には他人にではなく、自分にだけ発せられた言語であると言えるだろう。言語はコミュニケーションの道具として存在すると見るならば、これは例外であるとも言える。しかし、ここは微妙なところで、ほんとうは誰かに聴いてほしいが、それが、それを聴いてくれる人物が存在しないので、自分に向かって呟いていることも多くあるからである。とはいえ、独り言は、自分の心が抱えた意味を、その力によって言語化することが基本であるとしていいであろう。その大きな強い意味は、言語化されることを自ら欲しているかのように独り言になるのである。

その心の中の強い力を持った意味は、多くは感情の中に存在するとしていいであろう。もちろん、欲望も大きな力を持っていて、「○○が食べたい」、「○○に会いたい」などと出てくる時もある。これも先にほんの少し触れたように、欲望と感情はまざりあい、時には一体となり、とても複雑な関係を作り出しているが、ここはそれを見ることなく、独り言に向かって見よう。そして、もう一つ忘れてはいけないのが意志で、これは欲望や感情が持っている、生み出す力を抑え込む役目を果たしているのである。だから、多くの人々は、この意志の力によって、心の中の力を抑え込み、独り言をなくしているのである。とはいえ、このような人々も、時には心の中の力がとても大きくなり、一人で部屋にいる時、一人で歩いている時、一人で車を運転している時など、ぼそり、時にはかなり大きな声になり独り言を発する時もあるのだ。

そして、やはり、ここでもう少し見ておかねばならないのは、心の中の独り言を発する、独り言になろうとする、大きな力を持った意味であろう。そして、この意味がどのような言語になるかを見ておかねばならないのである。

人々は基本的には、いつも心の中に意味を抱えて生きているとしていいであろう。いや、その前に、現象に向かい合い、それを多くは認識して終わっているが、時には現象からのそれなりに大きな意味をも感じ、受け止めてもいるのである。

「ああ、美しい」と、すばらしい夕陽や海を見た時、その意味を感じ、受け止めて、独り言は出てくるのである。良いことだけでなく、「むっちゃ寒い！…」とか、「なんだよ、この雨！…」とか、これらは現象からやってきた大きな意味が、感情を、やはり大きな意味を持つ感情を生み出し、その感情が言語を生み出したのである。勉強の時も、「難しいなあ、…こんなの無理や、…」と出てくる時もあるし、「出来たあ、やったあ、…こんな難しい問題、解けたぞ！…」となる時もある。これらは、家で一人で勉強している時であろう。教室では、基本的には独り言は禁じられ、自分でも抑制しているからである。しかし、教室でみんなで試験を受けている時は、音声にはならないが、自分の心の中で呟いている時もあるだろう。仕事の時も、「こんなんできるかよ！この機械でこれは無理やわ！」とか、「いっぱい来たなあ、…ああ、今日は残業か、何時になるやろ…」とはあるだろう。これらは現象に向かい合っていて、現象からやってくる意味、それがあまりにも大きすぎ、感情が高ぶり、言語が出てきたのである。現象からの大きな意味が、感情を生み出し、その感情がこの意味を言語化したとしていいであろう。

現象からだけでなく、現象からやってきた意味が、記憶に保存され、その記憶の中に保存された意味が感情を生み出し、その感情がその意味を言語化する力になるのである。何回も例として見たように、上司、先生から叱られたら、大きな意味がやってきて、記憶に保存され、その意味が感情を持続させ、家に帰る時など、独り言が出てしまうのである。「チキショウ、やっとれるかよ！」とか、「もう、うんざりや、…ああ、どうしたってだめなんやから…」とかである。恋する若者達は、今日会ってきた恋人の笑顔、別れる時のじっと見つめあった瞳の輝き、また、会話を交わしあっていた時のやってきた大きな意味などを抱きかかえるようにして、そして、また、次のデートまでの一週間、時には一か月の間、そのデートの時にやってきた意味を抱きしめるように、つまり記憶に保存しながら、そして、時々、一人になった時に、その意味の言語がやってきて、独り言を呟くのではないだろうか。記憶は意味とその力を保存していて、いや、その力が心の外に現れ出ようとしているかのように、言語になろうと欲しているかのように、独り言は出てくるのである。そして、一か月も経ってしまうと、その時湧いた、そして二、三日、一週間と続いた感情も力を失くしていき、意味だけが、心に残っているその笑顔の、瞳の表象、交わされた会話の中の意味そのものだけが、心に残っており、それらは、力も弱いものになってきているが、「我」は、それらの意味を、自分にとって一番大切なものであるとして抱きしめながら、そして、その意味そのものから、いや、その意味を守るためにも、この一か月間呟いてきた独り言を繰り返すのである。

そして、この独り言が出てくる時の、心の中の在り方に目を向けると、多くの場合、その独り言が出てくる大きな力を持った意味が、その心全体を埋め尽くしているのではないだろうか。こう言うと不思議に、いや批判的に思われる人々も多いかもしれないが、心の中の意味の在り方としては珍しいことではないのではないだろうか。ここには、心の在り方、意識の構造の、物質の世界の在り方とは大きく違った在り方、構造が存在しているのではないだろうか。

もちろん、心の中には、意識の中には、記憶によって無限と言っていい意味が保存されている。しかし、それらの多くは、目の前の事物の意味であり、散歩している時、向こうから現れる、車、人、家、横断歩道、信号機などであり、これらは次々と現れ、次に現れた事物に席を譲り、消えていく。これらはほとんどが小さな意味であり、次の現れた小さな意味に席を譲るのである。〝席〟とは言ったが、意識が対象としてそれに向かい合う事物は、一個であるとしていいからである。とはいえ、散歩の時などは、これといった事物に対象など作らず、頭の中の様々な記憶、それに対する思考に対象が向けられていることも多いはずである。人間の意識が向ける対象はたった一つだけなのか、どうなのかは、やはりまだ議論しなければならないだろう。そして、ここで見ておかねばならないのは、それらの次から次に現れる事物、次から次へと変化する対象は、基本的に少なくともしばらくの時間は記憶に残っているという事実である。

これらを確かめた上で、今問題にしている大きな意味に移ろう。大きな意味もやはり、記憶の中には無限とまでは言わないまでも、かなり多く、少なくともいくつかが存在しているはずである。しかし、この大きな意味は、たった一つが、心全体を占領する、支配することも多くあるのだ。何度も見た、上司や先生に叱られたことは、その意味は大きな強い力を持って心全体を支配してしまうことも多々あることなのだ。家に帰る途中、車を運転しながら、道を歩きながら、その時のやってきた意味を抱きしめるように道を進むのだ。もちろん、この時、心の中の大きな意味は、意識全体を支配しているとは言っても、進む道に次から次へと現れる、車、人、交差点、信号機などは、それぞれ意味として現れ、それなりに認識されていて、記憶にも残っているはずである。しかし、意識が対象を作っている、少なくとも主として向き合っているのは、記憶の中の叱られたことの意味である。それは大きな意味となって心全体を埋め、支配していると言ってもいいのである。ただ、それは多くの場合、大きな意味の塊になって、ということは、それはなかなか言語にもならなくて、その前に、なかなかその塊になった意味を意味として理解できなくて、その塊からやってくる力だけがやってきて、時には突き上げるようにやってきて、「チキショウ!」「クソ!」とか、「ああ、…」とか、言語、独り言がやってくるのである。

この言語は意味の塊の力から発せられているとしていいであろう。いや、意味全体の塊全体の意味として、たった一言としてやってきているとも考えられる。短い一言、ほとんど単語一個で、その全体の意味を表しているとも考えられるのである。しかも、その一語には強い力が、意味の塊からやってきた力が伴っているのである。一語は強い力で発せられているのである。もっと言えば、その意味の持つ力が、たった一つの単語に載せられて発せられているのである。だから、その大きな意味の塊の持つ強い力そのものを表しているとも考えられるのである。

とはいえ、その意味の塊は、けっしてそんな、たった単語一個では表現できない多くの意味が、複雑にからまって、その複雑さがなかなか言語にできない、理解できない力だけの塊を作っているのである。でも、少しずつ家へ帰る道を進んでいると、…(ああ、これからは、先生に叱られた生徒の場合に、一つに絞って見ていこう)ぽつりぽつりと違った言語も出てくるが、「先生、俺を嫌っているんや…」今度は、少し長い、幾つかの単語になっている、あるいは、「どうせ、俺はだめなんや…」と自分を責めてみる、ここには、ほんの少しではあるが、思考が働いている。叱られた理由、今、自分が背負い込んでいる大きな塊の意味を解明しようと、思考が働きはじめているのである。ただ、これらの言語は、今度叱られて、大きな意味が作り上げられ、それを背負っていることの原因、理由であるよりは、もっと広い、このような大きな意味を何度か作り上げてきた先生や自分の性格、先生と自分の関係の一般論、つまり、これまで続いてきた関係に思考が入り込んでいるのである。というのは、こちらの方が思考が入りやすいのである。それでも、もう少し歩いていると、また、「でもな、俺もほんとうどうしようもないよな。三日間連続で忘れ物だからな、月曜日は習字の道具、火曜日は絵の具、今日は体育の服装、…昨日寝る前に、体育の服装は袋に入れておいたのに、それを忘れたんやから、…俺はやはりだめや、朝起きた時、ぼうっとしていて、朝メシもほとんど食べんと…やっぱり俺は…」となると、それなりに思考が働いて、自分で、自分が背負っている大きな意味をそれなりに解明しているとしていいであろう。

いや、こんなのは昔話かもしれない。現代では多く、「なんでスマホしたらあかんのや、…確かに、今日、授業中ぼーっとなってて、…まあ、昨日、夜、二時くらいだったよな、寝たの…」などであろうか。いずれにしろ、それなりの大きな意味の、原因の究明に思考が向かっていて、それが言語になり、独り言になっているとしていいであろう。ただ、ここで見ておかねばならないのが、発せられる言語には、大きな意味が、そこからやってきている感情が込められているということである。そして、この意味を背負っているのは、言語の持つ、単語一つ一つが持っている、そして、それらが結びついて作り出している意味よりも、言語に伴った、音の響きにあると言っていいだろう。言語を発しているのは、この音の響き、今、心が抱いている大きな意味の、そこからやってくる意味、感情を、その言語に伴わせて、載せて、響かせて発することができるからなのである。そして、この発することによって、自分の抱えている意味を、その大きな力を発する、外へ出すことができることも多々あるのだ。そして、そのことによって、自分が抱え込んでいる大きな意味の持つ力を外へ放出できると考えられるのである。

いやいや、そのように考えて独り言を言う場合は少ないであろう。独り言は自然と出てくるのである。その心が抱えている、心を占めている意味の力が言語となって出てくるのである。その結果、その大きな意味の持つ力が少しは弱まることもあるのだ。

もちろん、これは、「我」にとって悪いこと、良くないことの意味である。このような意味は、「我」は自分の中にあるものながら、持っていたくない、なくなって欲しいと思うものなのである。だから、その意味を小さくする、なくするためのように、独り言を言っている時もあるのだ。もちろん、これとは反対に、「我」にとってとてもうれしい、大事にしたい意味も時にはやってくる。大きな大会で勝ち進んで、ベストフォーになった、優勝した時などもそうである。このような時は、「ヤッター！」「うれしい！」など、声にはならないが、心の中の大きな響きになってやってくる。しかし、ここにも思考は働いて、「努力の結果だな…」とか、「やっぱり俺はすごい…」とか、「それなりに才能があるんだ…」とかが出てくる。そして、これらの言語とともに、自分の中に沸き起こった大きな意味を抱きしめるように、生活を続けるのだ。そして、それだけでなく、いくつかのシーンが、その大きな意味の塊から浮かんできて、「あのボール、よくとれたよな。やっぱり、そんな日だったんやな…」とか、「あのボール、よく入ったよな。ラインぎりぎり、いや、ラインにかかっていたもんな。ついてたんや…」と出てくるのである。これは大きな意味の塊の部分が、その中の、その大きな意味の中の、その意味にとって大切な、その意味を形造っている強い力を持った部分なのである。

ここには理論的分析などはない。あるのは意味の強さなのだ。その意味の強さが、その意味を保存している記憶の強さが、「我」に働きかけ、「我」を動かして、言語を湧き出させているのだ。試合の一シーンを思い出しているのは、そのシーンを試合の進行、自分の使い方の分析に使うためでなく、そのシーンが強い力で記憶に保存されていて、その力が「我」の中で湧き出してきて、その時の強い力を持った意味が、表象となって浮かんできて、その表象が言語を伴ってきたのである。その表象は、現象からの記憶で、試合中のとても大きな意味を持った強い力でやってきた現象の記憶で、その強い力がシーンの表象とともに記憶に保存され、その力が表象を湧き立たせ、言語を伴ってきたのである。

そして、何度も言ってきたように、ここにも人生の一番大きな意味、そして最も難しい意味、恋の意味が見なければならないものとして存在している。この大きな意味は、ほとんどの人々には、哲学者達が追い求めている永遠の真理、絶対的真理の何十倍、何百倍の意味を、そして当の哲学者達にとっても、意味の大きさでは、その強さではかなわない意味を持っているはずなのである。これは人生の最大の意味であり、多くの人々には様々な形で、人それぞれによって大きく違う形で、ずっとその大きな意味を持ち続ける、時には人生の大半を、それを抱きしめて生きることにもなる大きな意味で、強い力を持ち続ける意味なのである。そして、この大きな、強い力を持った意味を、そして時にはずっと持続する意味を抱きしめながら、人々は独り言を呟くのである。「好きだよ！」「愛してるよ！」「世界で一番大切な人…」そして、「愛して！」「好きになって！…」また、時には、「なんでえ？…」「ほんとかよ？…信じれんわ…」とかとなる時もある。そうかと思うと、「やっぱり、わかってくれていたんだ、…うれしい…」とか、「二人の気持ちは一つなんや、絶対に離れられないんだ…」とかとなり、「結婚してもらえるんだ、幸せだ…」となるのである。

いや、こんな時、自分の独り言ではなくて、歌が、恋の歌がかわりに出てくることもあるのではないだろうか。歌詞の中身もさることながら、今の自分の気持ち、感情、その中を埋めている大きな力を持った意味とそのメロディーが似合った曲、だから、歌詞は出てこないが、メロディーだけが出てきたり、そして、恋の歌とは言ったが、恋の歌も数限りなくあり、ジャンルも様々、歌謡曲、ポップス、ロック、ブルース、シャンソン、カンツォーネ、クラシック、…これらは、多くは恋をする前から、少なくとも今の恋をする、大きな意味でやってきている。恋をする前から、聴いて、好きになって、ずっと心に残っていた、つまり意味が生き続けていたいくつかの曲から、今の気分、気持ち、感情に合った、少なくとも似かよった曲がやってきて、つまり、意味どうしが響きあい、独り言のかわりに出てくるのではないだろうか。そして、その時、なかなか自分ではその背負っている大きな意味がつかめなくて、時に苦しんだり、頭が混乱したりしていたのが、その曲によって、自分の中の、自分が抱え込んでいる意味を表現できたようになり、この場合も単に歌詞からの意味だけでなく、メロディーの持つ意味、従って歌詞が出てこなくて、あるいは歌詞が最初からなくても、そのメロディーが自分の心の中の意味を表現しているような気持ちになり、それを何度も口ずさんだり、心の中で繰り返したりするのではないだろうか。

このことは、自国語、日本語ではない歌詞のついた曲を口ずさむ時、英語まではなんとかその歌詞の意味はわかるが、シャンソンやカンツォーネともなると、その歌詞の意味がほとんど分からないのに、メロディとリズムがやってきて、心に沁み入り、時にはその意味の分からない歌詞が、それらしい音で出てきて心に響くこともあるはずなのである。そして、時には、その歌詞の日本語訳を見ることもあり、ああ、そんな意味の歌詞だったのかと、また、今までよりは奥深い意味がやってきた気持ちになるのではないだろうか。そして、自分の中の大きな意味と響きあい、その自分の心の中の大きな意味をそれによって表現した気持ちにもなるのではないだろうか。まあ、もちろん、恋も様々、恋の歌も様々であり、ここにはなかなか、そんなに簡単な関係ではない、難しい構造も存在するだろうが、それを分析までする人々はとても少ないだろう。

このような関係には、次のようなものもあるはずだ。失恋で落ち込んで重苦しい意味と響きあいながら、それでも、何か大切な意味がその歌からやってきて、もう少し頑張って生きていこうという気持ちになることもあるのだ。様々なジャンルの恋の歌には、失恋の曲がとても多くあるが、その失恋の曲が教えることの多くは、その失った恋の意味を大切に抱きしめながら人生を続けることなのだ。それにふと気づいて…ということはそれなりにあるはずなのだ。

いや、こういうこともあるはずだ。未だにそれほど恋を経験していない、思春期に入りかけた若者達にとって、恋の歌はこれから出会う恋の大きな意味をそれなりに教えてくれる大切な存在で、これからの恋に憧れるように、若者達は恋の歌を歌い続けるのではないだろうか。

とはいえ、恋はとても難しく、複雑で、一つ一つの恋はほんとうにそれぞれ違い、なかなか、他人が作り上げた曲では、自分の恋の複雑な、様々な意味をとても表せない気になり、とはいえ、それでも、ほんの少し、自分の恋の複雑で大きな意味、しかも自分だけの意味を表現してくれる歌、恋の歌をそれなりに大事にして、…ということもあるのではないだろうか。

ここまで来ると、自然と詩や小説という文学へ、それを見なければ、となってくるのではないだろうか。

六．詩

独り言に近いのは、詩の方だろう。もちろん、詩を独り言だと言えば、多くの文学ファンから叱られるだろう。ただ、今見てきた独り言の、短かな、文章にまでならない言語は、詩の方に近いと言ってもいいだろう。しかし、詩の場合は、多くは、誰かに読んでもらえること、他人が読むことを意識されて書かれていると言ってもいいであろう。もちろん、詩人と言われる人のとても多くは、読者よりも、自分の中の、表現したいもの、やはり、ここまで見てきた大きな意味、強い力を持った意味を大切に書いているとしていいであろう。しかし、詩人と言われる人々は、多くの人々が独り言を言う時と違い、その大きな、強い力を持った意味をいかに表現するかは、それなりに工夫はするのではないだろうか。とはいえ、多くの詩人、歴史の上でも多くの読者に愛されている詩人達は、そのような工夫もなく、自然と、大きな意味、強い力を持った意味からやってくる意味をそのまま、ありのまま表現して、それによって読者に愛されているとしていいのではないだろうか。

ここまで言ってしまうと、詩とはやはり独り言となってしまうが、ここでは、詩人達も、独り言を呟く多くの人々と同じように、自分の中に大きな、強い力を持った意味を抱え、背負い、それを表現しているのでは、ということにはそれなりに賛同をもらえるはずである。そして、もう一つ付け加えれば、詩人とは言われない、認められていない、いや、認められるなど考えたこともない人々も、自分のノートに、日記帳に、それなりの詩を書いているのではないだろうか。それはやはり、自分の中に抱えている、背負っている大きな意味を、それなりに、自分なりに表現しているもののはずである。そして、その時、詩として表現した意味は、独り言とは違い、文字として残り、いつかそれを読んで、この時抱えていた、背負っていた大きな意味を思い出す、思い出したいとどこかで考えながら書いていることもあるはずである。しかし、これも稀なことだろう。多くの自分だけの中で詩を書く人々は、やはり、自分の中に存在する大きな意味、その力によって自然と、ある意味では独り言と同じように書いているのではないだろうか。そして、多くの場合、吐き出していると言ってもいいのではないだろうか。その強い力を持った大きな意味を言語として書き表すことによって、自分の中だけでなく、少なくとも心の中だけではなく、文字として、つまり、他人にも伝わる言語として、そしていつまでも残る言語として書きしるすことによって、自分の心の中だけではない意味として持ち続けることができると…まあ、ここまで考えて詩を書いている…？

この書いている詩とは、自分の中に持っていると、重くて、力が強すぎて、苦しいような意味ばかり書いているようにも思えてしまう。もちろん、そうではない。明るく楽しいことも、そして、これからの希望、目標、自分の中に生まれてきた、今後を生きていくための意欲、そして、そのための工夫、考えが大きな意味になって、それが詩になることもあるだろう。しかし、多くの人々は、恋の歌には、失恋の歌が圧倒的に多いように、人生の様々な意味も、辛い、苦しい、悲しい意味は、大きな力を持って心に宿り続け、詩も、やはり、マイナーなものが多いとしていいであろう。また、今も少し見たように、詩に書く、言語にすることによって、心の中の大きな力を持った意味を吐き出し、弱めることができるなら、マイナスな意味はそうしたほうが良く、逆に、楽しく明るい意味は力が弱まってもらえば困ることになるであろう。もちろん、逆の見方、考え方もあるはずである。詩にする、言語化することは、特に、それを文字にすることは、その書かれた意味を固定することにもなり、その意味の力を長引かせることにもなると、考えることができるはずである。とはいえ、このような言語化、文字化も、数年を経て、その詩を読んだ時は、「ああ、こんな時もあったなあ…」と、その頃の様々な意味を遠い距離を置いて見るため、ということはその力も遠いものとして感じ、その頃の自分を思い出して懐かしく感じ、もう一度、その頃の自分が抱えていた意味を大切なものであったかのように抱きしめたくなることもあるのではないだろうか。とはいえ、意味も様々であり、また人によりであり、また、それぞれの人生の中の意味であり、その意味を表わした詩も受け止めかたもそれぞれであるはずである。

ここでは、「我」の中に存在する、とても大きな、強い力を持った意味が、そして、それは独り言として出てくることもあるが、時には、人によっては、それが詩となって、それを書き綴ることもあることだけを確認しておこう。しかし、ここにも、独り言と詩とは、それではどう違うのか、そしてもっと、独り言になる意味と、詩になる意味はやはり違うのではないかという議論も出てくるはずである。しかし、それはとても大きな議論になるはずであると、ここも逃げておこう。

いや、これでは終わらない。今見た「我」の中の大きな強い力を持った意味だけが詩になるのではない。詩になるのは、このような大きな強い力を持った意味だけではなく、それほど大きな力ではなく、時にはとても小さい力で、静かに存在しながら、それでいて、ふとその存在に気付いて、それがとても大切なものに思われ、それを描き出す、言語にしていくこともあるのではないだろうか。そして、それは日常生活の中の忙しさ、たいへんさの中ではなかなか気づかないものでありながら、それに気づいた時にはとても人生の中では大切な意味であったということに気付き、それを詩にして、特にそのような意味は、詩にしかならないで書き残していくこともあるはずである。ずっと昔の思い出もそうであろうし、自分の中に在りながら、それに気づかずに、いや、時々はふと思い、「ああ、そうだ…」と思いながら、生活の中の忙しさの中で忘れていたことを、ある日、少しぼんやりしていた時に、このことが思い浮かんできて、その大切さに気付き、それに向かい合い、それを理解しようとしてもなかなか言語にはならず、やっと出てきた言語を少しずつ書いていると、詩になった、詩が生まれた、いやいや、詩としか言いようのないものになった、ということもあるのではないだろうか。

そんな難しいことではなくても、その時々の感情、心、それはそれほど大きな力を持たないのであるが、いや、時にはなかなか力を持ってくれないので、しかし、自分にとってはとても大切な、大事にしたい存在であることに気付き、それを言語に、詩にすることもあるのではないだろうか。

そして、まだ、これだけでは大きなことを忘れている。今まで見たのは、抒情詩であるとしていいであろう。自分の中の大きな強い力を持った意味を、自分の心の中の小さいが、大切な意味を描くことはやはり、自分の心、感情を描くこと、抒情としなければならないであろう。詩にはまだ抒景詩というのもある。風景を描いた詩である。つまり、この論文の言い方をすれば、自分が向き合っている世界、現象からの大きな意味、力を持った意味を書きとめることであるとなるだろう。「我」は自分の中の、自分が背負っている、その多くは記憶に保存、貯蔵することによって、その大きさ、強さを感じながらそれを生き、そしてそれを詩に書きとめるだけでなく、「我」はこのような大きな強い意味、時には大切な意味を抱きながらも、外界に目を開き、生き続けているが、その目を開いて見ている外界からも大きな意味がやってくるのである。ここでは正確に見直しておけば、自分が抱きしめている様々な意味も、元はと言えば、多くは外界からやってきているのである。しかし、これまで見た「我」の中の大きな強い力を持った意味、そして大切な意味は、その外界からの意味が記憶の中に保存され、それが力を持ち続けることによって、その力によって描き出された、書き綴られたとしていいであろうが、だから、その意味は一定の時間記憶に保存されることによって、それなりに、他の意味と混ざりあったり、時には衝突したりして、そして、それ自身が時間の経過の中で変形したりして、それでもまだ、いや、またその変形によって、その意味の中身も変えることによって、より詩になろうとする力を得て詩として描き、書き綴られたとしていいのである。書いた方がいい、その自分の中の意味に気付き、それを書きとめなければならないと思ったのである。そして、詩になる対象はやはり、自分の中に存在する大きな意味ということになる。

一方、抒景詩の方は、基本的には、外界の、自然の、その現象に心を奪われ、ということは大きな意味を感じ、受け止め、それを詩にしなければならない、詩にしたいと思うことから、詩が作られる。だから、大きな意味を持っているのは外界なのである。そこの意味を言語によって表わしたい、言語による意味にしたい、ということは、そのことによって、このすばらしい意味、大きな強い力を持った意味を自分のものに、自分に理解できるものにすることが、そして、その意味を文字によって保存しておくことが可能になるのである。というのは、多くの人々は、特にそれを詩として描きたいと思った人は、この外界の大きな強い力を持った意味は、一回限り、今日だけ、いや、この瞬間だけということをよく知っているのである。もちろん、美しい夕陽や、青い海は何度も繰り返して見ることができる。しかし、それでも、今日、今目の前にしている光景は、今日独特のものであり、その意味は特別なものとしてやってきているのだ。それを大切にしたい、それを保存しておきたい、いや、それ以上に今、言語によって表現したい、いやいや、そんなことは思わずに、詩がやってくるのだ。詩が湧き出てくるのだ。もっと言えば、今、目の前にしている光景が詩を生み出させるのだ。

とはいえ、目の前の光景を詩にして、持っている手帳やノートにすぐ書き写す時は稀だろう。もちろん、このような詩を書きとめておくために、手帳やノートを持ち歩く人物もいるだろう。プロの詩人ではなくても、詩作を自分の中の大切なことにしている人々である。しかし、多くの詩を作る人々は、この外界からやってきた意味を記憶にとどめて、この時、記憶には多くは視覚表象として、時には聴覚表象もそこには入り込み、ということは、やってきた大きな意味を感覚で受け止めたままに記憶に残し、つまり、まだ言語にはしないで、そのまま家に持ち帰り、それから、その記憶に向かい合い、机の上にノートを並べて詩作にかかるのではないだろうか。とはいえ、このような人々も、多くは家に帰る前にいくつかの言語が詩の形になって出てきていて、家に帰って、それらを書きとめながら、詩の形に完成することが多いはずである。その意味では、先に見た「我」の中の、「我」の抱えている意味にもなっているようではあるが、やはり、この記憶は確かに「我」の中に存在してはいるが、その記憶は外界からやってきた意味をほとんどそのままの形で保存しているとしていいはずである。

以上で、抒情詩と抒景詩を見たが、そして叙事詩というものも存在するが、このままでは、詩を書く人々、詩を愛する人々から、叱られ、いや笑われるだろう。詩を知らないとまで言われるかもしれない。もちろん、叙事詩のことを言っているのではない。ここに問題になっているのは、抒景詩と抒情詩の重なりなのではないか、ということなのである。いや、確かに、純粋な抒景詩、抒情詩というものも存在し、そのすぐれたものも存在する。しかし、多くの詩は、抒景詩と抒情詩が重なっているのではないだろうか。自分の中に抱え込んだ大きな強い力を持った意味を抱えながら生き、生活している時、その時、世界を見た時、世界に目を向けた時、自分の中に抱え込んでいる意味を通して、時には、その意味の持つ大きな強い力によって、その影響を受けたように世界が見えてくるのだ。その見え方がまた「我」に意味を与えてきて、時にはそれも大きな強い意味になって、ということは、自分の中に存在する大きな強い力を持った意味と、外界の見えてくるもの、感じられるものが共鳴し、互いに震動し、それがまた大きな強い力を持った意味になり、その意味が言語になり、詩として浮かんでくることが多いのではないだろうか。多くのすぐれたと言われる、人気のある、文学好きに愛されている詩は、この共鳴、共振によって描かれ、綴られているのではないだろうか。純粋な抒景詩、抒情詩といわれる詩でも、どこかに、この共鳴、共振を持っているのではないだろうか。純粋な抒景詩と言われるものも、どこかに作者の心情が見えてきて、読む者達の心をとらえ、純粋な抒情詩と言われるものも、どこかに、その自分の中の心、感情を映した外界の光景、…ただ、こんな詩には、美しい大きな光景ではなく、歩いている道や、小さな庭や、小さなレストラン、喫茶、いや、それ以上に、自分が住んでいる家、自分の部屋、時には部屋の片隅や、机の上の様子が描かれているのではないだろうか。

いや、ここまで来ると、詩も様々であろう。詩には過去の出来事、その時の心情をうたったものも多くある。その時、その心情で見た光景が、今になって甦って、また、大きな強い力を持った、それよりも大切な意味となって浮かんできて詩にすることも多いはずである。そして、もちろん、未来を、夢や希望をうたったもの、いや、不安や恐怖をうたった詩もあるはずだ。やはり詩もとても多く、様々に存在するのだ。ここには記憶とその変形、その変形を促す想像力、そしてまた思考力などが様々にからみあい、やはり意味を、大きな力とまではいかなくても、大切な意味を、いや、時には大きな強い力を持った意味を形造り、詩となることもあるはずである。そして、詩となった時、その言語による、文字による意味の固定が働いて、何度もその意味に向き合うことができ、人生の重要な意味を「我」に形造ることもあるはずである。

詩も様々であり、それを書いた人間に、そしてそれを読んだ人間に様々な働き、様々な意味を保ち、与え、働きをするということである。そして、叙事詩に…いや、…

このあたりで次の小説に移っていいであろう。

七．小説

世の中には、小説家という、小説を書くことを職業としている、それ以上に、多くの人々にその小説が認められている、愛されている人々がいる。しかし、そのような作家にはなれない人々も、それなりに小説を書いている。地方にはそれぞれ、詩や小説を書く人間が数人集まり、同人誌というものを作り、定期的に本にして世の中に出している、もちろん、プロの作品とは違い、これらを読む人は同人とそのまわりに集まった数少ない人々である。それでも、これらの人々は、年に数作を活字にして、出版している。しかし、一方、ほとんど人にも見せることなく、ずっと自分で、自分だけで小説を書き、読んで、を続けている人々も、世の中にはいるはずである。このような人々は、小説を書きたい、そして、書き表したい意味を自分の中に持っているとしていいであろう。

小説を書く人々も、詩を書く人々と同じ、自分の中に大きな強い意味を抱えているとしていいであろう。その意味を小説として表わそうとするのである。もちろん、職業の小説家では、出版社から、このような小説を書いてほしいと言われ、資料などを提供されることもあるであろう。とはいえ、そのようなプロの小説家も、このような資料を読み、調べていくうちに自分の中に生じた意味を、また、それ以前に自分の中に持っていた意味を、この資料からやってきた意味と混ぜ合わせ、時には変形して書いていくのではないだろうか。もちろん、プロともなると、自分の中の意味だけでなく、読者が小説を読む時、読みたいと思う気持ちを作り出している意味をも意識しながら書かなければならないのではないだろうか。また、出版社からの要望、頁数や締め切りなど、仕事は全てたいへんであるということがここでも、特に小説家になった人々の多くは小説を書きたいと思ってなったはずで、また、小説家になりたくてもなかなかなれない多くの人々から憧れの職業であるとはいえ、仕事は仕事で、たいへんな苦労も味わうことは多々あるのではないだろうか。もちろん、プロの作家も様々で、出版社との関係も様々で、自分の中の意味を大切にし、それを曲げないで頑張りぬいている人々も多くあるだろう。

プロの作家もさることながら、例え、誰も読まない小説を書き続けている人々も、小説ともなれば、自分の中に現在持っている、いや、ずっと持ち続けてきた意味も小説を書くともなると、やはり、とても多く変形させていかねばならないのではないだろうか。少なくとも自分の中に持っている、持ち続けている意味、それがほとんどまっ黒い塊のままで、詩を書く時は、そこから言語が自然に出てきた、湧いてきた、浮かんできたのが小説ともなると、主人公の人物像が表象として浮かび、それだけでなく、その人物が住んでいる世界、環境、街、街並み、住居、部屋など、そして、その主人公を取り囲む人物なども、その意味、自分の抱えている意味から変形して、浮かび上がらせてくることになるのではないだろうか。

とはいえ、これらの変形、表象の具体化も、意図してなされることは多くなく、自然な形で浮かび、現れ、そして書こうとしている「我」の中で動きはじめることが多い、ほとんどとしていいであろう。つまり、小説では、主人公を中心とした、世界が生み出されるのである。だから、多くの小説はこの世界を描くことから始まる。つまり、主人公の住む、動いている世界を描くのである。もちろん、この世界の描き方も様々である。主人公が現代の多くの人々が住む共通の世界に住む時は、街角を歩いている、その時歩いている光景を描くだけで、読者も納得してくれるであろう。一方、歴史小説ともなると、主人公の住む年代、その頃の世界の様子、そして主人公の住む環境、町や村、そして住居、お城や民家や、時には路上、橋の下なども描き、その中に主人公が浮き上がってくるようにせねばならない。このような歴史小説ともなると、自分の中に持っている意味、知識だけではだめで、多くの資料を勉強し、自分が持っている知識も、それらの資料と確かめて描き出していかねばならないはずである。その意味では、小説の中に一つの世界を作り出すことにもなる。そして、そのような世界に主人公が浮かび上がってくるのである。また、この浮かび上がらせ方も、誕生から、いや、時には、その主人公の父、母、そして祖先から、血筋、系統を描いてからはじまることも多々あるはずである。そして、これらの血統や生い立ち、成長過程を描くことによって、主人公の性格、気質、才能、能力、いやまだ、容姿や容貌などが浮かび上がり、形造られていくのである。主人公が、その時代に生きた人間として、その前に描かれた世界の中で生き始めるのである。小説を書く方も、自分が描いた主人公が、自分の中で生きた人物として感ぜられるのである。主人公が生きはじめるのである。しかし、歴史小説では、この生きはじめた主人公をそのまま自分に現れ動くまま、活動するままに描けば、叱られるはずである。この主人公の性格や、その都度の行動も、歴史的資料と照らし合わせて、それに合致した形で描いていかねばならないのだ。しかし、このように歴史的資料と照らし合わせることによって、作家の中で生まれ動きはじめた主人公が、力を失くすかと言えば違うであろう。歴史的資料と照らし合わせることによって、主人公はよりその時代の現実の人物として、よりリアルに、そしてその時々の性格や行動を、より生きた者として、現れてくるはずなのである。そして、この時働いているのが、想像力であり思考力なのである。これらの能力は、特に想像力は、歴史的資料の中の主人公に関しての様々の記述の中から、主人公の人物を、顔や姿、そして、性格、能力などを、具体的な、リアルな存在に作り上げていくのである。そのことによって、主人公は、作者の中で生きた人間として動き出し、眼が輝き、笑い、喜び、怒り、泣き、時には、飢えや病いに苦しみ、また、すばらしい快感を味わい、それは作者の中では自分の肉体の感覚、感情のように感じられることも多々あるはずである。しかし、この想像力の行きすぎ、現実や資料からの逸脱を見張り、より現実性を作り上げさせるのが思考力であるとしていいであろう。主人公はリアルな生きた人間として、作者の中に生み出され、動き、話し、様々な活動をする、それを作者は言語に表しているのである。

もちろん、主人公だけではない。主人公のまわりの世界も様々に描かれ、主人公の動きによってその世界は変わり、そして、それにまた主人公が様々な動き、対応を見せ、そしてまた、そのまわりの世界の中の様々な人物と様々にかかわり、話し、行動し、時には仲良く、時には敵となって戦い、いや、それ以上に恋をし、愛し合い、結婚し、その反対に失恋し、それ以上に運命の様々な出来事によって別れなくてはならなくなり、…

ここにも様々に歴史的資料が意味を与えてくるであろうが、しかし、一方では、作者の中にそれまで蓄積された意味が、その都度様々な形で引き出され、歴史上の人物を、そしてそれを取り囲む世界をリアルに生きたものとして描き出していくとしていいであろう。

歴史小説は、多くの人々を惹きつけ、読者を持つ。多くの人々は歴史について多くの関心、興味を持っているとしていいであろう。現在、今、自分が生きている世界からの、自分がそこから受け止めた意味だけでなく、自分の知らない世界、しかし、それはやはり自分が今生きている世界を作り上げてきた世界、そこに存在する意味を知りたいという欲望、興味、関心は、多くの人間の中に存在するのである。そして、その際、想像力を伸び伸びと働かせることができる快感と言っていい喜びを感じるはずである。自分の現在生きている世界では、なかなかこの想像力を働かせる機会はないし、下手に働かせすぎると、現実から離れてしまい、様々な困ったことになってしまうことがある。それがこの歴史小説の中では生き生きと働かせることができるのである。

歴史小説とは反対に、未来に向けた、想像力を働かせた小説も存在する。ただ、このような小説は、歴史の今後の流れや、地球や宇宙の今度の変化、多くは物理学、天体学とその理論を骨組みとすることになり、その理論を現実化する時なかなか難しいはずであり、歴史小説が活用することができた資料に匹敵するものがほとんど存在せず、想像力を働かせるしかなく、しかし、その働かせるための材料に乏しく、空想になってしまい、歴史小説が持っていたリアル、主人公や登場人物の生き生きとした存在が描きにくいとしていいであろう。

しかし、一方、想像力を、資料などにとらわれることなく働かせて、伸び伸びと自由に描くことによって、そのように想像力を働かせたいと思っている読者、特に幼年期、少年期の読者には大きな魅力となるはずである。ただ、ここまで来ると、漫画やアニメの世界になってしまうだろう。ここでは、想像力により生み出された意味が、言語によってではなく、絵画、視覚表象になることによって大きなリアリズムを得ているはずである。まったく、この世に存在しないと分かっている主人公や登場人物の様々な動き、運命は、読む者、見る者の心を惹きつけ、大きな感動、大きな意味、力を持った意味を作り出すのである。それと同時に、読者や視聴者の想像力が大きく働き、この想像力が自由に働くことに対する快感も生まれてくるはずなのである。一方、現実に存在しない世界の出来事だと理解していることによって、現実からやってくる重み、その意味からも切り離されていることによって、どこかに気軽さがあり、作品の中身を純粋に楽しめるのである。

歴史小説、未来小説もさることながら、やはり小説の多くは、作家が生き、読者も共に生きている、現代の、自分達が生き、生活している世界が小説の中の世界となっているとしていいであろう。

とはいえ、同じ時代に生きているといえども、世界は国ごと、地域ごと、市や村や、そして主人公が住んでいる世界はやはり固有の世界で、多くの小説は、その主人公が住む、生活している世界の叙述からはじまるとしていいであろう。とはいえ、小説も様々であり、その主人公の住んでいる地域を広くとらえて、それなりに詳しく描き、徐々に狭い世界の描写に移り、その上で、主人公の住居や職場が描かれ、主人公が動き、語りはじめるということもあるだろう。そして、この時、単なる説明ではなく、その世界に見えてくる美しい風景や心を惹きつける街並みが描かれ、読者をこれからはじまる小説の世界へ引き込んでいく。いや、それ以上に、作者がこれから書きたい小説の世界として、作者自身が描いておきたい情景を描いて、ということも多々あるはずである。しかし、一方では、主人公の住む小さな空間、主人公の部屋や職場からはじまり、時には、主人公が見つめている、いや、ぼんやり見ている自分の机の上の光景などの、ほんとうに狭い世界からはじまり、徐々に、主人公の動きにつれて、まわりの世界を描いていく小説も多くあると言っていいだろう。そして、主人公の目の前の机の上などからはじまった小説は、主人公が動き出した時、その視線が見つめる細かな情景、時には街角の歩道の様子、時には溝やその脇に生えている小さな草花を描きながら進み、それによって、主人公の住む世界を暗示的に描き出し、それ以上に主人公の心の在り方を描き出していく小説もそれなりにあるはずである。

ただ、このような小説も様々であり、現代に住む、世界を共存している読者であるからとして、それほどまわりの世界を描かずに、いきなり主人公の描写に入ったり、それ以上に主人公の心の描写からはじまることも多々あるとしていいであろう。そして、主人公の心情、それに対する人々の心情を中心に、そして人物どうしの会話にストーリーの展開をさせていく小説もそれなりに多く存在するはずである。とはいえ、このような小説も、やはり主人公の心情を表わすために、主人公がその心情で見ている外界の景色、時には事物の在り方を描写しながら進むこともあるとしていいはずである。

小説は主人公を中心とした世界、その動き、変化、それに伴う主人公の動き、世界との在り方の変化、それ以上に心情、その前に、世界の変化に伴う、この場面場面での感情、心の動き、そして、その後に持ち続ける心の在り方、心情を描いているとしていいであろう。そして、世界には、主人公と同じ人間としての心を持っている、しかし、その心の在り方も一人一人大きく違う人物が存在しているのである。そのまわりの人物との関係も大きく主人公の心の在り方、心情に影響を与え、変化させ、時には構造の変化とまで言えるものも生み出す。この変化、動きがストーリーであるとしていいであろう。

そして、人間一人一人が様々に違い、様々な心を持っている、そして、それを取り囲む世界も様々であると同じように、小説も描かれる人物とそれを取り囲む世界、その変化、これに伴う主人公の人物の心の変化も様々であるように、一作一作大きく異なっている。そして、そこで展開されるストーリーも、人間一人一人の生きる、運命が違っているように様々である。だからこそ、この様々の一つを描き出そうとして作者も書きはじめ、書き続けるのである。ここに大きな意味が築き上げられるのである。作者は、人物を、特に主人公を描き、それを取り囲む世界を描き、主人公や登場人物の心情とその変化を描き、そして、ストーリーを描き出していこうとするが、この総体、一つの作品として、小説として伝えたい意味を持って書いているとしていいはずである。この意味こそは小説の真髄であるとしていいはずなのである。

小説、そして、それを書きたい人間は、自分の心の中に文字として書き表したい意味を持って書いているとしていいはずである。ただ、その意味は、ほとんどが、大きな塊であり、大きな力を持って存在しているが、言語にはほとんどならないで存在し続けているのである。それを言語にして書き表すことによって、意味がはっきりと見えてきて、大きな塊であり、力だけの存在であり、時にはその塊や力が「我」を突き動かし、心を混乱させ、生活にも支障をきたすこともあったのが、それを言語化することによって、それを自分でも理解できるようになり、その塊と力からそれほど影響を受けなくなり、心も、精神も…という具合になることもあるはずである。

ただ、小説の場合は、この「我」の中の意味そのものを言語化、文章化しているとだけと言えば叱られるだろう。この「我」の中の塊の強い力だけを持った意味は、確かに、小説を書く原動力にはなっているが、この「我」の中の塊のままの、力だけの意味そのものを小説にしていくことは、やはり珍しい、多くないと言っていいであろう。小説を書こうとする時、やはりこの塊だけの、力だけの意味以上の、以外の意味がどうしても使われることになるのではないだろうか。しかし、ここは難しいところである。確かに、多くの小説を書こうとする人々は、特に同人誌などの職業作家ではない多くの小説を書いている人々は、自分を、少なくとも自分に似た人物を主人公として書くことが多いはずなのである。この時、どこまで「我」の中の塊だけの、力だけの意味に忠実に書くかは、作者によりけり、また、その作品にもよりけりであるはずである。そもそも、塊だけの、力だけの意味は人物の形にはなっていないし、人物を浮き上がらせてくることもあまりないはずなのだ。やはり、この塊だけの、力だけの意味をそのまま言語化するのは詩の方だと言えば、小説を書いている人々に叱られるだろうか。しかし、小説の中で主人公としての人物をこの意味から浮かび上がらせる時、やはり、この意味とは違ったものが混ざり込むのではないだろうか、ということなのである。

そもそも、塊だけの、力だけの意味として見てきたが、この塊として、力として感じられている意味は、現在の「我」にとっての意味、「我」に感じられている、「我」が抱きしめている、抱きしめ続けている意味を指しているとしていいはずなのだ。「我」の中には、この塊だけの、力だけの意味の他に、記憶として多くの意味が存在しているはずなのだ。今見てきた、塊だけの力だけの意味は、ある意味では、現在の、生きている「我」を突き動かし続けている意味のはずなのだ。いや、時には、この意味を大切に抱きしめるように生きている人々もいるだろう。突き動かされるではすまなくて、いつもそれから逃げている人々もいるはずだ。また、このような意味をほとんど感じないでいる人々もいるはずだ。そして、そのような人々も小説は書くことはあるはずだ。

もっと言えば、「我」の中には、その記憶の中には、この塊の、強い力を持った意味の他に、無限のと言っていい意味が存在しているのだ。それらの意味は、昨日の様々な出来事、今日しなければならない仕事、勉強、その他のしておかねばならないこと、いや、仕事や勉強もその中だけで無限と言っていい意味が存在しているのだ。そして、仕事や勉強も一週間も一か月も、多くの意味を持ち続けているのだ。しかし、ここで見てきた、魂の、強い力を持った意味とは、今見たような日常生活の中の意味とはほとんど関係なく、もっと言えば、そのような日常生活の様々の細々とした意味の中で生きていく上での、生きた上でのそれらの意味の総体、総体として一つの大きな塊となってしまった、様々な細かな意味からの一つ一つの小さな力を全て集めて一つになったような、だから力としてしか感じられない意味だとしていいのだ。簡単に言ってしまえば、人生の意味と言っていいのだろう。とはいえ、人生様々で、このような人生の、総体の意味を超えて、たった一つの出来事の意味が大きな力を持って「我」を突き動かしていることも多々あるのだ。何度も見た、上司や先生に叱られた、とても強い大きな意味、先週の日曜日の試合の結末、何か月後に控えた受験、そして何よりも大きな意味は恋の意味だろう。いや、それ以上に家族の意味も様々に存在する。しかし、こちらは様々に存在しすぎて、やはり一つの塊に、力、強い力を持った、とはいえ様々な一つ一つの意味として存在しているとしていいであろう。塊となった強い力だけの意味だけが小説を書く原動力のように書いてきたが、今見た個別の、しかし、大きな力を持った意味ももちろん小説を書く原動力として、力だけでなく様々な素材を、ストーリーを与えていることは言うまでもない。特に、恋愛、詩でも歌でもそうであったように小説でも、最もよく現れるテーマである。

ということは、人間の中に存在する、とても強い力を持った意味であるということである。しかし、この恋愛の意味が一つの塊になっているかどうかは、その時により、恋により、様々であろう。塊などではなく、一つ一つの場面が明瞭に次々に浮かんでくることもあるはずである。とはいえ、その恋全体を見た時には、やはり一つの大きな塊となって…いやいや、そのように見ても、彼女や彼の顔や姿、何よりもその瞳が、じっと「我」を見つめるように浮かんできて…それでも、ここではとても大きな力が存在することだけは同意できるはずで、この大きな力がやはり小説を書く原動力になっているとしていいのでは…

しかし、小説も様々で、書き方も様々で、…ほとんど自分の中ではもう力を持たなくなった、ずっと昔の一場面にふと気付いて、それを小説に書きたくなることもあるはずである。しかし、その場面は、とても大切な意味を持っていて、今となっては、その意味も、長い年月の間にほとんど力をなくしているが、やはり大切な意味として浮かんできて、それを描いていくこともあるはずである。まさしく、小説は様々なのだ。

いや、これではすまない。今まで見てきたのは、小説を書く「我」の中の意味、「我」の中に、今、もう存在している意味だけしか見ていない、それが原動力になっていることは認めるとしても、もっと違った力が働くことは多くあるはずである。

小説を書く「我」が、自分の中の意味から、一人の主人公を想定して書きはじめた時、その主人公が「我」そのもの、あるいは「我」に似たもののこともあれば、「我」の願望、理想の像であることもある。もちろん、自分の知っている友人や、自分の尊敬する人物、そうではなくて、先に見た歴史小説のような資料から、様々な知識からの人物ということもあろう。純粋に想像上の人物ということも考えられるだろう。まさに、ここも様々である。ただ、一人の主人公を思い描き、書きはじめると、それは小説の中で独立した存在として、小説の世界の中で、動きはじめることは多々あるはずなのである。小説の中で、生きた存在として、主人公の中に持っている意味が自然に動きはじめ、それを作者は書いていくことも多々あるはずなのだ。ここに想像力がどのように働いているかは、やはり議論になるだろう。ただ、この論文としては、意味はそのものとして、存在しているだけでなく、自ら動く力を持っているとも言っておきたい。この自ら動く力に想像力がどれだけ働いているかは、やはり、これも議論になるだろう。ただ、これに対しては、この時、書いている方はほとんど想像力を働かせている意識がないはずであるとも言っておきたい。いや、書いている時だけでなく、想定した人物が、ぼんやりしている時や散歩をしている時、いやいや、仕事や勉強をしている時にも、自然と動きはじめ、しかも、それが明瞭に浮かんできて、小説をなるべく早く書こう、書きたいと思うこともあるはずである。もちろん、小説の書き手も、書き方も様々で、このようなことがない作者もそれなりにいるだろうが、小説を書いていると、多く経験することなのではないだろうか。

形式的には、想像力をほとんど使っていないかに書いているのが、私小説であろう。私小説は、主人公は〝私〟であり、つまり、作者の〝私〟なのである。つまり、作者の〝私〟が自分に見えてくるとおりの世界を描き続けるのが私小説なのである。少なくとも形式的にはそうである。作者と主人公が一体となっていて、その作者＝主人公に見えてくるとおりに、世界を、その現象を描き続けるのである。その描き続けられる現象は、〝私〟のまわりの世界だけでなく、〝私〟の意識の世界、心の中をも含んでいるのだ。そして、私小説では、この心の中を描くことの方が多いはずである。いや、ここでも外界の世界と心の中との重なりが描かれている。つまり、〝私〟がある心の状態を持ったまま見ている世界を、見えてくるままに描くのである。だから、描かれる世界、〝私〟の心の在り方を投影した世界なのである。このことは、小説全体に大きなリアリズムを作り出していく。なぜなら、我々人間も、まさしく絶対的に、「我」の〝私〟の目で見た、五感で感じた世界しか見ることができないからである。つまり、見えてくるとおり、感じられるとおりの世界を、ありのままの世界を描くことになるのである。

ここまで来ると、この論文の最初にとりあげた、フッサールの現象学が思い出されるはずである。フッサールの現象学こそは、現象を現象として純粋にとらえることこそが、絶対的真理の出発点であると訴えているからである。そして、彼の後継者のハイデガーは、人間の意識の在り方を世界＝内＝存在としているが、この世界＝内＝存在こそ、私小説の世界であるとしていいはずなのである。我々人間は、自分の五感でしか世界を見られない、自分の世界だけしか持たないのである。つまり、自分の意識しか持てなくて、自分の意識の外へは出られないのである。とはいえ、その現象の世界、「我」の世界＝内＝存在の世界は、夜空に目を向ければ何万光年の、つまり、無限と言っていい遠くへ目をやれる、ということは無限の広さを持つ世界なのである。一方、この意識は、人間という地球に住む生物の、宇宙から見ればほとんど無に近い存在なのである。とはいえ、この世界の中で、無限の遠さや、自分の無に近い小ささに目を、意識を向けるのは稀なことで、多くの「我」は、自分の身のまわりの世界で忙しく働き、勉強し、時には遊び、スポーツに没頭して過ごしているのである。この無限の広さの狭い世界で、その世界を、見えてくるままに、そのとおりに描いたのが私小説の世界＝意識であるとも言えるのである。現象を現象として、現象のまま描いたのが、その世界の見え方感じ方、そして、その中での様々な出来事を、見えてくるとおりに、感じられるとおりに描いたのが私小説なのである。これに対し、先に見た、主人公を様々な資料や想像力で作り出した多くの小説は、フッサールが、絶対的真理からほど遠いと非難、批判する〝超越的世界〟をこれも同じように、非難し、批判する〝自然的態度〟によって描き、小説を生み出しているとしていいのである。まさしく虚構の世界を作り出していることになるのである。それに対し、私小説は、フッサールの追求する絶対的真理に近い世界を描き出していることになる。

とはいえ、これは形式的構造上の議論である。私小説ではない多くの小説も、フッサールの絶対的真理の形式はとっていなくても、読者にとって知りたい、作者にとって描きたい貴重な真実を、その世界を描き出しているのである。それ以上に、私小説の「我」の見えてくるままの世界のむこうの「我」には直接見えない、しかし、「我」が知りたい、知っていなければならない世界、大切な真実の世界を描いているのである。もっと言っておけば、「我」は、自分の世界が無限の広がりを持つとはいえ、そこには壁があり、その向こうに、自分の知らない世界が、しかも知りたい、知っておかねばならない、生活のためにも、長い人生のためにも知っておく必要な世界が、やはり無限の広がりを持って存在していることを知っているのである。それを、その大切な部分を教えてくれるものの一つとして、小説が存在することを知っていて、小説を読むのである。いや、もちろん、その「我」の外の真実を教えてくれるばかりでなく、そこには想像力によって、空想によって、時には虚構と言われる世界も存在することは承知しているのである。そして、それが例え、虚構の世界であっても、そこには、真実ではないとしても、現実の中には実際存在しなかったとしても、読者にとって知りたい、読みたい、そのような世界が見てみたい、時には理想として存在してほしい、願望や欲望が達成された世界が存在していることを知っているのである。だから、そこには私小説ではなかなか見えてこない、そしてもちろん、自分が住む、現実の世界では見えてこない世界が見えてきて、読者を喜ばすのである。

一方、私小説の方も、それが絶対的真理に似た形式を持っていることを利用して、そこに虚構を織り交ぜて、その虚構を、まさしく真実に見えるように描くことも可能なはずである。ただ、やはり私小説にはなかなかそんなものは見当たらないのもほんとうである。私小説を書く人々も、また、その読者も、「我」＝〝私〟の住む無限のとは言え、小さな世界をありのままに、いや、それだけでなく、「我」＝〝私〟が持っている、抱えている大きな強い力を持った意味、それによって、それを通して見えてくる世界を書きたい、読みたいのである。いや、それ以上に、「我」＝〝私〟が持っている、その抱えている強い力を持った大きな意味を書きたい、読みたいと思っているはずなのである。そして、読者のほうに限れば、このことによって、まさしく自分の外に存在する、しかし、自分の持つ無限の小さな世界と同じ構造を持つ作者のその中に抱えられた大きな強い力を持った意味の塊に出会い、また、その意味の塊を通して見えてくる世界、自分の世界とは似ているが違った世界を読み取り、心を打たれるのである。

いや、もちろん、私小説だけでなく、「我」の中に存在する大きな、強い力を持った意味は、その塊は全ての小説に大きな意味を、強い力を持った意味を与え、作り出し、そして、読者も、それを自分の中の意味の塊に響かせて読んでいるとしていいのではないだろうか。

とはいえ、私小説とそれ以外の小説を分けると、私小説の方はやはり、その名も示すように、〝私〟の、無限の広がりを持ちながらも小さな世界のその中で見えてくるとおり、感じられるとおり、つまり現象をそのまま描き、それ以上に、その小さな世界の中の重い、大きな、強い力を持った意味を表わし、読者もそれに共鳴し、共鳴するということは、自分の中のそれとよく似た、やはり重い、大きな強い意味と響きあわせて、書き、読んでいるとしていいであろう。一方、私小説以外の小説では、もちろん、私小説の中に存在する〝私〟の、「我」の重い、大きな強い力を持った意味も小説の中の意味として、そしてやはり中心的な意味として存在、小説全体の持つ意味に大きな力を与え続けているとしていいであろうが、一方では、作者も読者も、自分の生活している小さな世界の外には、自分と同じような小さな世界に住み、やはり同じような意味を背負い、それ以上に、自分と同じように生活の中での強い強制力を持った意味に引き回されながら生きている、生きてきた、これから生きていく無限の人々が存在する外の世界が存在している、そのことを知りたい、知っておかねばならない、知っておく必要がある、それ以上に、自分以外の自分と同じように住む世界の人々の在り方、生活の仕方、そしてやはりみんな自らの中の意味を抱えながら生活している、その生活の様々を知っておかねばならない、という気持ち、欲望は、読者だけでなく、作者の方もそれを描き出しておかねばならないという力を感じながら、ということは、両者とも、この章のテーマである必要＝力＝意味によって書き、読んでいることになる。

ようやく、ここに至って、この章のテーマである〝必要＝力＝意味〟が出てきた。これを忘れたように、もう一つのテーマである〝意味〟の方へ傾き、入り込んでいたのである。とはいえ、この意味は、まさしく、無限に存在し、しかも、「我」には様々に存在し、とはいえ、多くの「我」は自分の中に、大きな強い力を持った意味を塊のようにしながら、しかもそれを抱きしめながら生きていることも見えてきたのである。これらの意味を見ていくことは、とても大切な仕事であったはずだからである。そして、この意味と本質も…

そして、最後にこれらの意味と必要＝力＝意味との関係に戻って見れば、ずっとそれを中心にしているように見てきた、「我」の中の大きな、強い力を持った塊のような意味こそは、「我」の中の詩や小説、文学を書こうという、読みたいという必要＝力＝意味の中の中心とも言える意味を作り出しているとしていいことは見えてきたとしていいのである。つまり、何度も見たように、この塊となった意味は、〝強い力を持った〟とか、〝大きな、強い力の意味〟とか書いたように、強い力を持っているのである。そして、この強い力を持った意味は、意味として、それを理解するためにも、言語化されることを必要としているのである。まさしく、「我」の中の必要＝力＝意味を、しかも強い力を持った「我」を衝き動かすものとして形造っていることが見えてきているはずなのである。「我」の中の意味が、多く必要＝力＝意味を形造っているが、ここで見た意味は、文学を書く、読む大きな強い力を持った必要＝力＝意味を造り出しているのである。

〝黒い塊〟と言ってきたが、この黒い塊は、恒に、その強い力によって言語になろうとして、文学を生み出そうとする「我」の中では、言語として飛び出してきていることも多いはずなのである。「我」の中にそのような意図、意志も存在しないのに、自然な形で、いや、時には、それを抑え込もうとする意志が働いても、それを突き破って言語になろうとするのである。そして、読者の方にも、このような力が働いて、実際、これを言語化し、文字化し、ノートに書き写して、それが多く保存されていることもあるだろう。それだけではすまなくて、その自分の中のこの塊となった意味を吸い取ってくれそうな、共鳴してくれそうな文学を求めるのではないだろうか。

ここまで見ると、この黒い意味の塊は、文学だけでなく、絵画や音楽への大きな意味の塊であり、そして、それはまた、絵を描きたい、作曲をしたい、また、絵画を見たい、音楽を聴きたいという強い力を持った必要＝力

＝意味を形造っているはずなのである。意味は言語だけで表されるものではないのである。時には視覚表象として絵画に、また時には聴覚表象として音楽になりたい、表れたいとなるはずなのである。このことは、小さい子供達が、しきりに絵を描いたり、歌を唄ったりすることにも表れているはずである。この子供達の中には、まだ黒い塊などと言える意味は存在していない、発達していないが、やはり自らのうちに、この世に生まれてきた生命力として、そしてそれが、母親を中心とする家族の愛、そしてまた、それを取り囲む世の中の愛が守り包んでくれている中で、絵を描き、歌を唄い、いや、時には手足を動かして踊り、自分の中に湧いてくる意味を、また、まわりの世界から感じ、受け止めた意味を表現しようとするのである。いや、もちろん、言語による意味の表現もしながらである。

人間は恒に世界からの意味を感じ、それだけでなく、自分の中から、生命力の中から意味が湧いてきて、それがまわりの世界の意味と結びついて、そして、その意味はその結びついた瞬間で終わらなくて、それは記憶によって保存され、その保存のされ方は、その意味の大きさ、力によって、また大切さによって違い、その大きなもの、強いもの、大切なものが優先されて保存され、時には長く残り続けるのである。そして、子供が成長するにつれて、この保存される意味は徐々に蓄積され、成長した頃には、それは大きな強い力を持った一つの塊のようになり、とはいえ、その塊の中から、時には様々な意味が飛び出てきて、「我」を衝き動かし、言語に、絵画に、音楽になろう、いや、時には体を動かし、舞踊になろうとするのである。

ただ、人間はこの中心に存在する意味だけでなく、成長するにつれて、日常性の中の生活の、仕事や勉強の意味に囲まれ、それに対応し、時には追い回されていくのである。この意味は強力で、しかも生きていくためには、生活していくためには絶対的と言っていいほど必要で、不可欠であり、強力な必要＝力＝意味を形造り、人々を動かし続けている、そして、多くの人々は、これまでこの章で見てきた塊となった大きな強い力を持った意味を押しのけ、人によってはほとんど気付かないで生活している人々もいるくらいである。ということは、この章でここまで見てきた塊となった意味よりもずっと強い意味が、人々を取り囲む世界のほうからやってきていることになる。いや、正確に言っておけば、人間が生きていく上で、生活していく上で、世界と関わる、関係していく上での意味と言わなければならないだろう。「我」が生きていくために、生活するために世界に働きかけて生まれる、食料を得る、そのために仕事をする、仕事をするためには様々な細かな意味を持って向かわねばならない、また、将来少しでも良い、収入の良い仕事をするためには勉強をする、この勉強とは意味で埋まった、細かな意味で満ちあふれた世界なのである。こちらから世界に働きかけた時、世界は持っている意味を次から次へと与えてくるのである。

ということは、やはり、世界から意味はやってきているのである。つまり、「我」が必要＝力＝意味でもって世界に働きかける時、世界はその中に持っている意味で応じ、時には、いやとても多く「我」の中の必要＝力＝意味以上の意味を見せてくるのである。それだけでなく、世界は持っている意味で「我」を強く縛りつけ、強い力で働きかけてきているのである。分かり易いのは憲法、その下の様々な法律、そしてルール、…車を運転している時はこの様々な力に支配され続けて進んでいるのである。職場や学校でも様々な力を持った意味が存在し、義務、責任を及ぼしてくるのである。

このような世界からの強い意味に支配され、人々は生活し、生きているのである。世界はこのような強い力を持つ意味で埋まっているのである。それでは、これまで見てきた大きな強い力を持った塊となった意味とは何なのだろう。ここまで見てくると、このような塊になった意味を持っている人々はそれほど多くないようにも思えてくる。少なくとも、これを持っていると意識している人は少ないとも言わなければならないだろう。文学や芸術の愛好家だけのようにも思えてくる。しかし、文学の先に見た独り言に戻れば、独り言を多くの人々が言うだけでなく、やはり人間には、様々な出来事を、そして、その意味を保存しておく記憶という機能が存在し、それらの意味を蓄積していっていることを見ると、やはりとても多くの人々には、この塊のような意味は存在しているのではないか、とも言えるのである。

人間には、まさしく日々刻々と意味がやってきているのである。それを基本的にはほとんど保存していくのである。しかし、この保存には忘却はつきもので、どんどん消えていくのである。多くの小さな意味は二、三日も経過すれば、ほとんど消え、消えていなくても、思い出す必要もなく、思い出されることもなく、保存から消えていくのである。とはいえ、人間が生きていると、小さな意味だけでなく、時にはとても大きな、力を持った意味がやってくるのである。この力を持った大きな意味は、基本的に残るのである。しかも、このような保存される大きな力を持った意味は一つではなく、それなりにいくつも、時には次々にと起こるのである。それらの意味は多くは力を持ったまま保存されていくのだ。とはいえ、ここにも忘却が起こるのである。そして、これらの大きな意味の出来事には、多くは小さな細かな意味の出来事がついてまわっているのであるが、そのような小さな意味は時間の経過とともに消えていくのである。時間の経過とともに、大きな意味が細かな小さな意味を切り捨てて、いくつか、時にはいくつも残っているのである。そして、これらの大きな意味も、生活の中ではそれほど思い出されることなく、しかし、その力はそれなりに保たれていて、時にはぼんやりしていると、ふと湧いてくることもあるのだ。

これらの意味は、時の経過とともに忘却が進み、大きな意味とともに存在した細かな意味、その一つ一つの小さな場面や人物の言動も失われていき、大きな中心的な意味、とても強い力を持った意味、時にはその場面や相手の表情、その時の短かな言葉だけ残り、一つの塊のようになり、それでも、その中の一つの場面や言語が時にはパッと浮かんでくるような存在になり、それだけでなく、同じような大きな力を持った他の意味とも寄り合って、それらが幾つも集まって大きな塊になり、とはいえ、それらは一つ一つの意味が瘤のような塊をつくり、だから、でこぼこした塊になり保存されていくのである。

いや、出来事だけではない。ずっと長く続いた恋は「我」の心の中に、大きな川の流れのような塊、いや、帯状の意味の集合体を作り、それでもその全体を、自分の好きだった相手の名前が被い、「我」の中の一番大きな意味の集合体を形造っているはずである。いやいや、恋だけではない。恋が実り、結婚で結ばれた時、恋以上に愛がはじまる。恋の時は相手を自分のものに得たいと思う気持ちが強かったが、今度、相手の存在そのものが気になり、相手の健康、安全が気になり、病気や危険が気になり心配になり、少しでも相手が幸せになってくれと思いやり、それらは大きな意味とその力でもって「我」を支配する。そして子供が生まれれば、まさしく、愛の結晶が生まれ、この世で最高の意味を持った存在が目の前に存在し、笑い、泣き、そのうち様々に話しはじめ、…このようになった時、過去の大きな強い力を持った意味の塊は、目の前の愛の結晶の存在に押しやられ、この結晶のために、またこの結晶を生んでくれた、生ませてくれた相手の存在のために、いやいや、そして、このような自分を、そして相手を生んでくれた親達のありがたさも、またもう一度思いやられ、…家族のための生活、そのために働き、…このような愛が家族の中に行き届き、それによる幸せ、そして、その愛と幸せを生み出し続け、それを保持していくための日々の労働は、これまで注目してきた塊となった意味を押し出してしまい、ほとんど意識されることもなくなる…

いや、人生はそんなに甘くない。このような愛と幸せの実現に日々の生活の全てを、その中でできることを最大限に追求している家庭にも様々な出来事は次から次へと起こるのである。家庭の外には「我」の時見たと同じ無限の意味を持った世界が広がり、それが時には大きな強い力の意味としてやってくることもある。そして、この時の意味は、「我」一人の時に見た意味よりも、もっと強い力を持ち、時には複雑な形でやってくるのである。なぜなら、この世界からやってくる、世界との関係からやってくる意味を、愛で受け止めるからである。しかも、その愛を持ち続けている家族の一人一人がそれを受け止めるのである。しかも、このような意味は、家族全体に来ることもあるが、多くは家族の一人一人、別々にやってくる、それを愛の絆で結ばれた家族全員が受け止めるのである。そして、これも多くあることであるが、一人が自分にやってきた意味を受け止める以上に、他の一人、あるいは何人かが大きな力で受け止めることもあるのだ。子供の一つ一つの意味を、親は子供以上に受け止めるのはあたり前のことである。

このように書いていると悪い出来事の意味ばかりのように見えるが、家族はすばらしい、愛と幸せをより大きくする意味をも多く受け止めることがあるのだ。家族一人一人の誕生日は、家族にとって大きな幸せでやってくる。正月やクリスマス、地域の祭り、そして旅行など、大きな幸せでやってくる。家族の健康、子供の学校での成績の向上は大きな喜びでやってくる。いや、これらにはプラスとマイナスはつきもので、健康も病気に変わることがあり、成績も上がることもあれば下がることもある。これらが良い方向にむかうように、家族の一人一人が努力しているとしていいであろう。

いやいや、これも甘い、というよりも理想の家庭であろう。家族の中にはいつも愛が、愛し合って、互いに大切にしあうことばかりが続くわけではない。対立もあり、憎悪も時には生まれる。夫婦とはとても難しい人間関係なのだ。親子もやはり難しいのだ。反抗期というのもあるし、そもそも親の言うことを全て素直に聞いてくれる子供など珍しい。逆に心配だ。夫婦もけんかはつきものだ。愛が憎悪に変わり離婚ということもある。

愛に満ち、一人一人の幸せを追求するはずの家庭にも、様々な出来事が起こり、その愛も様々に変形し、追求されている幸福もなかなか難しい、手に入れにくい存在であることも多々あるのだ。しかし、時には家族の中に愛が満ち、幸せを誰もが感じる時もあるのだ。

つまり、愛を基盤とし、幸せを求めるはずの家庭ではあるが、様々な出来事が起こり、それは良いことも悪いことも起こり、そしてその基盤となっているはずの愛も様々に変形し、追求される幸福も満ちあふれたり、遠いかすかな存在になったりするのである。

ここで確かめておかねばならないのは、先に見た塊となった意味、それを独り言や文学の源泉のように見たが、そしてそれはあたかも「我」一人の中の意味のように見ていたが、ここに見えてきているのは、家庭という複数の人間の集まりの中でも、様々な意味が生じ、その意味は「我」一人の中の意味とはまた違った、複数の人間全体の意味として存在し、様々に変化しているということなのだ。

そして、先には「我」一人の中の塊となった意味が文学の源泉であるかのようにも見たが、この家庭の中の、家族の取り囲んだ意味も、もちろん、文学の源泉に、いやいや芸術全体の源泉になるはずなのだ。文学だけでなく、芸術全体に、家庭をテーマにした作品が多く存在するのだ。

いや、家庭だけではない。友情も大きな意味を持っている。友人が集まったグループ、クラス、町内、いやいや、それ以上にスポーツのチーム、…国家、民族、宗教も多くの大きな意味として存在している。これらも、…

八. 死の意味

そして、最後に、人間から絶対に離れることのない、いや、全ての生物に離れることのない最大の意味、死が存在する。特に人間は、自らを死すべき存在として、その意味を抱きしめながら、いや、背負いながら生き続けねばならないのだ。多くの人々は、自分が死すべき存在であることをかなり幼い頃に知ってしまう。とは言っても、死についてしっかりと完全に理解できているわけでもない。ただ、恐ろしい、ぞっとする気持ちとしてやってくることはまちがいのないことである。これはとても大きな強い力で存在し続ける意味である。人間が抱える意味の中で最大のものとしていいであろう。多くの様々な出来事の意味も、これに較べればそれほどでもない。人間が抱える最大の意味と言っていいだろう。しかも、ずっと続いて、それから逃げることができない。一生まといついて離れない。その意味が現実のものとなる、自らの死の瞬間まで続く。

しかも、幼い頃知って、完全に理解できないものとしてやってくるが、成長して、大人になっても、死後の世界、死の瞬間の状態についてはなかなか理解できない。生きている間は経験できないからである。科学も、人間の生について真理を教えてくれるはずの哲学もほとんど教えてくれない。少なくとも近代哲学ではほとんど見当たらない。多くの人々は、不安として、疑問として、今のまま、自分が死すべき存在であることを、いつ死ぬのか、死ぬ時はどのような状態になるのか、そして死んでしまったらどうなるのかほとんど答えのないまま生き続ける。ただ、人間社会では、基本的には死についてはマナーとして、また習慣、慣習として死については話さない、話してはいけないものとして存在させている。それは特別なものとして、葬式や法事の時だけに、また、家では仏壇などの特別な場所のものとして、そして、社会でも、寺院や、お墓などの特別な場所に、つまり社会生活の中では、日常生活の中では触れてはいけない、話してはいけない、近寄ってはいけない存在として遠ざけられている。禁忌とされているのである。そして、多くの人々も、この死の意味を遠ざけたい、抱え込みたくない、忘れたいと思っているのである。そして、逆に、生の意味、自分の生きていること、生きていられることを大切にし、その中で生きている喜び、楽しみを求めて生きよう、生活しようと思い、それに向かって努力していくのである。そして、死を忘れるために、遊びやスポーツに、そしてまた、仕事や勉強にも没頭するのである。まさしく、頭をそれに向け、恐ろしい、不吉な死を忘れようとするのである。

しかし、死を忘れることはできない。死の恐ろしい、不可解な意味は、そして、それへの不安は、大きな強い、暗い黒い塊のような意味を、人間の精神の根底に形造っているのである。先程見た独り言の、そして文学の、いや芸術全体の源泉として存在しているのではと見た、塊となった意味にも、大きな力を、そして、やはり暗い影を与え続けているのである。だから、先に見た塊となった意味も、多くの人々には、暗い、黒い塊と感じられるし、多くの文学がそれなりに暗い内容を持っているし、また、その読者もその暗い内容に、その意味に真実を感じるのである。文学だけでなく、音楽や絵画においてもこの暗い意味は反映されているし、創作する方も、死の意味を意識しているいないに関わらず、自らの中の塊となった、やはり暗い影を持った意味から生み出すために、作品はどこかにこの影を持っており、聴いたり見たりする方も、その暗さを感じ、真実を感じるのである。人間が生きていく上での最大の意味と言っていいであろう。しかし、この意味は禁忌として抑圧されており、また、あまりに暗い恐ろしい存在なので、多くの人々はそれほど意識しない、忘れるように努力しながら生きているとしていいであろうが、人間の意識の根底に存在し続け、暗い大きな強い力を持って影を落とし続けているとしていいはずである。

　しかし、この黒い塊のままの、強い力を持った意味、ということは答えのない疑問のまま残る意味に、しかも恐ろしい、どのように努力しても逃れられない意味に答えを与え、人々をこの恐ろしい黒い塊の意味から救ったのが宗教である。宗教は、この黒い塊だけの、力だけを強く持った意味に、言語による答えを与え、しかも、人々が知りたくても知りえない死後の世界を、広い様々な世界として紹介し、人々を、この黒い塊からやってくる恐怖と不安から救ったのである。つまり、宗教は黒い塊のままの意味を、人々にわかり易い意味に、いや、それだけでなく、人間がまだ生きている現世も含めた、そしてそれを含んだ死と生前のとても広い世界の意味を、神がお創りになった意味として解き明かしたのである。

九．性欲と愛の意味

死と同じほど強い、大きな意味を持ち続け、死の意味以上に、フロイトによれば人間のあらゆる行動に力を与え続けているのが性欲である。これは意味というよりも力そのものであるとも言えるであろう。しかし、これも死の意味と同じように、抑圧され、社会に公然と現れることを禁じ、それ以上に、人々は子供の時から表に出すこと、いや、欲望として心の中で思うことそのものを、つまり意識することを禁じられているのである。フロイトによれば、無意識に追い込まれているのである。しかし、この追い込まれ、抑圧された性欲は、それとは意識されない形で、そして、様々に形を変えて、人間のあらゆる行動に力を与えているというのがフロイトの説である。

ここまで見てきた塊となった意味にとっても、性欲は死の意味に負けない、それ以上の強い力の大きな意味として存在し続けているのである。そして、意味というよりも強い力で存在しているのである。塊となった意味の中でも大きな力として存在しているが、それでも抑えられなくて、その塊から飛び散るように、力を発揮し続けているのである。いくら抑圧されているとしても、街で、美しい、すばらしい異性を見た時、その力は飛び散るのである。もちろん多くの人々は、それが性欲の力によるとは思っていないのだ。そして、先に見た恋愛も、その根底には、いや、その全てにと言っていいほど力を与えているはずである。もちろん、このような性欲の力を完全にと言っていいほど抑えた純愛という形の恋愛も世の中には見られる。しかし、ここにも、…多くの議論を要するであろうが、フロイト的に言えば、変形された形の、つまり、直接的には表されていない性欲が力を与えている…

性欲は、人間の意識の根底に、それ以前に生命力そのものの大きな力として存在し続け、大きな意味を、いや、フロイトの説によれば、あらゆる意味に力を与え続けているとしていいはずなのである。だから、性欲は死にも負けない、いや、それ以上の意味を人間の中に形造っているのである。そして、こちらは、死の反対、生命をつなぐ、新しい生命を生み出す根源でもあるのだ。しかし、人間社会では、死と同じように抑圧され、表に出すことを禁じられ、フロイトの無意識に追い込まれてしまっているのである。しかし、そこでは力だけを持っていて、これもフロイトによれば、この力は様々に変形されて出てきて、時には狂気をも作り出すのである。だから、死と同じように表には出ないが、そしてほとんど意識もされていないが、人間の意識、心の根底に大きな強い力として存在し続けているのである。やはり黒い、強い力を持った塊の意味としていいのである。

ただ、こちらは、死とは遠い、多くの宗教が、少なくとも現代に残っている、存在している宗教のほとんどが、それが社会生活に出ることを禁じ、表に出すことを禁じ、いや、思うこと考えること、意識することをも罪として禁じ、ほとんど言語による表現、理解を生み出していないとしていいであろう。人々は、この意味を、こっそりと、隠れた場所で、人には知られない形で知るしかないのである。それでも親は子供が成長するにつれて、その体の変化に伴い、その変化の意味を教え、と同時にその禁忌もしっかりと数倍の力で教えていく、教えてきたはずなのである。いや、その前に、友達どうしや、先輩から、社会に隠された意味を、本や絵画や写真で習ったりもするのである。だから、この意味は、やはり暗い黒い塊としてやってくるのである。

それでも、これらの禁忌の中で、恋が実っていけば、二人だけの意味の実現が、ただし、まさしく二人だけの秘密として、そして、それがまた実って結婚したとしても、やはりこの意味は夫婦二人だけの秘密のままなのである。

しかし、その隠された意味は、この世での最高のすばらしさなのである。快楽であり、喜びなのである。この世で隠され、禁じられていて、なかなか到達できなかった、しかし自分の中に恒にそこへ向かおうとする大きな力が存在し、それに従い、とはいえ、社会にはそれに従うことを禁じる、させない障害が多くあり、それを一つ一つ押しのけ、ようやくたどりついた到達点なのである。この一歩一歩は恋愛の時から始まるが、二人の間に禁忌、抑圧が存在し、最初は二人の間に性欲などが存在しないかのように付き合い、しかし、一歩一歩、二人の間が進展し、互いにお互いの心を、いや、その前に互いの仕事や生活の環境を理解しあい、その間にいっそうお互いに好きになり、ということから愛が芽生え、相手の存在をとても大切な、いとしいものと思うようになり、それ以上に、自分の中の抑圧された大きな力が一層大きくなり、ずっと抱きしめていたくなり、…

この世で最高の意味が現実のものとなり、自分のもの、自分達のものになったのである。最高の快楽であり、それ以上に、今まで付き合ってきて、ずっと求めてきた到達点であり、そこに達成できた喜びである。今まで様々な喜び、快楽を味わってきたが、それらと比べものにならないほどすばらしいものなのである。エクスタシー、この世のものとも思えないすばらしさなのである。とはいえ、これはやはり、世間ではこのすばらしさは公にはできない、言ってはいけない、見せてはいけないものとして存在しているのである。二人だけの、二人だけの小さな空間の、二人だけの秘密なのだ。しかし、二人にとってはとても大切な意味であり、人生の最高の意味であり、二人だけでこの最高の意味を抱きしめながら、他人には絶対に知られてはならない、いや、知られたくない、大切な意味なのだ。いや、考え方によれば、禁忌となっているが故に、二人だけの秘密になり、それだけに二人だけの大切な意味なのだ。二人だけで、他の誰もが知らないが故に、その意味はいっそう二人にとって大切なものとなるのである。そして、この二人だけの秘密、しかも最もすばらしい大切な意味を二人だけで共有していることは、二人だけの心が通じ合い、その秘密の大切な存在を持っている、共有している相手の存在の大切さ、いとおしさがやってくるのである。愛である。

いや、ここには、秘密の共有だけでなく、様々な愛が芽生えているのだ。二人が抱き合うことは、二人の肉体が触れ合う、いや、相手の肉体を自分の中へ、自分の肉体を一つに、一体となることなのだ。互いの肌の感触、その柔らかさ、温かさ、それ以上に相手の存在を自分の中へ、自分と一体となることを意味しているのだ。相手の存在を自分と同じように、自分のもののように感じることでもある。ここでは、認識論では五感の中で、それほど大切には見られない触覚が一番大きな役割を果たすのである。認識論では対象となっている事物の存在の実在性について多くの議論がなされるが、ここではそのような議論はふっとんでしまうのである。相手の存在の実在性をしっかりと自分の中に抱え込んで、この世の中での最高の実在性として、自分のものとして抱きしめているのである。認識論ではいざ知らず、多くの人々は、この事物の実在性を確かめる時は、それに触れてみるのである。それがここでは全身で相手の存在を自分の中に取り込んでいるのである。それだけでなく、その存在は、自分が好きで好きでどうしようもない、自分の心、意識の全てがそこへ向かっている、しかも恋が始まった時からずっと吸い寄せられてきた存在なのである。それが今、自分の中に、自分の肉体と一つになって存在しているのだ。そして、その存在は、事物存在とは違って、すばらしい瞳、眼の輝きでもって自分を、自分の眼を、自分の眼の輝きを見、受け止めてくれているのだ。それだけでなく、その存在は、「好きよ！」「大好き！」「すばらしい！」などの言語、この世で最高の価値を意味する言語を発してくれているのだ。

まさしく最高の瞬間、人生の最も大切な瞬間であり、ここに愛が生まれているのである。相手の存在をこの世で一番大切なものとして、それを自分のものとして抱きしめているのである。しかも、ここには、相手の存在が、自分と同じようにこの世の中で生活し、ということは、様々な生活の中で努力し、生き続け、苦労し、心配もし、不安や恐怖にも駆られる自分と同じ存在であり、何よりも自分と同じ死すべき存在であることが、抱きしめている間にやってくるのである。抱きしめている存在の意味がやってきているのである。

この大切な存在は、そんなに簡単ではなく、多くの存在、生命存在として、いつも不安なその存在が危険に脅かされる可能性として生きている、自分と同じ存在であること、相手の存在の中から心の中へ直接伝わってきて、感じ、その感覚をも抱きしめるのである。

まさしく愛、相手の存在をいとおしさとして抱きしめているのである。

とはいえ、このすばらしい人生最高の意味、愛についても、なかなか社会では言えない、受け入れられない存在なのである。いや、社会では禁忌ではなかったとしても、この大切な意味こそは、二人だけのもの、二人でずっと抱きしめ続けるもの、他人に言ってはその大切さ、そのすばらしさが壊されてしまうもの、自分達だけの意味、秘密にしておかねばならない意味なのである。秘密にしておかねばならない、隠しておかねばならないということでは、死の意味と同じように黒い、暗い塊であると言ってもいい存在である。しかし、この黒い暗い塊は、死の意味が恐怖や不安という力は持ってはいるものの、やはり日常生活では抑え込まれていて、忘れるよう努力がなされ、意識の一番底辺に抑え込まれているのであるが、この愛の意味は大きな力でもって、情熱として燃え続け、しかも、死の意味が一人だけで背負い込んでいるのに対して、こちらは二人で分かち合っている、二人で抱きしめている大きな力を持った存在なのである。

ということは、この二つの意味は、両者とも黒い暗い塊として、大きな力を、人生を生きていく上で与え続けている存在だとしていいのである。だから、人間はこの黒い暗い塊を持って生き続け、性欲のほうも、愛として実った時はすばらしい、輝かしい意味として生まれ変わるが、そこへ至るまではやはり黒い暗い塊のままで、ただ大きな力を持ったままの存在なのである。そして、失恋ともなれば、この暗い黒い塊だけの意味に突き戻され、自分の意識存在そのものが暗い黒い塊になったとも思われてしまうのである。

そして、この暗い黒い塊の意味こそは、人類全体が一人一人持ち続けて生きているのである。だから、人生の真実、人間の真実、この世の、この世界の真実を表現し伝える芸術作品のほとんどは、どこかこの暗い黒い塊の意味の影を投げかけた暗さを持っているのである。そして、それを見る、聴く、感じる愛好家達も、その暗さに心を動かされ、真実を感じるとしていいのである。

ここには、人間の、人生の真実、人間の生きる姿の、記憶力の、地球上で一番発達した動物としての生きる真実、ある意味では本質とも言っていいものが見えてきているとしていいであろう。人間はこの暗い黒い、そして重い意味の塊を背負いながら、抱きしめながら生き続けているとしていいのである。

ただ、先にも見たように、性欲のほうは、恋が実り、愛が生まれてくるとともに、少しずつその様態が変わっていくのである。恋は暗い黒い塊を情熱に変えていき、そこには激しさ、燃えるもの、熱さがあるのである。死や、単なる性欲とはかなり違ったものになり、意識の底辺だけではなく、意識全体を埋め尽くすのである。とはいえ、この情熱にはまだ黒さ暗さは影を落としている、全体の雰囲気に、色彩を投げているとしていいのである。しかし、ここに愛が芽生えてくると、激しさは落ち着いたものになり、しかしそれはまだ熱を持ち、温かさとなるとしていいのである。そして、ここには愛の持つとても大切な要素、優しさも芽生えてきて、愛し合う二人をその暖かさで包むのである。しかし、性欲は、そして性の交わりはやはり二人の秘密であり、そのような暖かさを、優しさを取り囲んで暗さ黒さが被っているとしていいのである。

そして、ここにも死の意味は黒い暗い影を投げかけているのである。しかし、それは愛をより深い強いものにしていて、プラスの意味にもなっているのである。つまり、愛し合っているうちに、相手も自分と同じ人間であり、生物であり、死すべき存在として生き、自分の前に現れ、自分の心を惹きつけていることに気付くのである。相手も自分と同じ、死すべき、はかない存在であると気付くのである。それだけでなく、相手も病気や事故、いやその前に、生活の中の様々な困ったこと、苦しいこと、それについての心配をして生きている存在であることに気付くのである。このことに気付いた時、相手はすばらしいだけでなく、困った苦しいことにあいながら、それでも生き抜いていて、そしていつかは死んでいく存在であることに気付いた時、そして、相手も、自分と同じ黒い暗い意味を背負いながら生きてきた存在であることに気付いた時、なんとも言われない、心の底から、奥深い、そこから湧いてくる、涙もともなって、強い気持ちが湧いてくるのである。いとしさである。相手の存在のはかなさを思う、しかし、だからこそ一番大切にし、守り、互いに助け合っていかねばならない気持ちである。だからこそ、そんなはかない存在であるからこそ、そして、そんな二人が今愛し合っているからこそ、少しでも相手を幸せに、喜びを与え、二人の時間を楽しく、幸せな時間にするように努力し、自分だけでなく、二人でそんな時間を築き上げていこうとする努力がはじまるのである。二人の持っている黒い暗い意味を二人で背負いながら、そんな意味を背負いながら生きている相手を抱きしめながら、だから、その相手の黒い暗い意味をも抱きしめながら、しかも二人で互いに努力しあい、少しでも幸せで楽しい生活を築き上げていこうとするのである。

そして、結婚である。結婚は、ここまで見てくると、ここまで見てきた黒い、暗い塊の意味を吹き飛ばすために行われるのではないか、と思われるはずである。特に結婚式は、そのためのように、明るい華々しい時間として築き上げられるのである。二人にはそんな暗い黒い意味は存在しないかのように、いや、この世にそのような暗い黒い意味など存在しないかのように、明るく、華々しく行われるのである。そして、二人を結びつけている根本的な力、性欲に関してはいっさい触れられることはないのである。ただ、結婚という制度は、その根本に存する性欲は社会では認められたものとして、だから触れることの必要のないかのように、いっさい言語に出して語られることはないのである。考え方を変えれば、この触れられることのないことは、秘密のまま存在することになり、式の時はともあれ、やはり二人には暗い黒い塊の意味はそのまま存在しているとも考えられるのである。

とはいえ、結婚した二人は社会では性的関係を認められた存在として生きていくのである。しかし、認められたとはいえ、やはり社会では、いや家族の中でも、決して語られることも、いや、見られることもないものとして、秘密のままに存在しているのである。

その意味ではやはり隠された、暗い黒い意味の塊のまま存在し続けているのである。しかし、結婚生活は、二人で生きていく、いや、この後生まれる子供達も含めて生きていく経済的基盤を築き上げる場でもあるのだ。二人は一生懸命働かなければならないのである。最近の夫婦は共稼ぎが普通で、男性も家事を分担していることが多く、二人は忙しく働かねばならないのである。だから、黒い暗い意味は夜寝る前の短い時間などに置かれたまま、二人は忙しく働き、家事などを分担する時は、お互いに話し合い、ということは愛のまざりあった心で話し、しかし、時には意見が合わなくてけんかになり…

それでも愛は、二人の中で、今までと違い二人の秘密ではなく、社会から認められたものとして、そして、こちらは黒い暗い塊のように隠しておく必要はなく、だから二人で買い物に出かけたり、時には忙しい生活の中の疲れをいやすためにドライブに、旅行に出かけたり、二人の楽しい明るい生活を味わうことができるのである。そして、こんな中で、二人だけの秘密であった愛の時とは違う形の、明るい生活の中での、しかし、生活の様々なところに沁み込んだ愛が生まれてくるのである。こちらの愛は、恋愛の時よりも明るくて社会にもある程度見える、少なくとも隠さなくても良い形で存在するのである。

しかし、なんと言っても、子供の誕生だろう。暗い、隠された秘密の二人の愛の行為から子供は生まれたのである。ところが、生まれた子供の顔を見ていると、そして、その眼の輝き、そしてまた、時々見せてくれる笑顔を見る時、全てが吹っ飛ぶのである。明るいのである。この世が明るさでいっぱいになっているのである。それ以上に、その明るく輝いている存在は、かわいくてかわいくてどうしようもないのである。ずっと抱きしめていたい、大事にしたい、この世で一番大切な、いや、この世のものとも思えないすばらしい存在なのである。

子供の誕生は、今まで見てきた性欲の、暗い黒い意味の塊を完全に吹っ飛ばす、いや、忘れてしまわせてくれるのである。こんなにすばらしい存在が生まれたのである。目の前にその存在が、笑い、眼を輝かせているのだ。黒い暗い意味は、このすばらしい存在のための、いや、そんなことも全て忘れさせる、笑顔であり、眼の輝きなのだ。いやいや、泣いている時も、かわいくてかわいくて、でも、なにか、どうして？おなかがすいて、おっぱいが欲しいだけなんやろ…？

つまり、この子が生きていくために、健康で、元気に、すこやかに、しかもずっと人生を生きていくために…自分達は最大限の努力を、できるだけのことを…

ここには死の暗い意味の否定も、それもやはり完全に忘れさせる、…いや、自分が死んでもこの子が生きてくれれば、自分が生きていると同じ、いや、それ以上の…

しかし、ふと、この子もいつかは死ぬ…そう思うと、このすばらしい存在がいとおしくていとおしくて…時には、このことを自分の罪のように考える親もいるだろう。だけど、これだからこそ、この、やはり死すべき存在を、少しでも幸せに、少しでも楽しく喜び満ちあふれるように…とはいえ、そんな思いも、目の前のすばらしい存在の眼の輝きを見ていれば、やはり吹っ飛んでしまう…

人生の最高の意味がここに存在しているのである。

最高の意味とは言ったが、子育ては人生の中の最大の事業であり、子供が育つにつれて多くの難しい問題が出てくる。難事業にも変わる。とはいえ、親にとって子供はいつまでたっても最高の存在であり、可愛くてならない、例え、親が老齢に入り、子供が壮年期に入っても、それはかわらないのである。その意味では、最高の意味であり続けるのである。

先に見た結婚も、考えようによれば、最も難しい人間関係であり、様々に難しいことが起こり、時には離婚や別居ということにもなる。毎日顔を合わせ、二人で、そして子供ができれば、三人、四人…と生きて生活していくために働き、家事もたいへんになり、ともに働き、…となると、人間関係はより密になり、複雑になり、それらを埋め尽くすはずの愛、そしてその根底に存在する性欲も、様々な難しい働きをし、夫婦げんかが絶えないともなるのである。そのけんかのごとに、そこに存在するはずの、存在しなければならない愛情も、様々な変化をし、時には憎悪に変わってしまうのである。

とはいえ、どのような形に変化したとしても、結婚、そして出産、子育てはやはり人生の中の最も大きな意味であるとしていいであろう。

そして、これらの大きな意味の根底には、その先に見た性欲と死という暗い黒い塊の意味が存在し続けているのである。この暗い黒い意味の塊もそれらを否定すべく明るくすばらしい意味である結婚や子育てに、その影を投げかけ、時には大きな力で作用するのである。

十．必要＝力＝意味からの再見

以上、〝必要＝力＝意味と意味〟と題して、その意味の方を中心に見て、そして人生の最も大きな意味を見てしまったが、そして、進むにつれて必要＝力＝意味についてほとんど触れなくなってしまったが、以上見た意味は、人生の最大の意味であり、やはりどうしても、意味というものを見ていく上では見ておかねばならないはずのものであったとして許していただきたいという次第である。

居直って言えば、これらの人生の根本の最大の意味から、全ての様々な意味が生まれ、それが必要＝力＝意味を形造っているはずなのである。

結婚、そして子育てにおいては、人生の、人間が生きていく上での最大のエネルギー、必要＝力＝意味である愛が大きな力として存在しているのである。この愛のために人々は仕事をし、家事をするのである。そして、会社に行けば、仕事の上での様々な手順、規則が必要＝力＝意味を細かに形造るが、その根本には、家族がなんとかして生きていくためには働かねばならないという必要＝力＝意味が存在し、そして家族がなんとかして生きていかねばならないとはまさしく愛なのである。家事も、料理は家族みんながおいしい食事ができ、それだけでなく、しっかりと栄養をとって、しかも正しいバランスのある栄養をとって家族が健全に生きていこうという愛が存在するのである。洗濯も掃除も、家族全員が快適な生活を送れるようにという愛が大きな力を持っているのである。子供達の勉強こそは難しい必要＝力＝意味であろう。子供達の必要＝力＝意味のとても大きな力として、遊びたいという欲望が存在する。しかし、この欲望を否定して、勉強をしなければならないのである。これらの欲望が否定された上で様々な行動をしなければならないので必要＝力＝意味としたのである。子供達は遊びたいという欲望を否定して勉強しなければならないのである。その根底には、親達も子供達の元気な遊ぶ姿を見ていたい欲望、その根底に愛情が存在するが、それらを否定して子供達の将来を、子供達が社会に出てしっかりと生きていけるためには、現在の欲望を否定して勉強しなければならない、親の方としては、欲望を否定させて、勉強させねばならないという長い目で見た、子供の将来を考えた愛情が存在するのである。

まさしく、根源的な必要＝力＝意味なのである。

そして、性欲である。必要＝力＝意味はまさしく、欲望に当てた概念である。科学では、人間だけでなく、生物の行動の根源を欲望で説明しているが、人間の場合は、それに記憶や思考が働き、抑圧したり、嫌なことを努力のもとで行うことがあるので、これを必要＝力＝意味としたのである。性欲は特に、欲望の中でも最大限のもので、フロイトの説では、リビドーとして全ての人間の行動の根源とも考えられるものなのである。しかし、一方、この大きな欲望、生命力の根源と言っていいものを、人間社会では徹底した形で抑圧していて、社会の表に出すことを禁じているのである。だから、社会生活をしていく上では、この欲望を抑える必要があるのだ。そのためには、このとても強い力を持った欲望以上の力で抑えなければならない。だから、この欲望とはとても難しい形でのつきあいが必要であり、この欲望を達成するためには、社会から見えない形の様々な工夫が必要であり、そのための思考、また、知識、この知識も社会の隠れたところに存在し、それを自分のために引き寄せる様々な努力が必要なのである。まさしく、生命の中に存する欲望に対しての様々な複雑な必要＝力＝意味が働かねばならないのである。その意味では、性欲は人間の中の最も大きな欲望であると同時に、まさしく、必要＝力＝意味という概念が一番妥当する存在なのだ。つまり、人間の中で性欲は直接には働けなくて、必要＝力＝意味として複雑に働いているということなのである。

この隠され、抑圧され、欲望としては直接働けなくて、まさしく必要＝力＝意味として働いているところに、先に見た、性欲の黒い暗い塊としての意味が存在するのである。もっと見れば、人間の奥底の暗い場所に押しやられて、しかし、その場所では大きな力を持ったまま、まっ黒い塊となって、ぐらぐらと煮えたぎっている存在が性欲であると言っていいのである。

死こそは大きな強い力を持った意味であるが、それは欲望とは反対の、それを避けたいという欲望、願望が働く、働き続ける、マイナスの意味である。必要＝力＝意味としては、その意味を避ける、逃げるモメントが働き、避ける、逃げる必要があるのである。このことは、社会全体でも性欲の場合と同じに、避ける、口に出してもならない、禁忌として、大きな力を持って「我」に働き続け、その力は「我」のマイナスの必要＝力＝意味を形造っているのである。社会との関係、社会からの力としては、大きく避けられるものとして存在しているのである。ただ、性欲とは違う、まさに反対なのは、性欲の場合は、社会の力とは反対に、「我」は欲望として大きな力で求めている、「我」にとってプラスの意味として存在しているが、この死では、「我」も社会も一致してマイナスとして、避け、逃げ、禁じているのである。

実際、日常生活では、人々は、自分だけでなく、家族はもちろん、まわりの人々、友人、近所や職場の人間の、いや、地域全体、国民全体、世界全体の死を避け、退け、しかも自分のまわりの人々が、いや世界全体が一体となって避け続けているのである。だから、事故や災害や戦争による死は、大きくニュースとして、避けられなければならなかったものとして伝えられるのである。そして、この世界全体が死を避けていることは、世界全体に、それを避けるべくモメント、愛が存在しているとしていいのである。人類愛である。しかし、これは、最近の平和な時代の話である。（ここは、ロシアのウクライナ侵攻の前に書いた）戦争は敵国の人々の死を大きな力で求め続けていたのである。ただ、そのような戦争がなければ、人々は、互いの死をマイナスの意味として避けてきたとしていいのである。しかし、ここにも複雑な問題が存在したのである。同じ国家、地域においても、穀物生産の量が限られ、生きていける人間の数が限られていた時代も…

十一・意識の構造と人生の大きな意味

ここでは、「我」の、個人の意識における意味に戻ってその大きさ、その意味の強さをもう一度見ていかねばならない。確認しておかねばならない。

死は人間の意識の中でも、その根底において、とても強い力を持った意味として存在し続けるのである。人間は、幼時のある時、自分も死すべき存在であることを知り、大きな衝撃を受けるのである。とはいえ、幼い頃、それを知った時代にもよるが、やはり、その時代の理解力によって、多くはそれほどしっかりとした意味として受け止めることはないはずなのである。恐ろしいことではあるが、具体的内容としてどれだけ受け止めるかは、個人差もあり、多くは、その時代の意識の、認識能力の中で理解し、受け止め、最初のうちはぼんやりとした恐ろしいこと、自分もいつかは死ぬんだな、と思って、しかし、死とはどのようなものかはぼんやりしたまま受け入れているのである。そして、社会の死についての禁忌、話題にものせてはならない習慣が力を持ち、その内容についてては親やまわりの大人達にもなかなか質問もできないことが多いはずである。このような時、やはり救いになるのは天国の話なのだろう。この話も、子供達はまだ発達していない知性、理解力のまま、ぼんやりと受け止め、やはりぼんやりとした、しかし、それでも恐怖の存在である死についての意味に当てはめ、その意味の力を弱めていくとしていいであろう。そして、子供達は、アニメやドラマを見て、その中に絶えず繰り返される死を見、また近所の葬式やニュースの中の様々な死の情報を受けて、それなりにとらえて生きていくのである。

とはいえ、やはり、それでも死は、幼い子供達にもそれなりに強い意味として存在しているのである。ただ、このような死の恐ろしい意味を避けるべく、強い生命力の現れとしての遊びに夢中になり、また、その延長として、マンガやアニメやドラマに夢中になり、また家庭や教室での様々な出来事に心を奪われ、この死の恐ろしい強い力を持った意味を心の奥底へ追いやり、忘れ続けるのである。また、死はまだまだ遠くにあり、今の自分には関係のない、ずっと先の出来事であり、そのうち大人になって自分が成長して、いろんなことを学んでいけば…と思って、ということもあるだろう。基本的には、まだ発達していない知性であいまいなまま、しかし、それでもやはり恐ろしいものとして抱え、なるべく考えないようにしながら、意識の奥底へ押し込んで、その上でできるだけ楽しいこと、この恐ろしいことを忘れられること、つまり夢中になれることに真剣になっていくのである。いや、もっと強い力で死の意味を否定して、その恐ろしい意味を忘れさせるそれ以上の意味が、幼い頃から、死の意味を知るずっと前から存在しているのである。母親を中心とした家族からの愛である。子供達はこの愛が欲しくてならないのである。そして、愛を得た時、死の恐ろしい意味などは吹っ飛んでしまうのである。この愛は、死の意味とは反対の明るくて暖かい、とても幸せにしてくれる意味なのである。そして、この明るい暖かさが意識に満たされれば、自然と死の恐ろしくて暗い冷たい意味は押しやられてしまうのである。そして、家族の愛だけでなく、近所の友達の友情も大きな力を持っているのだ。子供は仲良くなると、毎日友達と会いたくなり、一緒に遊んでいたいのだ。友達との遊びは心を惹きつけ、意識全体を楽しさで一杯にしてしまい、死の意味は完全に忘れ去られてしまうのである。

だから、幼い頃から死は「我」の意識の一番奥底に追いやられ、しかし、そこではやはり強い大きな意味として存在し続けているのである。消え去ることはないのである。

このことは、人間の意識、心、精神と言われるもの全体に暗い影を落としているはずなのである。ただ、それは多くは、暗い影のままであり、その上に日常生活の様々な出来事が積み上げられていくのである。この積み上げていくのは記憶の機能によってであり、また、それらの積み上げられた記憶の一番底辺に、死についての意味、自分も死すべき存在であることの意味が、記憶によって存在し続けているのである。一番底辺に存在しているが、やはり様々な日常の出来事より強い、しかも消え去ることのない意味として、どれだけその瞬間に強い力を持っていても、多くは消え去っていく日常生活の記憶の奥底に、消え去ることのない存在として力を持ち続けるのである。

死と同じように、意識の奥底に追いやられている性欲は、死の上に積み重ねられているとしていいであろう。死についての、自分が死ぬべき存在であることについての知識を得るのは、個人差はあるだろうが小学校に入る少し前くらいであるのに対し、性欲のほうは、思春期、早くて小学校の高学年くらいからであるとしていいからである。死についての意味が、その記憶が意識の奥底に追いやられ、その上に様々な日常生活の意味が繰り広げられ、それらの意味も記憶の中に蓄積されていくのである。ただ、この日常生活のかなり早いうちから、内部に欲望としての性欲が芽生えるかなり前から、様々な禁忌は日常生活の中に入り込んできているのである。道路を裸で歩いてはいけないし、性器はしっかり隠しておかねばならないのである。そして、日常生活の中では、性に関する話はほとんど出てこないのである。そして、小学校の二、三年になると、銭湯は男女の別がしっかりときまりとしてやってくるし、様々な男女の境界がマナーとして課せられるのである。そして、性欲が芽生える前にも、教室や近所の異性についての気持ちが湧いてくるが、なかなか口にはできないのである。

このような日常生活の環境の中に、性欲のうごめきがやってくるのである。しかし、そのうごめきについてなかなか親や家族の中でも、教室や近所でも話ができないのである。そもそも、このようなうごめきについて話す言語もなかなか見当たらないのである。子供達の多くは、〝性欲〟という単語さえ知らないで育ってきているのである。そして、性器についての、また、その変化についての知識もないまま育ってきているのである。いや、社会というものは、性欲という、このうごめく力を完全なまでに隠しきっているのである。このうごめく、まっ黒い欲望が入り込んでくる余地がないように作られているのである。きれいな服装、整理整頓の行き届いた部屋、美しい街並みは、このうごめく黒い欲望が入り込む余地がないようにされているのである。清潔、整理整頓だけでなく、〝美しい〟や〝きれい〟〝すばらしい〟という単語が示すものの中にも、ほとんどこのうごめく黒い欲望はかけらも見えなくなっているのである。だから、思春期がはじまりかけた若者、多くはまだ小学生の高学年であろうか、この欲望がうごめきはじめた時、このうごめいているものが、社会に存在しない、少なくとも受け入れてもらえない存在であり、それを社会には出してはいけない存在であり、自分の中だけの秘密にしておかねばならない存在であることに気付くのである。そして、それなりの若者達は、罪悪とまで意識するのである。だが、一方、このうごめきは、自分の中に自然に現れてきたものであり、自然に現れてきたものに、そんなに悪いものがないはずなのに、とも思ったりもするのである。自分で理解できない、不安定な状態に置かれるのである。

このようなところに、チラリチラリと、情報は入ってくるのである。最近は性教育というものも存在するが、それ以前は、時には教えてくれる親もいたろうが、それはほんの少しであって、やはり、社会に隠されている知識をその裏側から引き出してくるルートから少しずつ得ていくことが多かったはずである。親に関しては、女の子については生理はかなりきちんと教えるが、男の子の精液について教える親は少なかったのではないだろうか。これも様々であったろうか。

そして、このうごめいていて、外へ出られない欲望をかかえたまま、ということはとても大きな強い意味をかかえたまま、子供達、若者達は成長していくのである。うごめいていても、外に出られない欲望は、「我」の中で大きな意味として、力として働き続けるのである。大きな必要＝力＝意味に育っているのである。そして、この意味と力は自分の中から生まれてきたものであるが、必要は大きくこれを抑え込む方へまわっているのである。大きな強い力、しかもそれが外へ出たいが、出してはいけない、抑え込む必要のある力が、「我」の中でうごめいていて、それを抱きかかえながら、生活しなければならないのである。

このうごめいている大きな力は、死の意味を大きく押しのけて、ほとんど忘れ去らせてしまうほどになる。死の意味は、意識の奥底に静かに沈み、その上で、性欲は大きな力でうごめいているのである。しかし、両者とも、抑圧された、隠された、暗い部屋に閉じ込められたままなのだ。ただ、底辺に押し込められた死の意味はほとんど動くことなく存在しているだけで、その上の性欲は、大きな力でうごめいているのである。そのうごめいている力を抑え込むように、この頃は、友達との遊びや、最近覚えたスポーツに夢中になり、一人になった時も、昨日や今日の遊びやスポーツを思い出し、特にスポーツでは、最近コーチに教えられた技やフォームを思い出して自分のものにしようと努力したりしながら、明日や今度の日曜日の大会のことなどに胸を高めながら心を向けるのである。それでも、嫌な勉強をして、机に向かっている時や、面白くない授業を聴いている時、ふと自分の中にうごめくものを感じるのである。そして、そのうごめくものが、教室や近所で美しいとかかわいい、かっこいいとか言われ、自分も思っている異性のイメージを連れてきて、そのイメージをうごめきが動かしはじめたりするのである。特に教室に坐っている時などは、斜め前の方に、自分が心に思いはじめた異性の横顔が見える時などは、視線は先生の方を向いていても、心がじっとそちらに向けられたりするのである。

とはいえ、このうごめきの力が性的対象を連れてきて、それを様々に動かしはじめることもあるが、一方ではこのうごめきが遊びやスポーツのイメージと一体となって、それに力を与え、大きな運動をさせることも多々あるはずである。フロイトも言っている性欲の転化である。性欲の浄化だとも言える。このことは、スポーツや遊びの心に、そのイメージに一層の力を与え、不浄な性欲を浄化し、その力をスポーツのエネルギーに変えて、明るい快活な若者を作り出し、明るく楽しい社会を生み出していくのである。そして、スポーツは若者達のエネルギー、フロイトに言わせれば、性欲からのリビドーを吸い取り、若者達のエネルギーだけでなく心も吸い取り、若者達の心を、全身をスポーツの向上、その技、フォーム、そして何より成績に向けさせ、その成績を、市や県の大会での入賞、そしてそれが向上すれば、国や世界の有名選手になれるという大きな夢を形造らせ、若者達を惹きつけているのである。いや、スポーツは自分でするだけでなく、スポーツをしない人々も、他のスポーツをしている人々も、最初は新聞やラジオで、そしてテレビができてからは、自分の好きなスポーツ、そのチーム、選手に釘付けにされてしまっているのである。このことは、社会の中に、すばらしく楽しい時間を作り上げ、それだけでなく、多くの人々の会話を生み出し、共通の話題を作り上げているのである。まさしく明るい、楽しい、快活な社会を作り上げているのである。ここまで見てくると、スポーツだけでなく、ファンと言えば、音楽や演劇、映画なども人々を夢中にさせているのである。まさしく、すばらしい、そして自分一人だけでなく、とても多くの人々が夢中になっていて、自分もその一人であることを感じている、感じることができる社会が作り上げられているのである。いや、それだけではない。趣味の世界というのもある。釣りや園芸、ハイキングや山登り、料理も趣味になっている。人々は、少なくとも文明社会と言われる資本主義が発展した社会に住む人々の多くはこのような熱中できるものを一つ以上持って生活しているのだ。

人類は明るい社会を作り上げてきたのだ。徐々に発展してきた生産力を、豊かな生活を前進させる一方で、このような明るい社会を築き上げてきたのだ。とはいえ、この豊かさを戦争への備え、軍備にまわしていたこともあるのだ。より豊かな社会を目指して、領土を拡張するため、その豊かさを大きく軍備にまわしていたのである。そして、また、そのような侵略に備えるためにも、自らの国の軍備を拡大していかねばならない時代も長く続いたのだ。そして、この戦争は、死の隣り合わせなのだ。それだけでなく、軍隊は、そして戦うこと、そのための演習は大きく、特に男子の性的エネルギーを吸いとってきたのだ。だから、戦争、そして軍隊には恒に死と性欲の暗い黒い意味がつきまとっているとしていいのである。

いや、このままで終われば叱られるだろう。この戦争には、闘争本能というものが働いているとしておかねばならないはずである。闘争本能は、人間以外の動物にも、とても多くの動物にも見られる。自分の縄張りを得るための同じ種類の他の動物達と戦い、それ以上に自分のＤＮＡを残すための、一匹の雌をめぐる闘い、ということはやはりここにも性欲が大きく働いていることになるが、…闘争本能はやはり、戦争については考えておかねばならないだろう。この闘争本能がどれだけ、性欲と結びついているのかは、大きな議論になるだろう。闘争本能には、相手の、敵の死を望む大きな気持ちも存在している。性欲とどのような関係にあるかは大きな問題であるが、この本能も、やはり暗いまっ黒い大きな強い力を持った、どくどくとした力を持った意味としていいであろう。とにかく、戦争は、まっ黒い暗い大きな力を持った意味の現実化であると言える。そして、この現実化は、死や性欲とは違い、戦争ともなれば、大きく社会を被い、全面的に社会を埋め尽くすのである。戦争とは、まさしく、暗い黒い大きな力を持った意味の社会の、世界の埋め尽くしだとも言えるであろう。戦争とは、死や性欲と同じ色彩、感覚を持った暗い黒い大きな力が社会を、世界を埋め尽くすことでもあるとできるのである。

だから、スポーツや芸術を中心とする文化は、平和の象徴であるとも言えるのだ。スポーツも、性欲のエネルギーを大きく吸い取ってきているが、死とは一線を引いて、安全のためのルールを行き届かせているのだ。また、多くの芸術も、芸術家の性的エネルギーを吸い取り、そしてまた性と死を表現した作品も多く見られるが、それらの意味とは一線を画している…いや、ここは断言してはいけないだろう。やはり、芸術は、真実を表現しているから…

少なくとも、平和な文明社会では、死と性欲の意味を抑圧し、社会の、そして人間の意識の底辺に追いやった、明るくて快活な社会が作り上げられているとしていいのである。

この明るくて、快活な平和な社会にもっと積極的な、しかも抑圧された死や性欲の意味より強いとも言ってもいい意味が、愛なのだ。愛は、性欲を出発点として恋愛から始まるが、その中に、性欲とは違う、反対のとも言っていい、明るくて暖かい意味が生まれてくるのである。性欲の対象である相手を、性欲とは別に、大切な、いとおしい、大事にしなければならない存在であると感じはじめるのである。

もちろん、恋愛も様々である。確かに、時には明るくて暖かい愛が生まれることもある。恋愛のとても多くは、ドラマ、悲劇に終わるのである。多くの若者達は、いくつもの恋愛を経験する。ほんのつかの間、数回デートを繰り返して終わりというのもある。かと思うと、ずっと長い間、数年付き合って、というのもある。そして、時には、様々な恋が次から次へとやってくる者達もいる。しかし、その到達点とも言える、恋愛が永遠の継続を約束する結婚へは基本的には一度しか、なのである。結婚にたどり着くまで様々な恋愛を経験するのである。

そして、この恋愛には、多くは激しい感情がつきまとう。基本的には、この激しい感情の根源は性欲だとしていいであろう。しかし、純愛というのもある。好きで好きで仕方がないが、性的欲望は不潔なものとして押しやり、自分にも禁じ、そのような不純なものが混ざったら相手に悪い、自分の中に生まれてきたこの美しいすばらしい気持ちがけがれてしまう、として自分の気持ちの中に、少なくとも相手を思う時は性欲を入れないとしている恋愛も多くあるのではないだろうか。ただ、このような恋愛にも、フロイト的な分析をすれば、性欲は様々に働いているであろうが、ただ、性欲をほとんど入れない形の、清潔な恋を求めている若者も多くあるはずである。そして、ここに性欲がどのように入り込み、混ざり合っているかは別として、ここには激しい、自分の全身から出た、いや、自分の人生をかけたとも言える、激しさがここに存在するのである。もちろん、このような激しさなどなくて、一週間に二、三度、月に二、三度、また遠距離恋愛ともなると、一年に数回会ってデートして終わりということもある。そして、ここにも性的関係は様々である。手もつながないで、ただデートするだけ。ただ、時々、特に別れの時は、相手の顔を、そして瞳をじっと見つめ合い、というのもある。また、手をつなぐだけ、キスまで、ハグしあってもそれまで、とか、様々である。かと思うと、二、三度のデートですぐに、というのもあるだろう。まさに恋は様々なのである。そして、その様々な中にも、恋をする若者の中には、自分の存在そのものの全てを注ぎ込んだと言っていい大きな力が働いているとしていいのである。例え、静かな落ち着いた恋であったとしても、そして、それがゆっくりと静かに働いていたとしても、やはり全身を注ぎ込んだと言っていい力がそこには存在しているはずなのである。まさに、この大きな力こそ、人生の最大の意味なのである。いや、それ以上に、恋する対象、相手こそは、この世で、世界で一番大切な、すばらしい意味として存在していて、しかも、大きな力を持って「我」を惹きつけてやまないのである。

そして、性欲である。その一度一度の恋に、性欲がどのように働いているか、そして、今見た「我」にとっての人生の最高の、最大の意味にどのように性欲が存在しているかは、その時の恋の在り方によるとしていいであろう。もちろん、フロイト的な見方をすれば、どのような純愛と言えるものであっても、そこには様々に変形された性欲が働いているとしなければならないだろう。しかし、この論文としては、抑圧された性欲と、大きな力を表面に出してきている性欲とは区別していきたいと考えるのである。同じ若者でも、時には性欲が大きな力で働き、相手の肉体を求めたい力が大きく働く恋をする時もあるし、そうかと思えば、そのような力を完全に否定した、そのような性欲を感じることを罪悪のように感じ、相手を清らかで美しい、そのような性欲を持って近づいてはいけないと思ってしまう時もあるはずなのだ。しかし、どのような恋を体験するかは、まさに恋様々のはずなのだ。性欲の大きな力で近づいた相手に、ふと、特に性行為が終わったあと、その存在の清らかな美しさに目覚めることもあるし、逆に、清らかな純愛だと思っていた相手に、大きな性欲を感じ、どうしようもなくなり、大きな力で肉体を、それとの性行為を求めることもあるはずなのだ。かと思えば、一度性交をしたら、目的の到達点に達したかのように、じゃあね、で終わってしまう、これを恋とは本人も、本人達も思えない出会いもあるはずなのだ。恋はまさに様々なのである。

しかし、それが性的であるかどうか、本人も性欲を意識しているかどうか、それをどのように否定しているかどうかに関わらず、ここにはとても大きな力が、人生の中の一番大きな力が働き、とても大きな意味が存在していることは否定できないはずなのだ。

そして、この意味の色彩を、まっ黒い暗いどくどくとしたものに感じることもあるし、清らかな澄んだ青空のように感じることもあるはずなのだ。いずれにしても、とても大きな強い力が、とても大きな意味が存在し、それが激しい力で動いていることにはちがいないのである。

まさしく、恋は様々なのである。そして、ここに愛が芽生えてくるのである。正確には、愛が芽生えてくることがあるのである。純愛の場合は、性欲はほとんど、少なくとも意識の中では存在していないので、最初から愛が芽生えている、いや、愛だけが存在するとも考えられる。実際、そのような恋も存在するだろう。最初から、相手はすばらしい、美しい清らかな存在であるが、と同時に、いとおしい、そこに弱点や欠点が見えても、守ってもいかねばならない、そのことを二人で築き上げ、二人で、互いに大切にしあう、いたわりあう関係でつきあいを続けようと、ほとんど最初から始まっている恋も存在することもあるだろう。しかし、多くの純愛と言える恋も、相手のすばらしさ、美しさ、かっこのよさに大きく心が惹きつけられ、その惹きつけられる力でいっぱいで、それ以上に、このすばらしい、美しい、かっこいい存在を自分のものにしたい気持ちでいっぱいで、相手の存在、その人生全体を考え、幸せに生きていけるように、とまではなかなか思えないのである。まして、相手の弱点や欠点が目に入ることもなく、だから、それらをカバーしたり、助けたりしようなどとも思い至らなく、時には相手が完全な存在に見え、従って相手をいたわり守っていこう、それ以上にいとしい、少しぐらい欠点や弱点があってもこの世で一番大切な存在だと思うことなどほとんどないことも多々あるのではないだろうか。とはいえ、このような恋でも、心のどこかに、相手の存在をいとおしい、大切な存在で大事にしていかねば、という心は芽生えてきていることもあるはずなのだ。

しかし、恋も、全てではないが、多くの恋は愛が芽生えてくるとしていいのである。相手がいとおしく感ぜられる。大事にしたい。そして、何よりも涙を見たくない、となるのだ。愛が芽生えたのだ。とはいえ、これも様々で、まったくなくて別れる恋も多くある。時には、別れてしまってから、相手の存在がいとおしく感じられはじめ、ということもあるだろう。そうではなくて、ずっとつきあっていて、相手の存在をいとおしい大切なものに感じていながらも、それを愛だとは思わないでつきあうことも多々あるはずである。

ここで言えることは、愛は恋とはまた異質の存在だということであろう。しかし、多くは一体となって、区別もつかず、激しい恋心も、愛と一体となっていることもあるはずである。ただ、基本的には、恋の方は相手のすばらしさ、美しさ、かっこよさに心を惹かれ、自分のものにしたいという思う気持ちであって、一方、愛の方は、そんなすばらしい存在にも、人間としての様々な弱点、欠点も見えてきて、それでもなお、いや、それだからこそ、相手を一層大切にして、つきあっていきたいと思う心であるとしていいであろう。その意味ではやはり愛は大切な存在であり、恋にとっても大切な、それによって恋の心が一層、深みを持つようになる存在であるとしていいであろう。

でも、恋も様々であり、このような愛もなく、好き同士でずっとつきあい、結婚してからもずっと、というのもあるだろうし、時には離婚ということも…まさしく、様々である。

少し整理しておけば、性欲が根底にあり、それによって恋が、恋から愛がという順序になるだろう。しかし、ここまで見てきたように、この順序も恋によりけり、ほんとうに様々であるということである。

そして、こう見てくると、性欲と愛は、恋をはさんで別物、遠く離れた存在にも見えてくるのである。確かに、激しいどくどくとしたまっ黒い、暗い意味を持った性欲と、静かでやさしい、相手の心を思う愛とはやはり別物に見えてもくるのである。しかし、これも様々である。

性欲のどくどくとした激しい欲望の中には、相手をものにしたい、相手を抱きしめたい、自分の体の中に入れたい、自分の体と一つのものにしたいという気持ちが存在するが、抱きしめたいという行為の中には、性欲だけでなく、相手の存在を自分の腕の中に入れて守ってやりたいという気持ちが伴うことも多くあるはずなのである。このことは、幼い時に親や大人達に抱かれて愛情に包まれていた時の記憶が存在していることもあり、それだけでなく、社会でも様々に抱きしめることは愛情を力にしていることが多くの場面に存在していることにもよるであろう。そして、相手の体を自分の中に入れ一体となることは、しかも、社会では禁ぜられ、抑圧され、不潔で汚れたもののように言われてもいる性行為を共にすることは、同じ犯罪の共犯者であるのに似た感情も湧き、相手と自分だけの二人だけの秘密、そして、そこへ落としこめた、落とし込めようとする相手に対するすまない気持ち、そして、このような状態になった相手に対するいたわり、いとしいという気持ちが生まれてくる時もあるはずなのだ。もちろん、これも、性行為に及ぶ想像の中で、また、性行為の様々な段階で、また、性行為の到達点に至った時、様々な形で、様々な強さで起きてくるのである。また、時には、別れた後になって、それなりの時間を経て、その様々な性行為の段階を思い出して、いとしい気持ちが湧いてくる時もあるのだ。

恋も性欲も、愛も様々だということになる。しかし、基本的には、性行為が到達点に達し、それを繰り返しているうちに、相手の存在が、その肉体の様々な場所、在り方を感じていくうちに、相手の存在そのものが自分の肉体の中の感覚として感じられることによって、そして、それを繰り返すことによって、徐々に愛が芽生えてくるとしていいであろう。

ここに、社会により禁忌にされている、抑圧されている死、そして性欲の上に、社会で認められ、大切なものとされている愛が芽生えてくるのである。この芽生えてきた愛は、まだ明るいとは言えないが暖かい、死や性欲のように遠ざけて否定すべき存在とは違い、大切にし、肯定し、自分の中でも守っていかねばならない存在なのである。とはいえ、芽生えたばかりの愛はまだまだ、おおっぴらにはできず、多くは二人だけの秘密で隠しておかねばならないのである。

とはいえ、やはり、恋愛中はなかなか愛が芽生えてくることは少ないのではないだろうか。好きで好きでたまらない心がとても大きくて、やはりなかなか愛は生まれてこれないとしていいであろう。そして、愛が芽生えていたとしても、それが恋心の中に溶け込んでしまっていて、なかなか愛の存在を、自分の恋心の中に愛が存在しているとまで感じていない、意識していないことも多々あるはずである。そもそも、恋と愛を区別することそのものがおかしいとまで出てきそうである。恋愛とはまさしく、恋と愛が重なった、まじりあったものなのではないか、ということである。恋心の中には、最初から愛が存在していて、好きだと思うと同時に相手を大切にしたい、大事にしたいと思うことも多々あるはずである。いや、そのような愛と恋の区別そのものがおかしい、好きだと思うことはまさしく大切に、大事にと思うことではないか、ともなりそうである。

もちろん、恋心も様々で、その内容も様々であるとしていいであろう。ずっとグループなどで、また同じ教室でとか町内でとか知っていて、時々つきあっていて、それである日急に好きになって、という恋もあるし、同じ教室や町内でも、スターのような存在で、みんなの憧れの的だったのが急に、ということもあるだろう。〝急に〟と言えば、街角で出会って急に、という恋も存在する。このような時、恋心と愛はどうなるか、それでもやはり区別できないとするか、人それぞれ、恋それぞれとしていいであろう。こんなことを言えば叱られるかもしれないが、〝美しい〟とか〝かっこいい〟という相手にはなかなか愛は芽生えてこないが、〝かわいい〟と思う気持ちには最初から愛が、漢字で書けば〝可愛い〟だし、ともなるだろう。それ以上に、〝いい人〟だからとか、〝優しい〟からとかから始まる恋愛もあるはず…これ以上は…

いや、ここに性欲というものの存在を見た時、もっと複雑な話になるはずである。しかし、これは、先にかなり議論してきたはずである。恋心と愛と性欲の関係、…

ただ、ここでまとめておけば、そしてまた、少しの間ほとんど触れていなかった、この章でのテーマである必要＝力＝意味についても述べておけば、大切なことが見えてくる、いや、ずっと見てきたつもりの意味と必要＝力＝意味の関係が明らかなものとして見えてくるのである。

そして、ここで必要＝力＝意味に関して見ていくことによって、性欲と恋と愛の関係、その区別とまた複雑な関係も見えてくるはずなのである。

十二 性欲と恋と、愛と必要＝力＝意味との関係

最初に見た性欲から見ていけば、性欲こそはフロイトに言わせれば人間の認識と行動の原動力、リビドーを形造っているのである。しかし、その前に欲望として大きな力を持っているのである。ということは、この論文の必要＝力＝意味の大きな力を形造っているはずなのである。とはいえ、この大きな力を持った欲望、必要＝力＝意味は、フロイトの言うとおり、そして、この論文でもずっと見てきたとおり、人間社会では大きく抑圧されているのである。この欲望をそのまま、必要＝力＝意味として出してはいけないのである。抑圧する必要があるのだ。ということは、ここに、もう一つ、この大きな力を持った欲望を抑圧するより大きな力、必要＝力＝意味が存在していることになるのだ。つまり、性欲は欲望として大きな力を持って存在しているが、人間の社会生活の中ではそれとは反対の力、抑圧する力によって、外に出ないようにする必要があるのだ。だからこそ、この論文では人間の原動力を欲望とは見ないで、必要＝力＝意味としたのである。欲望は存在して力を持っているが、それを抑圧する力が必要なのである。この抑圧する必要＝力＝意味がどこから来ているかは、この後見えてくるはずである。今は人間社会からの力としてだけ見ておこう。

つまり性欲は、大きな必要＝力＝意味を形造るはずであるが、それを抑え込む、より大きな力も必要＝力＝意味も存在するということなのである。だから、人間社会では性欲は隠された、人々の眼には見えない暗い黒い塊となった意味として閉じ込められてしまっているのだ。

とはいえ、この抑圧された欲望は、この抑圧されて社会の隅に追いやられて変形したものとして、ちらりちら

りと、時々見えてくるのだ。つまり、抑圧され、変形された形の必要＝力＝意味を形造るのだ。

小学生の高学年になると、教室の中に、性的に発達した肉体を持つ生徒が成長してくるのだ。このような生徒に対して、異性の生徒は今まで好きだと思っていた生徒とは別の力で惹きつけられるのだ。性的魅力が力を持って、その生徒の欲望、必要＝力＝意味を刺激し、必要＝力＝意味を働き出させるのだ。しかし、その生徒は、多くの場合、自分が性的な魅力に惹きつけられているとは思わないで、変だなと思い、より一層今まで好きだった子のことを、今度は意志を持って好きになろうとすることもあるのだ。ここでは性欲の抑圧が意識的になされているのである。しかし、その生徒の中にも性的なホルモンが発達してきていて、ということは性的な必要＝力＝意味が力を持ってきていて、しかし、それは意識されず、意識されないことによって抑圧されているのであるが、その抑圧が力をなくす睡眠時には、その性的対象である異性が夢の中に現れ、性的行為に近い行為、時にはそのものに及ぶこともあるのだ。そして、朝起きた瞬間にはどこかすっきりとしたさわやかな感じを抱く時もあるが、すぐに、自分が不潔な夢を見てしまったなと、不快感に襲われるのである。ここには人間社会における複雑な性欲の在り方が見えてきているのだ。そして、芽生えはじめた性欲からの必要＝力＝意味が、今まで性的欲望を抑圧するのがあたり前な社会に育ってきた、その社会からの力が、それが「我」の中に根付いた力、必要＝力＝意味によって抑圧され、嫌悪を感じてしまうのである。

性欲は大きく抑圧されているのだ。しかし、「我」の中には、とても大きな力で、それは必要＝力＝意味を形造っているのだ。だから、抑圧の力をかいくぐってちらりちらりと、性欲は必要＝力＝意味を見せはじめてくるのだ。テレビやマンガの中の裸体に近い登場人物にそれなりに反応するし、街中を歩いていて、性的な存在に出会えば、心臓がどきりとして、欲望が湧いてきたりする。多くの若者は、特に男子は、性欲の対象を求めて、自分の住む世界の中の様々な片隅を捜して歩くのだ。性欲は抑圧されて、社会の光の当たらない片隅に追いやられていて、そこで対象を見つけるのだ。大人達が読み捨てた週刊誌やヌード写真を見つけ出し、時には友達どうしでそれを隠れた場所で見たりする。また、もう少しすると、その友達の一人がエロ写真やエロビデオ、いや、エロDVDを手に入れてくる。しかし、この時代、性欲の必要＝力＝意味として一番大きな働きをするのは想像力だとしていいであろう。週刊誌やヌード写真やエロDVDは、基本的には、この想像力を助けるための材料だとしていいであろう。そして、この想像力こそは、自分の脳の中だけのもので、誰にも見られず、秘密の場所に存在し、かつ、自由に動きまわり、性欲の大きな、特に抑圧された社会での、黒い暗い意味の塊として、しかし、どくどくとした湧き出る力を持って、性欲と一体となって、合体して大きな力に成長するのである。

このような想像力の中の隠された、閉じ込められた性欲とその必要＝力＝意味は、恋がはじまった時は多くは脳の中に隠され閉じ込められたままである。この時点では、やはり、性欲と恋は大きく離れたものとして存在しているとしていいであろう。しかし、この隠された、脳の中に閉じ込められた性欲は、恋の中に大きな力を持って、必要＝力＝意味を形造り、恋を発展させていくのだ。性的方向への発展である。もちろん、先に見たように純愛というものも存在し、このような想像力を自らに大きく禁じ、完全に抑圧して見るからに美しい、すがすがしい恋を生み育てていく若者達もいる。しかし、多くは、やっと手をつないで歩ける段階で、相手の指の感触から、想像力が触発されて、相手の性的な肢体が浮かんできたりするのである。デートの最中に浮かんでくることもあれば、多くは別れて夜、寝る前にとても大きな力を持った相手の姿が浮かんでくるのである。そのような想像を禁じている若者も、夢の中では性的な姿が浮かんでくることもあるはずである。

何度も見てきたが、性欲は覆い隠された、しかし、とても強い、人間の中の欲望であり、力であり、つまり必要＝力＝意味なのである。しかし、この必要＝力＝意味は、それを働かせることが社会では禁じられているので、ここで見たように想像力の中で働いているのである。とても大きな強い力で、覆い隠されているが故に、どくどくと暗い黒い、というよりどす黒い力で働いているとしていいのである。いや、若者によっては、このような想像力による性的場面をもとても美しい表象として描き出していることもあるかもしれない。しかし、多くは、やはりどくどくとしたどす黒い力から出てきた想像力によって、まるで犯罪を犯しているかのような気持ちで、このような場面を浮かべるとしていいだろう。というのは、やはり、社会では性的行為そのものを犯罪のように、してはならない悪い行為のように見る空気が、重くのしかかっているからである。

しかし、デートを重ねるうちに、想像力の中だけだったものが、現実のものになっていくのである。恋も性的段階を現実の中で、想像力の中ではなく、実現していくのである。そして、様々な行為が、必要＝力＝意味によって実現していくのである。しかし、ここでもまさしく欲望は、ストレートに働かせてはいけなくて、様々な工夫、考え、相手に受け入れられる形、というのは、相手も多くは社会的抑圧の中にまだまだ心も肉体も存在させているので、その抑圧を上手に払いのけながら進まなければならないのである。欲望としてはストレートに働かせてはいけない、まさしく必要＝力＝意味として働くのである。そして、この過程はとても難しい道なのである。恋人どうしによっては、ずっと性的関係のないまま、純愛のまま交際が続くこともあれば、一方が相手の抑圧の中の存在をしっかり理解していなくて、ストレートな欲望のまま行動しようとして、けんかになり、時にはそれでさようならになることもある。この過程は、学校でも、いやほとんどまわりからは教わることなく、まさしく、自分一人だけで、手さぐりで、相手の様子を見ながら進まなければならない、しかも答えの出ない、答えの決まっていない、人生の中で一番難しい道のりだとしていいのである。欲望の力だけでなく、それを抑え、時には出しても、この出し方も様々な工夫、思考、時には策略、嘘まで使って進まなければならない道のりなのである。誰にも相談できないのである。

ここには強い力の欲望による必要＝力＝意味とその様々な細かな工夫、試みのための細かな必要＝力＝意味が働いているとしていいのである。そして、また、ずっと大きな力で、大きな欲望による必要＝力＝意味だけでなく、その様々な工夫や試みの小さな必要＝力＝意味をも覆い隠さねばならないという必要＝力＝意味が存在しているのである。そして、この大きな力を持った必要＝力＝意味による被いの外側には、日常生活の勉強や仕事のための必要＝力＝意味が存在しているのである。こちらの必要＝力＝意味は、覆い隠されている性欲による、そして恋愛による必要＝力＝意味よりずっと弱い力で、特に性欲と恋愛の必要＝力＝意味にあまりに大きな力が注がれ、吸い取られているので、こちらの方はその力も弱くなってしまっていることも多いのだ。とはいえ、受験ともなると、恋などに向かっている暇もなく、性欲だけの力を感じながら、しかし、必要＝力＝意味はそれを抑圧するだけに働いて、だから受験生は、大きな力のはみ出ようとする欲望を、それを抑圧しようとするそれ以上の大きな力の必要＝力＝意味によって閉じ込めて、必死に勉強しているのである。それでも時にははみ出してしまう。自慰や夢精である。いやいや、受験勉強だけでなく、部活やスポーツに打ち込んでいる若者もいる。こちらは勉強よりずっと大きな力で、そして、性欲の大きな力も吸い取る形で、まさしく肉体だけでなく精神も部活に打ち込んで、その大きな必要＝力＝意味を作り上げ、その力そのものが性欲を吸い取るだけでなく、抑え込んでいく毎日を送っているのだ。とはいえ、そのような中にも、やはり性欲はずっと大きな力を持ち続け、そしてこちらもなかなか恋までは…いや、色々な人生が、恋も様々な形で芽生え、発展し…

恋と性欲の関係を見ていけばキリがないだろう。ほんとうに様々というしかない。ここでは、それに記憶を入れて、そして、やはり記憶が大きく働いている必要＝力＝意味がどのように働いてきたかを見てきたが、その在り方、関係もまさしく様々としか言いようがないことが見えてきているのである。ただ、やはり、ここでは、基本的には性欲は社会的には禁じられているものとして覆い隠され、「我」もそれを覆い隠すべく必要＝力＝意味を働かせているということになるだろう。そうして、覆い隠された性欲は、その覆い隠された中で大きな力を持ち続け、その覆い隠されているために暗い黒い塊となって「我」の中に存在し続けるのである。そして、この性欲を覆い隠したまま、しかし、見つからないように、人目に大きな気遣いをして、ここにもそのような必要＝力＝意味が働き、性欲の力を現実の中で実現していこうという努力がなされるのである。この実現も暗闇の中で、一人で、しかも誰にも教えられることなく、手さぐりでなされていくのである。

この性欲の現実の中での実現には、異性の対象が必要で、それが恋になる。恋人を求める…この公式はやはり成り立たないのが、恋と性欲の関係、その様々であるということであろう。純愛というものも存在するのである。世の中には清らかな恋物語、ほとんど性欲に触れられない恋物語が、いや、恋物語の大半が性欲に触れていないとしていいのである。ここには、ほんとうに様々が存在するのである。もちろん、ここにもフロイト的な観点を持ち込めば、どのような純愛にも性欲はその根底に存在していることになるが。

ここで確認しておいていいことは、基本的には恋は性欲とは違い、社会的には認められたものとして存在しているということである。そして、この認められていることと、認められていない性欲との関係が様々を作り出しているとしていいのである。恋も、この認められない性欲をどのように現実のものとしていくかが、とても難しいものにしているとしていいのである。人生の一番の難問であるとしていいのである。

いや、恋は性欲の現実化、社会では認められない性欲の二人の間だけの現実化だけを求めているわけではない。恋は性欲とは別の、愛を、心のつながりを、しかも永遠のつながりを求めているのである。もっと言えば、相手の心そのものを求めているのである。多くの若者にとっては、性欲の実現、そして相手の肉体以上に、相手の心が欲しいのである。簡単に言ってしまえば、相手にも自分が相手のことを好きなのと同じくらい好きになってほしいのである。しかし、これも性欲の現実化以上に難しい仕事なのだ。必要＝力＝意味もどのように働いていいのかわからないのだ。性欲の対象である相手の肉体は、現実の中に実体として存在していて、五感で感じられるのだ。最初は視覚や聴覚から出発して、最後には触覚によってしっかりと相手の存在を、そして、その実現を確かめることができるのだ。しかし、心はこれをほとんど確かめることができないのだ。心は見えないのだ。見えてくるのは、感じられるのは、相手の顔、その表情、特に眼の輝き、相手の発する言語、その響き、意味、そして性欲の実現に伴う相手の行動、肉体の接触からの様々な感覚、これらから心を推測するしかないのだ。心は直接には五感で感じられないのだ。

しかも、心はその日その日、いや瞬間毎に大きく変わるのだ。たった一つの言語で、一挙に変化してしまうのが恋なのだ。そして、その心なのだ。だからこそ、若者達は、相手の肉体以上に、性欲の実現以上に、相手の心をつかもうと、とらえようと必死なのだ。性欲の時以上に、より大きな力が、必要＝力＝意味が働き、しかもその働かせ方が難しく、下手に働かせた時、次に大きな破綻がやってくることも多々あるのだ。本当に人生の一番難しい道のりなのだ。

心こそは、人間の中で、性欲以上に覆い隠されたものなのだ。性欲のように、それを外へ出すことを社会は禁じているわけではない。しかし、それは五感ではほとんどとらえようがないのだ。社会はそれを出すことを、見えるようにすることを、言語で出すことを禁じてはいなくて、時にはそれを表に出すこと、言語で発することを推奨していることもあるのだ。しかし、心はなかなかとらえられない、理解できないのだ。

心は見えないのだ。相手の顔や姿を見ていても、見えてこないのだ。一番よく見えるのは相手の顔の表情からであるが、それによって推測するしかないのだ。一番理解できるのは相手の言語からである。しかし、この言語からも、それでもなかなか難しいのだ。というのは、相手が嘘をついている可能性もあるが、本人自身も、自分の心を正確に言い表せないことが多いのだ。特に恋の時は自分の中の心はとても難しい複雑な在り方をしていて、自分自身もなかなか正確にはとらえることができないのだ。しかも、心は、特に恋の時は、ころころ、瞬間毎に変わるのだ。恋する二人は、相手の心も理解できないし、自分の心もなかなか理解できないのだ。恋は本当に難しいのだ。そして、恋以外の時も、なかなか心は見えてこないし、仕事や様々なつきあいの上では、心はとらえられなくて、相手の言葉を信じるしかない、という時も多々あるのだ。それ以上に、自分の心がとらえられない、理解できなくて、混乱して苦しんで、子供や若者は親や友達や先輩や先生に相談することもあるのだ。いや、社会には、その混乱して理解できない、病気にもなった心を理解して相手に教える精神分析という仕事も存在するのだ。

心は本当に、覆い隠されているのだ。相手、他人にだけでなく、「我」にも覆い隠されているのだ。

しかし、この覆い隠された心を互いに理解しあうのが恋であり、愛なのだ。二人は相手からの言語により、また、相手の表情により相手の心を読み取り、それだけでなく、相手の最近の行動からも読み取り、時には相手の気付いていない自分の心の在り方を推測して教えたりもしながら、理解し合い、また誤解によってけんかもしながら、それによってまた一層深い理解をしあって恋は進むのである。いや、進まないで終わってしまうこともある。それが恋なのである。

そして、二人の愛が大きくなれば、二人の関係も社会的に認められ、時に励まされ、賞賛されたりもするが、二人の間には二人だけの理解された心があり、愛が存在し、こちらはやはり、社会からは覆い隠されたままである。

愛は大きく育ち、恋が実り、結婚に至るのである。多くの若者は多くの様々な恋を経て結婚に至るとしていいであろう。結婚は、社会全体から認められた恋であり、愛である。しかし同時に、二人の生活、共同生活が始まるのだ。二人は今まで、基本的には衣食住は別々であったが、それが一緒になるのだ。このことは、この衣食住のための必要＝力＝意味が大きく二人の間に入り、二人の愛の間に入り込んでくるのだ。というよりも、恋や愛の前に、この恋や愛のためにも、二人は生活していかねばならないのである。生活はそのまま社会生活なのだ。働かねばならない。仕事で金を稼がなければならない、そして、家では家事、料理、その後片付け、掃除、することがいっぱいなのだ。しかし、このような忙しい生活の中でも、二人は愛を、二人の心を知り、特に生活の中で働きまわっている心を理解しあい、そして、性行為にも至るのである。生活までは、社会的には認められているが、愛と性は、社会に知られたくない、秘密にしておきたい、二人だけのものにしておきたい、その意味では覆い隠された、しかし、二人にとって世界で一番大切な存在なのだ。

ここでは、愛も性も覆い隠されたままの存在であることは確かめておこう。しかも、この愛と性は、人間の中の最も強い欲望、いや、正確には必要＝力＝意味であるということである。つまり、愛のほうは、けっして自分の中の、自分の生命力が直接に要求する力ではなく、多くはその生命力からの要求、欲望を押し殺して、他人のため、ここでは結婚した相手のために、相手の要求、欲望のために、相手を喜ばせるために必要＝力＝意味を働かせる、努力することだからである。しかし、相手が喜んでくれれば、自分の欲望が達成できた時の数倍の喜びがやってくるのである。これが愛の構造なのである。だから、欲望ではなく、必要＝力＝意味となるのだ。しかし、この愛も、その根底には自らの生命力から発したもの、性欲の対象、そして、その性欲から生まれた子供、その自分のＤＮＡを受け継いで後の世に伝えていってほしいという欲望の変形したものとも考えることができる。そして、自分の家族以外の、その外の社会の人々も、自分の欲望を、そして自分のＤＮＡを引き継ぐ家族達のために必要な存在として、大切な存在として受け入れることだという説明も成り立ちそうであるが、そこには大きな無理が存在するのではないだろうか。そのような説明ではほんとうの愛が死んでしまうのではないか、ということである。

愛とは、欲望とは別の、自分の欲望を抑えてでも家族に喜びを与えたい、家族を幸せにしたいというやはり別個の力と考えなければならないのではないだろうか。また、近所のお年寄りや困った人を見た時、それだけでなく、戦争や災害でたいへんな人々、特にその子供達を見た時、大きな力でなんとかしてあげたいという気持ちが湧いてくるのは、やはり、欲望とは根源の違う、愛の存在を考えなければならないはずなのである。

しかし、人間の行動の起源として、自らの生命力の発源として欲望のみを信じる人々は、このような愛を虚偽、自己欺瞞と説明してしまい、愛に従って行動する人々を嘘つきであるかのように見てしまっていることも多々あるのである。いや、人類史上、多くの宗教が、特にお釈迦さまやキリスト様を信じられた、人間の意識の全て、精神の全てに浸み込んで信じられたのは、そこには愛についての強い教えがあったからではないのだろうか。その意味では愛が人間一人一人に浸み込んで、行動の全ての起源になっていた時代が歴史上長く続いていたのではないだろうか。

大きく横道に外れてしまったが、ここはとても大切なことであるとして許してもらおう。

結婚生活の構造は、外側に生活、仕事や家事があり、これらは社会的に認められているだけでなく、しなくてはならないものとして存在していて、様々な社会との関係、交際と、社会の中に入り込んでいくことが必要とされている。つまり、結婚した二人、夫婦は、社会的存在として、社会に様々に関わっていかねばならないのである。ここには、社会に関係した様々、社会に配慮した必要＝力＝意味が働いているとしていいのである。その内側に、家庭に帰り、二人だけになった時、愛がやってきてくれるのである。様々に働いてきた社会生活、家庭の中の生活、家事の内側に、二人だけの、社会とは関係のない愛の時間がやってくるのである。

生活の中では必要＝力＝意味は多くは公式化されていて、それに従って働いていればいいが、ここにはほとんど公式がなく、その日その日の二人の心の在り方に従って手さぐりで、しかし、相手の存在、それ以上に心からやってくる、感じられる愛を受け止めて、「我」の中の愛の必要＝力＝意味を働かせ、いや、下手に意識的に働かせれば、このデリケートな愛が壊れたり、傷ついてしまう。この自分の中に湧いてきた在りのままに、とはいえ、相手の心、それも愛を受け止めて、愛の時間を過ごすのである。とはいえ、ここにも社会生活の様々が入り込んできて、二人の会話の中に、今日の会社での出来事についての内容、その報告が入り込んでくるのである。

愛は少し押しのけられ、会話の音の響きにだけ、愛がのっかっていることも多いはずである。

愛はここでもむずかしい存在で、愛の必要＝力＝意味は、この大切な時間にも生活の必要＝力＝意味に押しやられているのである。それでも時々は、ふと愛を感じる瞬間があり、二人とも感じたことが確かめられ、大きな力の、大切な存在に、大きく心が動くのである。

愛は、とても大切な存在でありながら、生活に取り囲まれているだけでなく、食い込まれて押しやられて存在しているのである。しかし、二人はその大切さを、ほんの瞬間に湧き出てくるこの大切な存在を、自分の心に、いや二人の心に抱きしめながら、生活していく、生活の中で生き続けるのである。


この愛に押し包まれて、やはり隠されたまま性欲は存在するのである。そして、この愛と性欲はなかなか難しい、時にはデリケートな関係を形造りながら存在し続けるのである。通常は愛が、その気持ちが高まれば、そのまま性欲も高まり、性行為に及びそうである。しかし、そんなに簡単ではないのだ。愛は相手の存在、相手の状態を考えるのである。相手の体の状態が良くないと思えれば、自分の中の欲望を抑圧して、我慢するのだ。ここには、性欲の必要＝力＝意味と愛の必要＝力＝意味が逆方向に働いていて、愛の方が勝ったのだ。いや、それ以上に、愛は相手の気持ち、心を考える必要＝力＝意味なのだ。相手の気持ち、心が、今晩は性行為を欲していないと見えると、自分の中の性欲は抑え込まれるのだ。逆に、相手の性欲の高まりが見え、こちらもそのような気分に高まってきて、今日こそは、と思った時、二人の性の交わりは愛を交えたすばらしい、性行為の小さな一つ一つに相手の気持ち、喜びを考えたすばらしい交わり、その高まりが生まれ、そして愛が一層深まるのである。

このように愛と性欲はとても難しい、デリケートな関係として存在するのである。一つ一つの言語や行為が、愛を、そして性欲を高めたり低めたりするのである。そして、時には、その必要＝力＝意味は逆方向に働き、抑え込み、時にはそれが同方向に働き、すばらしい高まりを生み出すのだ。

基本的には、夫婦の間では、愛と性欲の関係は、奥深いものに、その分難しいものに、しかし、その分またすばらしい高まりを生み出し、そして、子供の誕生、いや、その前に妊娠がやってくるのだ。

妊娠、出産は、恋愛の成果、愛の結晶であり、隠されていた性欲の証しであり、社会でも認められ、それだけでなく、大きなお祝い、祝福で迎えられる。大きな社会生活の中での出来事である。性欲はほぼ完全に隠され、愛も結婚として社会に認められているとは言うものの、やはりほとんどが二人だけの存在で、社会的には隠されている。その性欲と愛から、完全と言っていいほど認められる妊娠、そして出産に至ったのである。認められるだけでなく、まわりからは祝福され、そして色々と気遣いされ、様々な手助けも頂ける。社会も色々な制度を設けて、妊娠から出産に向けて、その次の子育てと同様に支援をしている。社会的に認められたすばらしい愛の結晶である。しかも、これを生み出した性欲も愛も、その日その日、その時その時で、心の中で芽生え、消えていってしまっていく。現実の世界の実体としてはなかなか存在しないものであったが、ここには現実の世界の実体として、しかも、今までに存在しなかった新しい存在として、生命力としてまさしく生まれ出てきたのである。ほんとうにすばらしい存在の誕生なのだ。

二人も大きな喜びを持って迎え入れる。とはいえ、妊娠から出産へは、恋と性欲の難しい関係、その在り方を見てきたが、それ以上にとても難しい仕事、必要＝力＝意味なのだ。しかし、一方、こちらは社会的に認められたものとして、社会には大きく発展した医療が存在し、対応してくれる。そして、様々な指導、支援が受けられる。これは大きな助けである。必要な必要＝力＝意味の大きな部分を医療が形造ってくれるのだ。

とはいえ、妊婦もその夫も、この時期は自分達の最大の必要＝力＝意味を出産へ向け、その下に様々な気配り、細かな日々の働き、必要＝力＝意味を働かせて、一日一日進んでいくのである。

そして、出産である。愛の結晶の誕生である。夫婦はその生まれてきた顔を見るだけで喜びが湧いてくる。体も心も喜びでいっぱいになる。大切な大切な存在である。それ以上に、可愛くて可愛くて、…この世で一番大切な存在である。そして、夫婦だけでなく、家族全体にとって大きな、この上ない喜びで、夫婦の喜びを彼らの喜びで取り巻いてくれる。ここには、どんな覆い隠す必要もない。近所の人々も、親戚たちもみんな喜んでくれ、「おめでとう」と言ってくれる。

とはいえ、出産そのものも大きな仕事である。このたいへんな仕事を社会は、医療として大きな手伝いをしてくれる。完全とも言っていい形で、妊婦と生まれてきた子供を守ってくれている。様々な出産に伴う不都合や生まれてきた子供の様々な状態を見て助けてくれる。社会は愛の結晶の存在を認めるだけでなく、様々な手助けをしてくれるのである。愛で包み込んでくれているのだ。


しかし、ここに育児が待っている。すばらしい大切な大切な存在だけに、健康に育ってくれることを夫婦で、家族全体で願い、それを達成しなければならない。夫婦にとって一番大きな必要＝力＝意味として育児は存在する。いや、家族全体にとってもだ。仕事も家事も育児を中心に組み立てられる。夫婦も、家族も、育児中心の生活を組み立てていく。ということは、様々な細かな必要＝力＝意味も全て育児を中心に作り上げられていくのだ。父親となった夫が仕事をするのは、まずは第一に、可愛い子供のためである。お母さんも、料理はまずは子供のためのことを考えて作っているはずだ。そして、家も子育てを中心にまわっていく。夫婦の愛も、子供への愛を中心に、そのまわりの存在となり、子供への愛とまざりあい、それ以上に、そこへ育児のための、そして家族全体の生活のための必要＝力＝意味が細かな形でやってきて、もちろん、それらの必要＝力＝意味には、子供への愛、夫婦の愛、家族への愛が入り込んでいて、大きな塊を形造り、子供への愛を感じながら、夫婦の愛も時々感じながら、そして家族への愛も考えながら、日々生活は進んでいくのだ。

とはいえ、そんなに順調にばかり進んではいかなくて、子供も病気になり、時には病気をかかえて生まれてくる子供もあり、また、様々な出来事、災害、事故もあり、それらを乗り越えて、育児を、生活を進めていかねばならないのだ。子供の病気の顔や、家族の様々な困った顔、苦しい顔を見ていると、より一層強い愛が心の底から生まれてきて、しかし、それには心配や、苦痛が大きくまざりあい、大きな力となって、夫婦の、家族の全身を埋め尽くすのである。考え方によれば、これも大きな、とても強い愛が全身を埋め尽くしているのであるが、しかし、暗い影を、恐ろしい力に支配された愛であるとも言える。

この頃は、いや、子育て全体、家族生活全体にはたいへんな必要＝力＝意味であるということになる。しかし、そこには、この世で一番大切な愛、すばらしい愛が存在し、その必要＝力＝意味に大きく力を与えているのである。子供の笑顔、それを見ていると、大きな力が体の中に湧いてくるのである。

子供も、二人、三人となり、それらが成長していくと、また色々と難しい問題が出てくる。しかし、それらを乗り越え、家族の生活は続いていくのである。

×××　×××

◎まとめ

以上、長々と見てきてしまったが、人間の意識の構造、その中での意味、大きな力を持つ意味を、そして、それとの関係で必要＝力＝意味がどのように存在しているかを見てきた、人間の意識の在り方として最も重要な在り方、構造を、その意味ではこの論文のテーマである本質と言っていいものを見てきたこととして許してもらいたい。

長々となってしまった分は、ここでまとめておく必要もあるはずである。

今見てきた上で言えることは、人間の意識の一番根底には、死についての、しかも自らも死すべき存在であるというとても恐ろしい、そこでは暗いまっ黒な塊と言っていたものが存在するということであろう。黒いまっ暗な塊になっているのは、それは「我」自身もそれを恐れ、それに向き合いたくないと思っているだけでなく、「我」が生きている社会も、それを禁忌のものとして、口に出すことを、表に出すことを禁じているからということを見てきたのであった。しかし、忌み嫌って口に出さない、表に出さない、そこへ対象＝意識を形造らないように心がけていても、自分が死ぬべき存在であることは絶対的に否定できない、デカルトのコギト以上の真理であり、意識の根底に在り続け、それだけでなく、大きな力を、恐ろしい力を持っていることも否定できず、意識全体に恒に大きな力を与え続けているのではないか、と見たのであった。

死の暗い黒い恐ろしい塊の上に存在することを見たのが性欲である。この性欲も死の意味と同じ、暗いまっ黒い塊として存在している。なぜなら、これも死の意味と同じように社会では表に出すことを禁じられているからである。死について以上に厳しい、こちらを表に出すと時には法律によって罰せられてしまう。だから、性欲は大きな力で抑圧しなければならない。死の意味は、自分がいつかは死ななければならないという将来の出来事についての意味であるが、こちらは若者の中で大きな力を持った欲望として存在しているのだ。とても大きな力で、死の意味はある意味静かに存在しているが、こちらは大きな力を持って、どくどくとした形で、静かではなく、突き上げるような力で、対象を探し求め、対象が目の前に存在すると、そこへ飛びかからんばかりの力になる。しかし、そこに人目が存在すれば、それより大きな力で抑圧しなければならない。抑圧することによって、より大きな力を自分の内に抱えて「我」は生きることになる。その力の大きさは優に、死の意味を超え、忘れさせ、その大きな力の存在の下に追いやっているとも言える。考えようによれば、死は生の否定であるが、性欲は生の肯定であり、生を繋ぎ続ける力であり、このことは、人間の人生は大きく生の肯定であることを意味していることにもなる。とはいえ、この肯定的な意味を、社会は禁じ抑圧しているのである。

死も性欲も、意識の中のとても大きな力を持った意味であるが、社会の抑圧によって死は意識の根底に、性欲はその上に大きな力として存在しているが、しかし、それは表に出ない。やはり、覆い隠されたままに存在しているのである。外に現すことができない「我」だけが知っている存在なのである。つまり、その外側に存在する日常生活の様々な意味に覆い隠されたままの存在なのである。性欲も本来は生の肯定として存在しているが、社会では否定として存在していることになる。

意識の構造の中で、死の意味や性欲に負けない重要な大きな力を持ち存在し、社会に認められているのが愛である。禁じられた性欲が社会的な抑圧を通り抜けて、社会的にも認められる形で変身して現れるのが恋愛である。そしてこちらは、その性欲の片鱗も見せない形の純愛として現れることが多い。そして、恋する「我」も、多くの場合、性欲をほとんど意識しないで、相手のすばらしさ、美しさ、可愛さに惹きつけられるのである。しかも、とても大きな力、自分の全ての力のように惹きつけられるのである。このような時、その根底にあるはずの性欲より、より大きな力で惹きつけられ、性欲は大きく抑圧され、少しでもその好きな相手にその性欲が何かの力を与えることがあれば、不潔だとか汚らわしいと自分を責めることさえするのだ。つまり、恋愛感情が、大きく性欲の上に存在し、性欲は抑圧され、その根底に押しやられてしまうのである。そして、こちらは性欲のどくどくとした暗いまっ黒い塊とは大きく違い、美しい、すばらしい、清らかなものとして存在するのである。つまり、恋することによって若者は、自らの中の性欲による黒い、暗いどくどくとした力を完全に抑圧し、自らの意識を美しい清らかな、すばらしいものに感じるのである。そして、今まで死と性欲の暗い、まっ黒い意味と力を抑圧し、そのまわりに存在していた日常生活の様々、その中の必要＝力＝意味に替わり、この恋の必要＝力＝意味が大きく働き、日常生活そのものを恋の心に変えていくことになる。

もちろん、恋にも様々な段階があり、片思いの時代、そして多くの恋はこれに終わってしまうのであるが、そのうち、交際が始まり、恋の相手を身近に、目の前に、ほとんど身体的接触寸前の状態で交際が進行するのである。今までの遠くに存在した美しい、すばらしい清らかな存在が、身近に存在するようになるのである。恋の感情は現実のものとなり、好きな相手がすぐ傍にいるのである。

すばらしい美しい清らかな存在が、目の前に現実の中のものとして、存在するのである。そして、その現実の中の存在からは、今まで知らなかった様々な、人間らしさ、自分と同じような人間、欠点も存在する人間が見えてくるのである。このような欠点、そして汚れた、醜い部分も見えてきて別れることもあるが、それが見えてきて、より一層、自分と同じ人間なんだと好きになった時、恋の中に愛が芽生えてくるのである。愛は、恋とはまた違った、すばらしい美しい清らかな存在を好きになるのとは違い、相手の人間らしい、欠点もあり汚れたところもあり、それでも、だからこそ、その相手が一層好きになる、いとしい、やはりすばらしい美しい存在だと思い、だからこそ、相手を守り、互いに助け合い、という感情が芽生えることなのである。

そして、愛は基本的には社会で認められている、いや、社会がそれが広がることを推進している存在なのである。とはいえ、この段階、恋愛の中での愛は、それでもなかなか公にはできないのである。恋そのものは、社会では決して禁じられてはいないが、やはり、恋とは二人だけのもの、他人に知られたくない、自分達だけで大切にしておきたい存在なのだ。そして、それ以上に、この恋愛の感情の中には、禁じられているはずの性欲もところどころで姿を見せようとするのである。いや、恋愛感情の中に様々な形で入り込んで力を添えているのだ。だから、やはり、恋は二人だけのものにしておかねばならないのだ。

この二人だけの存在が社会的に認められるのは、基本的には儀式を伴った、結婚によってであるとしていいであろう。二人の中の感情はまだまだ二人だけのものではあるが、二人が愛し合っていることは形式的には社会が認めたことになる。しかし、それと同時に二人の生活が始まる。二人の中に恋愛時代から続くやはり強い力を持った感情を、この生活は取り囲み、被い、見えなくしてしまう。社会は、この二人の生活を通して時々、この二人の愛、二人の中の心を推察することもあろうが、やはり、二人の愛情は隠されたままであるとしていいであろう。そして、二人のこの愛情の中には、大きな力で性欲が入り込んで、二人の感情の中に様々な力を、要素を注ぎ込んでいる。愛は大きく性欲の入り込んだものになっている。

そして、この性欲が大きく力を与えている愛情の結晶、子供が生まれるのだ。子供はまさしく愛の結晶なのだ。社会も認めた結婚からの愛の成果なのだ。そして、社会もこの結婚を認めてくれ、大きく祝福してくれる。しかし、ここには、育児という新しい仕事が始まり、二人の新しいたいへんな生活がはじまるのだ。ただ、ここには愛という基本的には社会が認める、隠す必要のない、時には社会も支援してくれる存在が花開いているのである。

まとめると言いながら、またしても少し長くなったが、もっと短くまとめておけば、人間の意識の構造には死について、そして性欲からの大きな意味、力が存在し、これは「我」自分だけのものとして覆い隠されているということである。そして、その上の恋愛は形式的には社会は認めているが、やはり、二人だけの、社会からは隠された形で進行するということになる。ただ、これは社会に隠された心、感情、意識の多くの部分を恋する二人で共有することになる。この二人だけの共有は恋にとってとても大切なことである。この二人だけの共有を愛としてもいいはずである。そして、この二人だけの恋が、愛が認められるのが結婚であり、その成果として生まれた子供の誕生である。そして、そこには生活が始まり、夫婦二人の愛、その感情、心を覆い隠してしまうのだ。

ということは、人間の意識の大きな部分、しかも、とても大きな力を持った部分が「我」だけのものとして、恋が始まれば二人だけのものとして、外には見えない、見せてはいけないものとして、しかし、大きな力を持ちながら存在しているということなのだ。ただ、このような二人だけの覆い隠された中から、愛が生まれ、愛は基本的には隠さなくてもいいもの、社会が認め、それ以上に、結婚、出産ともなれば社会も認めるだけでなく、祝福し、応援してくれる状態が始まるのである。

こうして見ると、人間の意識の大部分は隠され、愛が生まれて初めて「我」だけのものではない存在にはなるが、それでも、社会では認められるのか、ということになる。もちろん、この覆い隠されているものは、人間の中のとても大きな力を持った、人間の中心に存在すると考えられる部分だけなのである。そして、この強い力を持った、人間の意識の中心、根源ともなるべきもので、愛だけがこの外へ出ることが許される、外でも認められているということである。ただ、この力を持った中心的、根源的存在を取り囲んで生活の様々が続けられているということである。つまり、その外には日々の生活の仕事、家事、勉強が、いや、遊びやスポーツがずっと続いているということである。そして、この外を取り囲んでいる生活は、その根源を基本として、愛から出ているとしていいのである。子供は小さな頃から、家族の愛の中で育てられる。仕事や家事は基本的には家族からの愛によってなされているとしていいのである。つまり、仕事や家事には様々な必要＝力＝意味が次から次へと続いているが、それらの根源は愛によるとしていいのである。勉強も将来の愛の、愛のある生活を推進していくための準備だとしていいのである。そして、遊びやスポーツは、…こちらはフロイトの説を引用すると、覆い隠された性欲から、…まあまあ、

ここで見えてきていることを確認すれば、日常生活のほとんどは、愛から、その中の細かな必要＝力＝意味のほとんどはその中心に存在する愛の力から生じているとしていいということである。ただ、スポーツや遊びでは、フロイトの説からすれば、押し込められ、抑圧された性欲の変形とも考えられることになる。いや、彼の説をそのまま受け入れれば、愛そのものが性欲からのものになってしまう。フロイトは人間の生命活動全般をリビドーとして、性欲からのものとして説明しているのである。

ここはまだまだ議論されなければならないであろう。この論文としては、性欲と愛は別物で異質のものとして考えていきたいのである。ただ、性欲は覆い隠されていても大きな力を持ち続け、様々な形でそれが外へ、多くは変形された形で現れることは認めるものである。

そして、ここではその大きな力を持った存在が社会から隠されたものとして、いや、自分自身にも覆い隠されたものとして存在していることを、それが意識の構造の大きな部分になっていることを確認しておきたいのであ

る。そして、その下には死という、絶対に否定できない強い力を持った意味が、やはり覆い隠されていることも確認しておかねばならないのである。

つまり、人間の意識の大きな部分、大きな力を持った大きな部分が覆い隠され、暗闇の中に閉じ込められているということなのである。そして、この大きな力を持った大きな部分で、社会的にも覆い隠さなくても良い、愛の部分が、日常生活の様々な動き、活動の根源に存在しているということなのだ。そして、この愛を根底とした日常生活が、覆い隠された暗闇の中に閉じ込められた、死と性欲の意味と力の外側に存在し、めまぐるしく動き、ほとんど完全と言っていいほど、それらを覆い隠しているということなのだ。

以上見た、このような構造が人間の意識の主要な部分を形造っている、本質的構造とも言えるものを形造っているのではないか、というのが、ここでの議論であったことになる。

もちろん、これで論じつくされているわけではない。まだまだ議論の余地はある。食欲という大きな欲望にはほとんど触れていない。以上の議論からは、食欲も愛の中に入ってしまうことにもなる。もちろん、家族の食欲を満たすために働くことは愛の中に入れることができよう。しかし、自分の食欲は？ともなると、大きな問題が浮かんでくる。これを見ると自己の生命維持本能のようなもっと大きな存在を考えなければならなくなる。そして、これを考えると、一番底辺に押し込まれている死についての意味との関係も問題になってくる。このことも大きな問題であり、やはりどこかで見ていかねばならないだろう。そして、この生命維持本能などを考えると、今まで見てきた主要な部分、死、性欲、愛、それらを全て取り込んだ構造も浮かんでくるはずである。ただ、ここではその生命維持本能と愛は様々にまじりあい、時には対立し、時には共に働き、共存して生活というものを形造っているのでは、ということで、とりあえずということで許してもらおう。

もちろん、問題はまだまだ存在する。先に少しだけ見たスポーツや遊びに対する欲望も大きな問題である。これも性欲との関係だけでは説明できない、多くの現代人の中をとても大きな力を持った、だから主要な部分になり、今見た意識の重要な部分のどこに入るのかは議論になるはずである。フロイトの説によっても、そう簡単に性欲の中へは、中ではなく、確かに性欲が変形した形で、やはりこれも生活の中に…

完全な議論にはなっていないが、でも意識の主要な大切な部分、それが構造として見えてきているはずなのだ。そして、この主要な部分は大きな力を持って、必要＝力＝意味を形造っている、必要＝力＝意味の根底に存在し、その大きな力を必要＝力＝意味に与えている。しかも、死と性欲は社会では否定され、覆い隠されたものとして存在しているので、とても複雑な必要＝力＝意味を形造ってしまうのである。

死はそれを忌み嫌う、否定される存在として、性欲もストレートには出せない、それを出す時は様々な工夫によって変形されたものとして、だからこそ必要＝力＝意味とこの論文がしたところのものとして、それだけでなく、フロイトの言うように、抑圧され無意識に追い込まれ、現れる時は大きく変形したものとして現れるのである。そして愛も、社会では認められているとは言え、先に見たとおり、やはり恋愛においては二人だけの秘密として長く存在し、やはり、そこでも複雑な必要＝力＝意味を形造っているのである。そして、愛も結婚、出産を経て社会的に認められる形になった時、日常生活を形造り、それは人々の眼に、社会に見えるものとして様々な細かな必要＝力＝意味を形造り、意識の中の覆い隠される部分の外側を被い、取り囲み、隠されるべきものを完全に近い形で覆い隠しているのである。

重ねて言ってしまうが、以上長々と見てきたことは、意識の主要な、大切な、大きな力を持った部分、本質構造とも言っていい中心、核として存在している部分なのである。

第八章
必要＝力＝意味の構造

この前の章で見た、意識の主要部分、大きな力を持った大切な部分、しかもその大きな部分が覆い隠されている部分は、その強い力で大きく必要＝力＝意味を形造っていることが見えてきた。とはいえ、その必要＝力＝意味も覆い隠されるべく存在する。死や性欲からのものは禁忌として、禁じられるべきものとして、これも覆い隠され、それが外に出る時はなかなか複雑な形をとることも見えてきたのである。一方、覆い隠されることのない愛からのものは、その覆い隠される部分をまさしく覆い隠し、取り巻くように、大きく生活、日常生活という様々に細かな必要＝力＝意味を形造っていることも見えてきたのである。

そして、また、この主要な部分として見ていなかったが、食欲や、スポーツや遊びについて大きな欲望、つまり必要＝力＝意味が存在することも最後に見たのである。

この章では、その主要部分としたところから生じてくる必要＝力＝意味を、それだけでなく、そこに入れなかった食欲やスポーツ、遊び、いやまだまだ、金銭欲や趣味や散歩のような休息への必要＝力＝意味を見ていかねばならないのである。

そして、ここではまずは、覆い隠されている部分からのものは、とても難しい複雑な在り方をしているので、覆い隠されていない、先に見た、愛からのものを、そして、その後、その主要部分には入らなかった様々な欲望からの、必要＝力＝意味を見ていかねばならない。

いや、先にも見たとおり、愛もところどころで隠されている。もっとおおらかな欲望、先には見ていない食欲から見ていこう。この先に主要な部分として見てきた、人間の中心、中核をなすとして見てきた必要＝力＝意味の根源とどのように関わっているのかは見ていかねばならないのである。

一．食欲から…

先の章では見なかったが、食欲こそは一番大きな欲望、人間の、いや全ての動物の根源に存在する、自らの生命を維持するために絶対的な必要＝力＝意味の根源である。

なぜ先の章で見なかったかは大きな問題でもある。性欲も、食欲が満たされてはじめて生じるのではないか、という問題も存在する。愛も、自分を犠牲にしてもという大きな力も存在するが、愛の理想として、明るい幸せな在り方を考えると、やはり食欲は満たされていなければならない。これらのことも見ていかねばならない。

食欲こそは、全ての生命体維持の根源に存在する生命体の原動力であるとしていいのである。そして、この食欲が満たされなければ、生命活動そのものが力を失くしてしまうのである。全ての生命体は、これを満たすために、つまり食料を求めて動きまわっているとしていいのである。生命体の根源の力として食欲が存在するが、一方、生命体の動きのほとんどが、この欲望を満たすためのものであるとしていいのである。多くの動物、生物を見れば、ほとんどが食料を求めて動きまわっているのだ。

とはいえ、人間社会の中では、食欲を満たすために食料を求めることは、なかなか複雑な形になっている。道を歩いていて、他人の家の庭先に果物がなっているからといって、それを取って食べれば叱られる、犯罪とされる。多くの動物達は、おいしくなった果物を最初に見つけてそれを食べたものの勝ちなのだ。最初に見つけたことは、その個体の所有権につながるのだ。しかし、人間界は違っている。

人間社会で食料を得るためには、金銭が必要なのだ。金銭を出して、それを売っている店に行って買うのだ。だから、食欲を満たすためには、絶対に食料とはならない、お金が必要なのだ。そして、この金銭を得るためには、仕事をしなければならないのだ。仕事でも、農業や漁業は食料を得る、作り出すものであるが、とはいえ、その仕事で得た食料をそのまま人間達は食べることができない。料理しなければならないのだ。だから、食欲を満たすための直接的な仕事は料理ということになる。だから、主婦が料理を作ることは、食欲に直接つながる大切な仕事ということである。そして満たされる食欲は主婦だけのものではなく、家族全員の食欲である。そもそも主婦は自分の食欲のためと思って、自分の好きな料理を作ることはほんとうに稀で、家族のため、特に可愛い子供が喜ぶ、また、夜に帰ってくる夫がそれなりに喜んでくれるために作っているのだ。ここには、人間社会の、特に家族内の、食欲と、それを満たすための食料と、その食料を作り出す労働とのとても複雑な関係が見えてきているのだ。しかし、それ以上に、まだ複雑な関係が外に広がっている。主婦は料理を作るためには食材を集めなければいけない。この食材はそれを売っている店で買わねばならない。買うためには、お金が必要だ。このお金は、専業主婦なら夫が家の外の会社で、共稼ぎなら、主婦も出かけている会社での労働で、はじめて、しかし、ほとんど月に一度の給料として得ることができるのだ。これらの会社の労働は、ほとんど食料とは関係のない仕事である。たとえ、食料品を作る会社に勤めていたとしても、ほとんどは自分の知らない人間達の食べる、しかも多くは完成品ではないその過程の仕事をしているのだ。人間社会はほんとうに複雑なのだ。そして、まだその複雑を見れば、食料品店も、そこで売っている食料はどこかの業者が作り出して持ってきたもので、その店では作っていないのである。

もちろん、人々は食欲のためだけに働いているのではない。簡単に言えば、人々は衣食住のために働いている。社会は、この衣食住を分業によって生産している。だから、複雑なのだ。食料を生産している農業や漁業に従事している人々は、衣や住を得るために、自分が生産した食料を売ったお金で、住のためには貯蓄して、それで足りなくて借金をして、ローンを組んで、欲望を満たしている。社会は人間の欲望ととても複雑な関係を作り上げているのだ。

欲望はこれだけではない。現代では、スポーツや遊びが大きな欲望になっている。観光も大きな欲望を生み出している。人々は、これらの欲望を満たすために、社会の中の無数に存在する、これらの欲望を満たすべく職業のたった一つをすることによって、金銭を稼ぎ、その金銭によって欲望を満たすべく商品を買い、また様々な必要なお金を使い、欲望を満たし、日常生活を送っている。

社会は人々の欲望の全体を生産し、人々はその中の一つの生産に携わり、金銭を得て、その欲望を満たしている。だから、金銭は欲望の代替物であり、ほとんどの欲望を満たすことができる。このことは、人々に大きく金銭欲を生み出している。人々は金銭によってほとんどの欲望を満たし、その金銭を得るために、ほとんど一種類の仕事をすることによって金銭を得ている。まさしく金銭が全てである。だから、欲望はまず金銭を得ることになる。そして、その金銭を得るため、社会の中の無限に存在する仕事の、そのほとんど一つに専念する。分業である。

食欲から見てきたが、ここに見えているのは金銭欲である。少なくとも現代の資本主義社会ではほとんどの欲望を金銭によって満たすことができる。そして、職業を選ぶ時、この金銭がどれだけ得られるか、一か月にその得られる金銭の量が大きな要因になっている。子供達も一生懸命勉強する大きな要因が、この得られる金銭の量になっているとしていいのである。一生懸命勉強して、高いレベルの学校に入り、高いレベルの給料がもらえる会社に入ることは、子供達の勉強、そして親達が子供に勉強させる大きな要因になっているのである。

社会はそのようなシステムを作り出しているのである。そして、そのシステムが人々を取り巻いているのだ。人々は、この金銭が大きな要因となるシステムの社会で働き、勉強して、時にはスポーツをし、遊び、旅行に行き、日常生活をすごしているのである。この金銭のシステムは大きな力で人々を取り巻いているのだ。つまり、金銭を得ることが人々の大きな、考え方によっては一番大きな必要＝力＝意味を作り出しているのだ。

社会に住む人間全員、少なくとも成人した大人全員は、そして専業主婦以外の全員は、この金銭を得るための必要＝力＝意味によって働いているとしていいのである。専業主婦も、夫が金銭を得るための仕事に専念できるように、家事と育児に専念し、家庭内の分業として、結局は、その根本には夫の得てくる金銭のための必要＝力＝意味として働いているのである。共稼ぎの主婦はたいへんである。家を出て金銭のために働き、家に帰って家事と育児をしなければならない。そして、子供達も勉強をしているが、その勉強は、先に少し見たように、将来大人になった時、より多くの金銭が得られるように勉強しているところがとても大きいのである。

こうして見ると、社会全体、その人間全員が、金銭という一つの目的のために、つまり金銭を得るという必要＝力＝意味のために働き活動しているのである。食欲の前に、いや、衣食住という生活し、生きていくための欲望、その必要＝力＝意味の前に、この金銭に対する必要＝力＝意味のために働き、活動しているのである。社会の全員がこの金銭のために、その必要＝力＝意味によって働いて、活動しているのである。社会は金銭のための必要＝力＝意味で埋め尽くされているのだ。それだけでなく、社会に住む全ての人間は、この金銭によって、ほとんどの欲望を満たしているのだ。衣食住だけでなく、スポーツや遊び、旅行などの欲望も、その大きな部分がこの金銭によって満たされているのだ。つまり、人々と様々な欲望の間に、この金銭が入り込み、社会の全員に共通な欲望として入り込んでいるのだ。人々は生活していく上で様々な欲望を持つが、その欲望を達成するためには金銭を使っているのだ。また、人間は欲望を達成するために働くが、その労働は、まずは金銭を得るための労働であるということである。そして、この労働は、社会の中の分業により、自らの少なくともその時の欲望とは関係のない、ほど遠い生産物を作り出し、時には事務のような生産物を作り出さない、生産物を作り出すための補助の仕事をし、しかし、あらゆる欲望を満たすことができる金銭を得ることによって欲望を満たし、達成しているのだ。社会全体が金銭という共通の欲望を持って働き、その金銭によって、生活していく上での、生きていく上での欲望を満たし、達成しているということになる。

社会の隅々に金銭が行き渡り、人々はこの共通の欲望を達成する手段、まずはそれを得るために働き、また、それによってそれぞれの欲望を満たしているのだ。そして、社会はこの金銭のために働き、そのための仕組み、様々な規則を作り上げ、社会の構造の大きな部分の要素に金銭として存在させていることになる。

いや、もっと言っておけば、金銭は数字で計られ、給料はその数字によって与えられる。働いた量と質がこの数字に換算されて与えられるのである。この数字が大きければ、それだけ大きな質の高い仕事をしたということになり、働いて金銭を得た人間もそれを自ら認めている。もちろん、家族などからも認められる。一方、その金銭によって満たされる欲望は、商品となって市場で、店先で、その数字を持ったものとして、価格として表示されたものとして並べられる。そして、この価格の高い商品はすばらしいもの、価値のあるものとして、価格の安い商品はたいしたことのない、価値の低いものとして見られる。そして、社会に住む人々、「我」はこの金銭の数字によって大きく左右され、行動を決定していく。仕事はこの数字の高い職種を選び、それだけでなく、その選んだ職種、企業に入ってからもその数字が大きくなるべく努力し、商店で商品を買う時は同じ種類の同じ品質の品物は、より安い方を選んで買う。

今まで、この論文で人々の行動の原動力として、欲望に替わるものとして必要＝力＝意味として見てきたが、社会生活では、少なくとも現代の資本主義社会では、この必要＝力＝意味は、大きくこの金銭の数字によって左右されている。それだけでなく、人々の欲望は、必要＝力＝意味はこの数字の大きさによって動いていると言ってもいい。人々は、働く時はよりこの数字の大きい方を、商品を買う時は、よりこの数字の小さい方を選んで行動を決定している。そして、それだけでなく、貯蓄というものがあり、その金銭の数字を蓄えていくのである。食欲は腹いっぱい食べてしまえば満たされるが、こちらの数字はいくら蓄えても貯金通帳の数字が増えるだけである。人々は、とても多くの人々は、この数字を増やすために働き、生活を送っている。勉強さえも、将来この数字を増やすためのものであるとも言えるのである。

欲望と直接につながった、向かい合った労働として残っているのは、家庭内の家事や育児であろう。この多くは、ほとんどの家庭では主婦が担っているとしていいであろう。家事、特に料理は、自分も含め、家族の欲望のための労働である。食材を買い集めるためには、金銭によって、金銭の数字がついたマーケットで買ってくるしかないが、買ってきてからの、その食材を料理する労働は、自分と家族の欲望と直接つながっている。その間に金銭が入っていない。作った料理がおいしければ自分の欲望が満たされて嬉しいし、欲望の満たされた家族の笑顔を見れば、なお嬉しさがやってくる。料理を食べたいという必要＝力＝意味と、おいしい料理を作りたいという必要＝力＝意味が直接につながっているのである。それだけでなく、ここには、家族を喜ばせたい、家族の笑顔が見たいという、欲望とはこの論文では別種と考えている愛からの必要＝力＝意味が働いているのだ。このように直接につながった必要＝力＝意味は、それが達成されれば、金銭を得た時とはまた違う喜びがやってくる。

同じような喜びは、釣りや家庭菜園でもやってくる。久しぶりに釣れた大物、しかもなかなか釣れない、とても味がおいしい種類の魚を釣り上げた釣り師は、その魚を釣れたことそのものが嬉しいが、それを家に持っていって、奥様に料理してもらい、時には自分で料理して、自分で食べて、そのおいしさがやってきて、また家族が食べてくれて「おいしい」と言ってくれれば、とても大きな喜びがやってくるのだ。家庭菜園でも、夫婦で作り上げた、苦労して作り上げた野菜がおいしかった時、特に子供達がそれを食べて「おいしい」と言ってくれた時、なんとも言えない喜び、幸福がやってくる。

ここには、自分の欲望と並行して、いや、多くはそれ以上に家族の欲望を満たしてやろうという家族への愛が存在し、それが必要＝力＝意味を形造っていることになる。

これに似て、欲望がほとんど直接的に、ほとんど金銭に対する必要＝力＝意味が働かないで、自らの対象を求め、とても強い力で働いているのが、スポーツや遊びである。とても多くの人々が、特に若者達が、そして子供達がスポーツや遊びをやりたくてしょうがないのだ。この先に見た、金銭という、社会においてほとんど万能の力を持つ金銭のこともほとんど忘れて、いや、仕事や勉強のことも忘れて、このスポーツや遊びをやりたいという大きな欲望を、狂っているように持っている人々が多くいる。

スポーツや遊びをやっていると面白いのだ。楽しいのだ。この面白い、楽しい状態を、その中に入れる時間を求めて人々は大きな欲望を持って努力しているのだ。そして、そのような状態になったり、人々は無我夢中になって試合やゲームに没頭するのだ。

スポーツや遊びへの欲望は、なかなか生物学的な欲望からは説明できない。狩猟本能や闘争本能からの説明や、フロイトの説からの性欲の変形という説明もあるが、そして、それなりに力を持っているが、なかなか、人々は納得していないとしていいであろう。何がこのように人々を惹きつけているのか、絶対的とか完全という説明はないとしていいであろう。最近ではパソコンのゲームにはまり込んで病気になる子供達も多くいる。

ここでは、プロスポーツというのもあるし、スポーツ用具、バッドやラケットやボールやシューズの費用、また、グランドやコートの使用料というのもあるが、それらは、ゲームや競技が始まれば忘れてしまい、ふっとんでしまい、目の前のボールやポイントに全力集中され、つまり金銭に対する気持ちが吹っ飛び、社会を支配している金銭の網の目から外れた、大きな欲望と直結した時間が過ごされることだけを確認しておこう。

二　愛からの必要＝力＝意味

愛も色々あり、恋愛中のもの、結婚した夫婦のものもあるが、覆い隠されることのほとんどない、よく見えそうな親の子供達への愛から見ていこう。

先の章で見たように、人間の意識の中には、死についてや、性欲からのとても強い力を持った部分があり、これらは、覆い隠されているが、それらにも負けない、もっと強い力を持った、覆い隠さなくても良いだけに、その分強い力を持った部分が愛、それも子供達への愛であるとしていいであろう。また、愛の中でも、恋愛中の愛は、やはり全身全霊を打ち込んだ、一生のうちの最大の重要な出来事の中での心の動きであり、人間の一生の中で最も強い力を持った必要＝力＝意味がここでは働いているとも思えるのであるが、それらの愛が実り、結婚して、子供ができた時、そして、その子供の顔を見た時、それ以上に強い、世界で一番大切な存在に出会った、とても大きな強い力を持った心が湧いてくるはずなのだ。

その意味では人間の中の一番強い大きな力を持った必要＝力＝意味が、親の子供に対する愛であるとも言えるのである。

母親にとって自分の子供は自分の中から生まれた、自分の分身である。しかし、生まれ出た子供を見た時、そんな考えがふっとんでしまうほど、目の前の子供の顔は、その姿は可愛くて可愛くて、どうしようもないのである。そして、確かに、この大切なすばらしい存在は、夫との二人だけの愛の、そして、その上での二人だけの少し暗い空間での性の交わりから生まれてきたものであり、その意味では性欲のたまものであり…しかし、生まれてきた子供の顔を見てしまえば、そんな考えもまったくどこかへ消えてしまい、目の前のその顔が、その存在が可愛くて可愛くて、まさにしょうがないのである。

父親にとっても、愛する存在から生まれた新しい存在…やはりこんな考えも吹っ飛んでしまう、目の前の存在は、神から与えられたような、無信仰の人間にとってもそのように思える、というのは、男にとっては、この生まれたなりの存在に触れてはいけないような、実際、衛生のことを考えれば触れてはいけない、そして、そんなに簡単に抱くことができない、抱き方からそれなりに習わなければいけない、しかし、見ているだけで可愛い可愛い存在なのである。

まさしく、この世で一番大切な存在が生まれたのである。しかし、同時に、この世で一番大切な存在、それから大きな力の必要＝力＝意味が、その根源は可愛くて可愛くてならない心、気持ちであるが、それは同時に、この大切な存在をどのようにして、これからしっかりと育てていけるのか、しかし、どんな難しいことがあってもしっかりと育てていかねばならない、というこの世で一番強い必要＝力＝意味が、二人に生じてくる、湧いてくるのである。この必要＝力＝意味は、可愛くて可愛くてならない気持ちとはほとんど一つになって、大きな力として夫婦の心の大きな存在になるのだ。

この可愛い、大切な存在をしっかり育てていくためには、今まで夫婦二人だけで生活していたのと、もう一人分の収入が必要なことを意味している。しかも、妻の方は、授乳をはじめとした子育てでいっぱいで、働きに出られない。夫は一人で三人分の稼ぎをしなければならない。もちろん、それを思って結婚以来、そして妊娠以来、貯蓄もしてきたが、それは出産に大きく消えて、そして、役所からもそれなりに助成金もあるが、ほんの少しで、…とは言っても、なんとかしなければならないのだ。いや、今はなんとかなっても、子供が成長するにつれ、そして二人め、三人めが生まれれば、と考えると、これから大きな収入が必要になる。そのことを思うと、今まで避けていた残業にも積極的になり、それ以上に、基本給そのものが上がるように、会社の評価を上げるべく努力し、そして、できるなら能率手当てや役職手当ても得られるように努力しなければならない。つまり、しっかり仕事をしていく、それだけが今の自分にできることなのだ。会社もそれに見合った給料体系を作り上げているのだ。とはいえ、ここでアルバイトをはじめたり、転職を考えたりする者も出てくる。いずれにしても、ここには、可愛い大切な存在が発する大きな力が、可愛くてしかたのない存在を大切にしっかり育てていかねばならないという必要＝力＝意味が、仕事に対する必要＝力＝意味に大きな力を与え、仕事を熱心に、真剣にしなければならないと思わせるのである。

そして、この大きくなった、強い力を持った必要＝力＝意味は、仕事の一つ一つ、細かな仕事についての必要＝力＝意味にも力を与え、この一つ一つをまじめに、真剣にやるだけでなく、時にはこのようにしたらこの仕事はもっと能率よく、よい品質の製品を生み出せるという発想もひらめき、上司やまわりの部署の人間に話したら取り上げられ…ということも出てくるのだ。いや、もっと平常の作業でも、機械の操作一つ一つに、真剣さ、慎重さが入り込み、あるいは事務の書類一枚一枚、いやもっと文字の一個一個、文章の一つ一つに気を配り、しっかりと読もう、しっかりと書こうと気合が入る、つまり必要＝力＝意味が大きな力になるのである。仕事に打ち込むのである。とはいえ、ふとした時、休み時間はもちろん、仕事のふとした合間にも、可愛い子供の顔が浮かび、そしてまた、それを抱く妻の顔、姿が浮かんできて、それがまた力になるのである。

夫の数倍たいへんなのは妻のほうである。子供を直接育てるのはなんと言っても母親のほうなのだ。授乳もとても難しい。子供が必要な分の乳を自分の体は作り出しているのか、そのお乳を子供はしっかりと飲んでくれているのか、それ以上に、時々大声で泣く子供は何が理由で泣いているのか、泣き声だけではその理由はなかなかわからないのだ。おなかが空いたからか、どこか体に不都合があるのか、ただ、元気だから泣いているのか、その泣き声と泣き顔から判断するしかないのだ。これはとても難しい仕事なのだ。初産ではじめての子育ての時はとても難しい。推測だけで判断していくしかないのだ。この時、昔なら産婆さん、現代では入院した産婦人科のお医者さんや看護師さんの助言や手助けはほんとうに頼りになるのだ。退院して家に帰ったら、ほとんどを自分で判断して自分でやらなければならなくなるのだ。その育児の合間に家事も…子供はまだ食べないが、しかし、食事を作るのは、自分と夫がそれを食べ、元気で、子供のために働くためなのだ。根本には子供の泣き声、そしてそれを笑顔に…大きな必要＝力＝意味が存在して力を発し続けているのだ。というよりも、母親は、もう体全体が子供のための、子供からの力でいっぱいなのだ。そして、子供も顔を見ていると、その顔からの輝き、やってくる力が自分の眼を、そして抱いている時はその五感をいっぱいにする、今まであまり感じたことのない、もしかしたら遠い昔に感じたかもしれないような新しい感覚、それからやってくる感情が体全体を満たすのだ。そして、口が何も考えていないのに呟くのだ。「ああ、幸せ！」と、そして、その自分の呟きにふと打たれたように、一瞬の思考が閃き、「ああ、これが幸せなのだ…」となることも多々のはずなのだ。そして、この今味わっている感覚、そして体全体を満たしている感情こそ幸せであり、この感覚、感情は、恋愛の時の、それが実った時の、そして、結婚してからの夫婦がとてもうまくいっている時の、そんな時の感覚、感情ともかなり違う、ほとんど最近味わったことのない、そう言えば、ずっと昔、幼い時、母親から、そして家族から受けていた感覚、感情に似ている。特に大好きで大好きでならない母親から受けていた感情に似ている。少し違うけど似ている、とまで悟りを開いたように思う母親も多いはずなのだ。ここまで思うと、より一層、その感覚、感情が強くやってきて、「嬉しい、幸せ！…」と心の底からの声が湧いてくるのではないだろうか。

いや、言い忘れたが、夫のほうも子供の顔を見ていると同じような感覚がやってきて、同じような感情が体を満たすのだ。そして、やはり、今まで感じたことのない、少なくとも大人になってからは感じたことのない感覚、感情で、やはり、ずっと昔、幼い時に感じた感覚、感情に似ている…とまで…というのは、夫のほうは、妻の感じている感覚、感情ほどではない、それ以上に、子供の顔を見ていて湧いてくるのは、「この子をしっかり育てなければならない、そして三人でなんとか、幸せな生活を…」そして、こんな時、ふと、「ああ、今の瞬間、この顔を見ていると、これが幸せ…ん、頑張らんなんぞ！…」となる時が多いはずなのだ。もちろん、人それぞれであるが、いや、それでも、やはり夫の心も、今まで感じたことのない、遠い昔に感じたような感覚、感情が満たすことは…

いやいや、このような感情、幸せにひたりきっていられるのはそんなに長くはないのだ。もちろん、このような感情はずっと心の中に、体の中にしっかりと残り続けるが、それ以上に、それを打ち消すかのように、この感情を被ってしなければならないことが次から次へとやってくるのだ。必要＝力＝意味である。育児、子育てはとても難しく、細かな気配りが必要になる。細かな必要＝力＝意味を働かせねばならないのだ。しかし、子育てだけでなく、主婦は、家事もしなければならない。そして、家事の時も、家事の一つ一つの動きに、子供からの輝き、力が、その指先に伝わっているのだ。そして、また、脳の中では、授乳している間は、いいおっぱいが出るように、そのようなメニューを作らなければならないし、三人分の稼ぎをしている夫のためにも、それなりの料理を作らなければならない。しかも、このような家事は、子供が眠っている間に、その隙を見て作らなければならない。とても忙しく複雑な動きをしなければならないのだ。ということは、ここでも、子供のことが主になっていて、家事もそのためであり、またその合間にしなければならないのだ。そして、育休が終わり、また働きに出なければならなくなると、もっとたいへんになる。もちろん、子供を預かってくれる施設があったり、めんどうを見てくれる家族がいればの話だが、…なにしろたいへんな時代である。しかし、そのたいへんな一つ一つの動き、一つ一つの必要=力=意味の根底には、可愛い子供の顔の輝きがあり、その一つ一つに、指先の動き一つ一つに力を与えているのである。

そして、このことは、先にも見たとおり、夫の会社での仕事の一つ一つにその力を与えているのである。

つまり、この頃の夫婦のとても難しいたいへんな時代の一つ一つの動き、働き、つまり必要=力=意味のすみずみ、子供への愛、子供からの輝きが大きな力を与えているはずなのである。

そして、子供が二人、三人と増えていけば、それだけ必要=力=意味も、つまり苦労もたいへんになってくるが、その分また子供への愛、子供からの力がやってきて、大きな力を与え続けるのだ。

三．愛の構造からの必要＝力＝意味

一．では食欲からの必要＝力＝意味を見て、それが金銭に対する必要＝力＝意味に変わり、それが社会に住む人々の共通な必要＝力＝意味になり、それが社会全体の大きな網の目のような力になり、その網の目に人々は支配され、つまり社会全体が支配されていることを見てしまった。

こう見てしまうと、社会とは、そしてそこに住む人間も、何か情けない、殺伐たる存在に見えてきてしまった。確かに、社会も人間も、その人生もそのように見える面がある。そして、そのように考え、金銭が万能であり、金銭だけが唯一の人生の目標であるかのように考え、ひたすら金銭を求め続け、巨大な富を、金銭による富を築く人々もいる。食欲も性欲も一度満たされれば、少しの間、もう欲望としては働かなくなるが、金銭はこのような欲望とは違い、無限に蓄積することができるのである。それだけでなく、経済学でも、人間の原動力を欲望であるとし、その欲望は金銭欲によってほとんど代替されるものとして、少なくとも経済学では人間の欲望は金銭欲として見なければならないとして、それだけで議論を進めているとしていいであろう。もちろん、経済学であることは、人間の経済活動を見るのであり、それは当然のことである。しかし、経済学の誕生、成立は、資本主義が発達して、金銭が人類に大きな力を持ち、社会に住む人間の一人一人を支配するようになったことと並行していることは忘れてはならない。そして、アダム・スミスの一人一人の富の追求、金銭の追求が人類全体の富の増大につながるという説は、歴史上、経済政策にも大きな力を与えたのだ。これに対して、ケインズ等の批判、修正の理論、経済政策として国家による経済政策の重要性の理論も生まれ、それが大きな力を持った時代も続いたが、二十世紀後半には、新自由主義による、個人の金銭の追求の奨励が大きな力を持った時代もやってきた。

ここはもちろん、経済学を議論する場ではないが、金銭欲が人間の中にとても大きな力として存在すること、そして金銭が大きく人々を、社会を支配していることは確かめておかねばならない。しかし、やはり、社会も、人間も、人生も、そうではない面が存在することは見ておかねばならない。そして、金銭の力に支配されない主婦の料理の場面、その必要＝力＝意味や、スポーツや遊びを見たのであった。

ここでは、主婦の料理で見えてきた、自分の食欲のためだけでなく、子供達の、家族の食欲を満たすために見えてきた必要＝力＝意味、子供達や家族の食欲が満たされたことによる、いや、それ以上に、料理をおいしく食べてくれて、その時の嬉しそうな笑顔を見た喜び、その根本に存在する、自分の食欲からの必要＝力＝意味とは別の必要＝力＝意味の存在が見えてきているのである。

そこに見えてきているのは愛である。多くの生物学、心理学や哲学などでも、愛を独立した一つの力として見ていることはないとしていいであろう。ほとんど、欲望と一体となったものとして、せいぜい欲望、特に性欲の延長として見てしまっているとしていいのではないだろうか。

この論文では、愛は、欲望と別種の、独立した大きな力として見ていきたい。…そのためには、やはりそれなりの説明が必要である。

科学では、生物が、特にその中の人間が外界から刺激を受け止めるのは、五感によるとする。視覚、聴覚、味覚、嗅覚、触覚である。これらの器官は一つずつ、外界から刺激を受け入れて、それに反応して、生命活動を続けていくとなる。

しかし、愛を受け入れるのは、この五感のうちの何なのか、ということになる。五感の一つ一つを働かせて、そのどれから、愛を感じ受け止められるのか、となるとやはり問題になってしまう。親は子供の顔を見て、愛を感ずる。泣き声を聴いたら心配がやってくる。しかし、その顔からやってくる刺激のどれから、泣き声のどれから愛、その愛からの心配がやってくるのか。触覚も、子供を抱きしめた時、心の底から大きな力が、喜びが湧いてくる。抱きしめた時の触覚の何がその大きな力を生み出しているのか、なかなか説明できない。

簡単に結論を出してしまえば、愛は刺激ではなく、意味なのだ。意味として大きな力でやってくるのだ。科学では力は力学的な力としてのみを認めている。愛は心にやってくるのだ。五感を通り抜けて、心に直接大きな意味としてやってくるのだ。科学は、この意味を脳の働きによる思考の生み出したものとして説明するが、愛は五感を通してそのまま心にやってくる大きな力なのだ。もちろん、科学の目で見れば、この時も脳細胞は反応し、運動しているであろう。そして、親が子供の顔を見た時は様々な刺激がやってきて、その刺激に反応して親は、可愛いとか心配とかの心が湧いてくるのだ。しかし、ここに問題が存在するのだ。これらの刺激をどのように集めて統合しても、なかなか可愛いや心配には至らないのだ。親が反応しているのは、子供の表情に対してなのだ。表情はもう意味なのだ。子供の顔の表情からは様々な刺激、皮膚の色、顔の皺の凹凸、いや何よりも眼の輝きから来る光の強さ、その前に眼の動き、など刺激としてやってくるものを色々と統合すれば、それなりに表情を説明することができるかもしれない。そして、これらの刺激に対して、脳細胞の中での〝可愛い〟に対する動きのパターン、〝心配〟に対する働きのパターンなども、最近の科学では説明されている…？　不勉強で、これ以上は分からない。

しかし、この論文の議論の上では、刺激と表情の間にはとても大きな距離が存在するのだ。そして、人々は刺激の前に、表情からその意味を、〝可愛い〟〝心配〟を受け止めるのだ。そして、〝可愛い〟の時には、その顔をじっと見て、そして、その瞳の輝き、笑みを見て、じっとそこから湧いてくる、自分の中に湧いてくる愛情を感じ、〝心配〟の時は、その表情をまだよく見、その心配の原因をその表情の中から読み取ろうとする。原因となる意味を読み取ろうとするのだ。人間の認識機能、意識はそのように反応するのだ。

そして、結論から言えば、科学による刺激をどれだけ集め、統合しても、愛情はなかなか説明できないのではないか、ということなのだ。人類発展の大きな手段であった科学によって愛情が説明されていない、そしてその大切さが語られないことは、やはり人類にとってとても大きな問題のはずである。

同じことは、科学とある程度平行に進んでいた哲学でも、愛について語った論文にはなかなか出会わない。

五感で感じられる外部の世界からの刺激に対して、科学は生物、そして人間の内部の欲望の存在を認めている。そして、この内部の欲望によって生物、そして人間は様々な活動、行動を、いや全ての活動、行動を、この欲望による力だとして説明している。この欲望は、人間の社会では様々に抑圧されているのだが、この抑圧は社会の存在秩序のために必要なものとして、そして人々も社会で生きていくためには、つまり欲望の一番根底に存在する生命を持続していくためには、いや、一つ一つの欲望をそれなりに社会の中で達成させるためには、この抑圧に従う必要があるものとして、つまり抑圧に従うのは、やはり欲望によるとして説明していく。そして、人間が生きていくためには、社会というものが必要で、そして社会の存在が、人間の欲望をより効率よくもたらすものと説明していく、としてよいであろう。つまり、抑圧に従っていても、いや抑圧に従う方が人間は社会において欲望の達成がよりできることを知って人間は生きているとするのである。ということは、人間は全て欲望によって活動しているとするのである。この理論を、この論文としても否定するものではないが、しかし、この論文としては、ここに記憶の存在を見ることによって、人間の行動、活動をより見えやすい、分かり易い形で見られるのでは、として議論を進めてきているのである。

科学が欲望を認めて、しかし、愛を人間の生命活動の根底に認めないことに対して、今まで異議をとなえた議論、その論文、著作に出会ったことはあまりない。いや、不勉強かもしれないが、出会ったことがない。科学は、基本的には、性欲を繁殖欲ととらえて、愛も、親が子供を可愛がって育てるのは、この繁殖欲によってであり、つまり、愛は性欲の延長であると説明するのである。確かに、愛も、自分の子孫を、自分のＤＮＡを持った血統を残したいという欲望だと考えてもいいであろう。しかし、一方、愛は性欲とは区別しなければならないのでは？とも思えるのだ。多くの若者達、いや性行為をするとても多くの人々は、避妊を、避妊に気を遣いながら、行為を進めているのだ。このことは、結婚していなくて、子供の誕生を社会が認めない時ばかりではない。結婚していても、二、三人の子供がいれば、これ以上は子供は要らない。いや、それ以上に、自分達の収入ではこの子供達を健康に幸せに育てていくことには無理がある。また、育児にはとても大きな世話がかかる。それよりも今、生まれ育ってきた子供達を少しでも幸せに育てていくことが親の務めであるという考え、信念において、避妊をしているはずなのである。それ以上に、今目の前にいる子供達が可愛くてならないのである。そして、この可愛くてならない子供達を育てながら、自分の子孫を残したいから、自分のDNAを拡散させていきたいから、と思っている親達はほとんどいないはずなのだ。親達の願いは、この子供達が少しでも健康に幸せに育っていってほしいだけでいっぱいなのだ。生物学的な説明による、性欲の延長として、自分の子孫を、DNAを保存して、増大させたいという欲望はほとんど存在していないのだ。そして、避妊の手段がそれなりに整っている文明社会では、親自らが子供達の数を制限しながら、子育てをしているのだ。愛は性欲とは大きく違ったものになっているのだ。

いや、まだ、性行為の間にも、性的快感とは別の愛が生まれてきていることも確認しておかねばならないはずだ。

ずっと相手を抱きしめて、快感を求めて性行為をしている間、何度か相手の眼を見つめ、そして絶頂に達する時、じっと相手の眼を見つめ、そしてそれが終わった時、じっと相手の眼を見つめ続ける時、性的快感とは違った、ずっと心の奥底の深いところから、とても大切な感情が、その感情が今まで自分の中にほとんどなかったような、ほんとうにこれはとても大切だと思われるような感情が湧き上がってきて、そして、その感情のまま、相手を見つめると、またその感情が大きくなり、こみ上げてきて、そして相手の眼を見ながら、相手の存在の大切さ、尊さが湧いてきて、またもう一度、その大切な存在を抱きしめる…こんなことは、性行為の時によくあることなのではないだろうか。ここには性的快感とはまったく別な、自分にはとても大切だと思われる、この感情を大切にして生きていたいと思う心の奥底からの気持ちが湧いてくることが多々あるはずだ。愛である。相手の存在を大切だと思い、いとおしく、この世で自分にとって一番大切だと思う感情、気持ちが湧いてきているのだ。そして、その相手が自分と同じように、社会で生きていくためには様々な苦労をし、困難に出会わなければならないことも、だからと言ってこの時、それが言語となって意識されることは稀であろうが、相手が決して絶対的存在ではなく、はかなく、自分と同じようにこの世を生きていく存在であることを心のどこかで感じている、そんなことも多々ある。いや、もっと、この大切な存在も、自分と同じ死すべきものとして存在していることをも思う、心のどこかで思っているのである。それらはほとんど言葉にはならないが、それらの言葉にならない気持ち、考えが一つになって、大きな強い感情になって、もう一度相手の眼を、瞳を見、抱きしめることは多々あるのだ。

性的快感も大きな力で存在し、それが大きな力で「我」を惹きつけ、また相手の存在、その身体、顔、その表情、その瞳、そして言語、心が大きく「我」を惹きつけ、性行為に及び、大きな快感を感じるが、多くの性行為には、今見たような奥深い、心の底から湧いてくる感情、愛が存在するはずなのだ。

もちろん、性行為の時だけでなく、デートをしている時、そして結婚して同居している時、いや、それ以上に、デートで別れた時、出張などで離れ離れになった時、時には淡い力で、しかし、その淡い力がとても大切なものだと思える存在として、いや、時にはとても大きな力でやってくる。…愛である。

いや、愛は、家族や恋人どうしだけではない。少なくとも人間の場合はもっと広いのだ。近所のお年寄りがやっと歩いていると、「大丈夫だろうか、手を貸さなくて…」と心配になるし、遊んでいる子供達を見ると、そして、その笑顔や瞳の輝きを見ると、可愛い気持ちが湧いてくる。自然と声をかけてしまうし、危ない遊びをしていると、「だめだよ！」と注意もしてしまう。学校や職場では仲のいい友達、同僚がいて、一人が困ったり病気になったりすると、声をかけたり、心配をしたり、見舞いもする。いや、親友というのもいる。ここに至れば、愛というよりも、人間どうしの信頼、相手の性格が、思考、信条を理解し、人格を尊重し、その上で、遊びやスポーツを共にし、時には職場の親友ともなれば、一緒に仕事をし、助け合い、共同ですばらしい仕事をなしとげもする。ただ、ここまで来ると、愛とは別のまた大きな力を持った要素も入っているとしなければならないはずだ。

愛、広い愛に戻れば、テレビや新聞で、災害や戦争で悲惨な人々の姿を見れば、心が打たれる。なんとか助けてあげられないかと思う。ボランティアというのもある。人間には人類愛、ヒューマニズムというものが存在することが、心の底から湧き出る感情によって感じられる時が多々ある。人間にはやはり大きな愛の力が存在するのだ。いや、人間に対してだけでなく、ペットを可愛がっている多くの人々がいる。人間と同じように、自分の子供のように可愛くてならないのだ。いや、ペットだけでなく、毎日自分の家の庭に来る小鳥などにも、心が動かされることもある。また、自分が栽培している植物の成長にも暖かい心が湧いてくる。その暖かい心を味わうために植物を栽培している人も多くいるはずだ。人間はとても広い愛を持っているのだ。

しかし、科学が愛を人間の中に、ほとんど原動力として認めないように、愛はやはり多くの人々も、自分の中の力として認められないものとして存在している。子供達の顔を見ていると心の底から湧いてくる大きな暖かい力を、認められない、認識できない、少なくとも意識的にそれと認めることがなかなかできないのだ。同じことは、親はいつも、子供が目の前にいない時でも、そんな時はいっそう感じているが、しかし、それは可愛いと思うより心配のほうに変わってしまっているのだ。でも親はずっと子供を可愛いと思い続けているのだ。とはいえ、それを刺激としては感じられないのだ。刺激とは変化であり、ずっと感じられていれば、刺激としては認められないのだ。とはいえ、子供の楽しい、嬉しそうな笑顔を見ていると、大きな力で愛が心の底から湧いてくるのを感じることは日常でも多くあることだ。それ以上に、多くの人々は愛の力に基づいて、日々の活動をしているのだ。家事はもちろん、会社で仕事をするのも、もちろん自分の食欲をはじめとする欲望のためでもあろうが、やはり、それよりずっと大きな力で、家族が生きていくためとして力が働いているのだ。この力が愛なのだ。もちろん、ここを、自分の子孫を残したい、DNAを残したいという生物学的欲望で説明もできるであろうし、また、まだまだ多くの議論もしなければならないだろうが、ここには愛という欲望とは別の力が存在するとこの論文は言いたいのだ。多くの親は、子供達のため、家族のために自らの欲望を禁じているのだ。この禁じているのは、やはり根底に愛が存在するからだと言いたいのだ。しかし、それに反して、そこにこそ、自分の子孫を残したい、DNAを残したい、より大きな欲望が存在するのだ、という議論も成り立つであろう。それに対して、この大きな欲望こそは愛ではないか、とも、この論文は言いたいのだ。そして、そこには、自分の欲望を抑圧し、禁じている大きな力が存在する、その力はやはり欲望とは違うのではないか、とこちらは言いたいのだ。ここには自分の欲望を抑える、自分の欲望以上の力が存在することでは一致しているのだ。そして、こちらからもう一つ言いたいのは、そこに存在する自分の欲望より強い力は、少なくとも自分の欲望とはとても大きく違う性質のものではないですか、とも言いたいのだ。そして、この大きな力は、自分の家族だけではなく、近所の人々や、教室や仕事場、いやもっと広く、人類全体にも向けられ、感じられるのである。

とはいえ、隣人は時には競争相手になったり、また敵対者にもなる。同じ町内に住む人間も、様々に助け合うこともあるし、様々な利害の対立が生じ憎み合うこともある。教室や職場では、隣人は友人でもあり、仲良くやっていくこともあるが、基本的には成績や出世の競争相手であり、様々な出来事で対立もする。社会の中でも、様々な助け合い、共同募金やボランティアもあるが、進学や就職などでは競争相手であり、社会には様々なトラブルが存在し、その上では憎み合い、敵対することもある。それ以上に国どうしでは、特に隣国では、貿易や様々な文化の交流もあるが、領土問題などの様々な問題が存在し、トラブルとなり、戦争になってしまうこともある。

そもそも人間は、避妊の技術がそれほど行き届いていない時は、夫婦二人で十人近くの子供を生む力が存在するのだ。しかし、一方、食料を生産する耕地は開墾にどれだけ力を入れてもなかなか拡大しない、しなかったのが現実だったのだ。もちろん、人口を減少させる病気や災害は多発してはいたであろうが、しかし、ここには大きな問題が存在したはずなのだ。姥捨て山の話もさることながら、人類の歴史の多くの宗教関係者が独身を強いられてきたのは、様々な教えの背後には、このような経済上の問題が存在していたことは考慮に値するはずである。そもそも農家では、十人近い子供でなくても、二人や三人に耕地を分配すれば、分配された子供達が充分に食べていける食料をどの子供も得られなくなることは多々あったはずなのだ。長子相続にはこのような背景が大きな力を持っていたのだ。

このような人口問題を解決するために、領主や国王は隣国に攻め入り、領土と食料を獲得し、また、その攻め入った国の人口を減らしたとも考えられるのだ。

このように見てくると、人類の歴史は決して愛ではなく、敵対、憎しみ、殺し合いの歴史であったのではとも見えてくる。そして、人々は愛よりも、自分と自分の家族が生き残るために、また、自分の部族や国家が生き残り、繁栄するために、敵に対する闘争心を大きく持っていたことが想像できる。だから、愛とは自分のまわりのための小さな心であり、その外には大きな敵対心が存在していたとも考えなければいけない。いや、愛と敵に対する憎悪は対をなしていたとも考えられるのだ。だから、人類愛とかヒューマニズムとかという広い愛が人々に抱かれるようになったのは、産業革命以後、資本主義が発達し、生産能力が向上し、人類が、地球がとても豊かになった結果だとも言えるのだ。そして、その豊かさによって、人間が自らの中に持っていた愛をそれなりに表現することができるようになったとも考えていいのだ。ということは、人類が生産能力の向上、一人が生み出す富が、自分や家族の生活をそれなりに満たし、外部に、一番広くは人類全体にまで愛を広げるほどになったとも、つまり人類の努力の成果で到達できた祝福すべき段階に至ったとも言えるのだ。まさしく祝福すべき発展である。

とはいえ、人類は、いや、一国家内にも貧富の差はとても大きなものになり、より拡大しようとしている。また、地球上にはまだまだ生産力の発展していない貧しい地域が多く存在し、また、戦争や災害によってたいへんな状態にある人々、その地域が多く存在する。このような状態を是正し、より豊かな、より愛が行き渡る状態へ、人類全体が努力すべき時代に来ているのだ。愛を前面に、全面に打ち出し、国家のためにではなく、人類のために、全ての人々のために、その一人一人のために、ましてや、無限に築き上げられる個人の富のためでなく、みんなが、一人一人ができるだけ幸せに生きていける、愛のために働き、運動がなされなければならない時代にやってきているのだ。

世界の人々が、互いに手を取り合い、助け合い、困っている人々を救い、一人一人が少しでも幸せになれるように、人類全体が手を取り合って、国家や民族のためではない、愛の生き渡る世界を築くべく時代に来ているのだ。

人間は確かに大きく欲望によって動き、生活している。しかし、それに負けない、いやもっと大きな力で愛が存在しているのだ。母親が料理を作る時、自分の食欲のためだけでなく、子供や家族のことを思い、料理を作り出しているのだ。料理を作り出す必要＝力＝意味は、欲望より大きく愛を基本としているのだ。父親が会社で働くのも、自分の欲望のためだけでなく、家族への愛のためなのだ。自分のためだけなら、もっと違った職業を選んでいたという男達も多くいるはずなのだ。会社で働く必要＝力＝意味を作り出しているのは欲望よりずっと大きく愛の力のはずなのだ。

そして、新聞やテレビで、世界の戦争や災害の悲惨なニュースを見ると、そして、それを自分の家族に起きたらと思うと、そのたいへんな境遇にある人々への、本当に心の奥底からの悲しみ、同情がやってくるのだ。家族への愛は、人間の優れた認識機能、想像力や思考によって、そのまま、世界の人々への愛に置き換えられるのだ。そして、それ以上に、自分の中から力が湧いてきて、そのような悲惨な人々に何かできないか、と思うのである。自分の中から湧き出てきた力は愛、自分の家族への愛が、そのまま移された愛なのだ。そして、時には、自分の欲望から、いや自分の家族への愛から、貯えた金銭のうちから、これが、その悲惨な人々に届くようにと、…

本論に戻れば、つまり必要＝力＝意味に戻れば、このような募金をしなければならないという必要＝力＝意味は、それ自身が大きく愛に満たされているだろう。それでも、どこで募金をすればいいのか、などを考えはじめると、その場所や募金する先の組織などを考えると、それなりに記憶の中を、つまり過去に募金をしたことの記憶や、募金をするように誘われた記憶に思考が走るが、その思考そのものも、まだまだ愛に彩られているとしていいであろう。愛が力を持って働いているのだ。たまたま、街中を歩いていて、そのような募金活動に出会うと、

「ああ」と思い、しかし、「いくらにするかな？」と思考は働き、ということは、先に見た、金銭の必要＝力＝意味との葛藤が起こり、その前に、財布の中の金銭の量へ思考が行き、もちろん、ここにも必要＝力＝意味が働いているが、この根底には、愛と欲望のせめぎあいが起こっているが、そして、自分の金銭と、今日街に出て、ということは買い物をするためにやってきたのであるが、それに必要な金額を考え、ここにはまた、金銭の計算という必要＝力＝意味が起きているが、その根底には欲望と愛の両者の力が働いていて、その両者の力は闘っているのだ。しかし、ふと、今日の買い物は子供の為のおもちゃであったことを思い、ということは、愛と闘っていたのは、自らの欲望ではなく、家族への愛であったのであり、その二つの愛、人類愛、家族の子供への愛との闘いであったことに気付き、つまり愛どうしの違った方向に向かった愛どうしの闘いがはじまり、子供の可愛い顔が浮かび、そして、おもちゃを見せた時の嬉しい顔が浮かび、可愛くて可愛くて、と愛が浮かび、しかし、それに重なって今朝テレビで見たかわいそうな人々の顔、特に子供達の顔が浮かび、ここにも大きな力が湧いてきて…二つの愛がぶつかり、「少し安いのにしよう、その分、やはりかわいそうな子供達、自分の子供だと思ったらやりきれない気持ちになる…」と結論が出るのではないだろうか。自分の子供への愛が、世界の苦しんでいる子供達への愛に転化したのである。「でも、世界の子供達のためだと思ったら、今のあいつにはわからないだろうが、それでもやはり、それなりに満足できる、いや、こんなおもちゃがもらえるだけでもありがたいと思っていいはずだ…」となることもあるはずだ。

同じことは、母親が家事で料理を作る時も起きている。母親は今晩の料理を作るのに、つまり今晩の料理を作らねばならないという必要＝力＝意味で、まずはスーパーに行って買い物をする。この時、スーパーで一歩進むごとに、野菜や魚や肉のそれぞれを〝何であるか〟を見て、しかし、ほとんどは意識されることなく通り過ぎ、それ以上に、眼は〝いくらであるか〟を見ながら進むのだ。しかし、進んでいくうちに、ぱっと眼が輝いて反応し、そこには新しそうな、おいしそうなレタスが並んでいるのだ。レタスが〝何であるか〟は瞬間に通り過ぎ、今彼女の認識機能はレタスの〝新しさ〟〝おいしさ〟に移っているのだ。しかも、この〝新しさ〟〝おいしさ〟そのものではなく、その程度、量的な観察に移っているのだ。「どれだけ新しくておいしいのだろう?」と思考を伴いながら、レタスの表面の艶、輝き、そしてその大きさ、一枚一枚の葉の様子を見ながら、一個一個見て進み、と同時に、一個一個についている、あるいは一皿毎についている値段のほうへ移っている。ここには、今晩おいしいレタスのサラダを作ってやりたいという思考を伴った必要=力=意味が働いているのである。しかし、それだけでなく、その一個一個のレタスの価格との対比が起きているのだ。ここには、レタスの〝何であるか〟を通り越えて、その〝新しさ〟〝おいしさ〟へ認識機能が移り、本質認識はそちらへ移り、それ以上に今度は〝いくらであるか〟と、より重要な、より本質的な認識、思考へ移っているとしていいのである。この〝いくらであるか〟こそは、買物の本質とも言えるべきものと言っていいのである。いや、それでは足りなくて、一個一個の商品の持っている価値、使用価値と、価格、交換価値の対比こそは買物の本質と言っていいもののはずである。このことは、買物全般に及んでいる本質的公式であるとしていいはずである。人々は買物をする時、この使用価値と交換価値の対比を恒に繰り返しているのである。もっと言えば、交換価値を使用価値が超えたと思った時、買うのだ。ということは、買い物時の人々の関心、必要=力=意味は、使用価値よりも交換価値にあるのだ。買い物時の交換価値は、買い物の本質と言っていい存在になっているということである。もちろん、誰もマルクスの言うように使用価値と交換価値のむこうに本質として存在している価値、その商品を作り出す労働時間の蓄積などを考えて買い物をしている者などいないとしていいであろう。買い物時は、人々の頭は、自分の買う商品の交換価値、価格によって支配されているとしていいのである。価格、そしてその商品を得るために支払われる金銭、つまり財布の中、強いては家計につながる大切な計算になるからである。必要＝力＝意味は、そしてそれによって働く思考は大きく、金銭の計算に使われ続けているのである。ここにも、金銭に対する必要＝力＝意味が細かな一品一品の商品の買物に行き渡っているのだ。

とはいえ、母親の買物では、使用価値も大きな意味を持っている。使用価値とは言ったが、ここでは金銭で計られた価値ではなく、家庭に帰って料理をする時の、いや、その向こうに、料理をして食卓に並べた時の家族の、特に子供の気持ちが大切なのだ。料理を作り、子供達が喜んでおいしそうに食べてくれれば、料理を作った喜びが湧いてくるのである。いや、喜んでくれるだけで喜んでいてはだめなのだ。今買ったレタスは、子供は、特に一番下の子は嫌がって食べたがらない。しかし、栄養のことも考えればやはりなんとかして食べさせなければいけない。難しい問題がそこにはあるのだ。交換価値、価格を考えてレタスを買ったが、その使用価値である〝新しさ〟〝おいしさ〟に魅せられて買ったが、その奥には、これだったら、あの子も、そして、他の子供達も食べてくれるかもしれない、という複雑な、奥深い計算が存在したのである。そして、これらの複雑な計算、思考の必要＝力＝意味の根本に存在しているのは、家族への愛という大きな力なのである。母親の全ての行動、そしてその必要＝力＝意味は、この愛を根本に持っているとしていいのである。

ついでに言っておけば、今程見た、使用価値より、より本質的に存在しているとした交換価値、価格、それに対する必要＝力＝意味も、その根本には愛、家族への愛が大きな力で存在しているのである。交換価値はその前に見た金銭につながっているのである。金銭はそこでも見たように、ほとんどあらゆる欲望をかなえてくれる手段なのだ。だから、母親が子供達に食べさせてやりたい、そして、栄養素のことも考えて買ったレタス、そしてここの〝食べさせてやりたい〟は欲望ではなく、子供達への愛がとても大きな力を持って存在していることも見たのであるが、その愛をかなえているのは、彼女が財布の中に持っている金銭なのである。この金銭がレタスの交換価値、価格の分だけ支払われて、ということは財布の中の金銭はそれだけ少なくなって、レタスと交換されて、レタスを得られるのである。もちろん、母親はレタスだけでなく、他の野菜や肉や魚を買って、頭の中に今晩のメニューを作り上げ、愛を実現しようとするのである。この時買われる野菜や肉や魚は、今晩のメニューに合わせて、ということは使用価値に合わせて買われるのだ。今晩のメニューに合わせて、それに合った、それぞれの食材の使用価値が引き出されているのだ。しかし、その前に、つまりメニューを考える前に、母親の頭の中にはいろいろな計算がなされているのだ。レタスの時見たように、他の野菜にも、どれを買うか、今の場合はサラダを作るのに、他の野菜のどれを買うか、キャベツやトマトやきゅうりを一つずつ見ていき、その〝新しさ〟〝おいしさ〟と交換価値、価格を見て、少しでも安くて新しくておいしいものを選び、その選んでいく過程で、つまりどれを買うかによって今晩のメニュー、今のところはサラダのメニューが決まってくるのだ。そして、この少しでも安く、新しく、おいしいものを買うことは、母親の、そして主婦としての大切な仕事、重要な必要=力=意味になっている。なぜなら、今晩のメニューはサラダだけで終わらない、この後、何にするか、スーパーの中を歩きまわってそれを決めなければならないからだ。つまり、一つ一つの商品を見て、その使用価値、その〝おいしさ〟や〝新しさ〟を見ながら、その価格、交換価値と見比べて、何を買うかを決めて、その上でメニューが決まってくるからだ。ここでも、使用価値と交換価値を見比べて、少しでも安い、それでいておいしい、いや、それだけではない、栄養価も考えて、たんぱく質や炭水化物やビタミンの割合を考えて、ということは、子供達が家族がおいしく食べて、それだけでなく、栄養のバランスもとって、健康な生活を、子供達はより成長していけるように、という愛が必要＝力＝意味の根底に大きく力を持っているからである。しかし、これは各素材の使用価値の質によるのである。これに対して交換価値は、素材の一つ一つがそれぞれ違う質の使用価値を持っているのに、交換価値のほうは同じ質の、しかし、量だけがそれぞれ違う、基本的には全て金銭に置き換えられるものなのである。そして、この交換価値は、買い物をする時は、母親だけでなく、全ての人々は少しでも安くと思って買っているのだ。特に母親の場合は、その日の財布の中、もっと言えば、その日に使っていい金銭の額はおおよその数字として頭に入っているのだ。だから、レタスを買う時も、少しでも安く、ということは、そのことによって他のメニューの、時には少し高くても、すごくおいしい、季節ならではのメニューを作れることを思って、少しでも安く買っているのである。つまり、一つ一つの商品の交換価値をなるべく小さいものにするのは、他のメニューのことを考えて、つまり、今日の全体の食卓がおいしくなるように、ということは、ここにも大きな愛が存在しているのである。そして、その日その日の使える金額を計算しながら買い物をしているのは、その日全体の一日一日が、少しでも子供達が、家族が喜んでくれて、栄養価のある食事をしてくれるようにという愛が存在しているからなのだ。

四．仕事の必要＝力＝意味

次に、企業で働いている時の仕事についての必要＝力＝意味を見てみよう。

企業に入ってしまうと仕事は厳しい。会社からの必要＝力＝意味に襲われてしまう。会社からの必要＝力＝意味は、企業の利益の追求である。ただ、多くの企業では、企業が大きくなればなるほど分業が広い形で生じ、大企業では、工場と事務所、工場ではそれぞれの部、その下には課などと、細かな分業が行き渡り、大きな、その中に細かな部品を持つ製品が存在し、またその部品にもそれぞれ細かな一個一個作り上げなければならない部品が存在し、その一個一個の部品も、様々な工程があり、昔はその一つ一つの加工を流れ作業でやっていたが、今はほとんどオートメーションでほぼ完成品に近くまで作り上げることも多いだろうが、それでも、それらの組み立てによって、一個の部品が、また多くのその作り上げられた部品をまた組み立てて、これらも最近はロボットなども使い、自動化されてはいるが、やはり働く人々は各工程の一つ一つの仕事に真剣にならざるを得ず、その工程の一つ一つに細かな神経を使い、仕事に専心しているのである。このことは、企業での労働の必要＝力＝意味が大きく、企業からの力によっていることで占められていることを示している。〝神経を使い〟〝専心する〟ことは、仕事の対象に向かい、「我」の認識機能、思考の全てがその対象に集中することを意味している。

そして、この仕事に集中する必要＝力＝意味の下部には、今、この目の前の仕事をしっかりやり終えなければ、昇進や昇給に差し支えが出てきて、下手をすると降格や減給になる恐れがあるという必要＝力＝意味が存在するのである。そして、ここまで来ると、その下には、しっかりと給料をもらい、子供達や家族がしっかりとした、安定した、できることなら幸せな生活ができるようにという強い大きな力を持った愛の必要＝力＝意味が存在するのが見えてくるのだ。とはいえ、このような必要＝力＝意味は、仕事中は大きく抑圧されていて、その上の、しっかり仕事をして、昇進、昇格につながるようにという必要＝力＝意味に意識全体が占拠されていて、愛の必要＝力＝意味はしっかりと抑圧されているのである。それでも、休み時間や、仕事が一区切りついた時、ふと、自然に、子供達や家族の顔が浮かんでくるのだ。

×××　　×××

こうして見てくると、様々な必要＝力＝意味の根底には愛の大きな力を持った必要＝力＝意味が存在することが見えてくる。特に金銭欲は、愛に対立する欲望、その全てをかなえる力として大きな必要＝力＝意味を生み出している。そして、時には、多くの欲望はそれなりにすぐに満たされるのに、こちらは、どれだけ貯えても邪魔にはならない、ということで、大きな力の欲望を作り上げ、守銭奴などという存在も時には見受けられる。しかし、それらは例外で、多くの人々が金銭を求め、貯蓄するのは、ほとんどが家族への愛のためだということが見えてきているのである。

愛は、人間が生きていく、生活していくその様々な必要＝力＝意味の根底に大きな力で存在し続けているのだ。

必要＝力＝意味は、繰り返すが、科学が欲望であるとした、フロイトがリビドーとした、また、フッサールが志向性とした、人間の認識、活動の全ての根源を表わしたものである。そして、これも何度も繰り返して言ってきたが、人間の行動は欲望の抑圧に大きく傾いており、また義務や責任という大きな力によっているからとしたのである。そして、まだ、そこには、つまり人間の認識、行動の原動力としては、愛が、欲望とは違った存在として力を持ち続けているのでは、としたのである。そして、それ以上に、愛は欲望より大きな力として、時には、欲望を押しのける力として存在しているのでは、とここまで見、言い続けてきたのである。愛は、人間の根底にとても大きな力で存在し続け、人間は欲望以上に、愛によって様々に動いている、と言いたいのである。

ここで余談になるが、科学が人間の行動の根底を全て欲望として説明していることによって、自分の欲望に従って生きることが正直な生き方であるとして生活している人々が世の中にはかなりいるのではないか、ということなのだ。そして、その人達の中には、愛も欲望の変形、いやそのものであるとし、恋愛や家族への愛以外は欺瞞であると思い込み、ひたすら自らの欲望に走っている者もいるのである。そして、欲望は、これも何度か見たが、食欲も性欲も満たされた数時間、数日間、欲望として力を持たないが、金銭欲は欲望の万能の代替物として、けっして満たされることのない欲望の対象となるので、ひたすら金銭欲に、金銭を求め続ける人々がいるのである。そして、彼等は自分の欲望に従って生きること、つまり金銭を貯えることが、自分にとっての正直な生き方だとして、正当化しているのである。

このような人々にも、愛の存在を素直に認めて欲しいのである。

第九章

本質と必要＝力＝意味

先にも第四章で本質と必要＝力＝意味との関係を見たが、それはトライアル、ほんの少し見るだけで終わった。なぜなら、本質と必要＝力＝意味との関係を見る時、というよりも本質そのものを見る時、どうしても必要＝力＝意味というものをしっかりととらえておかねばならないのではないか、なぜなら、人間の認識は、そして行動も全て必要＝力＝意味によって大きく影響を、いや支配されていることが見えてきたのである。というよりも、そもそも、必要＝力＝意味は人間の認識、行動の全ての根源として見てきているのである。そして、ここで求めている本質も、その必要＝力＝意味によって大きく左右されるのではないか、という問題が見えてきたのである。そして、ここで問題として見えてきたのは、本質についての次のような、いや、本質が持っている、もっと言えば、多くの人々にとって思われている、そして何よりも哲学で追求されている本質の性質、在り方であったはずなのだ。

つまり、本質とは、普遍の、永遠に変わることのない、その事物が持っている性質、在り方ではないか、ということなのだ。少なくとも、多くの日常生活を送っている一般人もそう思っているし、哲学では、その事物の持つ、普遍的な、変わることのない性質、在り方であり、哲学が求める真理への、事物が本来持つ、性質、在り方なのである。特に何回も見てきたフッサールでは、絶対的真理を求める上で、ゆるぎのない、事物の持つ、現象の中に与えられたもの、所与性として、しかも絶対的所与性として存在するものなのである。

しかし、一方、この論文で最初から見ている、フッサールの『イデーン』の冒頭の本質についての定義のとおり、素直に従って見ていけば、つまり「何であるか」として見ていけば、違ったふうに見えてくるのでは、という考えも存在するのだ。それが第四章でのトライアルだったのだ。同じりんごを見ても、喉が渇いていて果物が食べたいと思っている時、そうでなく、ふとテーブルの上のりんごを見た時は、少なくとも浮かんでくる表象は違っている。果物を食べたい時は目の前のりんごを見ながら、脳の中には、皮をむいて切られて食べるばかりになった皿の上のりんごの表象が浮かんでくるし、それだけでなく、その皮をむいたりんごの持つ味覚表象や嗅覚表象も浮かんでくるのではないかと見たのである。一方、ふとりんごを見た時、そのような表象も浮かばないで、「りんごだ…」で、つまり、言語だけで終わっている時には、このような言語も出てくることなく、ふとわかったものとして通り過ぎてしまうことも見たのである。また、それだけでなく、果物屋の主人や栽培農家のりんごの見方も見たのである。果物屋の主人では、りんごは売るためのものであり、そのためには、りんごを見た時、りんごそのものではなく、それが持っている傷や汚れを見るのが先であり、それはりんごは売るためのものであり、そして、その奥にはなんと言っても、売るための価格が大きな意味として、ということは本質として、少なくとも本質らしきもの、本質と言っていいものとして存在しているのではないか、として見たのである。そして、栽培農家の場合は、りんごそのものではなく、まずはそれを育てた木の一本一本に、それだけでなく枝の一本一本、葉の一枚一枚に眼が行き、また成熟したりんごを見ても、そのりんご一個一個の育ち方、色や艶や形に眼が行き…などを見たのである。

つまり、同じりんごを見ても、必要＝力＝意味によって、第四章ではその欲望だけによって見たのであるが、浮かんでくる表象、また眼の行き方、つけどころ、大切な意味、つまり「何であるか」ということは本質が違うように現れるのでは、と見たのである。

とはいえ、そこでは、そしてここまでも、この論文としては本質についての定義もしないできているのである。

とはいえ、一方では次のようなことも見えてきていたのである。果物屋の主人にとっても、栽培農家にとっても、喉が渇いてりんごが食べたいと同じようなりんごの表象が大切なものとして浮かんでいるのではないか、ということなのだ。果物屋の主人にとって、そこで見えてきたのは、一つ一つのりんごのあるべき姿、目標とすべき存在として、おいしそうに熟れたまっ赤な、そして果肉もすばらしい味、香りがするものが表象として浮かんできているのではないか、ということなのである。そして、ここには視覚表象とともに味覚表象、嗅覚表象が浮かんでいることも確かめたのである。そして、栽培農家の人々にとっても、やはり栽培して育てる目標として、果物屋の主人と同じように、同じような表象、まっ赤に熟れた、おいしい味、香りを持つ視覚表象、味覚表象、嗅覚表象が、ずっとまだ実がなっていない、青葉が出て花が咲きはじめた時から、浮かんで、その表象に向かって日々努力をしていることが見えてきたのである。

このことは、必要＝力＝意味を見て、そしてこの必要＝力＝意味によって、その時々に「何であるか」が変化し、果物屋の主人にとっては、その売れるべき価格が、そして栽培農家にとっては、その収穫量とその質が大切なものとして、本質と言えるものとして浮かんでいるのではないか、ということを否定する、つまり人により、その時により様々などのような必要＝力＝意味が存在しても、その奥に共通する普遍的存在として、まっ赤に熟した、おいしい味と香りを持つりんご、その表象が、まさしくこれこそ本質と言っていい、本質であると言える表象が見えてきたのである。このことは、りんごだけでなく、ほとんど全ての事物に存在する、本質なのではないか、とも言えそうなのである。

しかし、これについて次のような反論も出てくるはずである。果物屋の主人にとっても、栽培農家にとっても、その目標は、消費者に食べてもらい、収入を得ることなのである。まっ赤に熟れた、おいしい味、香りは消費者にとっての、食べる、食欲という必要＝力＝意味が働いた時の表象であり、果物屋さんも、栽培農家にとっても、その消費者にとってのりんごの存在がやはり大切なものとして存在しているからではないか、というものである。ということは、果物屋の主人、栽培農家の人々にとっても、消費者が食べる時のりんごの在り方が最も重要なものとして存在しているから、つまり、それぞれが共通のりんごの在り方を目標にして働いていることから、共通の同じ表象が大切にされているということになる。

いや、このような消費者にとって食べられるりんごという考えの前に、全ての人間がりんごを食べたいと思い、食べる時のりんごこそは、まさしく全ての人間にとって共通の存在であり、全ての人間にとってりんごの一番大切な、一番大きな意味を持った在り方なのではないか、そして、これこそ、りんごの普遍的な在り方、まさしく本質と言っていい在り方なのではないか、という議論である。そして、このりんごの在り方、脳の中に誰でも表象として持っている在り方、視覚表象だけでなく、味覚表象、嗅覚表象こそは、本質表象と言ってもいい存在なのではないか、そして、この表象の在り方こそは、その時々の必要＝力＝意味によって変化することのない普遍的存在、まさしく本質表象と言えるものではないか、という議論である。

ということは、先の第四章でも、また、ここでも見ようとしていた、それに向かい合っている人間の中の必要＝力＝意味によって、その都度、その対している事物の「何であるか」が変化する、これを見なければならないとしていた考えが、これによって否定され、まさしく、各々の事物の持つ普遍的な、全ての人間にとって大切な、大きな意味を持った在り方を、それだけを見ていけばいいともなるのである。

このことは、そして、本質を見ていこうとするこの論文にとっても大切なことのはずである。

そして、ここで大切なことは、今見た本質と言っていいりんごの在り方と必要＝力＝意味、いや、人間、「我」にとっての在り方、構造をもう一歩進んで見ておくことなのでは、となるのである。

ここには、人間のほとんど誰にも共通するりんごの在り方、しかも、人間にとってとても大切な在り方、本質と言っていい在り方が存在するのだ。りんごを食べたい時に思い浮かぶ、赤く熟れた表面、皮を持ったりんごの形、その中に存在する、皮をむいて食べる時のおいしい味、香りの在り方なのだ。しかも、その皮の色、その形、そして、その中身の味も、香りも、りんごだけが持つ、りんご独特の存在なのだ。りんごだけが持っている特質がそこには見えているのだ。しかも、ほとんどの人間に存在しているのだ。これこそは本質と言っていい在り方、存在なのだ。

もう少しここを見ておこう。今、誰にでも存在するとしたが、ここで述べているのは正確には表象であったはずだ。そして、より正確には、脳の中に浮かぶ表象であったはずなのだ。なぜなら、果物屋の主人や栽培農家の人々が目標とする、そうあってほしいりんごの在り方を見ていたはずだからだ。ただ、この在り方は、目の前に存在するおいしそうなりんごにも感じられるし、なぜなら、喉が渇いていて、目の前のテーブルの上に置かれたりんごを見た時も…いや、ここはしっかり見ておかねばならない。

目の前のテーブルの上にりんごが存在して、まさしくおいしそうなりんごが存在して、ちょうど喉が渇いていた時、りんごを見た時、おいしそうなりんごだな、食べたい、となって見ている時をしっかり見てみなければならないのだ。

まず「我」の中である。おいしそうな、まっ赤な熟れたりんごが目の前に存在するのだ。脳の中の表象としての存在ではなく、目の前に、現実に存在しているのだ。ということは、りんごは直観によって、絶対的所与性として受け止められているのだ。そして、しかも、いかにもおいしそうに、まっ赤に熟れた形で存在しているのだ。そして、これは誰が見てもおいしそうに見える、理想的なりんごなのだ。ということは、このりんごは、本質として、本質を与えてくるものとして、本質所与性として存在していると言ってもいいのである。「我」は直観によって、しかも純粋な直観によって、本質を受け止めている。本質直観によってりんごを見ているとしてもよさそうなのだ。

しかし、ほんとうだろうか、となるのがこの論文である。次のような疑問が出てくるのだ。今見ているりんごがおいしいと思えるのは、過去にそのような色をした熟れたりんごを食べたことがあるからではないか？ なのだ。つまり、過去の経験、その記憶によっての判断ではないか？ なのだ。そして、実際、まだりんごは食べられていないのだ。嗅覚表象は、顔を近づければかすかに現実のものとしてやってきているが、味覚表象はまったくと言っていいほど現実のものではなく、目の前のりんごの皮の色、熟れた様子を見て、ということは現実の中で直観でとらえて、やはり、過去の経験からの記憶によって、そこに想像力を働かせてやってこさせるのではないか？ ということなのだ。

それだけでなく、細かなところまで見れば、目の前のりんごを見た瞬間に、〝おいしそう！〟となる時もあるが、時にはじっと見て、それがどのような、ほんとうにおいしいりんごかを見る時もあるのだ。ということはズレを見ているのだ。何からのズレかと言えば、脳の中に存在する過去からの経験によって、その経験の積み上げによってできたおいしいりんごの表象との比較、それからのズレを見ている時もあるのだ。そして、このズレがほとんどないことを確かめた上で、「おいしそうだ…」となる時もあるはずなのだ。
そして、ここで重要なのは、そのズレを見る時に使われている脳の中のおいしいりんごの表象なのだ。これは今までおいしいりんごを何度も食べてきて、そのおいしかったりんごの外観、そのいくつもの積み重ねでできてきたもののはずなのだ。そして、時にはとてもおいしい、今まで食べたことのないようなおいしさに出会って、その時食べたりんご、もう皮をむいてしまってあるから、その皮をむく前の記憶の中の、あるいは一緒に買ってきた、同じ仲間のりんごを見直して、その外観、色を見て、それが記憶の中に入り、今までのおいしいりんごの表象を変形する時もあるはずなのだ。ということは、この脳の中の表象は、過去の記憶のいろいろな積み重ねからなっているのだ。とはいえ、そんなにはっきりとした表象ではなく、ぼんやりとなんとなく浮かんでくることが多いはずだ。このぼんやりは、幅広く様々なものを受け入れる度量の広さとでも言っていいもののはずだ。今の少しズレのあるりんごも、その広さの中で、おいしいりんごになるのでは、ということなのだ。

そして、この脳の中のおいしいりんごの表象、りんごを食べる者にとって理想とも言える、そして、おいしいりんごの本質的とも言える表象は、様々なところで役立っているはずなのだ。まずはりんごを買う時、お店に行って売っているりんごをじっと見て、ということは、その時、脳の中にこの表象が浮かんできていて、目の前のりんごとの比較がはじまっているのだ。そして、目の前のりんごと、脳の中の表象との差異性を捜しているのだ。その差異性が大きければ、次に、いや、最初に見ているかもしれないが、もう一度価格を見直して、その差異性の大きさと価格を比較検討するのだ。そして、ある程度価格が安ければ、「まあ、今日はこれで我慢するか…」となるし、思ったよりも高ければ、次に考えるのは季節で、「今の季節、こんなもんか…」ともなるはずだ。

つまり、脳の中の表象との比較によって、りんごのおいしさの推測、そして価格との比較になるのである。つまり、脳の中の表象は、目標とか、標準になっているのである。

同じことは果物屋の主人が仕入れたりんごの価格をつける時も起きているはずだ。彼の脳の中にも、おいしいりんごの理想とも言うべき表象が存在していて、仕入れたりんごの目の前のそれぞれとの比較によって価格をつけていくのである。そして、皿に何個か載せて売る時は、その数個の平均した、脳の中の表象からの差異性がだいたい同じように並べて、売れ残りを少なくする工夫もするはずである。

そして、栽培農家の人々にとっては、この脳の中の表象は、収穫の時を決める大切な存在になっているはずである。秋になって、少しずつりんごが熟れてくると、一本一本の木を見てまわり、そしてその一個一個を見て、いつ採ればいいか、推測してまわるのである。もちろん、まだ完全に熟していない時、消費者の中には、今年のりんごを待ち望んでいる人々がいて、少し早熟でも売れることも知っていて、それでも、少しでも熟した、脳の中の表象に近いものから収穫して、時にはその収穫量とその摘み取ったりんごの表象からの差異性によって、今日の収入を計算したりしながら。

つまり、りんごに様々に向き合う人々にとって、この脳の中の表象は、共通の存在で大切な存在であるばかりでなく、様々に役に立つ存在で、生活に欠かせないとまで言ってもいい存在になっているということなのだ。

だから、この表象こそ、まさしく、りんごの本質と言ってもいい、それを表わす表象、本質表象としても良い存在なのだ。しかも、これは必要＝力＝意味とともに見ることによって、必要＝力＝意味の働きによって、その時々で、また様々な立場、状況などによって、その時々に浮かんでくる表象はいろいろ違ってくるのでは、として見はじめたものであったが、今見えてきたことは様々な状況、今見たのは職業が違っても、この浮かんでくる表象が共通のものではないのか、ということになったのである。そして、ほとんどの人々にとって、りんごと言った時浮かんでくる、少なくともおいしいりんごと言った時浮かんでくる表象は共通しているのではないか、と見えてきたのである。

そして、ここで確かめておけば、このりんごの表象が少しぼんやりしていて、それはそこに様々なりんごを受け入れる幅広さを持っていることなのだ。このことは、目の前においしそうなりんごが存在した時、それらはやはり様々ではあるが、それらをおおよそ受け入れて、「おいしそうだな…」と判断できる幅広さなのである。そして、それらは時には、少し、そのぼんやりからはみ出ていて、「少し赤が薄いけど、まあ、おいしいやろ」となったりもするのである。このことはまた、おいしいりんごを取り囲むように、単なるりんごの表象がもっとぼんやりとした様々なりんごを受け入れる幅広さを持って存在していることにもなるはずである。そして、おいしいりんごの表象は、それを取り囲んでいるりんご一般の表象の中心に存在していて、その中心にぼんやりとは言え、まわりのりんご一般の表象より鮮明に存在しているのではないだろうか。とはいえ、これらの表象が二重に存在している時は、おいしいりんごを確かめていて、その表象から少し外れていて、それを取り囲むように普通のりんごの表象が存在している時だろう。つまり、それほどおいしくはないが、りんごであり、それなりにりんごの味がすることを教えているはずなのだ。そして、〝りんご〟という言語、つまり会話の中で〝りんご〟が出た時、浮かんでくるのは、やはりおいしいりんごの方の表象なのではないだろうか。特にりんごを食べる時に話が及んでいれば、そうなはずである。いや、そうでなくても、多くはりんごの表象の浮かぶ時は、このおいしいりんごの方の表象のはずである。つまり、やはりりんごを代表している表象なのである。そして、普通のりんごの表象が浮かんでくる時は、「あの店に安いりんごが売ってたぞ！」とか「そろそろりんごの季節やな…」となった時なのではないだろうか。

ということは、やはり、ほとんどの人々にとって、りんごを代表する表象はやはりおいしい、まっ赤に熟れたりんごの表象であり、ここで求めている本質的表象と言っていいもののはずなのだ。

そして、ここで忘れてはならないのは、このまっ赤な熟れたおいしいりんごの表象は、同時に味覚表象、嗅覚表象を連れてきていることである。そして、これらの表象も、やはりおいしいりんごの味覚、嗅覚表象であり、もちろん、それは連れてきたおいしいまっ赤に熟れた味覚、嗅覚表象でもあるが、やはり、こちらも、りんごを代表する味覚、嗅覚表象であるということになるはずである。そして、時には、特にりんごを食べたいと思っている時は、味覚表象が先に浮かんできて、それが嗅覚表象を連れてきて、その後、視覚表象もということはあるはずである。とはいえ、これら三つの表象はほとんど同時に存在して浮かんでくるとしていいのである。ただ、味覚表象、嗅覚表象が後にやってくることもそれなりに多いのは、りんごはまずは目の前に存在して、つまり視覚にとって存在して、それを食べる時は皮をむいてから食べるということから来るということなのだろう。とはいえ、やはり、これらは一体となったりんごを代表する、本質的表象と言っていい存在のはずなのだ。

ただ、これらの表象、いや、おいしいりんごの表象こそは、この地点においては、まさしく、この論文として求めてきた本質的表象、いや本質表象と言っていいものとして見えてきているのである。ほとんどの人々にとって、りんごの一番あるべき姿としての、一番大切に思える、りんごを食べる時感じるあのおいしさ、香り、そしてその前のりんごの熟れた美しい姿こそは、本質表象の名に値するものとして見えてきているのである。そして、これは人間のその時々に持つ必要＝力＝意味に左右されることなく、ほとんどいつもと言っていいくらい浮かんでくる〝りんご〟というものを表わす表象なのである。

そして、ここでの議論、必要＝力＝意味と本質の在り方を見ることとして、この最初に抱いていた次のような、つまり、人間がその時々に持つ必要＝力＝意味によって、その時に現れる本質もそれぞれ違ったものとして現れるのではないか、という推測をきれいに否定しうるものとして見えてきているのである。このことは、今のところりんごの例だけしか見ていないが、ほとんどの事物にも当てはまるのではないか、とも言えるところまで来ているのである。ということは、事物それぞれには、りんごには、みかんには、犬や猫には、…スプーンやフォークには、自転車や自動車には…いやいや、ここまで来ると、なかなか、まだまだ…結論は早いとなる。

そして、次のような議論も出てくるのである。りんごの本質表象とも言えそうな存在が見えてきたが、これは、人間がりんごを食べたいという、食べる時に持つ、おいしいりんごを食べたいという必要＝力＝意味がほとんどの人々に共通しているからではないのか。そして、今、例として見た果物屋の主人や栽培農家の人々は、このおいしいりんごを食べたいと思っている消費者に買ってもらいたいという必要＝力＝意味を持っているからではないか、だから共通の表象が見えてきたのではないか、という議論である。このようなことを言えば、ほとんどの食品についても同じことが言えそうだし、いや、商品、商品だけでなく、いつも事物全体についても言えそうである。つまり人間社会は、食品、そしてもっと広く商品全体に同じ必要＝力＝意味を持って人々は存在していて、それ故に、同じ食品、商品には共通した表象、それ故に本質表象とも言える表象を持っているのではないか、とも思えてくるのである。つまり、もう少し説明すれば、同じ食品、商品に対して、社会生活をしているほとんどの人々は、おいしいりんごで見た表象と同じ、最も食べたい、最も便利で使いやすいその食品、商品の表象を共通に持っていて、それらを生産する人々、販売する人々も、そのような消費者の共通の表象を知っていて、それを思い描いて生産、販売を続けているということになり、それで同じ食品、同じ商品については、社会全体がほぼ同じ表象を持っており、まさしく本質表象と言っていいものとして存在していることになるのだ。

つまり、社会全体が同じ必要＝力＝意味を持っていることによって、本質表象と言っていいものが存在していることになるということだ。

とすれば、このような社会が同じ必要＝力＝意味を持たない、あるいはそれから外れた必要＝力＝意味が働く事物を見ていかねばならないのだ。

いや、りんごでも次のような視点があるはずだ。植物学者の分類専攻の眼、その必要＝力＝意味である。同じりんごに対しても、植物学者の眼から見れば、そして、それを分類するとなると、まずは生物を動物と植物に分類し、その下に、花をつけ、実を結んで繁殖する植物と、花をつけず、胞子などによって繁殖する植物など、その下には○○属科と地図のような分類図が浮かんで、その一端に存在するりんごというものの表象が浮かんでくるのではないだろうか。しかし、それらは昔のことで、現代はＤＮＡの配列による分類ともなると、まずはりんごのＤＮＡの配列が浮かんでくるはずである。

いや、このような専門分野でなくても、魚釣りに興じている者達にとっては、それを目指して釣り上げた魚は、それを食べる時、味、おいしい味は、他の、魚を釣らない、魚屋、スーパーで魚を買って食べる人々とほぼ同じ味覚表象を持っているとしていいであろう。しかし、釣り師にとって大切でそれを求めて釣りに行くのは、その魚が釣れた時の、棹の先から手に伝わる手ごたえである。釣りもベテランになると、この手ごたえを魚のそれぞれによって様々の違いを知っていて、手ごたえだけで釣れてくる魚のおおよそを言い当てることができるのだ。そして、多くの釣り師は、その魚の名前を聞いた時、確かにその魚の視覚表象は浮かんでくるが、それをすぐ打ち消して手ごたえ、触覚表象が浮かんでくるはずなのだ。これは、やはり釣りという趣味の必要＝力＝意味によるものである。そんなことはりんごでも、栽培農家の人々には、りんごの話になれば、確かに先に見たおいしいりんごの表象が浮かんできそうになるが、しかし、それは一個のおいしいりんごではなく、木にたくさんそのおいしいりんごが実った様子であるとも言えるであろう。いやいや、釣り師に戻れば、同じ魚であれば、同じ味覚表象と言ったが、釣り師が求めるのは、釣り師ではない人々とはひと味違う味覚表象のはずである。自分が釣ってきた魚を、自分で捌いて刺身にした時の、新しい、なんとも言えない味、それを求めてまた、その魚を目指して釣りに出るマニアもとても多いはずなのだ。つまり、一般の人々が理想とする、いや、このような味の刺身が食べたいとする味覚表象と、釣り師が求める味覚表象は微妙に違うのである。もちろん、だからと言って、この微妙な差異を持って、一般の人々と釣り師の持つ味覚表象は本質表象とするにはあたらないとも言えないだろう。釣り師達も、それぞれの魚の、お金で買った時の味覚は知っていて、先に見た、脳の中の味覚表象のぼんやり、その幅広さの中心に、自分が釣ってきた魚の味覚表象を置いているとしていいであろう。

このあたりはまだまだ見ていかねばならない。腰を落ち着けて…

まだ見ていかねばならないのは、必要＝力＝意味によってその時々に、同じ事物が持っている、その事物に求める、そして求める時に、それを欲しいものとする、理想とする表象は様々に違う例をまだまだ見ていかねばならないのである。

ただ、この時点では、一つの事物、ここではりんごの例しか見ていないが、ほとんどの人々に共通する、しかも、ほとんどの人々がそれを求めて、大切にしている表象が存在していることが見えてきているということなのだ。まさしく本質表象と言っていいもの、しかも、多くの人々に共通するものとして見えていることなのだ。これは、ここでは忘れてはいけない大切な収穫なのである。そして、これから見ていく必要=力=意味によって、この本質表象と言っていいものが、その都度違っている例を見ていかねばならないのである。そして、その時、並行して見ていかねばならないのは、今見た、獲得することができた、本質表象とでも言っていいものとの比較、その在り方との比較なのだ。

どのような例がいいだろうか。釣りに戻ろう。先にほんの少し触れただけであったから、もう少し見てみよう。釣りとは、多くの人々がお店で売っている魚を自分の趣味で、自分で釣り上げてきて、時には自分で料理して食べる趣味である。多くの人々がお店で売っている魚を見る時は、その魚、その種類によって見ていくのであるが、それは先に見たりんごと同じような、本質表象と言っていいものを持ちながら見ているはずなのだ。つまり、その種類の魚特有のおいしい味を持つ、魚を求めていくのであるが、その時は脳の中にはその魚の独特のおいしさを示す味覚表象と、その味覚表象を持っている魚の姿、視覚表象を脳の中に持ちながら、目の前の店に並べられた魚の一匹一匹、一皿一皿を見ていくはずである。ということは、脳の中の表象と、目の前に現実に存在する魚とを見比べながら、そして価格も見ながら選んでいくはずなのだ。ということは、脳の中の表象と、目の前の現実の存在との比較が進むのである。脳の中に、おいしい魚の求めるべき味を持つ視覚表象があり、目の前の魚の全体の形、大きさ、色、艶、時にはウロコの一片一片の輝きを、脳の中の理想の表象と比較しながら、そして、その比較の結果を価格と照らし合わせながら、商品となる魚を見ていくのである。そして、この時使われる脳の中の表象は、ほとんどが死んでしまった動かない表象のはずなのだ。

しかし、一方、釣り師達の脳の中には、このような死んでしまった魚の表象はほとんど存在しないはずなのだ。彼等は、魚の名前を聞いたら、すぐにその魚が釣れる、いや、過去に釣り上げた場所が浮かんできて、その次には、その水面を釣れ上がってくる魚の様子が、生きた、釣り上がってくる時の様子、時にはなかなか釣れ上がらなくて、水面を糸を張りつめさせながら、何度か往復する姿も浮かんでくるはずなのだ。そして、と同時に、その時の、自分の体の感触、最初にウキをつけていなければ餌をつつきに来た時から、そして、かかったと思った瞬間の、もぐっていく時の引き方、その手ごたえ、そしてそれから水面に上がってくるまでの引き方、運動、これらはベテランの釣り師になれば、まだ魚が見えていないうちから、その魚を特定するくらいにまでなっているのだ。そして、これは先にも見たとおり、釣り師にとって一番大切な瞬間、大切な場面なのだ。多くの釣り師達は、魚の名前を聞いた時、その魚の視覚表象を浮かべると同時に、いや、人によってはそれより先に、今まで釣ったその魚のこの手ごたえを、全身で感じた感覚表象を思い浮かべるはずなのだ。この時の感覚表象は、その魚の本質表象などとはとても言えないだろうが、釣り師にとって一番大切な表象のはずなのだ。まさしく、釣りという必要＝力＝意味の働いた上での最も大切な表象なのだ。

この表象を釣り師達のその魚に対する本質表象とするかは別として、釣り師達は、その魚についての釣りをしない一般の人々が持っている視覚表象、死んでしまって店頭に並べられている視覚表象も持ち合わせていて、それを本質表象とは言わないまでも、多くの人々が普通に持つその魚についての視覚表象であることは知っていて、その表象も持ちながら、一方では、その魚の名前と同時に、その魚が釣れた時の全身で受け止めている感覚表象を思い浮かべるはずなのだ。

ここには確かに、同じ事物についての、必要＝力＝意味が違った時の浮かんでくる、やはり本質表象と言っていいほどの表象の差異が見えているとしていいのだ。

同じ魚でも、釣りの場合と、料理をする場合はやはり違っている。先にも見た釣り師は、よく自分で料理をする。釣りをしている場合は、今も見た、釣れた時の全身で感じる感覚表象がずっと頭の中に浮かんでいる。浮かべながら当たりを待っているとしていいであろうが、料理をしている時は、釣ってきた魚を料理しよう、釣ってきた新しい、魚屋で売っているよりずっと新しい魚を料理、刺身にしようと、まな板の上に載せる、この間、つまり釣ってきた魚をまな板にのせようとしている間、ずっと頭の中に存在するのは、刺身になった時の味覚表象のはずなのだ。そして、時には、料理をした刺身を小皿の中の醬油につけて食べる瞬間の視覚表象、いや、その前に、刺身に仕上がった時のその時の一切れ一切れの視覚表象も浮かんでいるし、また、その刺身を醬油をつけて口の中へ入れた時の味覚表象、それだけでなく、新しい刺身を嚙んだ時の触覚表象を思い浮かべながら、まな板の上に魚をのせ、その時ちらりと目の前のまな板にのせた魚を、現象の中に見て、それだけでなく、その現象の中に存在する魚のその在り方、その種類の本質と言っていい、その特徴を見て、その形、大きさを確認し、大きさを確認した時には、これからできる刺身の量を思い浮かべ、それは皿の上にのった視覚表象として、いや、それ以上にこの時は、特に大きな魚を釣った時は、それが釣れ上がってきた時の、全身が感じた感覚表象がもう一度浮かび、そして、次の瞬間には、その目の前の魚の新しさを、ウロコや眼の中の色で確認し、その時は、その新しさから来る味覚表象がまたやってきて、…と続くのである。

いや、まな板の上に魚をのせてしまったら、目の前の魚に集中して、その前に刺身包丁を手に持って、まずはウロコを落としてかかり、調理に集中、ということは脳の中の表象は押しのけられ、目の前の現象に対象＝意識は集中し、とはいえ、ずっと脳の中には、これから食べる刺身の表象がそれなりに浮かんで…

ここには必要＝力＝意味が層として作用しているのである。ずっと脳の中に浮かんでいるのは、ここでの広い、上層に存在する、刺身を、おいしい刺身を作って食べたいという必要＝力＝意味である。しかし、その下には釣れた魚をしっかりと調理しなければならないという必要＝力＝意味が、そして、その下には今しなければならないのは、まずはウロコをしっかりととらなければいけない、という必要＝力＝意味が存在していて、この一番下層の先端の必要＝力＝意味は、目の前の魚のウロコに対象＝意識を形造り、右手には刺身包丁を持ち、その細かなウロコを、その包丁で削るようにはいでいくのに集中しているのである。ここまで来ると、釣ってきた魚は、全体としてまな板の上に存在しているが、そして、その存在、形、色、その魚の本質とも言える特徴はそれなりに視野の中に存在するが、対象＝意識は、それをはごうとしているウロコに向けられ、それどころか、包丁を動かす毎に感じられるウロコのはがれる感覚、そしてはがれているはずのウロコがまだ残っていないかということに対象＝意識は集中しているのである。

そして、ここには、過去の今まで魚を調理した経験、その経験が教える魚の本体とウロコのつき方、それに対するはがし方、その時の感触が、つまり過去の記憶が様々に働いて、その中には、今まで調理した様々な魚のウロコのつき方、そのはがし方も瞬間にふと浮かぶが、すぐに目の前の魚の種類の過去に調理した例が浮かび、その次の瞬間には目の前の魚に集中して、…しかし、ここには、多くの魚のウロコのつき方、そのはぎ方、そして、今の種類の魚のウロコのつき方、そのはぎ方、という、かなり奥深い、その魚だけが持っているウロコと本体の在り方、そしてそのはぎ方というなかなか深い意味が見えてきているのである。そして、またその下にはより狭い、目の前の魚だけが持つ、ウロコのつき方、そのはぎ方という、これも経験を積んだ上でやっとしっかりものにできる意味が存在しているのである。この奥深い意味も、魚とそれの持っている在り方、しかも、それを調理する時にはじめて現れる在り方、そして、それをはぐという、なかなか難しい、ほんとうに奥深いとしか言いようのない意味が…これも、魚のウロコのつき方という本質として、…まあ、まあ、・・それが見えてきているのだ。

そして、ここには、必要＝力＝意味による、人間の認識の在り方、対象＝意識の作り方、その上での意味の求め方、そして、仕事としての働き方、対処の仕方などが細かく見えてきているのである。

ここに見えてきているのは、先程見た、とらえた、ここまでこの論文を長々と論じてきた上での大きな成果とも言える、果物屋の主人にとっても栽培農家の人々にとっても、そして多くのりんごを食べたいと思っている人々にもほとんど共通の、まさしく普遍的本質表象とも言っていい、おいしい甘い熟れたりんごの表象を否定すべき事実である。

魚のウロコのつき方、それを包丁ではがす時の感触が、その魚の種類を特定できるのではないか、ということなのだ。そして、その前に見た、釣り人のウキの沈み方、そして手ごたえなどによる、その魚の種類の特定という事実である。これらはもちろん、本質などと言えるものからは遠いであろう。なぜなら、特に釣りの手ごたえなどは、釣り上げてみれば、「あれ？ 違っていた…」などはよくあることである。ただ、ここに見えているのはやはり、この論文の最初に見た、フッサールの定義による「何であるか」を求める行為、認識ではないか、ということである。釣れた魚の「何であるか」を決定するのは、多くの場合、その魚の全体を見た時の視覚表象であるとしていいであろう。しかし、ここに見えているのは、その他にも、というよりもその視覚表象から遠い、ウロコのつき方、釣った時の手ごたえである。このようなもの、部分的な視覚表象、体全体で感じた感覚表象も、時には「何であるか」の決定のための手段になっているということである。

このようなことは、りんごにおいてもやはりありうるのだ。りんごの皮をむいて、その細長い一片だけを見ても、その小さな部分だけを見ても、「りんご！」の判断はできるのである。また、ミキサーで作られたジュース、それを飲んだだけで、「りんごジュースだよね…」と判断を下しうるのである。

ここに見えているのは、「何であるか」を決定するものの様である。つまり決め手である。このようなものは、世の中にはいっぱいあるとしていいであろう。りんごも、その表面を被っている皮は、それを見ただけで決め手になるが、それはりんご独特の、りんごの皮にしかない紋様を持っているが、その形を、その皮が見えないように、その外型だけをラインで描いても、多くの人々は、子供でも、「りんごだ！」となるはずなのだ。いや、りんごジュースを先に見てしまったが、りんごの果肉、それが切り刻まれてサラダの中に入っていて、とてもりんごの形からはほど遠くなってしまっていても、そのサラダを食べた時、そのりんごの切り刻んだ果肉を口にした子供は、「これ、りんご？ おいしい！」と、作ったおかあさんに言うのではないだろうか。果肉のかけらの味は、かなり決定的な決め手になっているということだ。ということは、多くの事物は、その「何であるか」を決定する決め手をいくつも持っているということになるのだ。先に見た魚に戻れば、りんごの皮と同じように、その魚の持っている、それ独特の皮の紋様は、多くの種類の決め手になっているはずなのだ。それは、その種が持っている独特の形以上に決め手になるはずだ。そして、それが調理されて刺身になっていても、食通と言われる連中は、その刺身の一切れ一切れの独特の色や紋様、そしてなんと言っても、その味をかみしめた時、その魚の種類を特定することも多いのである。もちろん、それは時にはまちがいもあるし、その時々の味によってわからない時もありはするが、その皮の下に存在する肉の独特の紋様は、多くの場合決め手になるのである。

このような決め手は、この世の中にとても多く存在する。そして、一つ一つの事物にいくつも存在することも多いのである。人物についても、その顔は決定的な決め手であろうが、その後ろ姿を見ただけで、声を聴いただけでその人物を特定できることも多いのだ。もちろん、これらの多くは、まちがうこともあるし、それを見ても分からないこと、決め手にならなくて迷うことも多くある。絶対的真理からほど遠い、世間話の中のことである。

しかし、このような決め手も、本質を見ていく上では、本質を、少なくとも「何であるか」を示す指標として、人間の認識の中では、もちろん絶対的真理を求める上では必要はないだろうが、やはり大切な、見ておかねばならないものではないか、とも言いたいのである。

日常生活では様々な種類を見分けることはとても大切なことなのである。特に食物は見分けなければならないのだ。果物、野菜、肉、魚の種類は見分けなければならないのだ。それが食べられるかどうかが一番大きな問題である。そして、それを食べた時は、それぞれが一つ一つ味が違うのである。これを外観で見分けて、その味を推測して、確認して食べるのである。つまり視覚表象によって味覚表象を、時には嗅覚表象を推測して、口に入れるのである。この時、種類を見分けることは大切であり、その見分けるための決め手は、大きな意義を持っているのである。そして、この見分けのための決め手は、多くはその事物のある部分からのものである。果物の細かな品種の決定は、その果物の皮の紋様によることが多いはずである。魚も、全体の形もさることながら、それが持っている横から見た時の紋様が多くは決め手になっているはずだ。きのこでは特に、それが食用になるかどうかは、裏側のひだが大きな決め手になる。これらの部分表象は、全体の表象より強い形の決め手、その要素になることが多いのである。

このことをここで整理しておくと、これらの部分表象は、全体表象を超えて、というより全体表象より、より大きな力で、かなり大きな意味を持って本質を指示しているのではないか、ということなのだ。いや、もっと言えば、食料の場合は、その味が大きな力で、大きな意味として存在しているはずなのだ。果物の種類を一番決定しているのは、その味であり、その果肉を口の中に入れれば、少なくとも大きな品種、みかん、りんご、すいかはすぐに分かる…それでは、つがる、ふじ、デリシャスは…？ とはいえ、食通ともなれば、刺身を、ということはその魚の全体の表象が見えなくなってしまっているが、その味とその種類を特定する…もちろん、絶対的にまちがいのない、そのようなものではないが…ただ、食料においては、味覚表象はやはり大きな決め手になっているということは事実として認めねばならない。そして、ここには必要＝力＝意味の働きが…

もちろん、このような部分表象を決め手として種を見分けることは、フッサールの求める絶対的真理や、科学的認識からはほど遠いこととしていいであろう。とはいえ、科学が最近、生物の種の特定に使っているのはＤＮＡである。ＤＮＡこそは、この生物の無限にと言ってもいいくらい存在する、細胞の中の遺伝子の持つ分子の配列の順番であり、その生物の全体表象からは一番遠いと言ってもいいミクロの表象なのだ。これは種の選別だけでなく、人間の場合、ＤＮＡ鑑定と言い、犯罪などでは犯人の特定に使われているのである。つまり、犯行現場に残された、その犯人の血液などの、様々な細胞からの鑑定により、犯人の確定に使われているのである。このことは、種の選別ではなく、一人の人間の、個としての存在の同一性の決定に使われているということなのだ。まさしく、細胞の中の遺伝子の分子の配列は、その生物の、犯罪の時はその犯人の、全体表象からは一番遠いとも言える部分表象、これは種の、いや個特定の決め手に使われているのだ。しかも、このことは絶対的真理とは言わないだろうが、人間の誰もが疑わない、疑い得ない、種以上に、個の特定のための認識に使われているのだ。フッサールの求めた絶対的真理に負けない、それ以上とも言っていい、まちがいのない認識として使われているとしていいのである。フッサールは絶対的真理を求めるためとして、科学的認識をも退けたのであるが…

いや、この論文にとっても、これはとても重要なことのはずなのだ。

ここを少し整理してみよう。種や個の決定に、部分表象が多く使われているということなのだ。つまり、この論文が最初から取り組んできた「何であるか」を分類する、見分ける決め手として部分表象がかなり使われているということなのだ。そして、今程見た、生物におけるＤＮＡは、ほとんど現在では、絶対的な決め手として使われているのだ。植物や動物の種の決め手だけでなく、個体の決め手としても使われ、刑事事件の犯罪捜査や、そして、その後の裁判におけるゆるぎない証拠としても使われているのだ。絶対的な決め手として使われているということなのだ。まさしく、フッサールの求めた絶対的真理として、種や個の決め手として、「何であるか」

を絶対的に決定するものとして存在しているのだ。これこそ本質、しかも絶対的な本質としても…しかし、科学でも、DNAを採取して使っている様々な場所でも、〝本質〟などの言語はほとんど使われていないのだ。

ここには、科学と哲学の大きな溝が存在するとしていいであろう。そして、人類の歴史の上では、科学は大きく進歩したが、哲学は、…まあ、まあ、

この論文の議論に戻れば、DNAはさておき、部分表象は社会や日常生活では、部分表象が種や個の決定に、つまり「何であるか」の決定に多く使われ、大きく役立てられているということなのだ。

もう少し例を挙げてみれば、日常生活は友達や家族の声を聴いただけで誰であるかを、「何であるか」を決定しているということなのだ。親しい間柄では、後ろ姿や、歩いてくる足音だけでの決定もあることなのだ。植物では全体の形よりも、葉の一枚を見ただけでその種を決定することは多くあるし、また、DNAの前の植物学では、花の雌しべや雄しべの在り方、本数などで種の決定をしていたはずである。いや、そもそも、何度も例として見てきたりんごも植物全体としては、つまり全体表象としては、りんごの木全体の表象ということになるだろうが、そして、この中の果実は部分表象ということにもなるだろうが、ここの議論だけでなく、日常の中で人々は、その全体表象を見ることはほとんどなく、その部分表象であるりんごだけに向き合っているのである。ここには、大きく必要＝力＝意味が働いていて、多くの人々は、その部分である果実にだけ関心を、欲望を感じて生活を送っていることによるとしていいであろう。だから、考え方によれば、果実としてのりんごそのものは全体表象として存在しているとしていいのである。そして、その全体表象に対して、皮の紋様や果肉の味は部分表象として、それだけで「何であるか」を決定する要素として存在しているのである。そして、時には、この部分表

象が全体表象以上のその種や個の決定要因になっているのである。一度は見ていると思うが、きのこは種を決定するには、全体表象はよく似ているものが多く、その部分表象であるカサの裏のヒダの様子によることが多いのである。いや、先にも見たように、植物の多くはその花が大きな決定要因になっていたのである。そして、蘭などの様々な観賞用の植物は、その花の一つ一つの紋様の違いで、とても多くの種が存在し、栽培されているのである。そして、ＤＮＡの存在もあるのだ。

ここには大きな問題が存在しているのだ。種や個を決定するのに、その種や個の部分表象が大きな役割を果たしているのだ。「何であるか」の決定をしているのだ。

整理して進まなければならないのだ。

今見た部分表象は、先に見たおいしいりんご、しかも誰もがりんごについて持っている表象とは、やはり大きく違っている、考え方によれば対極の存在だとしてもいいであろう。このような部分表象は、時にはそれによって種の判断をしてまちがうこともあるし、また、誰もが持っていることはなく、特定の人間だけが持つ、時には見分けを専門にする鑑定士などと言われる人々だけが、それを使って見分けるようなこともあるはずである。古美術の鑑定には、そこに押された印鑑や筆跡が大きな決め手になり、これを見分けられるのは、プロの古美術商ということもあるのだ。つまり、部分表象が、全体の絵画やその軸の表象の見分けの決め手になっているということなのだ。ということは、この論文が最初から追求してきた「何であるか」の決定的決めてになっているということなのだ。そして、このような鑑定が、そこに描かれている、絵画の作者独特の奥深い、すばらしい、やはり意味と言った方がいい芸術性を保証して、それを見た人々は、もう一度その作者の作風のすばらしさを、もう一度心を落ち着けて鑑賞することができるのである。つまり、印鑑や筆跡という部分表象が全体表象の作者の特定に寄与し、そこに描かれている絵画の意味、本質と言ってもいい作者独特の芸術性を見る人々に鑑賞する手助けをしているということなのだ。

また新しい例を挙げてしまったが、この世には、社会には、日常生活の中では、このような部分表象が全体表象を超えて、その全体表象の「何であるか」を示す、決定する決め手になっていることが多々あるということなのだ。

りんごに戻れば、とても多くの人々が共通したおいしいりんごの表象を持っているが、時には皮やその味や香りという部分表象も、そのりんごの種を決定する決め手になりうる、それでなくても、その部分表象を見ただけで、りんごの「何であるか」を示すことが可能であるということなのだ。

ここには、りんごが一個の果物として存在しているが、その中に、その部分に、りんごであることを示す特徴、しかも、他の果物にない特徴をいくつか持っている、ということによるのだ。同じことは、みかんやいちじくなどの他の果物でも言えるし、果物だけでなく、野菜でも、いやほとんどの植物、動物、生物全体で、事物全体で言えることなのだ。私達が住んでいる地球ではあたり前のことなのだ。

ただ、このあたり前のことは、「記憶と本質」として見てきているこの論文の上では、やはり見ておかねばならないことなのだ。個物が持っている各部分が、その個物全体の「何であるか」を示している、決め手になっていることは重要なことなのだ。そして、時には全体を見ただけでは分からなくて、その部分だけによって「何であるか」を決めることもあるということなのだ。しかも、この決定が、誰にもできるだけでなく、プロとかマニアと言われる人間にしかできないこともあるのだ。

このことは、この先にやっと見えてきた、りんごの誰もが持つ、赤く熟したおいしいりんごの表象、誰もが持つということは、普遍的、本質と言ってもいい表象に大きな意味を持って対置されるはずなのだ。このような表象は、りんごだけでなく、みかんでもいちじくでも、他の果物、野菜でも、あらゆる植物、生物、事物にも基本的に存在するとしていいのだ。これらは、多くの個物の全体表象として、ほとんどの人々の記憶の中に存在している、しかもかなり固定したものとして存在しているとしていいはずなのだ。

そして、この全体表象をもって、この論文がずっと追求してきた、本質の、その表象としてもいいものとして見えてきたのである。

それに対して見えてきたのが、部分表象であり、この部分表象も、「何であるか」を決定する要因になれるものとして存在していることなのである。「何であるか」を決定できるともなれば、これも本質と言っていい、少なくとも本質要因と言っていいものでは？ ともなるのである。

基本的には、様々な部分表象は、多くはその全体の存在が、「何であるか」を示すものとして存在しているということになる。部分、全体の部分なのである。そして、その部分は、全体の部分として、全体の「何であるか」を示すための部分として存在しているのである。全体表象を示している、教えているのだ。そして、その全体表象は、多くの人々が共通に持つ、普遍的、本質的と言ってもいい表象であることが多いはずである。

そして、この全体表象と部分表象の関係は、事物により様々である。きのこで見たように、また古美術で見たように、その全体表象では「何であるか」を決めることができないで、その部分表象によって全体の「何であるか」を決めることもある。しかし、多くの場合、全体表象そのものが「何であるか」を指し示し、目の前に全体表象としての事物が存在しない時だけ、例えば、目の前にりんごの皮だけがむかれたまま存在している時、「あ、りんごの皮だ」となったり、皮がむかれ、食べやすい形にいく切れかの果肉が皿にのせられていれば、「あ、りんご…おいしそう」になるのだ。そして、〝りんごの皮〟とは言っているが、りんごの部分である皮として、やはりそれはりんごの全体表象を示しているとしていいはずなのだ。皿の上の果肉も、〝りんごだ！〟との断定をしているとともに、〝おいしそう〟は、りんごの全体表象の持っている味覚表象に向かっているのである。この味覚表象こそは、考え方によれば、りんごの最も大切なもの、本質と言っていいもの、人々がりんごに一番求めているものであるとしてもいいのである。

そして、ここでは確認しておかねばならないのは、部分表象は恒に全体表象に向けられていることであり、部分表象だけが目の前に存在する時は、ほとんどは脳の中に全体表象が浮かんでいるということなのだ。部分は全体の部分であり、全体あっての部分として存在しているということなのだ。そして、認識の上では、部分表象は全体表象のために認識され、部分表象の認識が存在して全体表象が認識されることもあるということなのだ。また、現象の中では、多くは全体表象の中に部分表象が存在していることが普通であり、「我」は最初全体表象に対象＝意識を形造るが、その全体表象の「何であるか」を確かめるために、部分表象に対象＝意識を形造ることもあるということだ。もちろん、部分表象だけが見えていて、それが「何であるか」がわからなくて、全体表象を見て「ああ、そうか」となることも多いはずである。

ということは、全体表象と部分表象は共存していて、互いに、助け合うように「何であるか」の認識を形造っているということなのだ。

記憶の中でも、これらは共存していて、一つの個物についての多くの記憶は、意識的に整理されることはもちろんないが、おおよそ一かたまりになっているはずである。そして、会話の中でや、様々な状況の中で、その事物を思い出す、その記憶を引き出す時には、まずは、引き出されるのは、りんごを例に見た時の、誰でもが、そして果物屋の主人や栽培農家の人々も引き出すような、誰でもが持っている、普遍的、本質的と言っていい表象がまず引き出されることが多いはずである。しかし、会話が進んだり、状況の様々な変化の中では、時にはその部分表象が引き出され、時には、ある瞬間のある部分の表象が引き出されたりもして、会話が進み、状況も移り変わってゆくはずである。

そして、これらの表象は、特に全体表象は、いつどこで、どんな時にどんな場面での記憶からの表象とかというものではなく、瞬間瞬間に続いている現実の中で動いている、運動している現象の中の表象のどれということはなく、それらを全て積み重ね、しかし、その一つ一つは忘却であいまいになり、しかし、それらの残ったものが一つの塊のようになって集まったものの中から一つの表象として浮かんでいるのではないか、ということなのだ。それらの事物や人物を代表する表象としてである。ということは、その事物や人物が「何であるか」を示すものとして浮かんでいるということである。

この表象の在り方こそは、この論文が追い求めていた最も大切な表象なのではないだろうか。多くの、無限のと言っていい記憶が積み重なって、蓄積され、しかも忘却によって溶け合い、一つの塊のようになって、その事物や人物の「何であるか」を示す表象として浮かんできているのである。これこそは本質表象と言っていい存在なのではないか、ということなのだ。

そして、ここには、人間の記憶機能のとても重要な働きが見えてきているのである。そこには忘却も働いているはずである。事物や人物の表象は多く積み上げられ、時間が経過していくことによって、その事物や人物を代表する、まさしく本質と言っていい表象に生み出されるのではないか、記憶は、そのような表象を時の経過の中で生み出している、そのような能力を備えているのではないか、ということなのである。記憶は、そのような表象を作り上げる能力を、しかも、その記憶を持っている「我」もほとんど意識することなく、ほとんど無意識に、自然な形で、時の流れの中で自然に作り上げていく能力を持っているのではないか、と思えてくるのである。

時の流れは、一つ一つの記憶を忘却によってあいまいに、区別のつかない存在にしてしまい、それらは溶けあい、多数の、無限に近い表象を溶かし込んで、おおよその一つの表象に生み上げてしまう、…のではないか、ということなのだ。

そして、これらの生み出された表象は、その時々で、道を歩いている時は、ちらりちらりとした同一性の判断に使われ、とはいえ、ほとんどその表象も引き出されることなく、また、会話や様々な状況においては、ほんの瞬間浮かび上がり、すぐに消えて、しかし、それでも会話やその状況に必要に役立っているはずなのである。

しかも、これらの表象はぼんやりとあいまいな存在として記憶の中に存在しているが、それによって様々な変形も可能であり、応用が効いているはずなのである。つまり、その時々の、状況の必要＝力＝意味に応じた変形をして現れてくるはずなのである。

りんごはりんごとしてそれなりの代表した表象を持っているが、それが会話の中で、八月の終わりのりんごとなれば、まだ熟れていない、青みがかった表象が、とてもおいしかったの話になれば、赤く熟れた完熟した表象が、そしてそれに伴う味覚表象が、そして少し傷ついて腐っていたという話になれば、そのような視覚表象と、それを食べた時の味覚表象が、という具合にである。これらの応用変化、脳の中で年月をかけておおよそに一個に出来上がったりんごの表象が応用変化したと考えていいのではないだろうか。そして、この機能はまた、記憶の能力のとても重要で、しかも微妙な点も存在し、ゆっくりと腰を落ち着けて見なければならない項目のはずなのだ。この典型的な事象は、その都度の、会話の中などでの言語の引き出しであろうが、それはまた別のところで、となるはずである。ここでは、ほとんど通常では一個の表象がその時々で変化、変形も必要に応じて生み出すということの確認にとどまらなければいけない。

そして、ここには変形ではなくて、一個の代表する表象の奥には、無限に近い多くの様々な記憶が存在し、その中から、それに応じた、対応した表象が引き出されるのではないか、という議論も成り立つはずなのだ。そして、こちらは一個の代表する表象も存在するが、その時々の話題、状況によって、その代表する表象ではなく、その話題、状況に応じた必要な表象が浮かんでくる、引き出されるとしておかねばならないだろう。そして、ここで大切なことは、これらのその時々によって引き出される代表する表象とは違う表象も、多くはいつどこの記憶であるかもわからない、やはり一かたまりになった忘却によって溶け合った表象であることが多いはずなのだ。そして、これらもそれなりに代表する表象ではあろうが、その上の代表する表象の中に包み込まれたように存在し、その時々によって、その上の代表する表象の中からの変形のように引き出されるのではないか、との議論も成り立ちそうなのである。

そして、先程見た部分表象も、話題や状況が、「何であるか」の見極め、決定に及んだ時は特に引き出されるが、そして、代表する全体表象の変形とは見れないが、その全体表象の中の一かたまりの中に含まれているものとして存在しているのではないか、とも言えるはずなのだ。

また、話題や状況によっては、昨日の、あるいは近日中の記憶の中の表象、というよりも現象の中から記憶に入ったそのまま、まだ忘却によって溶けていない、とはいえ、一つの、せいぜい二つ三つの、静止した表象が浮かんできて、話やその状況に必要な役割を果たすこともあるはずである。

×××　　×××

以上、長々と見てきたが、人間の脳の中の記憶の中には、事物や人物についての代表した表象が、「何であるか」を示すものとして、しかし、なかなか明瞭、鮮明なものではなく、ぼんやりとした、しかも、時と場合によっては、それなりの変形しうるものとして存在しているということなのだ。それは、その事物や人物についての、今までのとても多く、無限と言っていい記憶からできていて、それらが時の流れの忘却によって、互いに溶け合うようになり、一個のおおよその表象を生み出したのである。だから、時には、その時の話題や状況によっては、その代表するものではなく、そのとても多くの中の一個が引き出されることもあるとしていいのである。それだけでなく、その代表する一個の表象には、様々な部分が存在し、その部分表象が前に出てきて、代表する全体表象に代わり、「何であるか」を示すこともあるのだ。これらの部分表象は、やはり、代表する全体表象の手助けと役割を果たしているとしていいのである。

つまり、脳の中の記憶の中には、事物や人物についての代表する表象が存在し、それは、その事物や人物の「何であるか」を示すものとして、哲学的に言えば、本質表象とも言っていいものとして、しかし、やはり絶対的真理からはほど遠いものとして存在し、しかも、それだけでなく、変形されていないそのままの表象や部分表象が、その代表する表象を助けるように存在しているということなのだ。

とはいえ、その記憶を脳の中に持っている「我」は、整理して保存しているかと言えば、なかなかそうではないはずなのだ。代表する表象を生み出すのに、それまでその事物や人物についての多くの、無限のと言っていい表象が溶け合い、融合して、一つの表象に作り出されるとは言ったが、もちろんこれらは「我」の意図によって、意識的になされるのではなく、ほとんど自然的に、時間の経過とともに忘却によって、一つ一つの表象がぼんやり化することによって生み出されているはずなのであって、その過程ではそれぞれの表象がどのように変化して、代表する一つの表象になったのかは、ほとんど見えてこないのである。脳の中のこのような過程、いや全体の動きは、意識された分だけが見えてきているが、これも忘却に至る前の少しの時間だけで、ほとんど考察は不可能なはずなのだ。脳の中ではその事物や人物についての様々な記憶、そしてその表象がまとまって、一つの場所に集められて存在しているかのように思いたいが、それは単なる憶測であって、そのような集合は脳の中ではなかなか確認できないのだ。

かと言って、「我」がその時々によって、その時に必要な記憶を引き出す、その表象を浮かべようとする時はほとんど一瞬にして、引き出すことが可能であり、しかも、その時々に話題や事情に応じた必要な表象が簡単に、多くは自然に浮かんできているのである。そしてまた、その表象で足りなかったら、その表象を変化させたり、その表象を作り出した個別の記憶の表象をほとんどそのまま引き出したり、また時には部分表象もほとんど自然に引き出してきているのである。このように見ると、脳の中はかなりきちんと整理されているかに思えるが、ほとんどの人々は、このような脳の中の整理をした覚えはないし、このような整理されている脳の中の様子を浮かべようとしてもなかなか浮かんでこないのだ。浮かんでくれれば、多くはそれは推測による、想像力による産物ではないか、となるのだ。

ここには、記憶の引き出し機能のとてもすばらしい、しかし、ほとんど見えてこない仕組みが想像されるのである。とはいえ、これはまさしく想像でしかないのだ。

一つだけ言えることとは、目の前の現象や、脳の中の表象が引力を持っているかのように、それに関連した、類似した表象を引き出しているのではないか、ということである。つまり、目の前の事物の表象が、脳の中の記憶のそれに合致した、少なくともよく似た表象を引き出してきて、それだけでなく、その脳の中の表象も、それによく似た、関連した表象を引き出してくる、そんな機能の存在を推測することができるのだ。この引き出し機能も、この論文としても見ていかねばならない大切なことであり、また認識論上も見ていかねばならない大切な脳の中の在り方のはずである。しかし、ここでは見ることのできない、また腰を据え直して見なければならない題材なのである。

ここでは、この引き出し機能がその時々の「我」にとっての必要な、つまり必要＝力＝意味にとって大切な表象を会話や状況に応じて引き出してきているのではないか、ということ、それだけでなく、それらの表象は、この論文が求めてきた本質、少なくともそう言っていいもの、「何であるか」を示す、そのような表象を、その事物や人物の代表的表象をその瞬間瞬間に引き出しているのではないか、ということを確認しておかねばならないのである。

第十章

「何であるか」のむこう

以上でおおよそ、本質、本質らしき表象が、記憶の中でその事物や人物の多くの、ほとんど無限と言っていい瞬間毎の記憶表象が、忘却とともに溶け合い、一つの代表的表象を生み出し、その都度の必要＝力＝意味に応じて引き出されていることを見てきた。まさしく、フッサールの『イデーン』の中で定義されている「何であるか」を示している表象である。

しかし、ここではもう少し進んで、というのは、世の中では、もっと世間では〝本質〟と言った時、もう少し進んだ奥深い意味に使われているのでは、ということもあるのではないか、ということなのだ。それをもう少し見ていかねばならないのではないか、ということなのだ。そして、このもう少し進んだ、奥深い存在は、人間の日々の生活の中で、いや生活を超えたとても大切なものとして人々に思われているはずなのだ。そんな存在をここで見ていこう。

このことは、学問の上ではいざ知らず、人々の中ではとても大切なものとして、しかし、なかなかとらえられない、多くは人によっては見えてこない、そしてとても逃げやすいものとして存在しているはずなのだ。

先程見た、いやもっと、ようやくとらえることのできたりんごの表象、果物屋の主人も栽培農家の人々も、そしてほとんどの消費者も、〝りんご〟と言えば思い浮かべる、まっ赤に大きく完熟した、そして甘い香りがする、そしてそれを食べた時の味、りんごならではの味、これらの視覚表象、嗅覚表象、味覚表象、それらが一体となった表象を、誰にとっても、ほとんどの人々にとっての普遍的と言っていい、本質と言ってもいい表象として見ておいたのである。この表象は、その後見出した、事物や人物の多くの、無限と言っていい個別の表象が、忘却の中で溶け合って一つの代表的表象として浮かんでくる、そして「何であるか」を示す表象として、しかも、会話や様々な状況の中で浮かんできて、役に立って、つまり必要＝力＝意味にとって必要なものとして浮かんでくる表象と少し違う、微妙に違うものとして存在しているのではないか、と思っている読者もそれなりに存在するはずなのである。

なぜなら、会話や様々な状況の中でふと浮かんでくる〝りんご〟の表象は、ただぼんやりとした、はっきりとしない、それなり赤い、それなりの甘い香りがし、それなりに甘い、しかしやはりそれほど鮮明ではない表象のはずなのだ。というのは、会話の中や様々な状況の中では、それらは様々な変化も要求されることもあり、その都度の必要＝力＝意味の働きに応じたものでなければならないものであるのに対し、その先に見た、誰もが持っているとした完熟したおいしいりんごの表象とはそれなりに違うのではないか、ということなのである。

整理しておけば、会話や様々な状況の中で浮かんでくる、ぼんやりとした、あまりはっきりしないりんごの表象は、確かに「何であるか」を示していて、本質表象と言っていいものかもしれないが、一方の完熟したまっ赤なおいしい香りと味を持つりんごの表象は、確かにほとんどの人々がりんごについて持っている表象で、その意味では本質表象と言っていいものであるが、「何であるか」を超えた、つまりりんごの中の人々がとても大切にしている表象ではないか、ということなのだ。そして、これらの二種類の表象は、確かに本質表象とも言えるかもしれないが、やはりしっかりと区別しておかねばならないはずなのだ。ここで言えることは、一つは「何であるか」を示すもの、ただ示すものとして、もう一方は、「何であるか」を超えた、人々にとってとても大切なものとして見えてきているということである。そして、現象からの個別表象との関係から見れば、前者はあらゆる、今まで見たりんごの個別表象を忘却によって溶け合わせ、一つの、しかし、ぼんやりと、はっきりしない、そして様々に変化する、応用の働く表象として存在しているのに対して、後者はりんごの中でも特別な、りんごに多くの人々が求めている、完熟した、まっ赤な、おいしい、特別なりんごの個別表象のいくつかの溶け合った一つの表象として存在しているのではないか、ということになる。こう見ると、後者は、りんごの中の特別な部分の表象であり、その意味では本質表象とは言ってはいけないのではないかともなりそうなのだ。しかし、一方、多くの人々がりんごに求めている、理想と言っていい、大切にしたい表象であり、その意味では本質表象と言っていいのでは、ともなるのだ。

そして、もう一つ、世間では、前者ではなく、後者のほうを本質と言っているのではないか、とも言えるはずなのだ。そして、前者に関しては、少なくとも、日常生活や日常の様々な場面では、ぼんやりとあいまいに浮かんできているだけで、いや、ほとんど表象としては浮かんできていない、多くの場合、ほとんど意識されない状態として存在しているはずなのだ。

同じような例は、とても多くあるだろう。釣ってきた魚を刺身にして食べた時の味である。普通、多くの人々は、刺身はスーパーで買ってきて、それなりにその魚の種類によっての味を知っている。刺身の好きな人々はそうである。趣味の釣り人も、毎日釣りに行くわけにいかず、休日に行っても釣れるとは限らず、やはりスーパーで刺身を買ってきて食べることが多いはずだ。そして、それなりにそれぞれの魚の味を知り、味わって食べている。この味覚表象は、多くの刺身の好きな人々の持つ味覚表象と共通しているはずである。そして、それなりに魚の種類が分かっているとすれば、「何であるか」を示しているとも言える。しかし、たまたま、休日に釣りに行くと、ちょっとした大物が釣れて喜んで帰り、それを刺身にして食べると、スーパーで買ってきたその種類の刺身と大きく違い、こりこりとした歯ざわりで、噛みしめるとその歯ざわりの奥からなんとも言えない、スーパーで買ってくる刺身の味には違いないが、まさしくなかなか言葉にならない、奥深い味が滲み出てくるのだ。釣り人の最高の幸せである。この味、味覚表象こそは、休日を多くをつぶして求めていた存在なのだ。「何であるか」のむこうに存在する大切なものである。

ただ、この味覚表象は、りんごの時の誰もが持っている、完熟したまっ赤な甘いりんごの表象とは違って、釣り人だけのものである。同じことをりんごで見れば、栽培農家の人々が摘んだなりの完熟したりんごをその場で食べた時の味覚表象に当たるとしていいであろう。

ここまで来ると、「何であるか」のむこうに、つまり誰でも共通に持っている「何であるか」を示す表象、そのむこうに特別な、なかなか、特別な人が特別な時にしか得ることのできない表象の存在が見えてきていることになる。

味、味覚表象だけではない。視覚表象は、人間の表象の中の一番大きな力を持つものとしていいであろう。視覚表象によって多くの「何であるか」が見極められている。草花の種類もほとんど視覚表象によって見分けられている。しかし、人々は見分ける以上のものを求めている。視覚表象が求めるのは、やはり美であるとしていいであろう。人々は、植物の「何であるか」を見分ける以上に、その美しさ、特に花の美しさを求めるのである。花は、けっして生活にとって、生命活動にとってどうしても必要なものではない。しかし、多くの人々は、花の美しさを求める。バラやチューリップはほとんど食用にならない。しかし、人々は自分の庭で育て、また花屋さんで買ってきて生け花にしてその美しさを楽しむ。その意味では、ほとんど花は「何であるか」そのものが美しいものとして存在していて、花は美しいものとして存在しているのだ。とはいえ、人々が求め、育て、鑑賞するのは、植物の全て、花咲く植物の全てではない。人々が求めるのは、とても多くある花の種類の限られたものだけなのだ。人々が庭で育てる、また花屋に売っている花は、多くある花の一部だけなのだ。花という「何であるか」の一部の特別に美しい花だけである。そして、その特別な種類を育てる、あるいは買ってくる時には特に、その売っている中の一番美しい一本、あるいは一束を買うのだ。育てていても、花が咲いたら、その数本、時には数十本の株の中の一番すばらしい株の前に立って、「すばらしい！」あるいは「ほんとに見事や！」と心を打たれるのである。いや、それだけではない。日本人は桜が大好きである。その桜が特にすばらしい、たくさん咲いているところへ行って花見をする。特別な場所を求めて見に行くのだ。各地にはこの花見の名所が存在する。吉野の桜は古今集の時代からの名所である。いや、桜だけではない。あじさい寺など、人を惹きつけている名所もある。あやめやしょうぶも、多くの名所がある。「何であるか」のずっとむこうの、「すばらしい！」「見事だ！」を人々は求めて行くのだ。いや、そもそも花こそは、植物のある種の、つまり「何であるか」の一番特別な存在なのだ。多くの人々は、その花を見て「何であるか」が分かるのだ。

このように見てくると、次に浮かぶのは風景だろう。多くの人々にとって、自然、その中の風景はすばらしい存在である。毎朝、朝陽が昇ってくる東の山の風景、夕陽が沈む西の山の風景、山だけでなく、その上の空、そして、その日その日の雲の様子に多くの人々は心を打たれるのだ。毎日見ている、自分が住んでいるまわりの風景が、時には、心を打たれるものに変わるのだ。夕陽も毎日心を打たれるわけではない。その日の天候によってとてもすばらしい、美しい夕陽になるのだ。夕陽の「何であるか」を超えた存在になるのだ。日本人は特に夕焼けが好きで、俳句や和歌には、とても多くの夕焼けを詠んだ句や歌がある。そして、夕焼けは、なんと言っても秋で、俳句では夕焼けは秋の季語になっている。俳句や和歌は、夕陽、夕焼けの「何であるか」を超えた、すばらしい、美しい特別な表象を詠んだとしていいであろう。

夕陽だけでなく、日本人は月をも大切にしている。月は多くの俳句や和歌に詠まれている。これらも、毎日見ている月ではなく、特別なすばらしい月なのだ。

そして、人々は海や川や、山や谷のすばらしい風景を求めて旅に出る。『奥の細道』に代表されるように、多くの俳人、歌人は旅に出て、そこで出会ったすばらしい風景を人々に伝えてきている。そこに詠まれているのは、多くの人々が求めている、すばらしい、美しい風景なのだ。いや、人々の心の奥底に滲みわたる奥深いすばらしさなのだ。そのすばらしさを表わす〝わび〟〝さび〟という言語も存在する。いや、〝もののあはれ〟という言語も存在する。このような言語に向き合うと、日本人は単純に美しい、すばらしい風景ではなく、どこか陰のある、しかし奥深い意味を持った風景を求めていたのが見えてくる。考えてみれば、人間、死すべき存在としての、そして様々な苦しみ、悲しみをも味わわなければならないものとしての人間の生、人生を反映しているとも言える。つまり、風景の中に人生の持つ真実、意味を反映させて詠まれているのだ。

少し進みすぎている。和歌や俳句に詠まれた風景に戻って見てみよう。和歌や俳句に詠まれた風景は、基本的には、それを詠んだ作者が、その時、その場面で体験した特殊なものなのだ。その意味では、この論文で求めてきた本質、全ての人間にとって「何であるか」を示す直観、そしてそれからの表象とはまったく逆な、反対の極に存在するものなのだ。ということは、この章で求めている「何であるか」のむこうとしても認められないともなるはずである。つまり、特別な個人の特別な時間の特別な場所で得た、まさしく特別な表象なのである。

しかし、一方、それを読んだ読者は、逆に、ほとんどの人々が、しかも何回も、時には長い人生の中で繰り返し、すばらしい歌、すばらしい句として、大切に抱きしめるように生きていくのである。このことは、その詠まれた歌や句が普遍的存在、りんごで見た、完熟したまっ赤なおいしいりんごの存在と同じ、誰もが認める存在であるということなのだ。

特別な人間の特別な時間、場所に現象として直観された風景は、それを表象として受け止め、言語によって、しかもとても短い言語によって置き換えられ、その短い言語によって人々に、特に日本人に伝えられ、その人々の中に生み出された表象は、それを読んだ人々のほとんどの心に、この特別な人間が体験した特別な時間の特別な場所の現象のすばらしさ、風景のすばらしさを再現しているのである。

これこそは、多くの人々が、「何であるか」のむこうに求めている本質、少なくとも多くの人々が本質と考えているもの、いや、本質以上のものなのではないだろうか。というよりも、「何であるか」そのものをより一層、「我」にとって、人間にとって、しかもほとんどの人間にとって教え、示してくれる存在なのではないだろうか。これは、多くの人間が、事物、人物に、ここでは風景に求めている、その風景の持っている奥深い、人間にとってとても大切な意味を、言語によって生み出した視覚表象、いや、時には聴覚表象として生み出された「何であるか」を教えるもののはずなのである。

まさしく芸術である。

いや、芸術だけでなく、そこへ行く前に、多くの人々が風景を見る時に、そこに求めている価値、意味、その風景を見た時、自分の中に感じた、価値、意味、とはいえ、けっして言語にできない、心だけにやってきた、本当に感動した、大きな力で「我」にやってきた、やはり意味としか言いようのない、その風景に求めていたもの、その風景からやってきたもの、まさしく本質と言っていいような、この風景にとって最も大切なもの、しかも、その風景が「何であるか」を教えている、とはいえ、けっして言語としては表せない、しかし、大きな力でやってきて、心に大きく感動を与えるもの、そのような体験を多くの人々はしているはずである。そのような体験を求めて旅に出る人々も多いはずである。このような風景は、「我」がその時、その場所でだけ体験したものであって、他の誰もが、いや、「我」自身でさえも次に来た時、いや、夕陽などは五分もすれば違った色彩に、つまり、違った風景になってしまう。その意味では、まったく普遍性のない、特別な、その場、その時だけのたったの一回だけのものなのだ。とはいえ、「我」にとっては、ずっと記憶に残る、しかも大きな力を持った記憶として残る、すばらしい大切な存在なのだ。このことは考えようによれば、「我」の中での普遍性、「何であるか」のむこうの、本質と言っていいもの、そのような表象として、ずっと記憶に残るのだ。そして、「何であるか」の会話がふと、その場所の話になった時、会話の相手にはやはり「何であるか」にすぎないものが、「我」にとっては、その時の記憶がよみがえり、「何であるか」のむこうの、しかも一回きりの貴重な表象として、鮮やかに蘇ってくるのである。

　このような表象は、フッサールが絶対的真理のために求めた本質表象とは大きく違い、その対極の存在であるとしてもいいであろうが、「我」にとっては、一生に一度の貴重な体験の表象として、本質、そうは言ってはいけなくても、見ておかねばならないもののはずである。

これは先の章でやっと求めた、多くの記憶の集まった、そして忘却によって融合した代表的な表象、とはいえ、多くはぼんやり、はっきりしなくて様々な応用のきく、本質表象と言っていいものとは大きく違うものである。それも「何であるか」を教えるものとして、それを指し示す代表的表象として見てきていたが、ここに「何であるか」のむこうとして見ている表象、和歌や俳句、短い言語によって生み出された、そして、多くの人々が風景を見て感動した時、記憶にずっと残す表象は、それらの先の章で見たものとは大きく違っている。多くの人々には、日常生活の中では、この章で求めたものの方が、しかし、哲学や認識論では…？となるはずなのだ。

もちろん、ここでは結論は出ない。和歌や俳句に詠まれた表象は、それを読んだ多くの人々が、作者がその時に体験した感動をそれなりに自分で受け止め、感動を共有することができ、それは、それを読んだ読者全体に共通のと言っていい感動を与える表象を生み出している。その意味では、普遍的であり、まさしく本質的と言っていい表象を生み出していることは見たが、しかし、一方、そのような和歌や俳句、もっと広く詩作をしない人々では、すばらしい風景は記憶の奥底にずっと残る表象として抱きしめるように保存されているのである。

とはいえ、現代では、自分の心に、記憶にだけとどめておく人々は数は少なく、多くの人々はカメラやスマホに撮って家族や友達、職場の人々に見せれば、それなりの感動を生み出すことができるのである。カメラやスマホによって生み出された、いや、正確には映し出された表象である。これらの表象は、記憶の中に保存された表象と違い、自分だけでなく、他人にも見せることができるのである。これは記憶表象が忘却によってあいまいな、ぼんやりしたものになっていくことを防ぐ役割以上のものだとしていいであろう。このことによって、自分の中だけの記憶の中の表象が、多くの人々に見てもらえ、それによって普遍的、本質的存在を確かめることができるのである。つまり、カメラやスマホの機能によって、自分の中だけの記憶の中の表象の普遍性、本質性が証明され、保証されることになるのである。しかし、一方では、スマホやカメラで撮った表象を何回も自分で繰り返してみる人も多くいるはずだ。記憶の中の大切な表象を何度も見るのと同じように、スマホやカメラで保存した表象を見て、「ほんとうに、すばらしかった…」となるのだ。

ここまで見ると、風景だけではない、もっとすばらしい身近な存在、それを日常生活の中で何度も撮り続け、表象として、映像として残しておくことが見えてくる。子供を中心とした家族の写真、その表象である。人々にとって、家族の、特に子供の存在、その成長、変化はほんとうに大切なものである。子供の誕生、その時の顔、表情は、いや、ほとんどどんな表情も表していない、この世に生まれてきたことをじっと目を開けて見ている、しかし、どこか神聖な感じのやってくるその顔は、ほんとうに親達にとって至上、最高の存在、その表象である。どこか神々しい、まさしく神が与えてくださった存在であり、その表象である。この大切な存在、そしてその表象を人々は記憶に、また、スマホやカメラ、そして、しっかりと写真に残しておくのである。そして、その子供達が一歩一歩成長していく様を、記憶に、そして写真に残し、アルバムを作り上げていく。アルバムこそは、至上の宝なのである。その時々の写真と、目の前の子供の成長を見比べて、心の底からなんともいえない感情が湧いてくる、まさしく人生にとって最高の存在、その表象である。

これらの写真も基本的には、「何であるか」を示す表象のはずである。何才の時のいつの写真ともなれば、その年、その月の子供の表象なのである。しかし、その写真に撮られた表象は、やはり「何であるか」のむこうを映した、その瞬間のその子のすばらしい、その子独特の表象、容姿を映し出しているはずなのだ。写真のない時代なら、ずっと記憶に残り続けた大切な表象であったはずなのだ。しかし、科学の発達した今の時代は、その大切な存在が忘却に侵されることのない写真にして、何度も眺めて、その時の大切な表象を繰り返し見ることができるのである。

ここにも「何であるか」のむこうの、その年の、その日の、その時の子供の表象という「何であるか」をこえた、親にとってとても大切な、抱きしめたいような表象が映し出されているのである。

こうして見ると、写真は確かに、ある時点のある場所に存在する現象を正確にありのままに、「何であるか」を保存するべく映し出されていると思われているが、シャッターを切る瞬間、多くのシャッターを切る「我」は、心が動かされ、その現象から心を動かされた、心に感じたシーン、対象にカメラやスマホをむけているということである。ということは、ほとんどの写真は「何であるか」のむこうが撮られているということになる。

いや、ここまで見てしまうと、次のようなことが言えてしまうことになる。

写真だけでなく、そもそも人間は、五感を持って世界に向き合っているが、そして、これによって、世界の中の事物や人物の「何であるか」を見ながら、感じながら生活を続けているように見えるが、それだけでなく、多く、とても多くの場面で、「我」は「何であるか」のむこうを見ようとしている、求め続けているのではないか、となるのである。

風景を見ていても、「何であるか」の海や山や夕焼けであることは瞬間に了解し、その次には、そのむこうのすばらしさ、美しさ、いや、それ以上になかなか言語にならない、〝すばらしい〟〝美しい〟としか言いようのない、しかし、なにかもっと大切なものを感じて、ずっと見ることが多いのである。子供の顔も、それは瞬間に「何であるか」を了解しているが、その顔や姿、その動き、表情を見ていると、その「何であるか」のむこうから様々なすばらしい意味、しかし、これもなかなか言語にできない、ただ、心の底から喜びが湧いてくるのである。とはいえ、それだけでないのが子供である。泣きそうな顔をしていたり、顔色が悪かったりすると、「何であるか」のむこうに大きな問題が存在するのである。この時は、そのままにしておくわけにはいかない、「何であるか」のむこうのまた新しい「何であるか」を探し求めなければならないのだ。このような時、言語や思考が働き、そのむこうの「何であるか」をつきつめ、求めるのである。「何であるか」のむこうに、また「何であるか」を求めることも日常生活では多々あることも見えてくる。「何であるか」のむこうに、また「何であるか」を見つけ、それが、とても大切なものであり、まさしく、今まで求めてきた本質と言っていいようなものが見えてくることもあるはずだ。しかし、こんな時も、「何であるか」のむこうの「何であるか」の、やはりむこうの存在が「我」にとって大切なもの、やはりなかなか言語にはならない、ということは「何であるか」を言い表せない存在が見えてきて、ということも多々あるはずなのである。ここまで見ると、「何であるか」のむこう、ずっと求め続けてそれでということもやはり、人生の様々なところで出会うことも考えられるのである。

ただ、ここでは、基本的には「何であるか」のむこうにこそ、「我」が求めている大切なもの、しかし、なかなか言語にならないものが存在し、「我」は多くの場合、「何であるか」は瞬間に了解し、そのむこうの言語にならない大切なものを求め続けているのが、日常生活ではとても多いのでは、と言っておきたいのである。

ここまで書いてくると、まさしく、「何であるか」を引用したフッサールの現象学を批判し、否定しているかに見えてくるかもしれない。しかし、そうではない。この「何であるか」を引用したのは、フッサールの主著『イデーン』の冒頭なのである。フッサール自身、『イデーン』において、「何であるか」のむこうにたいへんな議論を展開しているのである。絶対的真理を求める道である。現象学的還元、その方法論、志向性、ノエシス、ノエマの関係、そこには「何であるか」を見極める認識の構造、その複雑な構造を描き出しているのである。まさしく「何であるか」のむこうである。

ただ、この論文としてもう一言添えておけば、この論文としては、「何であるか」のむこうに絶対的真理などを求めない、そうではなく、日常生活の中で必要な様々を求めている人々の認識を見ていきたいのである。その多くは生活、衣食住のためであるとも言っていい。とはいえ、時には、遊びやスポーツも、また、旅行にも行ける、そしてなんと言っても恋愛に、子育てに生きる人々の認識の構造を、その人々の「何であるか」を、そしてそのむこうを見ていきたいのである。そして、ここでついでに言っておけば、恋愛こそは、絶対的真理の反対の極にある、はかない、どこに手がかりを求めていいのか、絶対的真理の数十倍、数百倍求めるのに困難な代物なのである。とはいえ、ほとんどの人々にとって、絶対的真理の、これも数十倍、数百倍、人生にとって大切な、人生の中で一番欲しい代物なのだ。この論文は、どちらかと言えば、このはかない、求めようのない代物をも見ていきたいのである。とはいえ、恋する人々の多くは、このはかない、つかみどころのない代物のむこうに、絶対的真理と同じと言っていい、永遠の愛を求めているとしていいはずである。でも、恋は恋なのである。今日完全な愛を得たと思っても、明日、それを失う、昨日まちがっていたのだ、今日それがもう目の前にないのだ、というのも恋なのである。
とはいえ、多くの恋する人々は、永遠の愛を求め続けているはずなのだ。少しずつ、少しずつ、一歩一歩、時に大きく進み、時にはずっと後退して、そしてたどりつくのが結婚なのだ。結婚は永遠の愛を形造り、少なくとも形式的には、そして社会はその形式を保証している。結婚は永遠の愛の形式なのだ。しかし、その永遠の愛の中で、夫婦げんかは日常茶飯であり、それでも共に苦労し、相手の様々な姿を見ていると、また愛が深まり、ずっと心の奥底からの愛が生まれ、感じ、…とはいえ、永遠の愛の形式が結婚なら、その実質が、子供が生まれることだ。やはり、人々は、永遠の愛を手にするのだ。生まれた子供、それこそ永遠の愛の結晶なのだ。そこに存在するのは、その笑顔は、その眼の輝きは、地上の、この世の最高の存在なのだ…

どこへ行ってしまったのだろう。「何であるか」のむこうを見ていたのだ。いや、「何であるか」のむこうの最高の存在を見てしまったのだ。
多くの人々は日常生活では瞬間瞬間、「何であるか」を求め、しかし、そのすぐ後に、その「何であるか」のむこうの大切な、すばらしい、日々の生活の「何であるか」を求め、そしてそのまたむこうを求めている。その一つ一つは、この最高のすばらしい…「何であるか」のむこうを求めるのは、そもそもこのすばらしい永遠の愛のため…

飛躍しすぎている。ここも、もう少し見ていかねばならないはずである。ここには、「何であるか」と必要＝力＝意味の関係が、大きな構造として存在しているはずなのだ。それを見ていかねばならないのだ。いや、「何であるか」と必要＝力＝意味の関係はそれなりに見てきているはずだ。これから見ていくとすれば、「何であるか」のむこうと必要＝力＝意味との関係だろう。

とはいえ、必要＝力＝意味は基本的には欲望、そしてそれが抑圧されて、しなければならないもの、する必要があるものとなれば、そして、それが仕事ともなれば、ほとんどが「何であるか」を求めて、しかもそれだけを求めて、そのむこうを求めているとすれば叱られる、不良品を作り出してしまうことにもなる。仕事の場合は、基本的に「何であるか」だけに向き合わねばならないとしていいであろう。しかし、仕事の場合は、少し先に見たとおり、「何であるか」のむこうの「何であるか」、また、そのむこうの「何であるか」と次々に「何であるか」に向き合わねばならないのである。けっして、それらのむこうの言語にはならない、力だけの存在に向かってはならないのだ。勉強もしなければならない、する必要がある、の必要＝力＝意味が働いて、次々に「何であるか」を求めていくこととしなければならないだろう。「何であるか」のむこうには、けっして目を向けてはならないのだ。あいまいな、はっきりしないものは勉強では認められないのだ。勉強では、しっかりと言語化し、いや、言語そのものが求められ、単語一つ一つを、名詞一つ一つを、時に文章をしっかりと記憶の中に収め、試験の時にはそれをそのまま、ほとんど変形の許されない形で書かねばならない。それだけではない。数、図形、公式もしっかり、つまり「何であるか」をそのまま書かねばならないのだ。

それに対し、欲望となると、食欲でさえも、それなりに「何であるか」のむこうを求めはじめる。何度も見てきたりんごでさえも、いつも食べる時は「あ、りんごだ…」で、「何であるか」を確認して、食べると「おいしかった」とその味を、やはり「何であるか」を確認して終わっていくが、時には、テーブルの上のりんごを見て、「すごい！」となって、その形や色から来る「何であるか」のむこうになかなか言葉にならない、やはり〝すごい〟としか言いようのないものを感じ、食べてみて「おおっ、なんとも言えない味…」となることもあるのだ。〝なんとも言えない〟こそ、言語にならない「何であるか」のむこうを指しているはずなのだ。そして、ここでは食欲という必要＝力＝意味が、りんごに通常求めている、その外形の色や形、そしてその味のむこうに、〝なんとも言えない〟外形、色、形、そしてその味が存在したということになる。ということは、食欲、必要＝力＝意味が「何であるか」そのものを求めはするが、もっと幅広い、そのずっと奥深い力を持って「何であるか」のむこうをも求める構造を持っているということになる。

そして、この「何であるか」のむこうをずっと求め続けるのが恋、特に片思いであるとしていいであろう。恋はもちろん、大きな力の欲望であり、必要＝力＝意味である。しかし、恋、特に片思いは「何であるか」を得ることができないのだ。となると…

ここはなかなか複雑であるから、ゆっくり見なければならない。

恋、特に片思いは、多くの場合、目の前に「何であるか」が存在しない、なかなか存在してくれない、街角でふと出会い、その後、二、三度すれ違った時、なんとすばらしい、美しいのだろうと思い、はじまることもある。その後、街角だけでなく、スーパーなどで見かけ、時にはすれ違った時、眼が合った気がして、心臓がドキリとなり、ますます、ということもある。そして、心は大きく惹きつけられていくことになる。

このような片思いでは、相手がほとんど目の前にいないことが多く、ということは「何であるか」が現象としてもなかなか見出せないのである。

とはいえ、街角で出会えば、相手が誰であるか、つまり同一性を確認できる、ということは「何であるか」を自らの中に所有していることにもなる。その意味では、「何であるか」は認識されているのだ。しかも、街角で何回かすれ違っただけなのにである。そして、それ以上に「何であるか」のむこうが大きな力でやってくるのだ。

街角ですれ違って、同一性を確認できるのは、「何であるか」の最低限、最少限なのだ。「我」はまだまだ、この「何であるか」のむこうの「何であるか」を知りたいのだ。時には名前も知らないこともある。やはり「何であるか」を知りたい、そして、どこの街に住んでいて、どんな仕事をして、もし学生ならどこの学校に行って、は知りたいのだ。様々な「何であるか」を知りたくて、心は震えるようにそれを求めるのだ。とはいえ、それらは、ほんとうに恋する「我」が求めて…本人も頭が混乱していて…しかし、ふと、心が静かになって、落ち着いて、…その静かな心の中から浮かんでくるのが、今日すれ違った時の表象、記憶の中から浮かんでくる、恋する人の表象なのだ。その表象は同一性を確認しているだけではないのだ。その同一性の確認、「何であるか」のむこうに、とても大きな力で、しかし言葉にはならない、ただ力だけの、しかし、その力がぐっと心を惹きつけて、捕えて放さない、…とても大きな「何であるか」のむこうが、…時には、眼が合った時には、その瞳の輝きが…

少し早く極端な例を見てしまったが、人々は、いや、人間は、ほとんどの時、「何であるか」を、つまり同一性確認をしたらすぐに、その奥の「何であるか」のむこうを見ようとしている、求めているのではないか、ということなのだ。

もっと一般的に、人物、上司と話している時、「何であるか」は〝上司の眼〟としてすぐに認識するが、その「何であるか」のむこうの、その眼の意味するところをじっと話を聴きながら、その眼を見、怒っているのか、機嫌がいいのか、もっと、今日はどんなことを言いつけようとして話しているのか、様々に思考しながら、その眼の「何であるか」のむこうを認識しようとしているはずなのだ。

上司だけでなく、お客さんと話している時も、その眼の「何であるか」のむこうを読み取ろうとしているはずである。いや、そのように気をはらない、信頼しあっている友達と話している時も、いやいや、友達の時は目の前にいる時ではなく、家に帰ってふと、その友達の表情、眼の輝きが、その表象が浮かんできて、その浮かんできた表情、眼の表象に意識を凝らし、その表象の意味するもの、友達の表情、眼という「何であるか」のむこうをじっと思うこともあるはずだ。

人物だけでなく、事物に対しても同じことが起こっているはずだ。事物の場合、多くは、ほとんどは、「何であるか」が分かれば、つまり、瞬間に、その種や品名が確認できれば、それでおしまい、いわゆる見向きもされないことが多い。しかし、時々は、その事物をじっと見ることがあるはずだ。

事物と言えば、ずっと繰り返し見てきたりんごが最初に浮かんできてしまう。「何であるか」は瞬間に、〝りんご〟と分かる。それでおしまいの時も多々ある。しかし、りんごを食べたい、買いたいと思っている時は、そのむこうの皮の色や形に眼が行くことはよく見てきたのである。これも「何であるか」のむこうの味覚表象を求めているのだ。そして、りんごの味覚は、誰もが知っている「何であるか」なのであるが、しかし、一個一個、また種類によって、採れる時期によって、味が違っていて、食べてみると様々に違っているのだ。皮の色や形を見たのは、この様々な違いを推測するためなのだ。この様々な違いは食べてみるまでは、「何であるか」のむこうなのだ。そして、食べてみて、その微妙な違いを味わい、その味わったことによって、その味の「何であるか」を確かめたことになるが、「何であるか」のむこうの「何であるか」を、そのりんごの一個だけの「何であるか」を、おいしい時には、他の普通のりんごの「何であるか」と違った、その意味では「何であるか」のむこうを味わい確かめたと言っていいのである。しかも、確かめたとはいえ、なかなか言語にはならない、つまり「なんとも言えない」ということは「何であるか」のむこうであることを確かめたとも言えるのである。

食べ物だけでなく、多くの人々が最もと言っていいくらい反応するのが花である。「何であるか」はひまわり、朝顔、ゆり、などと瞬間にわかるが、それからじっとその美しさに見とれてしまうのが花なのである。その美しさ、魅力に惹きつけられるのである。自分が惹きつけられているのが、ゆりの美しさであることは分かっていても、しばらくの間は、眼が離せないのである。そして、惹きつけられている間、言語は「すばらしい」か「美しい」しか出てこないのであるが、そして、その美しさ、すばらしさは、一個一個違っていて、微妙に違っているその在り方に心を惹きつけられているのであるが、この微妙な違いは言語にはならなくて、ただ力でもって惹きつけられているだけなのだ。

自然の生み出したものだけでなく、人間が作り出したものも、大きく「何であるか」のむこうを持っている。

食器、特に陶磁器を見てみよう。多くの食器は、特に金属製、ガラス製のかなりの部分は大量生産で作られ、人々も見た瞬間に「何であるか」を、そして、その使い方もわかり、食事に使って、生活は進んでいる。しかし、それらの中でも、時々は手作り品、時には職人技と言われるものに出会う。これらの手作り、職人技のものが一番多いのが陶磁器であろう。陶磁器の多くは、その製作者が自分の窯を持ち、自分で土をこね、自分で轆轤をまわして形にして焼いてできるのである。だから、五枚一組で買ってきても、一枚一枚微妙に違う。とはいえ、毎日食事に使っていると、その使用目的である食器としての役割が優先して、その一枚一枚の違いや特徴には目がいかない。

それでも、時には、毎日使っている、いや、誕生日やお祭りの日にだけ出てくるお茶碗に目がいき、なにか心を惹かれて、じっと見ることがある。食器も、長年使っていると、少しずつ味が出てきて、特に陶磁器はいい味になることが多い。そして、「何焼きやろう？」とその裏を見て、そこに書かれている文字を読むこともある。時には作家名も書かれている。これは毎日使っている食器は、皿や茶碗として「何であるか」がわかったものとして、しかし、そのむこうの生産地、今の場合は作家を確かめた、つまり「何であるか」のむこうの「何であるか」を確かめたことになる。しかし、これで終わらなくて、この「何であるか」のむこうの「何であるか」のそのむこうの、食器の、焼きの、そして使われてきて出てきた味をじっと見て、しかし、言語は「うん、いいな…」としか出てこなくて、ということもある。

こう見てくると、人々は、多くは生活の中では「何であるか」を瞬間に読み取り、その事物を利用して生活が進んでいっているとしていいが、時にはその事物の「何であるか」のむこうに心が惹かれて見る、そして、じっと見ることもあるということである。いや、商品によっては、今見た陶磁器もそうであるが、「何であるか」のむこうを見るように作られているものも多く存在するはずだ。食器でも、磁器だけでなく、漆塗りのものも存在する。やはり、人は眼を惹きつけられ、じっと見て、「すごいな…」と感心してしまう。漆塗りは器だけでなく、箸などでもすばらしいものが存在する。また、ガラスの器、花瓶なども人々の心を惹きつける。ガラスの花瓶に美しい花を生けて、そのすばらしさに、いや、そのすばらしさを生み出したことに、生けた人物も、もう一度見直して心を惹かれ、ということはじっと「何であるか」のむこうを見るはずである。

これらは多くは工芸品と言われ、それを生み出す人々も、「何であるか」のむこうに人々の眼を惹きつけるように努力しているはずなのだ。

いや、このような工芸品と言われるものだけでなく、大量生産のオートメーションで作り出される商品も、やはり「何であるか」のむこうを追求しているはずである。その代表は自動車、特に乗用車であろう。乗用車はカッコよくなければ売れないのだ。そのために、各社にはデザイナーが存在し、次の新車を様々に工夫して、人々の心を惹きつけ、「何であるか」のむこうに大きな力が存在するべく日々努力しているはずである。バイクや自転車も、そして様々な電化製品も、様々な商品はデザイナーという人々がまずその商品をデザインして作り出され、売り出されるのだ。ああ、デザインと言えば衣服もまさしく様々なデザインが存在し、人々の心を惹きつけ、それに商店で心が惹きつけられた人が買い、それを買った人が身につけ、それを着ているのを見た人々がまた惹きつけられ、花瓶に生けられた花と同じように、その衣服もさることながら、それを着た人々の美しさを引き立たせ、ということは、大きな「何であるか」のむこうを生み出し、となっているのである。

世の中はまさしく「何であるか」のむこうで満ちあふれていると言っていいのである。


そして、ここまで見てくると、自然と浮かんでくるのが芸術なのではないだろうか。今も陶磁器のところでも見たが、そこでは工芸品とだけ言っておいたが、陶磁器にはやはり芸術品と言われている作品、そして名工と言われる人々の作品は、多く貴重品としてだけでなく、やはり芸術として見られているとしていいであろう。これらは、作者の、時には秘伝の技術力、また創作力によって、まさしく「何であるか」のむこうを、しかも大きな力で生み出し、人々の心を惹きつけているのだ。いや、この章の最初に風景のところで見た和歌や俳句も、まさしく芸術であり、その時は風景の「何であるか」のむこうを詠んでいるとして見たが、それが読者の目の前に来る時は、三十一文字、十七文字で表した「何であるか」がまさしく、そのむこうを大きな意味、力として指し示し、読んだ人々の心を大きく惹きつけるのである。そして、読者には風景の「何であるか」が大きなそのむこうを持ったものとして浮かんでくるのだ。

そして、芸術全体が「何であるか」のむこうを求め、描き出す活動、その生み出したものとしていいのである。まさしく、絵画には写実主義というものが存在するが、そもそもその描く、描き出そうとした対象そのものがもう、「何であるか」のむこうを持っているものとして存在しているはずなのである。そして、それを忠実に描き出そうとすることは、その「何であるか」のむこうをもありのままに、忠実に描き出すことのはずなのだ。それは、人物、風景、テーブルの上の事物、それを忠実に、見えてくるままに描き出しているのであるが、それは、それらが持っている「何であるか」のむこう、描こうとする作者の感じた、見えている、ということは「何であるか」のむこうもそのまま描き出すこともあるはずなのだ。

いや、そんな単純ではないはずだ。「何であるか」のむこうを感じるのは、先に〝言語にならない意味、芸術〟として見た時、魂、心が見えてきていたはずだ。そこでは芸術は言語にならない存在として、魂、心が生み出し、受け止める存在として、その意味の在り方、言語にならない、言語によっては理解できない魂、心でだけ受け止める、力を持った意味として見ていたが、ここでは「何であるか」のむこうとして、やはり言語にはならないものとして見ているが、そして、今、芸術に向き合った時、この「何であるか」のむこうを受け止めるのは、やはり魂、心であるとしなければならないだろう。そして、ここで言いたいのは、今、向き合っているのは写実主義として「何であるか」だけでなく、「何であるか」のむこうも忠実に描こうとする創作なのだ。そして、その描く前に、描こうとする対象の「何であるか」とそのむこうを描こうとした時、これを受け止めた魂や心がそれなりに力を与える、とはいえ、見えている「何であるか」とそのむこうを変形することではないであろうが、やはり、その「何であるか」のむこうには、それを創作している芸術家の魂、心がやはり大きな力を与え、だからこそ、それを見た愛好家達の魂、心にも力を与え、…ということになるのではないか、ということなのだ。

まさしく、セザンヌやクールベの作品を見ていると感じることのはずだ。

芸術はもちろん写実主義だけではない。もっと広く、芸術全体を見なければならない。いや、その前に、ここで見なければならないことがもう一つある。写真芸術だ。

写真芸術こそは、写実主義そのものである。しかし、写真芸術家こそは、被写体の「何であるか」のむこうを感じた時、特にそこのとても大きな力を感じた時、それを正確に写し、その写した写真を人々が見た時、彼が感じた大きな力、意味をできるだけ正確に伝えるために、カメラを向ける、被写体との距離、角度、明暗等を正確に伝えるべくシャッターを切っているはずなのだ。そして、その写真を見た人々は、被写体の「何であるか」とそのむこうを、特にそのむこうの大きな意味とその力を受け止め、感動するのだ。

まさしく、「何であるか」のむこうの、大きな意味とその力を伝えてきているのだ。

芸術はもちろん、写実主義だけではない。写実主義は、芸術史の上での論議になるであろうが、ギリシャ文明が残した遺品には、割合と、写実主義的な、つまり現象の中に存在する事物や人物をそのまま映し出したような作品が多いとしていいであろう。そして、それが復活したように、かなり写実的と言っていい作品が多く残っているのがルネッサンスの芸術だとしていいであろう。

ここまで書いてくれば、すぐに浮かんでくるのがダ・ヴィンチのモナリザであろう。やはり、ここで少し触れておいてもいい。いや、触れておかねばならないだろう。

ダ・ヴィンチが写実主義だというのは、芸術史の上でもほとんどないとしていいであろう。しかし、モナリザを見た人々は、画面の上に存在する彼女、その大きな、生きている、それ以上にその美しさ、存在感が大きな力でやってきて、心がまさしく打たれるのだ。

ここに来ている、モナリザからやってきているのは、まさしく、美しさ、すばらしさ、それだけではない、彼女がその瞬間に思っていたこと、しかし、それは決してその中身を理解する、もちろん言語化することができない、それは、確かにこの描かれた瞬間のモナリザの感情、そしてそれに伴う思考なのではあるが、その感情も思考も、彼女のこれまで生きてきた感情であり、思考のようにも思えてくるのだ。しかしながら、そんなことを考えはじめた、見ている側の思考を打ち消すべく、モナリザからの美しさ、すばらしさがやってくるのだ。とはいえ、その打ち消された思考に少し声をかけるように、彼女の唇の微笑がやはり意味をもってやってくるのだ。

まさしく芸術、至高の芸術としか言いようのない、やってくるのは大きな意味、しかしけっして言語にはできない、言語を超えた大きな意味、それを力としてしか受け止められない大きな意味が、とはいえ、世界全体のような意味ではなく、逆に小さなモナリザの人生からの奥深い意味…いやいや、これ以上はやめておこう。そうではなく、モナリザの絵画からやってくる、感じられるそのままをじっと、…もちろん、目の前にはないが、記憶の中に存在するその絵画を思い出し、それからやってくるものだけを…

まさしく、ここまで見ると、「何であるか」やそのむこうなどという議論も、…ああ、その瞳が輝いてやってくる…

あえて言えば、この天才画家の作品は、「何であるか」とそのむこうが一体となり、しかも、そのむこうが新しい「何であるか」を生み出し、つまり新しい存在として、しかし、それはまさしく、モデルとなったモナリザそのままで、そのモナリザの真実、存在をより鮮明な力で描き出し、見る者達にそれを訴えかけ、とはいえ、その「何であるか」のむこうに生み出された新しい「何であるか」は、決して言語で表すことはできない、ただ人々は「モナリザの微笑」としか言えない、でも、それを見た人々は、その絵から、そのモナリザから、その微笑から、なんとも言えない、大きな力、いや力だけでなく、奥深い意味、しかし、言語にはできない、それ以上に、とても大切な、人生にとって、この世界にとってとても大切な意味を感じて、しかもずっと、絵から離れてもずっといつまでも意味の存在として感じ続けるのではないだろうか。

あまりにもすごい芸術に向かってしまったとしていいであろう。もう少し、…とはいえ、そのための対象として思い出そうとすると、モナリザに劣らず、すばらしい芸術作品ばかりが思い浮かんできて、となる。

もう少し一般的に絵画を、そして芸術を「何であるか」とそのむこうとして見てみよう。

やっと写実主義と、写真芸術を見たところなのだ。天才芸術家は少し、遠くに置いたままにしよう。一般の画家、いや、絵を描く人々は、現代では多くは写生、写実を基本として先に見た「何であるか」とそのむこう、描こうとする対象の持つ「何であるか」のむこうを描くことに努力、いや描けるように努力しているのではないだろうか。しかし、絵画全体、広く絵画史全体を見ると、けっして写生や写実主義だけでは終わっていないはずである。いや、現代の絵画を描こうとしている人々も、写生や写実がある程度のレベルに達したら、自分の描きたいもの、創作、独創的な作品を作り出したいと思うのではないだろうか。そうして、先に見た「何であるか」とそのむこうより一歩進みだそうと思うはずなのだ。そして、現代には、ピカソやマチスのような「何であるか」のむこうをはるかに超えたと言っていい、大きく、人間の眼が見えてくる現象の世界、その中の事物や人物を大きく変形した作品も多く存在するのだ。もちろん、そこまで飛躍しようとする人々は少ないだろう。多くの人々、特に写生や写実が一定のレベルに達した人々は、やはり、まずは描こうとする対象の「何であるか」とそのむこうにじっと眼を向け、もちろん、そのまま、それが見えてくるまま描くことに専念していくのではないだろうか。しかし、「何であるか」よりも、そのむこうにじっと眼を見張り、心を集中させ、そこから感じるものを、時には視覚で見えるだけでなく、その対象の「何であるか」のむこうが投げかけている意味、その力だけを感性で、いや心でとらえ、その心でとらえた、感じて受け止めたその感覚、感情、心の中に湧いてきたものをとらえ、それを今描いている絵画の上に表現していこうとするのではないだろうか。

このあたりは様々であろう。描く人間にもよるだろうし、描こうとする対象にもよるだろう。描く人間は、その対象を「何であるか」を、そしてそのむこうを自らの感性、感覚、そして感情、心でとらえようとするが、感性、感覚はほぼ多くの人々にとって同一であるとしてよいが、感情、心ともなると、なかなか変化があるはずである。そして感情ともなると、その日その日によって大きく違いがある。昨日の様々な出来事が今日の感情を作り出していることもある。とはいえ、多くの絵を描こうとする人々は、そのような感情は、多くの人々が仕事をする時、勉強する時のようにその感情を遮断し、遮断することができる。そのような日々の生活の中の感情ではなく、描こうとする対象による感情に向き合うのである。例えば、花を描こうとする時、その花には様々な思い出があり、その思い出は、その時々の場面が、その対象と重なり、目の前の対象を被うようにその時の場面の表象が浮かんでくる。このような時、その表象は強い感情を伴い、それだけでなく、その思い出の場面の時抱いた感情も連れてきて、そして、その時動いた心をも思い出させ、心は再びそのような感情や記憶とともに、目の前の対象に特別に強い力で惹きつけられることがある。

このような時、絵を描こうとしている人々の多くは、このような感情を、心をも画面になんとかして描き込めないかと思うのだ。なぜなら、そのような思い出は、とても自分にとって大切なものであり、そもそもその対象を選んだのも、その思い出からの力によるとしていいのである。

このような時、その大切な思い出の中の花をそのまま描こうと、記憶の中のそのまま描こうとする人もいるだろうし、また、目の前に存在する現実の花に、その記憶の中の花を影のように、まとわせるように描く人も、いや、同じ人間も、目の前の花と記憶の中の花のその時々で、その両方からやってくる力、その美しさによって様々に、また、それがその時々の絵に変化を与えているのでは…となるはずだ。

それ以上に、記憶の中の花は、年月の経過とともに変化し、記憶の中の、現象の光から離れた、暗い、そして時の経過とともにその時が過ぎていったことの重みを増していくこともある。それらをやはり、目の前の花に被いかぶせるように描くこともあるはずだ。

そして、絵画を描こうとする人々は、これらの思い出の中の、記憶の中の存在を重ね合わせながら、「何であるか」のむこうを描こうとするのだ。そして、そのことによって、その描いた花に、自分の心が、魂が宿った気持ちになれることもあるはずだ。

そして、このように「何であるか」のむこうをそのままむこうとして描き続けることもあるが、「何であるか」のむこうが生み出した新しい「何であるか」が生まれてくる時もあるはずだ。それは目の前のモデルになった花とは違った、新しい花として生まれてきているはずなのだ。とはいえ、目の前に存在する花とどこか似ている、いや、その花を思わせる存在ではあるが、形や、時には色も違った存在として生み出され、新しい「何であるか」がそこに存在するのだ。そして、その新しく生み出された「何であるか」にも、そのむこうがあり、そこには、モデルになった現実の花の「何であるか」が見えたり、またそのモデルになった花の変形に大きな力を貸した記憶の花の「何であるか」も、…つまり、「何であるか」が重なり合い、しかし、描かれた絵の中には新しい「何であるか」が花として存在している…

これらは、やはり、写生、写実主義の延長であるとしていいであろう。しかし、絵画にはもっと違ったものが存在する。「何であるか」そのものを、見えてくるそのままではなく、その対象の持つ「何であるか」を、つまり意味を、そして本質と言っていいものそのものを、描き出している絵画が多く存在するはずである。日本の浮世絵に代表される、というよりも、人間が絵画を自然にそのように描いてしまう、写生や写実ではなく、その対象の持つ意味そのものを描き出す絵画が多く、いや、圧倒的に存在するはずなのだ。マンガやアニメ、そして幼い子供達が自然に描く絵画はそうである。「何であるか」そのものを描いているとしていいであろう。描く対象の視覚表象よりも、その意味そのものを描いているとしていいのである。そして、アルタミラの洞窟に代表される太古の壁画の多くも、「何であるか」そのものを描いているはずなのである。いや、それだけでなく、それらの壁画は大きな「何であるか」のむこうも、しかも「何であるか」と一体となったものとして描いているはずなのだ。このあたりは、先に、◎言語にならない意味、芸術　として見たことと重なるのである。ここで見ている「何であるか」そのものは、意味として、しかし、言語にならない意味として存在しているはずである。そして、それだけでなく、そこで見た言語にならない意味には、やはり大きく「何であるか」のむこうも描かれていて、それが言語にならない意味の大きな部分を生み出しているはずなのだ。

いや、まだある。世界の歴史の中ではとても多く宗教画が存在する。宗教では、ほとんど意味が言語化されているとしていいであろう。とはいえ、そこで使われている代表的言語、「なむあみだぶつ」や「アーメン」は、その背後にとても大きな言語による意味を担っているのである。そして、宗教画の多くも、その絵画に対するとても多くの言語化された意味が存在していることが多いはずだ。そして、絵画は、それらのとても多くの意味を、しかもとても奥深い意味を、つまり「何であるか」を描いていると言っていいであろう。

確かに、宗教はとても多くの言語によって語られ、意味を伝えている。しかし、それらの言語が示す意味は、やはり、その言語が表すそのむこうを目指しているとしていいのではないだろうか。宗教は、時にはとても分厚な聖典によって、その意味するところを書き表されている。しかし、その意味全体が教えるところは、その文字で書かれた全てのむこうが、その言語が表す意味以上のむこうが存在するということなのではないだろうか。そして、その巨大な言語による意味を背負い、担って描かれた宗教画も、いや宗教画こそ、それらの言語による意味のむこうを指し示しているのではないだろうか。

もちろん、このあたりはまだまだ議論すべきところで結論は出せない、出してはいけないところであろう。

いや、まだ言っておかねばならないところがある。我々信仰のない人間が宗教画を見た時、それだけでなく、自ら信仰を持っている人々が、他の宗教の宗教画を見た時、なにか感ずるもの、しかもとても奥深いもの、時にはとても大きな力でそれがやってくる時、その時感ずるものは、やはり、この「何であるか」のむこう、とても多くの言語で表された、「何であるか」のむこうなのではないだろうか。もっと言えば、宗教とはそもそも「何であるか」のむこうを目指している、我々が生きているこの現象の世界の無限に存在する「何であるか」のむこうを見よう、見なければならない、見たい、どうしても…という人間の中に存在する根本的な願望、絶対的義務感、使命感、いや必要＝力＝意味によるものだと言えるのではないだろうか。

もちろん、これは自らの土俵の話であるが、…というか、「何であるか」とそのむこうという自ら考案した概念を絵画、そして宗教画に押し当ててみただけであるからだ。

とはいえ、それなりにあてはまり、それなりのものが見えてきたと言えば叱られる、いや失笑されるだろうか。

しかし、居直らせてもらえば、芸術とは、「何であるか」のむこうの追求だと言ってもいいのではないだろうか。

まだ絵画だけしか見ていないが、文学も、詩などはそれを読んだ後の印象、言葉、その一語一語の意味の連なりを読んだ後に心に残るもの、時にはずっと残るもの、それはやはり「何であるか」のむこうとしていいのではないだろうか。小説も、読んだ後の読後感、印象、心に残るものは、やはり「何であるか」のむこうであるとしていいのではないだろうか。そして、長編小説ともなると、その章、その部分、いや、その日読んだその部分が心にもたらすものは「何であるか」のむこうをもたらし、長編小説になると、それを日々積み重ねていくことになるのではないだろうか。そして、詩や小説を書く人々も、自ら作り出している言語の連なりのむこう、「何であるか」のむこう、しかも、一作一作、どのようなむこうを生み出すかに、創意を重ねているとしていいはずなのだ。

まだ、音楽がある。音楽はそんなに簡単ではないかもしれない。というのは、多くの音楽は、特にクラシックなどは、絵画における、写生、写実の技法があまり使われない。つまり、「何であるか」に向き合わなくて、いきなり、そのむこうから生み出される…つまり、心の中に積み重ねられた、いや、最初から心の中に存在し、生み出され、それが育てられ、そのように生み出された作品が多くと思われる…

いやいや、すぐにレベルの高いところへ行ってしまっている。クラシックは音楽の中でもとても高い発展の上に生まれてきたとしていいのである。

このような例から見ていけばいい。少し前に、詩について見たが、そして詩も、「何であるか」のむこうを目指して書かれ、またそれを求めて読まれているとしたが、それに曲をつけた作品も多く存在する。歌曲、いやいや、童謡、歌謡曲、様々な民族音楽、シャンソン、カンツォーネ、サンバ、ボサノヴァ、世界中に満ちあふれている。ただ、これらの多くは、最初に歌詞があったのか、曲があって歌詞がついたのか、同時に生まれたのかはなかなか、生まれてから長い年月を経ているものも多く、判定しにくい。しかし、歌謡曲などは、プロの作詞家が書いたものに、プロの作曲家が曲をつけたものが多いはずである。ただ、このような話では、わかり易いのは、クラシックになってしまうが、その歌曲だろう。よく知られているのは、シューベルトの歌曲集だ。これは最初に作詞家が書いた詩に、彼が曲をつけたのだ。

先に見たように、詩は、作詞家が「何であるか」を書き、そして、その「何であるか」のむこうを求めて書いているとして見たが、それに作曲家が曲をつけるということは、「何であるか」のむこうに色を添える、そして大きな力でそのむこうを表現する、いや、もっと言えば、作曲家が作詞家の詩を読んで感じた「何であるか」のむこうを、その感じたことを音楽家として、作曲家として、より大きな力、意味を持ったむこうを作り上げたということになるのではないだろうか。そして、このように作り出された「何であるか」のむこうは、大きな力を持って、奥深い意味を持って、聴く人の心をとらえる、つかむのではないか、ということなのだ。

そして、もう一つ、シューベルトの歌曲集などを聴く時、私達日本人、いや、世界中のドイツ語の分からない人々が聴く時、歌詞の意味「何であるか」が理解できないので、ただ、「何であるか」のむこうだけを聴いて感動しているのではないか、ということなのだ。そして、同じことは、シャンソンやカンツォーネなど様々な世界の歌詞のついた音楽を聴く時においているのでは、ということになる。「何であるか」のむこうだけを聴き、感動しているということなのだ。

このことは、「何であるか」を理解できなくても、いや、知らなくても、そのむこうだけに人々は感動することを意味しているのだ。そして、芸術と言われるもの、特に音楽では、「何であるか」のむこうだけに感動することも多々あるということなのだ。そして、先程レベルが高すぎるから後にまわそうとしたクラシック、ここにはほとんど歌詞のついていない、題名もない曲が存在する。もうほとんど「何であるか」が存在していない、少なくとも聴いている側は理解できない、分からない、しかし、とても大きな感動がやってくるのだ。ということは、感動とは「何であるか」のむこうだけの…いやいや、…

ここでは芸術は、「何であるか」のむこうだけで存在している作品が多くあることが見えてきている…

×××　　×××

以上、芸術についてほんの少し見たが、これで充分であろう。芸術に対して一つの見方を押し当てたということとだ。このように芸術を見ることができるのでは、ということだ。

　芸術はそもそも理解を必要としない、だから見方も必要ないのだ。芸術は一つ一つの作品にじっと向かい合い、そこから感ぜられるものをそのまま、生で感じ、その後はその感じたことを大切に記憶に保存しながら…ということが真の接し方であるはずだ。

　とはいえ、芸術、少なくともある部分には、今見た「何であるか」のむこうを思わせる作品が多く存在するのでは、…そして、作品を見る時、いつの間にか、目の前の作品の「何であるか」を見、ほんとうにいつの間にか、そのむこうをじっと感じているのでは、とも言いたい…まあ、まあ、

×××　　×××

　ずっと本質を見てきたが、そして、フッサールの『イデーン』の本質についての定義、そこにある「何であるか」を出発点として、記憶との関係を見てきたが、ここに、最後に、それを否定するべく「何であるか」のむこうというものを見てしまった。

　これについては、様々な議論がまだまだ存在しなければならないだろう。

ただ、もう少し言い訳をするならば、世間では、人々の生活の中では、とても多く、「何であるか」のむこうが求められ、時にはそれが本質と考えられているのでは、ということなのだ。人々は、生活の中で、様々に見えてくるもの、五感で感じられるもの、それだけでなく、そのむこうを求め、時にはじっと見つめ、時には思考を働かせ、しかし、なかなか思考が進まなくて、ただ、その五感のむこうに存在するなにものかを感じたまま、そして、それを時には、ずっと抱きしめるように記憶の中に保存して、大切なもの、考えなければならないもの、として心のどこかに存在させ続けていることも多々あるはずなのだ。いや、そんな大ごとではなくても、ふと見たこと、感じたことを、ただそれだけでなくて、そのむこうについて、何かを感じ、それを印象などの言語で保存しているのではないだろうか。時に思考によってその「何であるか」のむこうのまた「何であるか」を見つけ、ほっとしたり、分かった気になったりして、その「何であるか」を本質とも…まあ、まあ、

もう少し記憶との関係をここで見ておくならば、「何であるか」とは、先の章で見た記憶が、とても多くの記憶が積み重ねられ、忘却によって、それらがあいまいになったまま一つの塊を作り、それによって、目の前の対象の同一性が判断されるとしたものと一致するとしていいはずなのだ。同一性の判断とはまさに、「何であるか」の決定であるとも言えるのだ。

ただ、この同一性、時には意味として見ていたが、この「何であるか」は、散歩やドライブの時の例で見たが、日常生活ではとても多くの場合、瞬間的にとらえられ、それで終わり、次の対象に移り、注視されたり、思考の対象になることは稀なのである。このことは、それを判断する記憶が忘却によってあいまいになったものの集積であることとも一致するはずである。つまり、多くの場合、「何であるか」の判断に使われる記憶は、忘却に

よってあいまいになった集積であるということなのだ。

だが、時には、このような次から次へが止まり、一つの対象をじっと見、また、思考が働きはじめることもあるのだ。この時、多くの場合、「何であるか」のむこうを感じ、もう一度その対象を見、その感じた「何であるか」のむこうをとらえようと、いや、時にはその「何であるか」のむこうに刺激されて、もう一度「何であるか」を見直そうと、こんな時、様々に思考が働いてもいるが、その中でもう一度、忘却によってあいまいになった記憶の集積の中に焦点を当て、そのあいまいになった記憶の前のそれなりにはっきりとした記憶を引き出そうともしていることもあるはずである。

つまり、見直す、「何であるか」の本当の姿、本当の「何であるか」を求める、そんなことも時には起きる。そんな時に求めることができた「何であるか」を、本当の「何であるか」、時によって、人によっては、これこそ本質であると、自分に言い聞かせることもあるはずだ。

そして、この本当の「何であるか」は、通常のいつもとらえてすぐ次に移っていた「何であるか」のむこうの存在として思われ、ずっとその対象となった事物、時には人物を見る時、その対象のいつもすぐ簡単にとらえられる「何であるか」を瞬間に見たその後、時々、そのむこうに本当の「何であるか」をもう一度確認することもあるはずなのだ。

こう見てくると、通常の、日々の生活の中で次から次へと移り行く「何であるか」のむこうに、また「何であるか」を、本当の「何であるか」を求めることも多々あるということなのだ。そして、多くの哲学の出発点で、主観が容体、対象に向かい合うことは、この日常生活の次から次へと移り行く「何であるか」のむこうの本当の「何であるか」を求める行為であると言えることになる。その意味では、この論文の出発点としてきた、フッサールの『イデーン』の冒頭の、本質を「何であるか」を求めることも、日常生活の次から次への「何であるか」のむこうの「何であるか」を求める行為であったともなるのである。まさしく本質を求めているのである。

そして、まだ付け加えれば、この論文のこれまで多くの議論は、この日常の次から次へ移りかわる「何であるか」について見てきているとも言えてしまうのである。まさしく、フッサールが自然的態度として否定した世界の「何であるか」なのである。

とはいえ、この論文では、人間が、人々が生きている生活の中で求めている「何であるか」を、やはり大切に見たかったのである。ただ、それらの「何であるか」の多く、ほとんどは、今も見たように次から次へと移り行き、ということは次々と消え、記憶の中からも多くは消えていく「何であるか」であるということである。考えようによれば、このように日常生活は進んでいるということなのだ。そして、日常生活の中では、ほとんど誰もが、哲学が求める絶対的真理などに目を向けていないのだ。真理そのものも、「真理？…なんですか？はあ、あなたって…？」となるはずなのだ。この論文がテーマとしてきた本質という言語も、ほとんど使われることがないのだ。

それでも、そんな日常生活の中でも、時として、次から次への「何であるか」のむこうが問われることもある。何度も見てきたが、テーブルの上に、昨日までなかったりんごが一個置かれていた時もそうである。「え？…」となって、「なんで？」となるのだ。つまり、テーブルの上にあるはずのないりんごが存在するのだ。ということは、これまで何度も使ってきた了解性が崩れたのだ。つまり、次から次への「何であるか」ではだめで、「何であるか」のむこうを尋ねなければならなくなってしまったのだ。とはいえ、哲学が求める、特にフッサールの現象学が求めるそのりんごの本質などではないのだ。「誰がここに置いたんや」と了解性の崩れた理由、それ以上に、日常生活の中で知っておかねばならないことに思考が働き出すのだ。そこにりんごを置いた可能性のある人物を思い浮かべるのだ。りんごから思考は、そして対象＝意識は外れてしまい、対象＝意識は、脳の中の、記憶の中のそこにりんごを置いた人物、その可能性のある人物のいくつかに向かうのだ。そうは言っても、その思考がそんなに簡単に答えが出ないことが分かっていて、「でも、うまそうなりんごやな…」とりんごにまた帰っていくこともあるのだ。とはいえ、りんごの「何であるか」に、いや、そのむこうの「何であるか」ではなく、つまり、りんごそのものの奥深い、本当の、本質とも言える「何であるか」ではなく、その皮の色、それから推定される味、そしてその形と大きさ、それから推定される満足度、などと、りんごそのものの「何であるか」から外れたところに視線が、対象＝意識が行ってしまっているのである。これはまさしく哲学が対象に向かい、「何であるか」、真の「何であるか」を求めるのとは大きく違っている。フッサールがまさしく自然的態度として否定しきったりんごに対する、事物に対する態度である。とはいえ、この否定された自然的態度は、日常生活の中では働いていなければならない、テーブルの上の一個のりんごを見ての対象＝意識の作り方、ものの見方、認識態度であるということなのだ。

そして、このような日常生活の中でも、時として、「何であるか」のむこうを、例えば、美しい海や、すばらしい夕陽を見た時、次から次への「何であるか」ではなく、その「何であるか」のむこうを、その海や夕陽の、海であること、夕陽であることのむこうの海の美しさ、夕陽のすばらしさを、じっと見つめ、それ以上に自分の体で感じ、そのむこうをとらえるのでは、というのが、この章に入って見てきたことなのだ。そして、このような「何であるか」のむこうを見ることは、他の様々な事物についても起こり、いや、それ以上に、人物に対して、友達の顔や家族の表情、恋人のすばらしさ、美しさ、そしてその表情、顔色など様々な場面で様々な対象に対して様々に生じるのでは、と言ってきたのである。

このような日常生活の中における「何であるか」のむこうを求めることは、哲学が「何であるか」の、先にも見たとおり、日常生活の次から次へ移る「何であるか」のむこうの「何であるか」を求め、そこに本質を、絶対的真理への道を求めるのとはかなり違う、求めている「何であるか」のむこうは、哲学の本質や真理からはかなり違った存在ではあるが、日常生活の中では、とても大切な、いや、自分が生きている人生にとってとても大切な、時に一度しか見ることが、対象とすることができない、その意味では、やはり本質とも言っていい、ただし、生活の中での、人生の中での大切な存在に出会ったのでは、ということなのだ…

参考文献

デカルト著
『方法序説』小場瀬卓三訳　角川書店　一九五三年
『省察』三木清訳　岩波書店　一九四九年

エドムント・フッサール著
『イデーン』渡辺二郎訳　みすず書房　一九七九年
『現象学の理念』立松弘孝訳　みすず書房　一九六五年
『デカルト的省察』浜渦辰二訳　岩波書店　二〇〇一年
『内的時間意識の現象学』立松弘孝訳　みすず書房　一九六七年

メルロー・ポンティ著
『眼と精神』滝浦静雄・木田元訳　みすず書房　一九六六年
『行動の構造』滝浦静雄・木田元訳　みすず書房　一九六四年
『知覚の現象学』竹内芳郎・小木貞孝訳　みすず書房　一九六七年

アリストテレス著
『形而上学』出隆訳　岩波書店　一九五九年

カント著
『純粋理性批判』高峯一愚訳　河出書房新社　一九六五年

ヘーゲル著
『精神現象学』樫山欽四郎訳　河出書房新社　一九六六年
『哲学史』藤田健治訳　岩波書店　一九五六年
『大論理学』武市健人訳　岩波書店　二〇〇二年

ハイデッガー著
『有と時』辻村公一訳　河出書房新社　一九六七年
『同一性と差異性』大江精四郎訳　理想社　一九六一年

サルトル著
『存在と無』松浪信三郎訳　人文書院　一九五六年

キルケゴール著
『不安の概念』斎藤信治訳　岩波書店　一九五一年
『死に至る病』斎藤信治訳　岩波書店　一九五七年

ニーチェ著
『悲劇の誕生』西尾幹二訳　中央公論社　一九六六年
『権力への意志』原佑訳　理想社　一九八〇年
『ツァラトゥストラ』手塚富雄訳　中央公論社　一九六六年

カール・マルクス著
『資本論』長谷部文雄訳　河出書房新社　一九六四年
『ドイツイデオロギー』古在由重訳　岩波書店　一九五六年
『経済学哲学草稿』城塚登・田中吉六訳　岩波書店　一九六四年

ホルクハイマー、アドルノ著
『啓蒙の弁証法』徳永恂訳　岩波書店　二〇〇七年

アドルノ著
『否定弁証法』木田元・徳永恂、渡辺祐郎・三島憲一・須田朗・宮武昭訳　作品社　一九九六年

フロイト著
『精神分析学入門』懸田克躬訳　中央公論社　一九七八年
『夢判断』高橋義孝訳　新潮社　一九六九年
『日常生活の精神病理学』懸田克躬他訳　人文書院　一九七〇年
『自我論・不安本能論』井村恒郎・小比木啓吾他訳　人文書院　一九七〇年

CG・ユング著
『分析心理学』小川捷之訳　みすず書房　一九七六年
『自我と無意識』松代洋一・渡辺学訳　思索社　一九八四年
『元型論』林道義訳　紀伊國屋書店　一九八二年
『続・元型論』林道義訳　紀伊國屋書店　一九八三年

アンリ・ベルグソン著
『物質と記憶』田島節夫訳　白水社　一九九九年
エンゲルス著
『家族・私有財産・国家の起源』戸原四郎訳　岩波書店　一九六〇年
『自然弁証法』菅原仰・寺沢恒信訳　大月書店　一九五三年
ケインズ著
『雇用・利子および貨幣の一般理論』塩野谷祐一訳　東洋経済新報社　一九八三年
ソシュール著
『言語学序説』山内貴美夫訳　勁草書房　一九七一年
『一般言語学講義』小林英夫訳　岩波書店　一九四〇年
ミシェル・フーコー著
『言葉と物』渡辺一民・佐々木明訳　新潮社　一九七四年
N・チョムスキー著
『言語と精神』川本茂雄訳　河出書房新社　一九八〇年
エリック・R・カンデル編
『カンデル神経科学』金澤一郎・宮下保司　日本語版監修メディカル・サイエンス・インターナショナル　二〇一四年

ラリー・R・スクワイア
エリック・R・カンデル　共著
『記憶のしくみ』小西史朗・桐野豊監修　講談社　二〇一三年

G・ムーナン著
『ソシュール　構造主義の原点』福井芳男・伊藤晃・丸山圭三郎訳　大修館書店　一九七〇年

アラン・クルーズ著
『言語における意味』片岡宏仁訳　東京電機大学出版局　二〇一二年

立川健二・山田広昭著
『現代言語論　ソシュール フロイト ウィトゲンシュタイン』新曜社　一九九〇年

ヴィゴツキー著
『思考と言語』柴田義松訳　新読書社　二〇〇一年

■著者紹介

深井　了（ふかい　りょう）

1948 年　富山県生まれ

1972 年　東京大学文学部卒業

著書

『末期資本主義と〈帝国〉の構造』秋山書店、2010 年

『非実態経済資金と新世界恐慌』秋山書店、2011 年

『“悪魔の手”が世界経済を支配する』秋山書店、2012 年

『『一般理論』と剰余価値理論』翔雲社、2015 年

『認識と記憶の構造』近代文藝社、2015 年

『記憶と、その力』 翔雲社、2018 年

『言語と意味と記憶』 翔雲社、2020 年

『記憶から思考への道』 翔雲社、2022 年

本質と記憶

2024 年 9 月 12 日　初版第 1 刷発行

著　者　深井　了

発行者　池田 勝也

発行所　株式会社翔 雲 社

〒 252-0333　神奈川県相模原市南区東大沼 2-21-4

TEL　042-765-6463 ／ FAX　042-765-6464

振替　00960-5-165501　https://www.shounsha.co.jp/

発売元　株式会社星雲社（共同出版社・流通責任出版社）

〒 112-0005　東京都文京区水道 1-3-30

TEL　03-3868-3275 ／ FAX　03-3868-6588

印刷・製本　株式会社アルキャスト

ISBN　978-4-434-34444-2　C0010

Printed in Japan